Politik des Lesens

Frauen . Männer . Geschlechterverhältnisse
Schriftenreihe des
Zentrums für interdisziplinäre Frauenforschung
der Christian-Albrechts-Universität zu Kiel

herausgegeben von
Gudula Linck und Ursula Pasero

Band 3

Redaktion: Anja Gottburgsen

Katrin Schwenk

Politik des Lesens

Stationen der feministischen Kanonkritik in den USA

Centaurus Verlag & Media UG 1996

Die Deutsche Bibliothek – CIP-Einheitsaufnahme

Schwenk, Katrin:
Politik des Lesens / Stationen der feministischen Kanonkritik
in den USA / Katrin Schwenk. – Pfaffenweiler : Centaurus-
Verl.-Ges., 1996
(Frauen, Männer, Geschlechterverhältnisse ; Bd. 3)
Zugl.: Berlin, Diss., 1995
ISBN 978-3-8255-0018-4   ISBN 978-3-86226-446-9 (eBook)
DOI 10.1007/978-3-86226-446-9
NE: GT

ISSN 0948-4434

© *CENTAURUS-Verlagsgesellschaft mit beschränkter Haftung, Pfaffenweiler 1996*

Redaktion, Satz und Gestaltung: Anja Gottburgsen

Uli und den Grakos

Vorwort

Dieses Buch ist als Doktorarbeit im Rahmen des interdisziplinären Graduiertenkollegs "Die USA und Probleme der Demokratie" am John F. Kennedy-
Institut für Nordamerikastudien der Freien Universität Berlin entstanden. Für
die damit verbundene finanzielle Unterstützung in Form eines dreijährigen
Stipendiums der Deutschen Forschungsgemeinschaft und des Landes Berlin
bin ich sehr dankbar.

Vor allem möchte ich jedoch denjenigen danken, die an der Entstehung
der Arbeit persönlich beteiligt waren. Ihre Präsenz und ihre Hilfe waren un-
schätzbar; ohne sie wäre diese Arbeit nicht geschrieben worden.

Die Teilnehmenden des Graduiertenkollegs – die Grakos – bewahrten einander vor der drohenden Isolierung am Schreibtisch und boten Anregung und
Fürsorge in gleichem Maße.

Elaine Showalter, Renate Hof, Martin Klepper, Heinz Ickstadt und die
Teilnehmenden des 'Donnerstagscolloquiums' haben zu verschiedenen Zeit-
punkten Kapitel und Entwürfe meiner Arbeit gelesen. Ihre kritischen Einwände, ihre weiterführenden Hinweise, ihre Kommentare und ihr Lob waren
wertvoll und ermutigend. Vor allem Renate Hof und Martin Klepper haben
an entscheidenden Punkten dabei geholfen, mich durch vermeintliche Sackgassen zu führen und mich vor wirklichen zu bewahren.

Ulrich Böttger, Martin Klepper, Peter Kümmel und Martin Roeder-Zerndt
waren gründliche und kritische Korrekturleser, die sich nicht scheuten, im
letzten Moment noch mit Änderungsvorschlägen aufzuwarten.

Mein Doktorvater Winfried Fluck hat diese Arbeit von Anfang an aufmerksam betreut. Er war jederzeit ansprechbar, las jedes Kapitel umgehend
und sparte nicht an Lob und Kritik – und dies bedeutet umso mehr, als es
keineswegs selbstverständlich ist.

Anja Gottburgsen vom Zentrum für interdisziplinäre Frauenforschung der
Universität Kiel hat mit Begeisterung, Gründlichkeit und sanftem Druck dabei geholfen, aus einer Dissertation ein Buch zu machen.

Mein Freund Ulrich Böttger hat mich während der drei Jahre mit Gelassenheit und Langmut durch alle Höhen und Tiefen begleitet. Daß das Schreiben dieser Arbeit trotz vieler Denk- und Schreibkrisen meist mit Ausgeglichenheit und Freude voranging, habe ich vor allem ihm zu verdanken. Ihm und den Grakos möchte ich meine Arbeit widmen.

Berlin, im Oktober 1995   Katrin Schwenk

Inhalt

Einleitung 13

1. **Auftakt der Kanondiskussion:** *Political Radicalism*
    1.1.   Die Neue Linke 19
    1.2.   *The Black Aesthetic* 64

2. *The Literary Is The Political* – **Revision der Literaturkritik durch die** *Feminist Critique*
    2.1.   Die feministische Bewegung 93
           2.1.1. Schritt in die Akademie: Institutionelle Kritik 100
           2.1.2. Feministische 'Infrastruktur' 101
           2.1.3. *Women's Studies:* Die Erfolgsstory 102
    2.2.   Feminismus und Literaturkritik 103
           2.2.1. Ausgangspunkt 101
           2.2.2. Bruch mit neukritischer Theorie 102
           2.2.3. *Personalized Criticism* 109
           2.2.4. *Politicized Criticism* 111
    2.3.   *The Feminist Critique* 112
           2.3.1. *Images of Women*-Kritik 114
           2.3.2. Verurteilungen 119
           2.3.3. *Phallic Criticism* 123
           2.3.4. Blick auf Autorinnen I: Geschichte der Verhinderung   127
           2.3.5. Blick auf Autorinnen II: Geschichte der Selbst-
                   verleugnung 130
           2.3.6. Folgen für Leserinnen 131
    2.4.   Literaturbegriff: *The Literary is the Political* 133
           2.4.1. Zur Definition des Politischen 134
           2.4.2. Gesellschaftliche Funktion 136
           2.4.3. Problematik 141
    2.5.   Bestandsaufnahme 152

3.   Gynocritics: Frauenzentrierte Forschung

3.1.   Aufwertung der Weiblichkeit 155

    3.1.1.   Künstlerische Androgynität . . . . : 155

    3.1.2.   Beginn der *Gynocritics* 156

    3.1.3.   *The Authority of Experience* 159

    3.1.4.   Problematik des Erfahrungsbegriffs 161

3.2   *Gynocritics* und Literatur 163

    3.2.1.   Blick auf Autorinnen III: Zukunftsvisionen 163

    3.2.2.   Blick auf Autorinnen IV: Geschichte des Erfolgs 163

3.3.   Literaturbegriffe 166

    3.3.1.   Die Verteidigung der Autorin 166

    3.3.2.   Blick auf Autorinnen V: Weibliche Ästhetik 169

    3.3.3.   Frauenliteratur und Leserin I: Positive Sozialisierung. . 190

    3.3.4.   Frauenliteratur und Leserin II:
             Feministische Mobilisierung 191

3.4.   *Gynocritics* im Rückblick 193

    3.4.1.   Feministische Hoffnungen 193

    3.4.2.   Probleme der Schwerpunktsetzung 194

    3.4.3.   Literarische Repräsentation 197

    3.4.4.   Kulturelle Repräsentation 199

    3.4.5.   Politisch-gesellschaftliche Repräsentation 200

**4.   *The Aesthetic is the Political* – Zur Problematik des
literarischen Wertes**

4.1.   Politisierung literarischer Werte 203

    4.1.1.   Ästhetik im Abseits 206

    4.1.2.   Ästhetik als Stolperstein 209

    4.1.3.   Ästhetik und feministischer Einspruch 215

4.2.   *Cultural Radicalism* I: Jane Tompkins 216

    4.2.1.   Widersprüche 221

4.3.   *Cultural Radicalism* II: *Antifoundationalism* 226

    4.3.1.   Barbara Herrnstein Smith: *Contingencies of Value* . . . 227

4.3.2.   Stanley Fish: *Interpretive Communities* 231

4.3.3.   Feministische Hoffnungen 232

4.3.4.   Kritik aus fundamentalistischer Sicht 234

4.3.5.   Feministische Enttäuschung 238

4.3.6.   Fazit: *Limited Success, Not To Be Scorned* 242

5.   **Coming Full Circle: Gender als feministisch-kritische Kategorie**

5.1.   *Coming Full Circle* 244

5.2.   Gender als Kategorie sozialer Repräsentationen 249

      5.2.1.   Begriffserklärung 249

      5.2.2.   Gender als ideologische Konstruktion 252

      5.2.3.   Zur Selbstbeteiligung an der Weiblichkeits-
             konstruktion 255

      5.2.4.   Beziehungsaspekte von Gender:
             'Race', Class, Masculinity 260

      5.2.5.   Problematik 263

5.3.   Gender und der literarische Kanon 266

      5.3.1.   Rassen- und Männlichkeitsideologien im Text:
             Radical Comparativism 269

      5.3.2.   Erweiterung und Fragmentierung des Literaturbegriffs 270

      5.3.3.   Funktionalisierung des Kanons 274

      5.3.4.   Gender und Literatur: Verbindungen 277

      5.3.5.   Bestandsaufnahme: Literaturbegriff 283

      5.3.6.   Ausblick: Gender als *feministische* Kategorie 291

Schlußwort 301

Literaturverzeichnis 305

Einleitung

Die amerikanische Kanondebatte gelangte erst Mitte der 1980er Jahre durch eine Serie kulturkonservativer Klagen über den Niedergang der Bildung in das Bewußtsein der Öffentlichkeit – obwohl die Debatte zu diesem Zeitpunkt schon beinahe zwanzig Jahre alt war. William Bennett, Direktor des *National Endowment for the Humanities* und späterer Bildungsminister, warf den Universitäten vor, die 'großen' literarischen und philosophischen Werke zugunsten 'politischer' und 'relativistischer' Texte zu vernachlässigen und damit die Grundlagen der Geisteswissenschaften politisiert und ausgehöhlt zu haben. (Bennett 1986) Allan Bloom, Professor an der University of Chicago, beklagte in seinem Bestseller *The Closing of the American Mind* den Verfall der Bildung und die in seinen Augen aufkommende moralische Orientierungslosigkeit der Jugend. Als Ursache für diese Entwicklung glaubte er die Verbreitung des Wertrelativismus ausmachen zu können, die dazu geführt habe, daß der Glaube an feste Werte und große Literatur verlorengegangen sei. (Bloom 1987) Mit diesem Rundumschlag reagierten Bennett und Bloom auf eine Debatte, die daraufhin neu aufflammte und unter den Stichworten 'Multikulturalismus'-, 'P.C.' (*'Politically Correct'*)- oder 'Kanondiskussion' bekannt wurde.

Strenggenommen finden sich in diesem Kontext sogar zwei Debatten: Die eine, auf die sich meine Arbeit konzentriert, hatte bereits Ende der 1960er Jahre begonnen und wird seitdem in Anthologien, akademischen Zeitschriften, Konferenzen und Workshops ausgetragen. Sie mag inzwischen ein wenig von ihrer Leidenschaftlichkeit verloren haben, hat aber nichts an Lebendigkeit und Engagement eingebüßt. Sehr viel kurzlebiger war dagegen die Kontroverse, die Bloom und Bennett in Reaktion auf sie entfachten, und die vor allem in den Massenmedien stattfand; ab 1992 registrierte man ein Nachlassen des öffentlichen Interesses, erklärte ihren Höhepunkt für überschritten.

Daneben müssen auch die Schlagworte 'Multikulturalismus', 'P.C.' und 'Kanon' differenziert werden. Die Multikulturalismusdebatte ist eine Diskussion um die Neudefinition Amerikas, die den inneren demographischen

Veränderungen – dem Anwachsen bzw. dem zunehmenden politischen Aktivismus marginalisierter Bevölkerungsgruppen – ebenso Rechnung tragen will
wie der veränderten internationalen Position Amerikas. Die Diskussion findet
nicht nur in den Universitäten und den Schulen statt; die Frage nach der amerikanischen Selbstdefinition entsteht sowohl bei der Zusammenstellung von
Lehrplänen als auch bei der Bewertung nationaler Symbole, der Ernennung
politischer Beamter und der rechtlichen Absicherung der Religionsfreiheit.

Die *P.C.*-Debatte entstand als Reaktion auf die Bemühungen in der Multikulturalismusdebatte, die Gleichberechtigung marginalisierter Gruppen auch
in der Sprache und im Verhalten voranzubringen. Der Begriff *Political
Correctness* wurde einst als Lob für linientreue leninistische Genossen und
Genossinnen verwendet, wurde allerdings innerhalb der Linken bald nur noch
ironisch gebraucht für den allzu bemüht und übereifrig erscheinenden Versuch, die politische Überzeugung auch in den kleinsten sprachlichen Details
unter Beweis zu stellen. (Cf. Berman 1992:5) In der *P.C.*-Debatte jedoch
wurde der Begriff von der kulturellen Rechten aufgegriffen und ohne jegliche
Ironie gegen die linken Reformbemühungen eingesetzt; *P.C.* war nun gleich-
bedeutend mit linkem Sprachterror und der Einschränkung der Redefreiheit
durch eine Orwellsche Gedankenpolizei. Eine derartige Bedeutungsverschie-
bung von *P.C.* mag mit Recht auf das bedenkliche Phänomen der zunehmenden Selbstgerechtigkeit hinweisen, mit der einige Gruppen an einigen Universitäten ihre Gleichstellung in der Sprache einfordern und ihre sprachliche
Diskriminierung verurteilen oder gar deren disziplinarische Bestrafung
durchsetzen. Dennoch ist die *P.C.* Debatte meines Erachtens irreführend. Sie
ist noch mehr als die Multikulturalismusdebatte durch die Massenmedien
sensationalisiert worden. Das Hochspielen der möglichen Exzesse einer Entwicklung lenkt von der Bedeutung und den eigentlichen Streitpunkten dieser
Entwicklung ab. Eine solche Haltung ist ahistorisch, weil sie die Intoleranz
ignoriert, gegen die die sprachlichen Reformversuche sich wenden, und suggeriert letztlich, daß die Intoleranz gegenüber diskriminierendenatorischen
Äußerungen größer und bedeutsamer sei als die Äußerungen selbst. Der

Begriff *P.C.* in der vorliegenden Arbeit keine Rolle spielen; ich erwähne ihn an dieser Stelle nur, weil er in der öffentlichen Diskussion dominiert und von vielen fälschlicherweise mit der Kanondebatte gleichgesetzt wird.

Die Kanondebatte, das Thema meiner Arbeit, berührt zwar wie die Multikulturalismusdebatte die Frage nach dem national-kulturellen Selbstverständnis Amerikas, läßt sich aber enger eingrenzen in ihrem Bezug auf den literarischen Kanon. Der Begriff 'Kanon', dessen Bedeutung auf das griechische Wort kánna ("Rohr") zurückgeht, heißt zunächst nichts weiter als "Regel, Richtschnur, Leitfaden" und gilt als solche in der Literatur, der Musik, der bildenden Kunst und in der Theologie bzw. im Kirchenrecht. (*Meyers* 1981/ XI:187f) Allerdings ist bereits der nähere Bezug des Kanons unklar – er kann sich auf die Klassiker der Antike beschränken oder die sogenannten Meisterwerke (*Great Works*) insgesamt umfassen; er kann die sehr begrenzte Zahl der Werke bezeichnen, die im Lehrplan (*curriculum*) oder in der Leseliste (*syllabus*) eines Seminars enthalten sind, oder ganz allgemein die 'wertvolle Literatur' in Abgrenzung zur Trivialliteratur markieren. (Cf. Moij 1992:248) Auch gibt es im Unterschied zur Theologie keine Instanz, die den Inhalt des literarischen Kanons verbindlich festlegen könnte; er ist eine historisch veränderliche Kategorie. Das heißt aber nicht, daß in der Kanondebatte viel Lärm um nichts veranstaltet worden wäre. Es sind ja tatsächlich viele Menschen davon überzeugt, daß es eine Reihe unbestreitbarer 'großer' oder gar 'Meisterwerke' gäbe, die das Maß der ästhetischen Wahrnehmung ein für allemal bestimmt. Sie finden sich bestätigt in der Tatsache, daß ein Kern bestimmter Werke in Anthologien, Lehrbüchern, Literaturgeschichten und Lehrplänen immer wieder auftaucht (selbst wenn sich auch dieser Kern inhaltlich mit der Zeit verändert). Insofern läßt sich der Kanon zwar nicht inhaltlich, aber doch konzeptuell fassen als "those literary works which are held to be valuable: they serve as points of reference in literary criticism, determine the contents of literary history, and are taught at school." (Moij 1992:248) Der Status dieser Werke, der im Modernismus über einen längeren Zeitraum hinweg relativ stabil gewesen war, wurde in den späten 1960er

Jahren im Namen marginalisierter Bevölkerungsgruppen hinterfragt; die Anfänge der Kanondebatte sind daher in den sozialen Bewegungen der 1960er
Jahren zu finden.

Eine Analyse der Kanondebatte kann an verschiedenen Punkten ansetzen.
Die Herausforderung des gängigen Literaturkanons hängt erstens mit den demographischen Veränderungen in der amerikanischen Gesellschaft und ihren
Universitäten zusammen: Der Anteil der Frauen und Nichtweißen, aber auch
der Älteren und Berufstätigen unter den Studierenden stieg um ein Vielfaches
an; das Selbstbewußtsein marginalisierter Bevölkerungsgruppen wuchs. Die
Kanondebatte muß zweitens vor dem Hintergrund des amerikanischen Bildungssystems gesehen werden. Die starke Einheitlichkeit der Pflichtlektüre
und die historische Aufgabe amerikanischer Colleges und Universitäten, die
Studierenden zu guten Staatsbürgern heranzuziehen (*to make good citizens*),
erklären, warum die Entscheidung für oder gegen die Aufnahme bestimmter
Werke in den Kanon so umkämpft ist. Die Krise des amerikanischen
Bildungssystems und die Bedrohung der internationalen Vormachtstellung
Amerikas geben der Debatte um Aufgaben und Ziele der Colleges und Universitäten eine zusätzliche Aktualität. Auch der Aufstieg und die Verbreitung
der populären Kultur in Amerika und die seit der Moderne zunehmende Verunsicherung und Selbstkritik der dominanten Kultur(wissenschaft) sind
Grundlagen für die amerikanische Kanondiskussion. Zuletzt – und dies ist der
Ansatz, den ich als Schwerpunkt für diese Arbeit gewählt habe – läßt sich die
Kanondebatte auch im literaturwissenschaftlichen Kontext betrachten, das
heißt als Folge einer Auseinandersetzung mit dem herrschenden Literaturbegriff und dem Selbstverständnis der Literaturkritik.

In dieser Arbeit werde ich einen Forschungsüberblick über die Kanondiskussion seit Ende der 1960er Jahre geben und den sich in ihr zeitigenden
Wandel des Literaturbegriffs beschreiben. Das Forschungsfeld findet seine
Eingrenzung durch die Konzentration auf die feministische Kanonkritik.

Im ersten Kapitel der Arbeit werde ich die (hochschul)politische und
intellektuelle Vorgeschichte der Kanondebatte aufzeichnen. Dies wird am

Beispiel der Neuen Linken und der *Black Aesthetic* erfolgen. Mit dem zweiten Kapitel beginnt der eigentliche Forschungsschwerpunkt der Arbeit. Die Anfänge der feministischen Kritik am Literaturkanon lassen sich unter der Bezeichnung *Feminist Critique* zusammenfassen. Es handelt sich dabei um den Protest gegen die Diskriminierung von Frauen in der Literaturkritik und den Widerstand gegen die als sexistisch empfundenen Werke des Kanons. Das dritte Kapitel zeigt im Kontrast dazu nicht den Widerstand oder Protest gegen den Kanon, sondern die Abwendung von den Texten des Kanons und die Suche nach 'weiblichen' Werten, Texten und Lesarten in den *Gynocritics*. Sowohl die *Feminist Critique* als auch die *Gynocritics* lassen sich in ihrem historischen Kontext erklären; beide jedoch gehen mit literarischen Texten einerseits und dem Subjekt- und Identitätsbegriff andererseits in einer problematischen und vereinfachenden Weise um. In den beiden letzten Kapiteln werde ich daher Versuche zeigen, die feministische Kritik am Kanon theoretisch fundierter neu zu formulieren: Das vierte Kapitel beschäftigt sich mit der Politisierung des Ästhetikbegriffs, während das fünfte Kapitel mit dem Genderbegriff ein Konzept vorstellt, mit dem sich nicht nur das feministische Frauenbild, sondern auch sein Verhältnis zum literarischen Text genauer untersuchen läßt.

Ich möchte jedoch betonen, daß mit der feministischen Kritik nicht *eine* Kritik gemeint ist. Die feministischen Positionen, die ich vorstelle, müßten eher als 'feminisms' bezeichnet werden, denn insgesamt gilt die Erkenntnis: "No one, including myself, speaks for feminist criticism, there is no mothernarrative from which it derives a charter". (Showalter 1990:180) Die Vielzahl feministischer Positionen ist in einem einprägsamen Bild mit Vektoren verglichen worden, die verschiedene Ausgangspunkte aufweisen, unterschiedliche Bedürfnisse befriedigen, eine unterschiedliche Logik verfolgen und jeweils andere Ziele anstreben. Von daher können einige Positionen auch in direktem Widerspruch zueinander stehen. (Hirsch/Keller 1990b:2) Diese Arbeit kann und will also keine lineare Entwicklung schildern. Sie dokumentiert vielmehr ein ständiges Verhandeln von Positionen.

1. Auftakt der Kanondiskussion: *Political Radicalism*

In diesem Kapitel werde ich die hochschulpolitische und intellektuelle Vorgeschichte der Kanondebatte aufzeichnen. Ich wende mich dabei im ersten
Teil der Neuen Linken und im zweiten Teil der *Black Aesthetic* zu, die den
Auftakt für die folgende Arbeit bilden. Dies hat mehrere Gründe. Zwar konzentriert sich der Hauptteil der Arbeit auf die feministische Literaturkritik,
doch ist die Kanondiskussion nicht ohne Berücksichtigung des dreifachen,
sich überschneidenden historischen und intellektuellen Kontexts erklärbar;
und im Laufe dieser Arbeit wird sich zeigen, daß die drei Bewegungen letztlich wieder zusammenfließen. Daneben eignen sich gerade die Neue Linke
und die *Black Aesthetic* besonders gut für die Darstellung des Momentes, in
dem eine radikal-politische Bewegung mit einem literaturwissenschaftlichen
Diskurs konfrontiert wird. Selbst wenn die Grenzen zwischen politischer Bewegung und akademischer Kritik verschwimmen, soll der Ausdruck *political
radicalism* ausdrücken, daß sich ihre Vertreter primär als politische Aktivisten betrachteten, die die Kritik in den Dienst der Bewegung stellen wollten.
Zwar entstand auch die feministische Kritik aus einer politischen Bewegung
heraus, doch verstanden sich die feministischen Literaturkritikerinnen von
Anfang als *akademische* Kritikerinnen und sahen nie diese fundamentale Unvereinbarkeit zwischen politischem Aktivismus und Literaturkritik wie ihre
neulinken und afroamerikanistischen Kollegen, die der Praxis eindeutigen
Vorrang gaben. (L. Davis 1990:7) Die erste Phase der Auseinandersetzung
einer marginalisierten Gruppe mit der Literaturwissenschaft ist also in der
feministischen Kritik weniger ausgeprägt und soll daher beispielhaft am Fall
der Neuen Linken und der *Black Aesthetic* dargestellt werden.[1]

---

1 Vor Trugschlüssen aus der Gliederung soll jedoch gewarnt werden. Die Tatsache, daß ich die
Neue Linke und die *Black Aesthetic* an den Anfang stelle und dann die Entwicklung der femini-
stischen Kritik beschreibe, soll weder suggerieren, daß sie das 'Fundament' der feministischen
Kritik bildeten, noch, daß sie sich nicht weiter entwickelt hätten. Im Gegenteil handelt es sich
um einander beeinflussende und dennoch eigenständige Bewegungen, die alle ihre jeweilige
Ausgangsbasis kritisch weiterentwickelt haben.

1.1. Die Neue Linke

Historischer Kontext

Wenn man über die Neue Linke (im folgenden auch als *Academic Radicals* bezeichnet) schreibt und sie in einem Kontext der *Intellectual History* betrachten will, bietet sich als Ausgangspunkt die *Old Left* an. Nach dem wirtschaftlichen Zusammenbruch setzte in den 1930er Jahren eine moralische und kulturelle Analyse der amerikanischen Gesellschaft ein. Die Depression schien mehr als nur ein ökonomisches Problem zu sein: sie erschien als Symptom einer gesellschaftlichen Malaise. Wie Richard Pells betont, war das in den 1930er Jahren erstarkende Interesse der Intellektuellen an der marxistischen Bewegung sowohl kulturell als auch politisch motiviert; die Suche nach neuen Werten und den 'neuen Menschen' war ebenso faszinierend wie die politischen Ideen. (Pells 1973: 99)[2]

Insbesondere stellte sich in den 1930er Jahren die Frage nach der Rolle der Intellektuellen und Schriftsteller in der Krise. Der innere und äußere Druck auf Autoren, sich ihrer gesellschaftlichen Verantwortung zu stellen, führte dazu, daß viele ihre bisherige Arbeit nun als nutzloses stilistisches Experimentieren in der Isolation ihrer Schreibstuben empfanden. Die sozialistische Bewegung bot eine Antwort auf den Wunsch nach gesellschaftlicher Nützlichkeit. Aus den Reihen der Marxisten ertönte auch der Ruf nach einer proletarischen Literatur, die einfach und politisch engagiert war und die Realität 'korrekt' porträtierte. (Pells 1973:176ff)

Die Ansprüche der radikalen Bewegung an die Autoren wuchsen mit der Zeit und verloren an Komplexität und Toleranz. Granville Hicks, Herausgeber der *New Masses*, verurteilte Autoren wie Poe, Hawthorne, Melville und Faulkner, die mehr an ihren Romanen als an gesellschaftlicher Veränderung interessiert schienen. Die kommunistische Partei lehnte viele Werke als defätistisch oder nicht radikal genug ab; als akzeptabel wertete sie schließlich nur

---

2 Der folgende kurze historische Abriß lehnt sich weitgehend an Pells' *Radical Visions* (1973) und *The Liberal Mind* (1985) an.

noch Literatur, die mit der Einsicht in die Notwendigkeit der Revolution
endete. Es gab natürlich immer auch alternative Ideen, die sich jedoch nicht
gegenüber dem radikalen Literaturverständnis durchsetzen konnten. Einige
Literaturkritiker versuchten beispielsweise, die soziale Funktion der Literatur
neu zu bestimmen. Sie erkannten die Bedeutung von Literatur für gesellschaftlichen Wandel zwar an, weil sie den Individuen Erkenntnisse über ihre
Wirklichkeit und Möglichkeiten verschaffen und ihre Überzeugungen hinterfragen konnte. Doch versuchten sie, die aktivistischen und die künstlerischen
Aufgaben der Intellektuellen getrennt zu halten.

Andere Kritiker lehnten jeden Gedanken an das soziale Engagement des
Künstlers kategorisch ab. Zu ihren wichtigsten Vertretern gehörten die konservativen *New Critics*. So war Allan Tate überzeugt, daß die Kunst sich immer den Trends der Gesellschaft entgegenstellen und sich sozialen Reformen
verweigern sollte, die die Grenzen menschlichen Vermögens ignorierten. Nur
durch ihre Autonomie könnte die Kunst "the criticism of life" im Arnold-
schen Sinne darstellen; ihr wahrer Nutzen zeigte sich in ihrer (im Hinblick
auf politische Zwecke) 'Nutzlosigkeit'. (Pells 1973:184ff)

Die radikale Bewegung erlebte Ende der 1930er Jahre ihren Niedergang.
Mit dem Bekanntwerden des stalinistischen Terrors und entscheidender noch
durch den Nichtangriffspakt zwischen Hitler und Stalin verlor der Kommu-
nismus seine Glaubwürdigkeit. Der Totalitarismus brachte viele Intellektuelle
zur Ernüchterung; sie lernten den eigenen Staat zu schätzen: "The dictator-
ships have taught us to love democracy more". (Pells 1973:311)

Die Verteidigung der Demokratie wurde daher in den 1940er Jahren zum
vorherrschenden Ziel. Radikale wie liberale Kritiker suchten nach Verantwortung und Einfluß in der Demokratie; typisches Beispiel war die Zeitschrift *New Republic*, die sich als Ratgeber und unterstützende Kraft für die
politische Exekutive verstand. (Pells 1985:12ff)

Nach 1945 verflog die Euphorie über den gewonnenen Krieg innerhalb
weniger Jahre. Die Erkenntnisse über den Holocaust verboten jeden Optimismus bezüglich der traditionellen humanistischen Vorstellung, daß das Stu-

dium der Literatur bessere Menschen hervorbrachte und sie zur Wahrheits-
und Gerechtigkeitsliebe anregte – Anthony Easthope spricht in diesem Zusammenhang von "the ineluctable failure of this humanist project". (1991:9)
Der Kalte Krieg und die Verwicklung in den Koreakrieg – Kriege, die Amerika nicht 'gewinnen' konnte und die Amerikas Grenzen ahnen ließen –, wirkten ebenfalls ernüchternd. Man mußte sich eingestehen, die Entwicklung der
Menschheit zu optimistisch und simplistisch beurteilt zu haben. Daniel Bell
bemerkte in diesem Zusammenhang, daß die zentralen Begriffe der Literaturwissenschaft nicht zufällig "irony, paradox, ambiguity, and complexity"
hießen und mit den Konzepten von "pessimism, evil, tragedy, and despair"
einhergingen. (Zit. in Pells 1985:135f) Die nach 1945 einsetzende Neubesin-
nung wurde teilweise als Debatte über die Frage "what went wrong?" geführt.
(Pells 1985:53)

Lionel Trilling war hier eine Schlüsselfigur der Selbsthinterfragung. Sein
Buch *The Liberal Imagination* enthält eine Sammlung von Essays aus den
1940er Jahren und ist als Auseinandersetzung, ja Abrechnung mit der liberalen kritischen Tradition zu verstehen. Trilling distanzierte sich von linken
Kritikern wie dem Historiker Vernon Parrington, dessen 1927 erschienene Literaturgeschichte *Main Currents of American Thought* zum Klassiker geworden war. Er warf Parrington vor, Literatur als historisches, 'archäologisches'
Dokument heranzuziehen, als Produkt und Spiegel seines Entstehungs-
moments. (Trilling 1951:181) Dies verkannte für Trilling sowohl das Wesen
der Literatur, die in seinen Augen nicht nur passives Spiegelbild war, sondern
eigene Kraft und Dynamik aufwies, als auch das Wesen der Realität, die
keineswegs unveränderlich und leicht erkennbar war. (Trilling 1951:4, 183)
Literatur und Welt müßten in ihrer Komplexität und Schwierigkeit anerkannt
werden – "keep it properly complicated", forderte Trilling. (1951:188) Er sah
Literatur als Instrument der moralischen Erneuerung und als Chance des
Lesers zur Selbstbefragung. Die moralische Leistung des Romans beschrieb
er folgendermaßen:

> But its greatness and its practical usefulness lay in its unremitting work of
> involving the reader himself in the moral life, inviting him to put his own
> motives under examination, suggesting that reality is not as his conventional
> education has led him to see it. It taught us [...] the extent of human variety and
> the value of this variety. (Trilling 1951:222)

Eine andere intellektuelle Strömung beschäftigte sich eher mit einer neu-
en nationalen Identität. Sie war von dem Wunsch nach Stabilität geleitet, der
bereits in der Abwendung der Liberalen von der *Old Left* angelegt war. Statt
einer Geschichte der großen Konflikte, wie sie von der Jahrhundertwende bis
zum zweiten Weltkrieg erstellt worden war – Pells nennt als Beispiele Frederick Jackson Turner, Charles Beard und Vernon Parrington (Pells 1985:148) –
entwickelte sich die sogenannte *consensus history*. Die Forschung wollte dem
Erfolg des eigenen politischen Systems Rechnung tragen und betonte seine
innere Harmonie und kulturelle Kohärenz. In der Literaturwissenschaft entstanden mit den *American Studies* Werke, die "the American experience" und
"the national character" zu definieren suchten. (Cf. Norton 1976:854ff)

Pells warnt davor, die *consensus historians* als naiv einzuschätzen – sie
ignorierten die Spannungen und Konflikte der amerikanischen Geschichte
keineswegs, sondern verweigerten sich nur der dualistischen Weltsicht, die
daraus abgeleitet worden war. (Pells 1985:149) Dennoch herrschte ein grundlegend anderes akademisches Klima als in den 1930er Jahren. Dies hatte auch
mit der veränderten Position der Intellektuellen in der Gesellschaft zu tun; sie
verstanden sich nicht mehr als Außenseiter, sondern gewannen an Wohlstand
und Ansehen. Nach dem zweiten Weltkrieg verzeichnete der Bildungssektor
in den USA einen bisher ungekannten Zuwachs.

Die sogenannte 'GI Bill of Rights' (*Servicemen's Readjustment Act*) ermöglichte es Kriegsveteranen, eine Collegeausbildung zu erhalten oder eine
unterbrochene abzuschließen. Allein 1946 immatrikulierten sich über eine
Million Veteranen, die damit beinahe die Hälfte aller Studienanfänger aus-
machten. (Norton 1976:895) Das Interesse an radikaler Kritik war unter den
Studenten gering:

the war-weary veterans returned with little taste for radical politics. Beneficiaries of capitalist largesse under the G.I. Bill, they quickly became the traditional professor's ideal students, the industrious bookworm, serious and mature and motivated, but the bookworm nevertheless. (Vanderbilt 1986:538)

Der wachsende Bildungsmarkt führte zu einer neuen akademischen Prosperität; die Anzahl der Professoren vergrößerte sich, und ihr Prestige wuchs. Die Bedeutung der Universitäten für Wirtschaft und Gesellschaft war unbestritten; der Nachkriegsboom ließ die Annahme zu, daß die wirtschaftlichen und sozialen Probleme der Depression endgültig gelöst waren.

Der Kalte Krieg und das damit verbundene Gefühl der Bedrohung der amerikanischen Demokratie jedoch ließen den Wunsch nach Stabilität ins Unangemessene wachsen. Innere Kritik und Reformforderungen schienen unpatriotisch; Senator McCarthy schürte den Anspruch auf unbedingte Loyalität bis zur Hysterie. Die Mehrheit der Intellektuellen akzeptierte den Kampfaufruf zum Kalten Krieg und trug (meist durch ihre Passivität) zum Klima des gegenseitigen Mißtrauens und zur selbstgerechten Verdammung mutmaßlicher kommunistischer Sympathisanten bei. Kritiker wie Daniel Bell, Leslie Fiedler und Arthur Schlesinger erachteten die Maßnahmen gegen die mutmaßlichen Sympathisanten als "unfortunate but necessary". (Pells 1985:267)

Erst ab Mitte der 1950er Jahre setzte wieder eine kritische Hinterfragung der US-Gesellschaft ein. Autoren wie David Riesman beschäftigten sich mit dem Preis der Wohlstandsgesellschaft; die Topeka-Entscheidung des obersten Gerichtshofes 1954 ließ die Reformbedürftigkeit der amerikanischen Gesellschaft erkennen; erneut verbreitete sich Ernüchterung über die Frage nach dem politischen Engagement der Intellektuellen in Amerika. Der *New Criticism*, dessen Forderung nach politischer Zurückhaltung sich in den 1930er Jahren nicht gegenüber den *Radicals* hatte durchsetzen können, wurde zu einer der dominanten Forschungsrichtungen in der Literaturwissenschaft.

Die Neuen Linken der 1960er Jahre reagierten also auf zwei vorherrschende akademische Richtungen: die der ernüchterten *humanist liberals* und der konservativen *New Critics*. Wie wir sehen werden, wurden sie von den neuen *Radicals* selten auseinandergehalten. Das mochte an ihren inhaltlichen

Schnittpunkten liegen. Beide teilten ein Mißtrauen gegenüber radikalen Ideen und 'großen Lösungen', beide warfen den *Radicals* mangelnde Komplexität in der Wahrnehmung der Welt bzw. der Kunst vor und privilegierten einen von Einheit und (weltab-)geschlossener Struktur bestimmten Textbegriff.

Eine andere Erklärung für die einseitige Charakterisierung der beiden Forschungsrichtungen durch die Neue Linke ergibt sich aus der Gleichzeitigkeit verschiedener Konflikte. Die universitäre Auseinandersetzung der 1960er Jahre war ein Aufstand der akademischen Neulinge gegen das Establishment, ein Konflikt zwischen Generationen, unterschiedlichen Weltbildern, Lebenskonzepten und Literaturbegriffen. Daraus ergab sich eine Unübersichtlichkeit wechselnder oder sich überschneidender gegnerischer Positionen, die sich für viele *Radicals* wie eine geschlossene Front ausnahmen.

Dies ist m.E. typisch für eine Befreiungsbewegung, die, um aus den Startlöchern zu kommen, eine möglichst breite Basis zur Unterstützung braucht und sich über den kleinsten gemeinsamen Nenner definieren muß. Je heterogener und unkoordinierter die Ziele einer Gruppe sind, desto mehr drohen ihre Energien zu verpuffen. Die Bündelung der Interessen erfolgt daher über die Dualisierung der Positionen in 'us' und 'them' und die teilweise tautologische Definition der eigenen Position in Opposition zu jener des Gegners.

Eine differenziertere Abgrenzung war auch deshalb schwierig, weil die Emanzipation aus einer Gruppe heraus erfolgte, der man grundsätzlich doch angehörte. Unklar war, welche Überzeugungen man weiterhin teilte und welche nicht, was Symptom und was Ursache des Unterdrückungsgefühls war.

In der Folge wird es notwendig sein, die Unterschiede zwischen den Ansätzen im Blick zu behalten. Viele Widersprüche in den Argumenten der Neuen Linken können durch die unhistorische Definition ihres 'Gegners' erklärt werden, und es wird erkennbar, daß diese Ungenauigkeit einer differenzierten Ausarbeitung der eigenen Position im Weg stand.

Aufstand in der MLA

Als Schlüsseldatum für die Bewegung der *Radicals* in der Literaturkritik bietet sich ein Ereignis an, das als "The Little Bourgeois Cultural Revolution of MLA 1968" bekannt geworden ist. (Kampf/Lauter 1972:34) Der gestörte Friede der MLA-Jahrestagung durch die *Radicals* Ende Dezember 1968 in New York markierte den historischen Augenblick, in dem der Protest gegen die Gesellschaft, der aus den Universitäten heraus entstand, sich gegen die eigene Institution richtete. Insofern steht das Ereignis für die rückblickenden Beteiligten am Ende einer Entwicklung, die mit den studentischen Sit-ins, den *freedom rides* und der Bildung studentischer Protestorganisationen begonnen hatte. (Ibid.) Unmittelbare Vorgeschichte der 'kleinen Revolution' war die Gründung der *New University Conference* (NUC) im Frühjahr 1968, eine sich mit der Studentenbewegung solidarisch erklärende Organisation von Postgraduierten und Hochschullehrenden mit folgender Absicht:

> The New University Conference is a national organization of radicals who work in, around, and in spite of institutions of higher education. We are committed to struggle politically to create a new, American form of socialism and to replace an educational and social system that is an instrument of class, sexual, and racial oppression with one that belongs to the people. (Zit. in Ericson 1975:65)

Daß bezüglich der 'amerikanischen Form des Sozialismus' definitorische Übereinstimmung herrschte, ist eher unwahrscheinlich. Die Bezeichnung *Radical* deckte viele Haltungen vom Protest bis zu sozialistischen Zielen ab und konnte in die Friedensbewegung ebenso wie in die politischen Institutionen münden. (Cf. ibid.; Howe/Cantarow 1969:484) Viele der NUC-Gründungsmitglieder waren ehemalige Mitglieder der *Students for a Democratic Society*; Ericson bezeichnete NUC als "the 'graduation' from SDS". (Ericson 1975:64) Bei aller Heterogenität war den Mitgliedern die Frage gemeinsam: "Just where in all the ferment, we wondered, were most literature teachers?" (Kampf/Lauter 1972:34)

Die Mitglieder von NUC nahmen das bevorstehende Jahrestreffen der MLA zum Anlaß, Resolutionen gegen Vietnam, Kriegsdienst und soziale Unterdrückung zu verfassen sowie Seminare und Teach-ins vorzubereiten. "In

the first place, we wanted to help people, help ourselves, work out the connections between politics, teaching and scholarship", faßten Lauter und
Kampf zusammen; es ging ihnen aber wohl vor allem darum, eine einflußreiche und gut organisierte Institution wie die MLA zur Unterstützung ihrer
Ziele einzuspannen. (Kampf/Lauter 1972:34f) Die Vorstellungen über die
konkrete Vorgehensweise auf der Tagung waren vage und gingen nicht über
die Hoffnung hinaus, Unruhe zu stiften — "stirring things up". (Ibid.) Ihr Erfolg übertraf ihre kühnsten Erwartungen. Als das NUC-Mitglied Louis Kampf
sich weigerte, von ihm aufgehängte politische Plakate zu entfernen, wurde er
wegen Hausfriedensbruch vorübergehend festgenommen; die darauf folgenden Demonstrationen, Sit-ins, Mahnwachen waren aufsehenerregend. In der
abschließenden Mitgliederversammlung der MLA erzielten die NUC-Mitglie-
der einen Überraschungssieg – sie setzten drei von vier Resolutionen durch,
richteten eine "Commission on the Status of Women" der MLA ein und
wählten Louis Kampf zum *second vice-president* der MLA (und damit zum
Präsidenten für 1971).

Der Erfolg der NUC kam selbst für ihre Mitglieder überraschend und ver-
setzte sie in Hochstimmung:

> the membership, or at least a significant portion of it, recognizes that the
> profession can no longer pretend to be apolitical, that any action [...] is today
> likely to be political in nature. (Howe/Cantarow 1969:486)

Ihre Schlußfolgerung blieb jedoch nicht unumstritten: unzählige Leserbriefe,
protestierend oder gratulierend, gingen bei *PMLA*, der offiziellen Zeitschrift
der MLA, und *College English*, die von dem 'radikalen' Richard Ohmann
herausgegeben wurde, ein. Er stellte in seiner Zeitschrift einige Reaktionen
unter dem Titel "MLA 1968: Documents and Responses" zusammen: die
"Duke-North Carolina Petition" sammelte Unterschriften für den Aufruf, die
MLA aus der Politik herauszuhalten (1968:490); Bruce Harkness beschuldig-
te die *Radicals* einer "smelly orthodoxy of the Left" (1968:493); der Executive Secretary der MLA formulierte seinen Kommentar verhaltener, kritisierte
aber die Strategie der NUC als "*panic* and *pack*". (Ohmann 1968:487)

In der Retrospektive mochten die direkten politischen Konsequenzen der MLA-Rebellion zunächst eher gering gewesen sein. Nach Louis Kampf stieg dessen Mitstreiterin Florence Howe zwar ebenfalls zur Präsidentin der MLA auf; die folgenden Tagungen führten auch politische Themen in ihrem Programm. Doch 1975 konstatierte Ericson: "MLA is little different from what it was before." (Ericson 1975:142) Die MLA wurde reformiert, die entscheidungstragende Mitgliederversammlung in eine *beratende* Versammlung umgewandelt. (Ohmann 1976:35) Louis Kampf hatte früher bereits prophezeit: "The MLA's power lies in its strong stomach, in its capacity to digest almost everything". (Kampf 1967:51) NUC verlor nach einer kurzen Blütezeit ihre Mitglieder und erlebte 1972 ihre letzte nationale Tagung. (Ericson 1975:66) Edward Ericsons abschließendes Urteil über die amerikanische Neue Linke war vernichtend:

> In some ways it is surprising that so much ink should have been spilled over a phenomenon which did not represent a cross-section of Americans, involved only a minuscule percentage of the population, lasted for only a few years, and destroyed itself without accomplishing its announced objectives. (Ericson 1975:vii)

Doch Totgeglaubte leben länger, heißt es nicht umsonst. In der Tat lieferte Ericson selbst ein erstes Anzeichen dafür, daß die 'kleine Revolution' langfristig äußerst wirkungsvoll war – immerhin standen seine oben zitierten Worte am Anfang seines eigenen, knapp 300 Seiten starken Buches über die Neue Linke. Auch die MLA veränderte sich mit der Zeit. Bezugnehmend auf den 100. Jahrestag der MLA-Gründung 1983 beschrieb Michael Ryan das zwar unbehagliche, aber friedvolle Nebeneinander der 'alten' und der 'neuen' Welt' während der Konferenz. Widerstrebend hatte die "old guard", die sich der "great tradition" der Klassiker verschrieben hatte, der "new guard" Platz gemacht: feministischen Kritikerinnen, *deconstructionists* und *Radicals*, die Ryan als "[a]n intellectually broad-based, interdisciplinary, and socially oriented school of radicalism" bezeichnete, und die in der "Marxist Literary Group" und im "Radical Caucus" vertreten waren. (Ryan 1985:14) Nach Florence Howe folgten in den 1980er Jahren zwei weitere Feministinnen als

Präsidentinnen der MLA, und der *Executive Council* der MLA veröffentlichte im Mai 1991 eine Erklärung, in der er die Lehrplan- und Kanondebatten nachdrücklich verteidigte. Die Verfasser der Erklärung setzten die Kanondebatte in eine lange, ehrenhafte Tradition, die bereits mit der Gründungsdiskussion der MLA 1883 begonnen hatte (mit der Frage, ob moderne Sprachen in den von Griechisch und Latein dominierten Lehrplan aufgenommen werden sollten) und einen weiteren Höhepunkt mit der Debatte nach dem ersten Weltkrieg über die Eigenständigkeit amerikanischer Literatur im Fach Englisch gefunden hatte. (MLA 1991:4)

Die Veränderungen in der MLA gingen nicht allein auf das Konto der Neuen Linken, sondern waren auch dem wachsenden Einfluß der Afroamerikanistik, der feministischen Kritik und neueren Theorieentwicklungen zuzurechnen. Dennoch soll die Bedeutung der *Radicals* für die Literaturkritik nicht unterschätzt werden. Nicht zufällig bezog sich ein 1990 erschienenes Werk mit dem Titel *Left Politics and the Literary Profession* ausdrücklich auf das nach dem MLA-Eklat erschienene *The Politics of Literature*. In der Erinnerung des Herausgebers Lennard Davis wurde Kampf geradezu zum legendären Helden; so verglich er Kampfs Anbringen politischer Poster nur halb ironisch mit der Aufhängung von Luthers 95 Thesen. (L. Davis 1990:3)

Neue Linke und Literaturkritik

Nach 1968 entstanden die ersten Beiträge zu einer radikalen Literaturkritik, deren Ausrichtung das Ziel der MLA-'Rebellen' widerspiegelte, die Verbindung von Politik, akademischer Forschung und Pädagogik sowie, konkreter noch, den möglichen Beitrag von Literaturwissenschaftlern zur linken Politik auszuloten. Insofern war hier der Beginn einer neuen Forschungsrichtung zu sehen, die die Tradition einer sozialkritischen Literaturwissenschaft aus den 1930er Jahren wieder aufnahm, wobei sich die *radical critics* nicht explizit auf Vernon L. Parrington und andere mögliche Vorgänger beriefen. Auch begriffen die Radicals ihre ersten Veröffentlichungen nicht als repräsentativ für eine neue radikale Literaturkritik, sondern als den ersten Versuch einer

Selbstreflexion: "[The essays'] task ist largely to clear away the underbrush; to begin opening some paths toward a different practice, different roles." (Kampf/Lauter 1972:8) Das Unterholz lichten, Pfade eröffnen – diese und andere Formulierungen machten deutlich, daß der zukünftige Weg (als Herausgeber, Autoren, Lehrer-Aktivisten) noch unklar war; daß die Spannung zwischen Selbstbewußtsein und Defensive noch nicht aufgelöst war.

Das wichtigste Dokument der akademischen *Radicals* war das von Paul Lauter und Louis Kampf herausgegebene Buch *The Politics of Literature* (1972), ein verspätetes Produkt der MLA-Rebellion. Anthologien können nie im engeren Sinne Anfangspunkte sein; der Prozeß der Anthologisierung zeichnet sich immer durch den Aspekt der Nachträglichkeit aus. (Gallop 1989:613) Doch markiert eine erste Anthologie den Punkt, an dem individuelle Artikel aus ihrer Vereinzelung und Zufälligkeit herausgegriffen und als Teil einer größeren Bewegung identifiziert werden. *The Politics of Literature* wird daher im Mittelpunkt der folgenden Bestandsaufnahme stehen.

Institutionelle Kritik

Ein durchgängiges Thema aller Essays war die Institution der Universität. Die akademische Kultur, die sie hervorbrachte, erschien als selbstbeweihräuchernd und studentenfeindlich. Professoren traten als "scholar-critic-professor[s] of literature" auf, die sich für Genies hielten und demokratisch-liberale Lippenbekenntnisse von sich gaben. (Franklin 1972:102) Ellen Cantarow ergänzte die Karikatur mit ihrer Beschreibung des Professors als Johnsonschen Kenner-und-Künstler und urteilte: "This is literature as professorial ego-cult, literature as the property of the privileged." (Cantarow 1972:67) Katherine Ellis beschrieb erfrischend direkt die Wirkung der akademischen Kultur auf die Studierenden:

> In graduate school, the fear of apperaring stupid becomes a disease [...]. All this pretense culminates in the writing of a dissertation, since this is where you are supposed to show the 'big people' that you can talk their language. (Ellis 1972:166)

Die Rolle der Universität in der Wirtschaftspolitik wurde ebenso kritisiert. War nicht die Universität aus Sicht der Wirtschaft nur eine Wachstumsbranche unter vielen? (Kampf 1967:15ff) Sie erschien als Handelsgesellschaft, die Menschenware und Menschenwissen vertrieb und deren Bürokratie unter dem Zwang stand, der Gesellschaft ihre wirtschaftliche Existenzberechtigung zu beweisen. Das Wirtschaftsdenken der Universität zeigte sich in der Proliferation der Veröffentlichungen, die eine eigene Dynamik entwickelt hatte und mit aufrichtigem Forschungsinteresse nichts mehr zu tun hatte. Angesichts dieser Entwicklung verkündete Kampf "the death of academic literary study as a serious enterprise" (Kampf 1967:43) und sparte nicht mit Details bei der Beschreibung der Leiche und ihres Verwesungsprozesses.

Daß die Universität selbst zum Thema gemacht wurde, hatte bestimmte Gründe. Erstens zeigte sich daran das Interesse am Schnittpunkt zwischen Politik und Literatur. Ein häufig genanntes Beispiel war die *tenure*-Politik der Universitäten, die sich aus der Sicht der Beitragenden als "the strong risk of short tenure" erwies. (Kessel 1970:181) Tatsächlich wurde Paul Lauter von seiner Universität entlassen – sein Versuch, seine Klassen kollektiv zu bewerten, wurde ihm als 'Subversion des Benotungssystems' zur Last gelegt.[3] (Kampf/Lauter 1972:7) Die ständig drohenden Sanktionen belasteten das Arbeitsklima und zwangen die Lehrenden zum Balanceakt bei dem Versuch, einen für sie integren Lehrstil zu entwickeln und negative Sanktionen zu vermeiden. (Cf. auch Cantarow 1972:90) Natürlich ging es bei diesen Beispielen für das Verhältnis zwischen Literatur und Politik mehr um die Institution der Literaturwissenschaft als um Literatur selbst.[4] Doch genau dies machte deutlich, daß die Betroffenen ihre Auffassung von Literatur nicht mehr von den Institutionen trennen konnten; zu sehr bestimmte die Universitätspolitik die Ausübung ihrer Funktion als Literatur-Vermittler.

---

3 Diese Tatsache wurde mehrmals wiederholt; seine Entlassung schien Lauter geradezu auszuzeichnen, ihm etwas Märtyrerhaftes zu verleihen.

4 Auf andere Beispiele, wie z.B. die Sozialisierungsfunktion der Literatur oder pädagogische und hierarchische Probleme im Unterricht, werde ich später eingehen.

In engem Zusammenhang damit stand die starke autobiographische Ausrichtung der Essays. Diese ergab sich logisch aus der Thematisierung der Universitätspolitik – die Autoren und Autorinnen spürten die Verbindung von Lehre und Politik am eigenen Leibe. Aber das Autobiographische war auch Teil einer Strategie, die sich als typisch für viele neue soziale Bewegungen erwies. Die Personalisierung entstand aus dem Versuch, weniger nach übergeordneten – 'fremden' – Prinzipien zu handeln als nach dem Gefühl eigener Beteiligung und Betroffenheit. Die Abwertung des Objektiven, Autoritativen ging einher mit der Aufwertung und Autorisierung des Subjektiven. Die Grenzen zwischen (Privat-)Leben und Literaturwissenschaft bzw. (Privat-) Leben und Politik verwischten sich; Literatur(kritik) und Politik wurden gleichermaßen personalisiert.

Die Kritik der Neuen Linken an den universitären Strukturen war zweitens auch Ausdruck eines Generationenkonflikts – mit den eigenen Eltern, mit den akademischen Vorbildern, den Doktor- und anderen 'Übervätern'. Die Auflehnung gegen die Autoritäten, die Ungeduld gegenüber erstarrten Umgangsformen drückten sich in den Karikaturen Cantarows und Franklins aus.

Drittens war die Universität der Ort der neulinken Auseinandersetzung mit der herrschenden Literaturwissenschaft. Wie eingangs erwähnt, hatten die Veränderungen in der Universität nicht nur einen gesellschaftlichen, sondern auch einen 'bereichsspezifischen', literaturkritischen Aspekt. Hauptgegner der *Radicals* waren hier die Vertreter des *New Criticism*, deren Literaturbegriff den radikalen Interessen entgegenstand. Natürlich war der *New Criticism* nicht die einzige literaturwissenschaftliche Richtung der 1950er und 1960er Jahre. Doch stellte er als dominante Theorie der Moderne den fachlichen Bezugspunkt für alle nachfolgenden kritischen Richtungen dar. Jede Auseinandersetzung mit 'der Ästhetik' war eine Auseinandersetzung mit der Ästhetik des *New Criticism*. Die neukritische Theorie ist also grundlegend für jede Darstellung der Kanondiskussion. Die wichtigsten Punkte der neulinken Kritik am *New Criticism* sollen im folgenden dargestellt und anschließend auf ihre Stichhaltigkeit überprüft werden.

Kritik am *New Criticism*

Viele der Essays in *The Politics of Literature* begannen mit Erinnerungen an frühe Begegnungen mit dem *New Criticism*, wie er im College gelehrt wurde. Ein erster Stein des Anstoßes war die Forderung der *New Critics*, spontane Gefühlsäußerungen von der Interpretation eines literarischen Werkes fernzuhalten. Ellen Cantarow blätterte in ihren ehemaligen Lehrbüchern und entdeckte die "Epistle on the Characters of Women" von Alexander Pope:

> Let then the Fair one beautifully cry / In Magdalen's loose hair and lifted eye, / Or drest in smiles of sweet Cecilia shine, / with simp'ring Angels, Palms, and Harps divine... (Cantarow 1972:59)

Mit Entsetzen las sie ihre damaligen formalistisch-linguistisch orientierten Randbemerkungen:

> In my book I have underlined 'beautifully cry,' and by underscorings I have reminded myself that the '*l*'s' of 'loose' and 'lifted' [...] do what was termed in my classes 'bringing out the meaning.' (1972:60),

die ihr nun zur Beschreibung ihrer Gefühle völlig inadäquat erschienen. Ähnlich ging es ihr mit Wordsworth, den sie einst mit Begriffen wie "PERIOD" und "TONE CHANGE" kommentierte. "Yet I remember having been moved by those lines", wunderte sich Cantarow. (1972:59) Mit ihrer Unfähigkeit, diese Emotionen in Worte zu fassen, sah sie sich als Opfer des *New Criticism*, dessen Formalismus Gefühle ausschloß. Mit anderen Worten: "I was [..] trained in what is euphemistically termed 'objectivity.'" (1972:62)

Der Vorwurf der Objektivität hing mit einem zweiten Kritikpunkt zusammen, dem Szientismus des *New Criticism*. Die im 20. Jahrhundert entstandene Verwissenschaftlichung des Literaturstudiums zeigte sich als Fortführung des Elitismus: "The transformation of literary scholarship [...] did not put an end to elitism [...]. It simply reclothed it in the irreproachable garments of science." (Ellis 1972:163) Letztlich bauten die Geisteswissenschaften auf einem unangemessenen naturwissenschaftlichen Modell auf, das die Forschung und Spezialisierung förderte und zur Entfremdung führte. (Ohmann 1976:9f)

Zum dritten beanstandeten die *Radicals* die Wirklichkeitsfremdheit des *New Criticism*:

> Literature, said my teachers, is art, and as such it is free of the excrescences of
> daily living; beyond our lives and yours, it is timeless, classless, above society.
> (Cantarow 1972:75; cf. Ohmann 1970:143; Kampf/Lauter 1972:13f)

Sie hielten den *New Critics* vor, ideologisch-moralischen Fragen auszuweichen: "This dissolution into 'form' of the didactic element in literature [...] avoids the kind of 'moral' criticism of literature". (Ellis 1972:169) Die amerikanischen *Radicals* waren nicht die einzigen, die solche Kritik formulierten. Bereits 1962 hatte sich der marxistische Kritiker Robert Weimann zum *New Criticism* geäußert. Er meinte, daß das Dichterische nicht losgelöst vom Menschlichen und Gesellschaftlichen betrachtet werden konnte. (1962:96) "Zusammen mit der Frage nach dem sozialen und ethischen Sollen des Menschen entfällt [im *New Criticism*] die Geschichtlichkeit der Kunst als Gegenstand der Kritik." (1962:97) Grund genug für Weimann, vom "Kalte[n] Krieg gegen die Wirklichkeit" zu sprechen. (1962:137)

Zuletzt diskutierte die Neue Linke Differenzen in der Weltanschauung; hier verband sich ein Literaturbegriff mit seinem dahinterstehenden Weltbild. Die Neuen Linken wandten sich sowohl gegen die traditionalistisch-konservativen *New Critics* als auch gegen die liberalen American Studies, ohne diese allzu sorgfältig auseinanderzuhalten. Deutlich wird hier, daß insgesamt vor vereinfachenden Rechts-Links-Kategorisierungen gewarnt werden muß; es erscheint sinnvoller, die gesellschaftlichen Aussagen und Implikationen der Literaturkritik in ihrem jeweiligen Kontext zu werten.

Die *Radicals* definierten den Liberalismus u.a. über den Glauben an die verfassungsmäßig gesicherte Chancengleichheit und Freiheit des Menschen und seine Möglichkeit, Freiheit und Gerechtigkeit individuell und ohne Zuhilfenahme des Staates zu erreichen. Wer an diese Chancen glaubte, mußte angesichts herrschender Ungerechtigkeiten und Unfreiheiten dem einzelnen Menschen die Schuld geben. Daraus ergab sich im Liberalismus zwangsläufig ein negatives Menschenbild, das Kessel wie folgt kritisierte: "Since we have obviously not arrived at this result, the fault must be in the irrationality, bad faith, and apathy of you and me." (1970:177) Wenn aber die Liberalen die menschliche Natur als unverbesserlich korrupt sahen, mußte sich diese Negativität auch in ihrem Literaturverständnis widerspiegeln: "The greatest works of literature are therefore hopeless, grotesque, tragic, or absurd." (Franklin 1972:104)

Von solchen neukritisch-liberalen Positionen versuchten sich die *Radicals* zu distanzieren. In Wahrheit, so argumentierten sie, waren die Versprechungen des liberalen Systems von vornherein und strukturell nicht allen zugänglich. Die Schuld an Ungerechtigkeit und Unfrieden trugen daher nicht die Menschen, sondern 'das System'. Der Mensch sollte ihrer Meinung nach nicht zugunsten des verfassungsmäßigen Idealbildes abgewertet werden, sondern das 'System' zugunsten des Menschen verändert werden, und so nahmen die *Radicals* für sich ein positives Menschenbild in Anspruch.

Ein erster Bestandteil des Versuchs, der Literaturwissenschaft eine Rolle in der politischen Bewegung zuzuweisen, war also der Protest gegen die herrschenden akademischen Werte. Die wichtigsten Kritikpunkte waren dabei, wie wir gesehen haben, die Gefühlsfeindlichkeit, die aus dem Formalismus und der Verwissenschaftlichung der Literaturkritik folgte, die Abgrenzung der Literatur von Politik und Realität, schließlich das pessimistische, reformmüde Menschenbild. Die spontane Empörung der *Radicals*, ihre Überzeugung, 'menschengerechter' zu sein, und ihre Auflehnung wiesen darauf hin, daß die Politisierung und Personalisierung der Literaturkritik wichtige Elemente einer neuen, 'neulinken' Literaturkritik waren. Ein Protest allein macht zwar noch keine Erkenntnistheorie; und man sollte daher die Kritik der *Radicals* weniger eine eigenständige Epistemologie als eine Epistemologie*kritik* nennen. Aber deren Bedeutung darf angesichts der Vormachtstellung der neukritischen Literaturauffassung in den Universitäten nicht unterschätzt werden. Der *New Criticism* soll also im folgenden Kapitel genauer überprüft werden.

Kontext: Der *New Criticism*

Der *New Criticism* entstand in den 1920er Jahren, initiiert durch die Kritiker und Dichter John Crowe Ransom, Allan Tate und Robert Penn Warren. (Cf. auch im folgenden Halfmann 1971:10ff; Pells 1973:103ff) Er war ein typisches Produkt der Moderne; ihre Vertreter nahmen die Umwälzungen in der Gesellschaft durch die zunehmende Massenindustrialisierung und Technologisierung, durch Materialismus und Glaubensverlust mit Mißtrauen und Ablehnung wahr:

> there is the breakdown of a common symbolism; there is the general scepticism as to universals; there is the depletion and corruption of the very language itself, by advertising and by the mass produced arts. (Brooks 1949:88)

Angesichts des Zusammenbruchs religiöser und zivilisatorischer Heilserwartungen erhielt die Kunst einen erhöhten Status; sie galt nun als jener letzte Ort, an dem noch Bleibendes geschaffen werden konnte. Daß sich die Vanderbilt University in Nashville, Tennessee zur zentralen Stätte des neukritischen Austausches entwickelte, war kein Zufall. Die *New Critics* waren Anhänger des *Southern Agrarianism*, einer Strömung, die sich mit dem amerikanischen Süden identifizierte und Gegenentwürfe zur unmenschlich-industrialisierten Lebensform des Nordens suchte. Der Süden wurde dabei zur Metapher von Ganzheit und Harmonie zwischen Individuum und Gesellschaft. Zwar teilten auch linksorientierte Intellektuelle in den 1930er Jahren die Faszination für präindustrielle agrarische Gemeinschaften in den Südstaaten bzw. Mexiko. Die *Agrarians* aber waren deutlich konservativ ausgerichtet; der Titel ihrer ersten Veröffentlichung, *I'll Take My Stand*, entstammt bezeichnenderweise der *Dixie*-Hymne. (Halfmann 1971:13)

Gleichzeitig war die neukritische Theorie als Antwort auf verschiedene Richtungen der Literaturwissenschaft zu verstehen. Als formalistisch orientierte Kritik wandte sie sich erstens gegen die unsystematisch-subjektivistischen, impressionistischen Lesarten des 19. Jahrhunderts, zweitens gegen einen "genetic criticism", also positivistische biographisch orientierte Inter-

pretationen, und drittens gegen den geistesgeschichtlichen Ansatz, wie ihn
Vernon Parrington vertreten hatte:

> let it be said frankly that I have been guided by [...] the historical significance of
> the several documents. With aesthetic judgments I have not been greatly
> concerned. I have not wished to evaluate reputations or weigh literary merits, but
> rather to understand what our fathers thought, and why they wrote as they did.
> (Parrington 1927 Vol. II:i)

Wissenschaftlichkeit

Der Vorwurf der Verwissenschaftlichung, den die Neue Linke den *New Critics* machte, steht auf den ersten Blick in merkwürdigem Gegensatz zu der
erklärt antipositivistischen Haltung der Neukritiker. Tatsächlich "wandten sie
sich mit leidenschaftlicher Schärfe gegen die von ihnen als 'Positivismus'
diagnostizierte Geisteshaltung". (Halfmann 1971:87) Gerald Graff betonte:
"The New Criticism stands squarely in the romantic tradition of the defense
of the humanities as an antidote to science and positivism." (Graff 1979:133)
So erklärt sich auch ihr oft kritisiertes negatives Menschenbild: Die wissenschaftliche Objektivität war für die *New Critics* das Symptom eines anma-
ßenden, selbstherrlichen Fortschrittsglaubens des Menschen; daher baute ihr
Weltbild eher auf dem demütigen, 'gefallenen Menschen' auf. (1979:134) Das
übergeordnete Ziel der *New Critics* war die Befreiung der Kultur von der
amoralischen wissenschaftlichen Weltanschauung. Es ging darum, Literatur
und literarische Erfahrung als sinn- und identitätsstiftend zu verteidigen.

War der Vorwurf des Szientismus dann haltlos? Nicht ganz, denn der *New
Criticism* wies tatsächlich wissenschaftliche Verbrämungen auf. So war das
Vorwort zu Brooks' und Warrens *Understanding Fiction* gespickt mit ent-
sprechendem Vokabular:

> This book [...] aims at the close analytical and interpretative reading of concrete
> examples. [...] The editors believe that such an end may best be achieved by the
> use of an inductive method, by the use of concrete cases which can be
> investigated and interpreted and compared with each other. The organization of
> the book is based on that principle. (1943:x)

Solche Textpassagen (Cf. auch Brooks 1949) entstanden in historischen und gesellschaftlichen Zusammenhängen, die sich wie folgt erklären lassen.

Erstens bekämpften die Neukritiker nicht die Wissenschaft pauschal, sondern nur ein bestimmtes Wissenschaftsdenken. Dieses betrachteten sie als interessegeleitet ("interested"), da es im Dienste der kulturbedrohenden wirtschaftlichen und technologischen Entwicklung stand. Demgegenüber war die Kunst unabhängig von dem zivilisatorischen, menschenbedrohenden Fortschrittsdenken und konnte daher als objektiv ("disinterested") gelten. (Graff 1979:134ff) Der Begriff der Objektivität sollte also die nicht interessegeleitete 'Unwissenschaftlichkeit' garantieren, wurde aber später von den Neuen Linken geradezu als Inbegriff der Wissenschaftlichkeit kritisiert.

Zweitens ging es dem *New Criticism* darum, dem Vorurteil der Wissenschaftsdenker zu begegnen, die Literatur als 'nur' Fiktion, also als 'nicht wirklich', abwerten wollten. Sie versuchten eine Literaturkritik zu entwickeln, die *in Konkurrenz* zum Positivismus treten konnte: "[Their] methodology [...] was an attempt not to imitate science but to refute its devaluation of literature" (Graff 1979:134ff). Interessanterweise brachte also gerade der Versuch, sich gegen die Wissenschaft zu wehren, die *New Critics* wieder einer wissenschaftlichen Sprache näher. Die Aufwertung der Literaturkritik als Literaturwissenschaft hatte zudem nicht unwillkommene Folgen. Der Anspruch der Wissenschaftlichkeit, der vom Formalismus ausging, trug zur Professionalisierung bei, etablierte und legitimierte das Fach Englische und Amerikanische Literaturwissenschaft in den Universitäten und sicherte nach dem zweiten Weltkrieg die Vormachtstellung des *New Criticism*.

Zuletzt waren zwar viele der *New Critics* wissenschaftsfeindlich, doch wollten sie auch nicht verglichen werden mit den eher verworren-unsystematischen Impressionisten des 19. Jahrhunderts, den "gentlemen amateurs", die die Literaturkritik eher als *pastime* denn als *profession* betrieben und betrachteten. (Cf. Ellis 1972:163; Kaplan/Rose 1990:48) Ihr Mißtrauen gegenüber zu emotional gesteuerten Interpretationen richtete sich gegen diese Vorgänger. Dies galt auch für ihre Vorstellung vom künstlerischen Schaffensprozeß.

Bereits T.S. Eliot schrieb, daß der Künstler sich selbst in der Kunst auslöschen sollte, weil er nur Katalysator der Kunst war. Eliot folgerte: "It is in this depersonalization that art may be said to approach the condition of science." (1917:17) Als Konsequenz hatte auch der Kritiker seine impressionistischen Gefühle und persönlichen Erfahrungswelten von der Interpretation zu trennen. (Cf. auch Brooks/Warren 1943:vii; cf. Cantarow 1972:63)

Der Eindruck der Wissenschaftlichkeit entstand vor allem durch die beiden zentralen Begriffe Komplexität und Struktur. Ein gutes Gedicht mußte komplex sein, Gegensätze, Ironien, Paradoxa und Ambiguitäten aufweisen; ein zentrales neukritisches Werk war denn auch Empsons *Seven Types of Ambiguity*. Damit das Werk aber nicht zerrissen und unausgewogen erschien, mußte die Gesamtstruktur des Textes das Gleichgewicht wiederherstellen. In der neukritischen Definition machte die Struktur aus dem Text ein geschlossenes Ganzes, dessen einzelne Elemente durch ein Strukturprinzip organisch miteinander verbunden waren. Die Worte, Verse und Bilder erhielten ihre Bedeutung aus dem unmittelbaren Kontext *innerhalb* des Textes – der außerliterarische Kontext, der in der Kanondebatte zentrale Bedeutung erlangte, hatte hier kein Gewicht. Die Struktur nahm dem literarischen Werk also den außerliterarischen Bezug und verlieh erst damit dem Werk seine Bedeutung.

Der Kritiker hatte die Aufgabe, das Werk einem *close reading* im engeren Sinne zu unterziehen: das ordnende Strukturprinzip eines Werkes zu finden, das den formalen Kontext für alle Elemente des Textes bildete. Dieses Gestaltprinzip war mehr noch als die nachfolgend betrachtete Autonomieforderung Kennzeichen des 'Kontextualismus', wie Winfried Fluck ihn bezeichnete. Der organische Text- und Strukturbegriff charakterisierte nicht nur den *New Criticism*, sondern auch die *American Studies*; die Autonomieforderung dagegen wurde letztlich aufgegeben. (Fluck 1975:190f)

Allerdings bestanden Unstimmigkeiten und Vagheiten in der neukritischen Definition der Struktur. Vor allem wurden Form und Struktur, eigentlich doch neutrale Begriffe, zu Werten an sich, gleichgesetzt mit *nur einer Art* der Struktur: der Einheit. "Daß [die Einheit des Textes] existieren muß,

wird vorausgesetzt; andernfalls handelt es sich eben nicht um literarisch wertvolle Literatur." (Fluck 1975:191; cf. Halfmann 1971:99) Die Form mußte
geschlossen sein, sonst wurde sie nicht wahrgenommen. Für 'wertvolle' Literatur mußte nach Cleanth Brooks gelten: "there is no waste motion and there
are no superfluous parts". (1949:83) Um zu illustrieren, wie problematisch
diese Auffassung war, nannte Fluck die kontextualistischen Interpretationen
von *Adventures of Huckleberry Finn*, die sich jeweils nur auf *ein* ordnendes
Strukturelement konzentrierten. Sie wurden der Vielfältigkeit des Buches
nicht gerecht, weil sie seine Uneinheitlichkeit nicht anerkennen konnten.
(Fluck 1975:193) Eine 'Epistemologie des Restes', die Idee also, daß keine
Interpretation alle Fragen und Unklarheiten eines 'guten' Werkes restlos klären könnte, war im *New Criticism* nicht vorstellbar; eine offene Struktur, eine
uneinheitliche Form waren 'contradictions-in-terms'.

Ein anderer Widerspruch fand sich im Begründungszusammenhang. Wie
Donald Keesey vermerkte, wurde Komplexität in der Literatur nicht nur deshalb geschätzt, weil sie zur Auseinandersetzung zwang, sondern weil sie der
Komplexität des Lebens entsprach. Die meisten *New Critics* konnten also als
"mimetic formalists" eingestuft werden. Es ergab sich dadurch jedoch ein
zentraler Widerspruch in ihrer Theorie. Denn im Gegensatz zur Komplexität
konnte der Begriff der Kohärenz nicht unter Hinweis auf seine Analogie 'zum
richtigen Leben' legitimiert werden. Nun argumentierten Formalisten, daß
einem guten Gedicht diese Spannung nichts anhaben konnte, es "invulnerable
to irony" war. Auch Keesey versuchte zu vermitteln, indem er die Versöh-
nung zwischen den Polen des Chaos und der Ordnung als Indiz großer Kunst
definierte. Doch er blieb bei der Erkenntnis, daß der *New Criticism* mit den
Begriffen der Komplexität und Kohärenz zwei widersprüchliche Wertkon-
zeptionen verfolgte. (Keesey 1987:79)[5]

---

5 Es könnte spekuliert werden, daß der Versuch, Komplexität und Chaos durch Formgebung und
  Kohärenz auszugleichen, eine Metapher für das neukritische Gesellschaftsbild war, das auf Kohärenz und Geschlossenheit beruhte.

Die Widersprüchlichkeit des *New Criticism* muß kommentiert werden. Sie wird zum einen erklärlich dadurch, daß seine Vertreter verschiedene Wege erprobten bei dem Versuch, Parringtons naives Wirklichkeitsverständnis zu ersetzen. Dies führte zu Spekulationen über die Natur des Menschen oder das Wesen der Literatur, die später teilweise wieder zurückgezogen wurden.

Die Widersprüchlichkeit erklärt sich zum anderen durch die mehrfache Frontstellung des *New Criticism*. Ihre Logik wird sichtbar, sobald man die neukritische Theorie in Hinblick auf die Strömungen betrachtet, gegen die sie sich formiert und definiert hatte. Gegen die Positivisten, die der Literatur kognitive Funktionen absprachen, setzten die *New Critics* die spezifische Existenz der Literatur, die auf ihre eigene Art Wahrheiten über die Welt sichern konnte. Gegen die impressionistisch-subjektivistische Lesart betonten sie die wissenschaftliche Objektivität ihrer Forschung. Gegen die Literalisten, die Literatur nur zur Untermauerung historischer Fakten lasen, erklärten sie die Autonomie und Nichtreferentialität literarischer Texte: "The necessity to fight battles on so great a variety of fronts forced the New Criticism to stretch its concepts until they became ambiguous". (Graff 1979:141) Das ist aber nur der Fall, wenn man die einzelnen Begriffe absolut, 'without a grain of salt', nimmt. (Halfmann 1971:102) Der Wissenschaftsbegriff zum Beispiel enthält zwar Widersprüche, die sich aber im historischen Blick aufklären. Eine Gegenbewegung war immer in der einen oder anderen Art ein Spiegel der Position, gegen die sie sich bildete, gerade weil sie sich gegen sie definierte und durch sie strukturierte. Die unvermeidliche Analogie soll aber nicht dazu verleiten, die neukritische mit der positivistischen Bewegung gleichzusetzen. Man muß wie Peper differenzieren: "Man rettete sich vor dem Positivismus durch die Flucht in Richtung Neopositivismus, ohne natürlich voll dort anzulangen." (1977:67) Ebenso richtete sich der Begriff der Objektivität gegen die *Impressionists*, sollte aber weniger die wissenschaftliche Distanz ausdrücken, als "the objectness" des Gedichtes vor den Überlagerungen durch die Leser- und Intentionsinterpretationen retten. (Cf. Keesey 1987:74)

Der Vorwurf des neukritischen Szientismus war also nicht aus der Luft gegriffen, muß aber relativiert werden, denn ihm stand die Motivation des *New Criticism* gegenüber: die Kritik am Wissenschaftsdenken, die er mit der Neuen Linken teilte. Das heißt, daß eine durchaus ähnlich gelagerte Intention zu völlig verschiedenen Ergebnissen geführt hatte.

Textautonomie

Die Abwendung der *New Critics* von der 'Welt' ist im historischen Kontext zu verstehen. Die Welt, von der sie sich abwandten, war die des Nordens, die für sie die an ihrem Fortschritt erstickende Zivilisation repräsentierte. Ihre Abgrenzung des Textes von der Welt implizierte auch eine Kritik an Historikern wie Vernon Parrington, die Literatur nur noch in ihrem Wirklichkeitsbezug beschrieben, und wiederholte damit die Kritik Lionel Trillings an Parrington.

Die Hinwendung zum Text hatte einen Namen, den des *close reading*. Meist ging das 'close reading' allerdings nicht über die Anweisung hinaus, sich dem Werk selbst zuzuwenden. (Cf. Fluck 1975:182) Weniger Methode als Haltung, forderte das textnahe 'genaue Lesen' die verstärkte Aufmerksamkeit für den literarischen Text. Die für das Erkennen der Werkaussage entscheidenden Bedeutungsstrukturen waren im Werk verankert; jedes Element des Textes war bedeutsam. (Cf. Easthope 1991:13) Die Mahnung der *New Critics*, den Text ernstzunehmen und genau zu arbeiten, kann als grundsätzlich positiver Beitrag zur Literaturkritik betrachtet werden:

> [Der *New Criticism*] zwang die Lehrenden zu einer sorgsameren Interpretation dichterischer Texte [...] und lehrte eine Generation von Schülern ein differenzierteres, werkgerechteres Verständnis des literarischen Kunstwerks. (Halfmann 1971:78)

Auch die radikalen Kritiker akzeptierten das *close reading* als Voraussetzung der Textinterpretation. (Cf. Weimann 1972:99; Ohmann 1970:134f; Cantarow 1972:61)

Die allseits gelobte Lesegenauigkeit war aber nur ein erster Schritt; hinter dem Begriff des 'close reading' stand ein Textverständnis, das von der Neuen

Linken nicht geteilt wurde, nämlich das der textlichen Autonomie. Das heißt, die Hinwendung zum Text war eine absolute; der weltliche Bezug des Textes wurde gekappt: "Literature can make nothing happen." (Zit. in Kermode 1988b:70) Die literarische Sprache zeichnete sich aus der Sicht des *New Criticism* durch das Fehlen ihrer Referenzfunktion aus. In diesem Sinne war die neukritische Überzeugung zu verstehen, daß ein Gedicht nicht über sich hinauswies: "A poem should not mean but be." (Wimsatt 1954:97) Für Cleanth Brooks durfte ein Gedicht nicht paraphrasiert werden; seine Bedeutung, seine Aussage konnten nicht im vordergründigen Inhalt liegen. In diesen Zusammenhang gehörten auch die von Monroe C. Beardsley und W.K. Wimsatt geprägten Begriffe der "intentional fallacy" (dies war der Titel eines Essays von 1946) und "affective fallacy": der biographische Hintergrund des Autors war von der Textauslegung ebenso zu trennen wie die spontane, gefühlsmäßige Reaktion des Lesers; es war für die Interpretation unerheblich, was der Autor 'gemeint' hatte. In seinem berühmten Aufsatz "Tradition and the Individual Talent" beschrieb T.S. Eliot den Dichter nicht als Schöpfer, sondern als Medium: "It is not in his personal emotions [...] that the poet is in any way remarkable or interesting." (1917:20) Die Erfahrung des Dichters sei irrelevant für das Gedicht selbst: "Poetry [...] is not the expression of personality, but an escape from personality." (Eliot 1917:21; Fluck 1975:187; Weimann 1962:133ff)

Die Kritik der Neuen Linken setzte nicht beim 'close reading' an, sondern bei der Autonomie des Textes; hier schien die apolitische, wissenschaftlich-neutrale Haltung der *New Critics* ihre Verankerung zu haben. Doch wer dies den *New Critics* vorwarf, machte es sich zu leicht. Wie wir gesehen haben, wiesen die Neukritiker der Literatur durchaus eine gesellschaftliche Verantwortung zu. Richard Ohmann war unter den wenigen Neuen Linken, die dies erkannten; er schrieb zu dem Vorwurf, der *New Criticism* sei amoralisch:

> But that is much too simple a charge: the pages of the New Criticism are bound
> together with moral fiber, almost strident in urging a social mission for literature.
> (Ohmann 1970:135)

Begriffe wie "Wissen" und "Erfahrung", die ein Gedicht vermittelte, waren geradezu zentral für die neukritische Theorie. (Halfmann 1971:94) Die Forderung von Cleanth Brooks lautete in diesem Sinne:

> What we do ask is that the poem dramatize the situation so accurately, so honestly, with such fidelity to the total situation that it is no longer a question of our beliefs, but of our participation in the poetic experience. (Brooks 1949:89)

Nicht das Ob, sondern das Wie und das Wieviel der gesellschaftlichen Verantwortung von Literatur trennte die Neue Linke vom *New Criticism*. So waren aus Sicht der *New Critics* 'Erfahrung' und 'Persönlichkeit' im Gedicht sehr wohl dargestellt, wurden jedoch nicht konkret, sondern nur abstrakt in ihrer allgemein-menschlichen Form aufgefaßt. (Graff 1979:139) Die gesellschaftliche Bedeutung der Literatur lag gerade in ihrer Abgegrenztheit zur Welt, durch die sie vor der Vermassung und der zunehmenden Technologisierung der Gesellschaft bewahrt wurde. Die Entreferentialisierung der literarischen Sprache schuf einen eigenständigen Gegenbereich zur Masse. In diesem war eine andere Sinnstiftung möglich, und es ließen sich Werte schaffen und vermitteln. Der Leser wurde gefordert, sich mit der Kunst auseinanderzusetzen und sein Fühlen und Denken durch sie zu vertiefen. Die Literatur behielt also ihre humanistische Aufgabe. So schrieb Brooks: "Participating in that insights we doubtless become better citizens", und fügte hinzu: "One of the 'uses' of poetry, I should agree, is to make us better citizens." (1949:89)

Die Konzentration auf die Literatur war sogar ein potentiell demokratisierender Akt, weil der Text dem Leser direkt zur Verfügung gestellt wurde. Um die textliche Bedeutung zu erfassen, mußten keine Experten herangezogen werden, die notwendige historische oder biographische Hintergrundinformationen lieferten. Donald Keesey schrieb zum Demokratisierungspotential der Literaturkritik:

> there seems to be in theory no reason why the untrained reader equipped only with a sharp eye and a large dictionary should not explicate a given poem as well as the most experienced critic. (1987:76f)

Allerdings läßt sich bezweifeln, wie demokratisch die Literaturwissenschaft durch den *New Criticism* wirklich geworden war. Die Praxis zeigte,
daß kaum ein 'Amateurleser' es mit einem Kritiker aufnehmen konnte – die
Isolierung des Kunstwerks war eine neukritische Illusion, weil in Wirklichkeit die Kritiker ihre Analysen sehr wohl auf die Kenntnis anderer Kontexte
stützten, für die es des Expertentums wieder bedurfte. (Keesey 1987:77) Ein
Gedicht, dessen Sprache entreferentialisiert war, grenzte sich vom Alltag und
der Alltagssprache ab – je komplexer ein Werk wurde, desto mehr benötigte
es einen Spezialisten für seine Analyse.

Ebenso fragwürdig war der gesellschaftliche 'Erfahrungs'begriff der *New
Critics*. Wenn die *New Critics* von 'Wissen' und 'Erfahrung' in abstrakter
Form sprachen, enthob sie das nicht von der Notwendigkeit, diese Begriffe zu
definieren, da sie sonst inhaltsleer zu werden drohten: "Wir fragen: [...] Wissen wovon?" (Halfmann 1971:91)

Trotz dieser Problematik muß erneut hervorgehoben werden, daß das gesellschaftliche Sendungsbewußtsein der *New Critics* unverleugbar war. Man
könnte sogar abschließend die Frage stellen, wie groß die Kluft zwischen
dem *New Criticism* und seinen Herausforderern wirklich war. Immerhin war
ihnen das Mißtrauen gegen die gesellschaftliche Erstarrung, das technologi-
sierte Denken und die soziale Vermassung und Homogenisierung gemeinsam.
In diese Richtung ging Graffs Überlegung:

> It is true enough that the New Critics sought to depersonalize literary experience
> and that their antagonists have sought to repersonalize it. But personalization and
> repersonalization may be merely different means of registering the same reaction
> against the industrial ethos. (1979:138)

Richard Ohmann, selbst radikaler Kritiker des *New Criticism*, erkannte an:

> The intent [of the New Criticism] is not to divorce literature from social and
> personal reality but to make the relationship an indirect one [...]. The New Critics
> know that poems are related to life, but they want to let the poem create its own
> mimetic life before seeing how it fits the world outside. (1970:136)

Richard Pells bestätigte die neulinken und neukritischen Gemeinsamkeiten – seiner Auffassung nach erschienen die Rebellen der 1960er Jahre oft

wie allzu gehorsame Schüler der Intellektuellen der 1950er Jahre. Natürlich wurde die Generation der 1960er Jahre nicht so, wie ihre Vorgänger es sich erhofft haben mochten, doch die neulinken Anliegen wurzelten häufig in den zurückliegenden Jahrzehnten. Die Ohnmacht des Bürgers, das Gefühl der Entfremdung, das Mißtrauen gegen die Industrialisierung der Gesellschaft und die Hoffnung, daß Literatur menschliche Probleme lösen könnte, waren Themen beider Generationen. Aus der Skepsis und Resignation der 1950er Jahre wurden die Empörung und Wut der späten 1960er Jahre. Weder die *New Critics* noch die *New Left* jedoch erkannte diese Kontinuitäten an. (Pells 1985:406f)[6]

Es handelte sich in der Argumentation also keineswegs um zwei entgegengesetzte Pole von Literatur und Wirklichkeit, die in einem Entweder-Oder-Verhältnis zueinander standen. Das Problem war vielmehr eines der relativen Gewichtung. Diese Einschränkung soll beiden Begriffen in ihrem Verhältnis jedoch nicht die Spannung nehmen; der Widerspruch bleibt.

Literaturkanon

Es bleibt festzuhalten, daß die Neuen Linken mit wenigen Ausnahmen die Gemeinsamkeiten mit den *New Critics* nicht bemerkten – es gab aber auch klare Gegensätze zwischen ihren Konzepten. Der Formalismus verbot es, bestimmte Aussagen eines Textes als politisch bedeutsam einzuordnen. Die indirekte Art und Weise, mit der Literatur eine gesellschaftliche Wirkung erzielte, war den Neuen Linken nicht genug. Sie sahen, daß die direkten Aussagen, die ein Text oft genug aufwies, verlorengingen, wenn sie nur untersuchten, *wie* ein Text funktionierte, und nicht, *was* ein Text meinte. Die

---

6 Ein gutes Beispiel dafür ist Louis Kampf: Er kritisierte die zunehmende Bürokratisierung der Akademie und den übersteigerten Veröffentlichungsdruck, der wiederum eine eigene Verwaltung durch (gar computergesteuerte) Bibliographien verlangte – ein Gipfel der Absurdität aus der Sicht Kampfs. (1967:46ff, 52) Das Problem ist hier nicht, daß der heutige Leser angesichts der Selbstverständlichkeit digitaler bibliographischer Hilfsmittel amüsiert oder betreten reagieren mag, sondern daß Kampf nicht anerkannte, daß er diese Zivilisations- und Technikskepsis mit den *New Critics* teilte. Sein Artikel suggerierte vielmehr, daß die *New Critics* für diese Technologisierung der Literaturwissenschaft verantwortlich zu machen seien.

bloße Anerkennung des 'Menschlichen', der Erfahrung etc. war ihnen zu un-
spezifisch; mehr noch, sie konnten sich mit dem 'Allgemein-Menschlichen'
nicht mehr identifizieren. Selbst wenn die Neuen Linken anerkannt hätten,
daß die *New Critics* sich gegen die Impressionisten des 19. Jahrhunderts
wandten und daß mit Objektivität nicht eine 'sterile', wissenschaftliche
Distanz zum Text gemeint war, hätte für sie immer noch die Notwendigkeit
bestanden, die Position der Lesenden einzuklagen. Die Wahrnehmung der
Welt mochte ähnlich gewesen sein, aber sie bezogen verschiedene politische
Standpunkte, und wo die einen den Rückzug von der Welt in die Kunst an-
ordneten, forderten die anderen das Hinaustreten der Kunst in die Welt.

Der Gegensatz fand sich nicht nur im Textbegriff, sondern auch in der
Textauswahl. Die Privilegierung bestimmter Texte durch den *New Criticism*
war von den *New Critics* selbst nie recht anerkannt worden, weil sie ihre
Theorie gleichermaßen für Fiktion und Lyrik zuständig erklärten und Epo-
chenbegriffe für irrelevant hielten. Doch tatsächlich war der *New Criticism*
eine Literaturkritik der Moderne. In der Kunst der Moderne verschob sich die
Gewichtung vom Inhalt zur Materialität, zur Form; eine inhaltsorientierte
Kritik verlor ihr Erklärungspotential zugunsten einer formal orientierten Kritik. (Cf. Fluck 1975:195f; Halfmann 1971:87) Die Entstehung des *New Criticism* korrespondierte mit dieser Entwicklung. Daher war es kein Zufall, daß
sich die Texte der Moderne der neukritischen Interpretation im besonderen
Maße anboten. Das ideale Genre der *New Critics* war die Lyrik, für die eine
gewisse Kürze und Abgeschlossenheit, eine starke, oft strenge Formgebung,
eine Verdichtung der Sprache typisch sind. Auch die lyrische Sprache lädt
ein, dem Gedicht eine eigene Welt zuzugestehen. Diese Charakterisierung
traf insbesondere auf die stark formal bestimmte Lyrik der *Metaphysicals* des
17. Jahrhunderts zu, die die *New Critics* wiederentdeckten. Die Gedichte von
George Herbert, John Donne und anderen zeichneten sich durch Ironien und
Paradoxa aus; typisch waren vor allem die *concetti*, die komplexen Bilder
und Metaphern. In der Interpretation von Lyrik war der *New Criticism* am

erfolgreichsten und effektivsten; seine Begrifflichkeiten sind aus diesem Bereich nicht wegzudenken.

Was dagegen das Genre des Romans betraf, so stellte sich die Frage, ob eine streng formalistische Interpretation ihm gerecht werden konnte. Die enggefaßte Literaturdefinition hatte zur Folge, daß Werke wie *Tristram Shandy*, *Jane Eyre* und *Wuthering Heights* aus dem Kanon herausfielen, Autoren wie Whitman und Poe als problematisch galten und Harriet Beecher Stowe gänzlich ignoriert wurde. (Fiedler 1993:30) Am Beispiel von *Huckleberry Finn* zeigte sich, daß die Suche nach einem einzigen alles ordnenden Strukturprinzip eine Gesamtwürdigung des Romans verfehlen mußte. (Fluck 1975:193) Weimann formulierte seinen Zweifel anschaulich: "Es ist gleichsam, als sollte das Instrument, das die feinste Maserung eines Holzes ermittelt, nun auch zur Orientierung in einem weiten Wald von Bäumen dienen." (1962:101) So ließ sich schließlich fragen:

> Ist 'Technik' im Roman wirklich [...] 'nearly everything?' Kann bzw. muß der Roman nicht im Licht auch anderer Kategorien interpretiert werden, um sich zu erschließen — derer etwa, von denen Tate abschätzig als 'the lights that are called today the social and historical' [...] spricht? (Halfmann 1971:83)

Halfmann erkannte zwar die Leistung des *New Criticism* an, zum Verständnis erzählender Prosa beigetragen zu haben, urteilte aber abschließend: "Eine Theorie des Romans, die von dessen Gegebenheiten [...] ausgeht, hat er nicht geliefert." (1971:84)

Für die Romaninterpretation war die Forschungsrichtung der *American Studies* bedeutsamer. Typische Werke waren Leo Marx' *The Machine in the Garden* (1964), Leslie Fiedlers *Love and Death in the American Novel* (1960) oder Richard Chases *The American Novel and Its Tradition* (1957). Auch die *American Studies* privilegierten bestimmte Werke bei der Interpretation, eben die nämlich, die in ihrem Sinne als besonders amerikanisch gelten konnten. Zentral waren hier Autoren wie Hawthorne, Melville, Whitman und die *Transcendentalists* (die bereits in F.O. Matthiessens *American Renaissance* [1941] für die *American Studies* entdeckt wurden): sei es, weil ihre Kritiker in Melville und Hawthorne die weltanschauliche Skepsis, die Komplexität und den Bilderreichtum wiederfanden; sei es, weil sie wie Emerson und Whitman versuchten, spezifisch amerikanische Denkweisen herauszuarbeiten. Außerhalb des Romangenres boten sich die Meditationen, Predigten und Gedichte des Puritanismus an, deren Bedeutung für den amerikanischen Nationalcharakter Perry Miller erhellt hatte.

Im Unterschied zum *New Criticism* war in den *American Studies* das Prinzip der literarischen Autonomie aufgegeben worden – es ging immerhin darum, das spezifisch Amerikanische der US-Literatur zu zeigen (und hier erwiesen ihre Vertreter sich als Nachfolger von Matthiessen und seiner Suche nach "literature for our democracy", Matthiessen 1941:xv). Die Tatsache, daß im Liberalismus die Literatur einen expliziten gesellschaftlichen Bezug aufwies, war dem pauschalisierenden Blick der *Radicals* entgangen. Allerdings teilten die *American Studies* mit dem *New Criticism* wesentliche ästhetische Ideen wie die der Geschlossenheit eines Werkes, seiner organischen Struktur und der Ausgewogenheit. (Cf. Fluck 1975:249ff) Selbst in bezug auf die Aussagen amerikanischer Literatur vermieden sie allzu direkte Interpretationen und versuchten, das Wesen der Kultur in indirekten, uneigentlichen, symbolischen Bedeutungszuweisungen zu entdecken. (Fluck 1975:245ff) Wieder wurde hier ihr Bemühen deutlich, dem naiven Wirklichkeitsverständnis Parringtons zu entgehen.

Auch konnten die Interpretationen liberaler Kritiker den politischen Überzeugungen der *Radicals* nicht genügen. Bedenkt man, daß die Suche nach 'dem amerikanischen Charakter' der *consensus*-Stimmung im Lande entsprach, liegt der Schluß nahe, daß Werke, die sich diesem integrierenden Konsens *radikal* widersetzten, innerhalb der *American Studies* schwer zu fassen waren. Dem widersprach nicht, daß Leslie Fiedler und andere Amerikanisten sich durchaus als Opposition gegen den Zeitgeist verstanden, diesen oppositionellen Geist auch in der *American Renaissance* verorteten und Melvilles *NO! in thunder* zum Kampfruf kürten. Ihre oppositionelle Rhetorik kehrte sich nicht fundamental gegen die herrschenden Werte.

Schließlich überschnitt sich im *New Criticism* und in den *American Studies* auch der allgemeine ideologische Stellenwert des Kanons. In der Moderne fiel der Kunst eine heilbringende Bedeutung zu. Die Kunst ermöglichte transzendentale Erfahrungen, die die Religion nicht mehr bieten konnte; sie garantierte eine zwischenmenschliche Kommunikation, die auf der gesellschaftlichen und psychologischen Ebene gefährdet erschien; sie versprach den Zivilisationsprozeß zu einer Zeit fortzusetzen, da der technische Fortschrittsglaube erstmals erschüttert worden war. Die Universität als Ort der Bildung und Erziehung und Zufluchtsort vor dem weltlichen Erfahrungsanspruch, und darin wiederum die *Humanities* und ihr Kanon, erhielten eine Schlüsselrolle für die Vermittlung der Kunst.

Angesichts dieses Kunstbegriffes war es in der Literaturkritik von eminenter Wichtigkeit, 'Kunst' und 'Nicht-Kunst' klar zu unterscheiden. Denn was keine Kunst war, gefährdete die heilbringende Mission und durfte nicht Teil des (ob neukritischen oder liberalen) Kanons sein. Insofern hing ein ganzes Weltbild von der Verteidigung des Kanons ab.

Radikale Literaturkritik

Welche Literatur sollte nun die neukritische Ordnung ersetzen? Welches alternative Literaturverständnis sollte zur Geltung kommen? Eine nähere Betrachtung der radikalen Literaturkritik wird ergeben, daß es leichter war, Kritik am *New Criticism* zu üben, als ein komplexes und tragfähiges Gegenkonzept zu erarbeiten. Es lassen sich dennoch einige Eckpunkte eines neuen Literaturverständnisses herausarbeiten, die ich mit den Begriffen Aktionismus, Relevanz und Lebensbezug klassifizieren möchte. Wenn man zum Vergleich neukritische Tragpfeiler wie beispielsweise Struktur, Einheit und Autonomie dagegenhält, könnten die Gegensätze nicht krasser erscheinen.

Der Begriff des Aktionismus als zentrales Element der neulinken Literaturkritik muß überraschen, weil er von der Literatur fortweist. Tatsächlich ging es den radikalen Kritikern zunächst weniger darum, die Politik in irgendeiner modifizierten Weise in die Literatur hineinzutragen, sondern eher darum, die Literaturwissenschaftler als politische Aktivisten zu rekrutieren. Das Ziel der radikalen Kritiker war es, aktiv zum gesellschaftlichen Wandel beizutragen, am "struggle for socialism in the United States" teilzunehmen (Kampf/Lauter 1972:7) und 'dem Volk zu dienen'. (Franklin 1972:107) Dies hieß, die bisherigen Prioritäten der Literaturwissenschaft umzukehren, "the *study* of great literary achievements" der "social or political action" hintanzustellen. (Franklin 1972:103) So schrieb Lennard Davis im Rückblick:

> the main concern of radical teachers at that moment was not pedagogy but political activism. Teach-ins against the war, racism, and inequality were high on the agenda, reconceptualizing the teaching of literature and culture was not. (1990:3)

Politik war dabei ein wenig problematisierter Begriff; er konnte direkt als Aktionismus übersetzt werden in dem Sinne, wie ihn die Studentenbewegung auch verstanden hatte, nämlich in der Form von Protestäußerungen, Happenings, Demonstrationen, Sit-ins, etc. Die Politik, die darüber hinausgehen würde, zuallererst die oft zitierte 'Revolution', blieb undefiniert. Gleichzeitig brachte die Definition der akademischen Neuen Linken als Aktivisten ihre Schwierigkeiten mit sich. *Die Radicals* fanden sich in dem Dilemma, selbst Teil der als repressiv empfundenen akademischen Institution zu sein; die Universität war sowohl Zentrum des Establishments und als auch der Ort von Reform und Protest. (Ericson 1975:59ff) Diese Spannung spiegelte sich später in der Frage wider, ob Literatur als unterdrückend oder befreiend zu werten sei.

Daneben sahen die Neuen Linken eine drohende Unvereinbarkeit ihrer Rollen als Intellektuelle und Aktivisten. (Cf. Kampf/Lauter 1972:13; Kampf 1967:60) Viele konnten die Widersprüche ihrer Position nicht hinnehmen und widmeten sich nur noch dem politischen Aktivismus. (Kampf/Lauter 1972: 37f; Ericson 1975:149) Andere sahen das Dilemma als Herausforderung: "Our responsibility as teachers of literature, then, [lies] in rebuilding scholarship, a new intelligentsia, an active socialist movement". (Cantarow 1972:97) Doch der Versuch, den Unterschied zwischen akademischen Intellektuellen und den werktätigen Massen zu ignorieren, war wenig überzeugend: "Yet are we not, after all, wage earners? intellectual workers? [...] has the academy not alienated us from our work?" (Kampf 1967:57; cf. auch Cantarow 1972:69)

Diejenigen, die sich entschieden, an der Universität zu bleiben, versuchten, zentrale Elemente ihrer Weltanschauung in die Literaturwissenschaft hineinzutragen. Die Forderung nach Lebensbezug und Relevanz mißachtete bewußt die neukritische Betonung der ästhetischen (Ab-)Geschlossenheit eines literarischen Textes. Die "Lebensemphase", wie Gert Mattenklott sie nannte, war ein Erbe der Studentenbewegung und ihrer Privilegierung des Spontanen, Subjektiven, Lustvollen, Körperlichen. (Mattenklott 1993:17)[7] In der Literaturkritik der Neuen Linken zeigte sich das in der Romantisierung der Mündlichkeit, der Aufwertung von Briefen, Tagebüchern und Reiseberichten gegenüber formalisierteren Genres und in der Thematisierung der Sexualität. Literatur wurde auf ihre konkreten Inhalte hin überprüft, "als Lebenskunde in Beispielen" gelesen. Der hohe Stellenwert, den "persönliche Erfahrung und ihre authentische Mitteilung" einnahmen, erklärte sich aus ihrer Gegenposition zur Technik. Die Neue Linke leistete damit "Trauerarbeit über den Preis der Moderne". (Mattenklott 1993:17)

Auffällig war hier erneut der Mangel an historischem Bewußtsein auf Seiten der *Radicals*, denn wie bereits erwähnt, beklagte auch der *New Criticism* 'den Preis der Moderne'; auch er stellte ihr den Wert der menschlichen Erfahrung entgegen. Wieder scheint es, als seien die Neuen Linken nur folgsame Schüler des *New Criticism* gewesen; sie verstanden deren Aussagen wörtlicher, als ihre neukritischen Lehrer sie gemeint hatten.

Es lag wohl unter anderem am fehlenden geschichtlichen Bewußtsein, daß die Erkenntniskritik der akademischen *Radicals* in vielen Bereichen oberflächlich geblieben war. Eine Differenzierung und historische Einordnung des 'Gegners' blieb aus, wenn gegen die als zu starr empfundenen Analysemethoden eine Wahrheit gesetzt wurde, die sich aus der Spontaneität und

---

7 Mattenklott bezog sich in seinem Artikel zwar auf die deutsche Neue Linke, aber viele seiner Ausführungen sind auch für die amerikanische Linke gültig.

(nicht weiter definierten) Natürlichkeit des Lesers ergab. Denn auch göttliche, patriarchalische oder kaiserliche Autoritäten waren einst als Teil einer natürlichen Ordnung dargestellt worden; es blieb offen, worin der Unterschied zu diesen 'Natürlichkeiten' lag. Es war dann auch nicht erklärlich, wie die individuelle, spontane, 'natürliche' Gefühlsäußerung beim Lesen zur Klassensolidarität führen sollte.

Eng mit der 'Lebensemphase' verbunden war die Frage nach der 'Relevanz', genauer, der Relevanz der Literatur(kritik) für das tägliche Leben der Lesenden. In dem starken individuellen Verantwortungsgefühl begründete sich der Vorbehalt der Neuen Linken gegen die ästhetische Geschlossenheit der Kunst: "We explicate, we analyze structures, we examine genres – but we ask no questions about a work's role in anyone's life", kritisierte Louis Kampf die traditionelle Literaturkritik. (1967:53) Letzteres, nämlich die spezifische gesellschaftliche Auswirkung der Literatur, wurde zum zentralen Thema der linken Literaturkritik. (Cf. Kampf/Lauter 1972:8)

Viele der Neuen Linken beriefen sich auf Arnold, der das Studium der Literatur mit gesellschaftlicher Verantwortung verband: "The function of poetry, Matthew Arnold once said, is to criticize life." (Kampf 1967:53; Ohmann 1970:131) Dies war natürlich ein strategischer Zug, sich als die legitimen Nachfolger des großen alten Herrn der Literaturkritik auszugeben. Doch erneut wirkte sich die fehlende historische Bezugnahme störend aus. Einerseits relativierte das vollständige Zitat Arnolds seine Nützlichkeit für die *Radicals*: "[poetry is] a criticism of life under the conditions fixed for such a criticism by the laws of poetic truth and poetic beauty". (Arnold 1880:163) Tatsächlich war Arnold auch häufig von den *Radicals* kritisiert worden (Cf. Kampf/Lauter 1972:17; Ohmann 1970:141; Kampf 1970:632). Seine Empfehlung, daß die Literaturkritik sich von praktischen und politischen Überlegungen strikt fernhalten solle, lief dem neulinken Selbstverständnis entgegen. (Arnold 1865:270) Andererseits war nicht einmal der aus dem Zusammenhang gerissene Satz aussagekräftig genug, denn "the criticism of life" hatte bereits für so viele unterschiedliche Kunstdefinitionen herhalten müssen, daß er praktisch aussagelos geworden war. (Cf. z.B. Pells 1973:184, 188) Diese Ungenauigkeit führt uns direkt zur Frage nach dem neulinken Literaturbegriff, denn solange offen blieb, wie die Kritik des Lebens durch die Literatur konkret erfolgte, wie sie literarisch vermittelt und vom Leser umgesetzt wurde, mußten Aussagen über die Relevanz oder 'Lebenskritik' der Literatur inhaltsleer bleiben.

Am Beispiel Ellen Cantarows zeigt sich, wie sehr das Literaturverständnis der *Radicals* an einem sehr direkten, expliziten Referenzbegriff orientiert war. Cantarow beklagte die formelhaft-formalen Analysebegriffe des *New Criticism*, die ihrem Gefühlsüberschwang angesichts der Lyrik Popes und Wordsworths nicht gerecht werden konnten. Doch letztlich ging es ihr gar nicht so sehr um das Ausleben-Können einer 'poetischen', d.h. vom Alltag abgegrenzten Erfahrung. Diese wertete Cantarow ab, wenn sie schrieb: "we heard the poetry more as 'music,' and didn't really hear Pope's message at all." (1972:60) *Pope's message*: entscheidend war also die *Botschaft* des Gedichtes. Und die lag im Unterschied zu der formal vermittelten Bedeutung des Gedichts (die ich im neukritischen Sinne *meaning* nenne) im direkten außerliterarischen Bezug. Das heißt, entscheidender als der Vers "Let then the Fair one beautifully cry / In Magdalen's loose hair and lifted eye" war der Beginn von Popes "Epistle": "Nothing so true as what you once let fall, / 'Most Women have no Characters at all.'" (Zit. in Cantarow 1972:59) Diese Botschaft wurde wörtlich gelesen und erschien Cantarow als empörendes Urteil über Frauen. Die Menschlichkeit und die Tragik dieser Frauen (manche von ihren Bekannten litten beispielsweise an den Folgen einer illegalen Abtreibung oder eines Nervenzusammenbruchs) spiegelten sich nicht im Gedicht wider: "Where were we? We were nowhere. Rendered invisible." (1972:61)

Die Naivität, mit der Cantarow die Zeile wörtlich nahm, ohne nach einer ironischen Brechung zu suchen und ohne sie historisch einzuordnen, ist unleugbar. Aber sie muß im Kontext ihres literaturwissenschaftlichen Trainings gesehen werden. Zwar verweigerte einerseits der *New Criticism* Cantarow

den Weg zu ihrer Lesart durch seine Regel, daß kein poetischer Satz aus seinem direkten Kontext gerissen und auf seine außerliterarische Referenz hin
überprüft werden durfte. Eine andere neukritische Regel jedoch wies ihr den
direkten Weg dazu, daß nämlich die Bedeutung eines Textes unabhängig von
seinem historischen Entstehungsmoment war. Sie war zu jedem Zeitpunkt
dem Text entnehmbar, also allgemeingültig. Im Grunde war die ahistorische
Lesart Cantarows nur ein Echo des neukritischen Ahistorizismus: wenn Popes
Gedicht zeitlos war und für Cantarow ebenso gültig sein sollte wie für jeden
anderen aufmerksamen Leser, war die Versuchung groß, sich nach diesen
'most women' umzusehen, selbst wenn die erste Regel dies verbot. Und diese
erste Regel lud gerade durch ihre Absolutheit dazu ein, sie zu brechen. Denn
sie wurde hinterfragt durch Gedichte, die ganz offensichtlich über sich hin-
auswiesen (und selbst die *New Critics* hatten sich in der Praxis nicht an die
Isolierung des Textes gehalten, cf. Keesey 1987:77f). Der Fehler, der Cantarow unterlief, war also nicht, Popes Gedicht eine Referenzfunktion zu unter-
stellen, sondern nur, den Grad dieser Referenz zu überschätzen bzw. das Gedicht nur noch auf seine wörtliche Referenz hin zu betrachten. Die direkte
Referentialität der Literatur war demnach ein zentrales Element des neulinken Literaturverständnisses. Ebenso wichtig war die Annahme, daß Literatur
ein entscheidendes Sozialisierungspotential hatte bzw. die normative Forderung, daß Literatur die Menschen 'richtig' sozialisieren sollte. Auch dies war
keine neue Erfindung, sondern eine traditionelle humanistische Idee. Der Unterschied lag wieder im Grad der Vermittlung und ihrem Stellenwert für die
Literatur, nicht zuletzt auch in der Definition der 'richtigen' Sozialisierung.

Wie bereits deutlich geworden ist, war die literarische Verarbeitung des
Lebens, die vorausgesetzt wurde, eine realistisch-mimetische. Dabei konnte
der Grad der Nachahmung nicht hoch genug eingeschätzt werden. Die Frage
der literarischen Vermittlung war unerheblich geworden; Literatur konnte
wörtlich gelesen werden. Zusammen mit der Überzeugung, daß die Literatur
einen starken Sozialisierungseffekt hatte, daß also jede literarische Aussage
für ihre Leser eine Autorität besaß, mußte der Einfluß von Literatur, deren

politische Botschaft nicht der eigenen Überzeugung entsprach, als bedrohlich empfunden werden. Bruce Franklin war vielleicht ein Extrembeispiel in diesem Zusammenhang. Er kritisierte "T.S. Eliot, who tells [his readers] that they are trash stuffed with straw" (Franklin 1972:103) und George Orwell und William Golding, deren Werke *Animal Farm* und *Lord of the Flies* "outright reactionary tracts" seien, "which come right out and say in terms that everyone can understand: Man is a pig." (Franklin 1972:116) Die Naivität, mit der Franklin dies wörtlich las, entbehrte nicht einer gewissen Komik, vor allem wenn er fortfuhr:

> But this trash can't withstand the rising revolution. For instance, how can you assert that the revolutionary leaders are just pigs, as Orwell does, in the face of Malcolm X and Ho Chi Minh? (Franklin 1972:116)

Wie gesagt, Franklin war ein extremer Fall; nicht alle dachten so simplistisch. So beeilten sich Kampf und Lauter in ihrer Einführung zu versichern, daß sie keine einfachen eins-zu-eins-Verhältnisse zwischen Literatur und Aktivismus sahen. Es ging den Autoren nur darum festzustellen, daß es überhaupt eine Verbindung gab, die ausgelotet werden sollte. (Kampf/Lauter 1972:50) Aber genau hierin lag die Schwierigkeit: es war eines, die Tatsache der sozialen Wirkungsprozesse von Literatur anzuerkennen; es war etwas ganz anderes, ihre Gesetzmäßigkeiten zu bestimmen. (Cf. L. Davis 1990:8)

Sheila Delany verfaßte den einzigen Beitrag in Kampfs und Lauters Anthologie *The Politics of Literature*, der diesen Wirkungsprozeß zu beschreiben versuchte. Sie zog dazu ein Zitat des englischen Kritikers C.S. Lewis heran, der in den endlos wiederholten moralischen Aussagen in *Paradise Lost* ("obedience to the will of God makes men happy") eine starke Ähnlichkeit mit den ständigen Ermahnungen der Kindheit feststellte ("Go to bed", "Do not speak with your mouth full"). Die Ubiquität und stetige Wiederholung dieser Ermahnungen, so folgerte Delaney, führten dazu, daß Kinder bzw. Leser diese internalisierten und ihr soziales Verhalten entsprechend veränderten. (1972:315) Sie arbeitete diese Analogie jedoch nicht weiter aus, und so stellt sich die Frage, wie sie den stilistischen, inhaltlichen und funktiona-

len Unterschied zwischen dem literarischen und dem erzieherischen Diskurs
einschätzte, und ob dieser Unterschied nicht auch in ihre Theorie der literarischen Sozialisierungsfunktion einfließen sollte. Die andere Frage war, ob der
Literatur wirklich eine solche quasi-elterliche Autorität zugestanden werden
konnte. Aber diese Frage galt dann ebenso für die *New Critics*, denn auch sie
wiesen der Kunst eine, wenn auch anders gelagerte, Heils- und Erziehungs-
funktion zu. Insgesamt hat die Neue Linke eine systematische und differenzierte Theoretisierung der Verbindung zwischen Kunst und Gesellschaft nicht
unternommen. Deshalb fielen solche besonders naiv erscheinenden Autoren
wie Franklin um so stärker ins Gewicht; letztlich mußten die zugrundeliegenden Annahmen über das Wesen und Wirken der Literatur 'zwischen den
Zeilen' gefunden werden.

Fassen wir zusammen: Im Unterschied zu den *New Critics* lief der literarische Erziehungsprozeß aus der Sicht der *Radicals* nicht über die aktive
Auseinandersetzung der Lesenden mit der Form des Textes, sondern über das
passive Aufnehmen, quasi 'Eingetrichtertwerden' der Inhalte.[8] Die Besonderheiten der literarischen Vermittlung, Bearbeitung und Modifikation von
Inhalten waren für die meisten neulinken Autoren unerheblich, weil deren
Beachtung ihrer Auffassung nach zu einem unpolitischen oder politisch konservativen Literaturbegriff beitrug. (Hier bildete Delany wieder eine Ausnahme, weil sie z.B. bei Pope versuchte, die spannungserzeugenden Chiasmen
und Antithesen der Sprache in dem Spannungsverhältnis zwischen den Charakteren wiederzufinden. [1972:316])

Die Frage nach der Ästhetik, die im *New Criticism* in der literarischen
Form und Abgeschlossenheit begründet war, fiel für die Neue Linke weg. Sie
wurde ersetzt durch den außerliterarischen Bezug des Textes, genauer gesagt,
die Relevanz. Im besten Falle erhielt Literatur ihre Funktion durch ihr revolutionäres Potential. Die Folge war, daß normative und moralische Forderungen
an Literatur wie an jeden anderen revolutionären Text gestellt wurden. Dies

---

8 Interessanterweise wurde damit die lesende Person abgewertet, obwohl die Neue Linke sie ja zu
emanzipieren suchte!

zeigte sich beispielsweise in der Forderung nach 'guten', 'positiven' Charakteren in der Literatur. (Cf. Franklin 1972:104) Der Unterschied zwischen Literatur und anderen historischen, propagandistischen oder dokumentarischen Texten hob sich durch die Betonung der Relevanz auf, weil die Neuen Linken keinen Unterschied zwischen literarischer und beispielsweise journalistischer Relevanz machten.[9] (Erneut bildete Delany eine Ausnahme, wenn sie feststellte, daß die marxistische Kritik in der Literatur Haltungen finden konnte, die sich in der Realität selten zeigten. [Delaney 1972:316])

Die Beiträge, die sich mit einzelnen literarischen Werken auseinandersetzten, kamen zu unterschiedlichen Ergebnissen. Bei vielen zeigte sich eine unverhoffte Wertschätzung der bisher kanonisierten Werke. Die AutorInnen fanden in der Standard-Literatur neue, überraschende Wahrheiten, sobald sie ihre spontanen Gefühlsregungen zuließen und den Einfluß der Literatur auf ihr Leben anerkannten:

> Suddenly, it became clear that at the heart of any great piece of literature was some profound human truth; any great piece of literature told of complex, miraculous relationships among human beings in society: relationships that might move one to wonder, to laughter, to tears. (Cantarow 1972:72)

Auch für Robert Rosen war Literatur zur Erleuchtung geworden: "I suddenly found a serious exploitation of human feelings and values, a consolidation of [...] meaningful questions". (1990:288) Nur das Studium der Literatur unter der Anleitung von neukritischen Lehrern hatte ihm die Literatur leblos und flach erscheinen lassen. Die kanonisierte Literatur war tatsächlich "[an] expression of profound personal and social needs." (Kampf 1967:59) Dadurch hatte Literatur ein subversives Potential: "As such it constantly undermines the status quo." (Kampf 1967:61)

---

9 Natürlich waren auch die neukritischen Begriffe der Struktur, Geschlossenheit und Einheitlichkeit an sich keine exklusiven Eigenschaften der Literatur; wenn es nur bei diesen Begriffen geblieben wäre, fände sich kein Unterschied zu beispielsweise stark strukturierten, geschlossenen wissenschaftlichen Texten. Daß dies im *New Criticism* nicht so war, lag daran, daß die Neukritiker diese Begriffe mit Weltabgewandtheit, Bildhaftigkeit und poetischer Sprache ergänzt hatten.

Diese Erkenntnisse hatten natürlich strategische Bedeutung: Die dominante Literaturwissenschaft wurde als 'Trugschluß' entlarvt, die *Radicals* ent-
puppten sich als 'wahre, richtige' Leser. Literatur vermittelte Wahrheit und
lieferte, wenn nur richtig gelesen, selbst den Beweis für die Richtigkeit der
neulinken, gefühlsorientierten Lesart. Doch das Bemühen, die kanonisierte
Literatur zur Legitimierung der eigenen Position zu zitieren und umzufunk-
tionieren, ließ das alte humanistische Ideal wieder auferstehen, und zwar in
einer Version, die an Naivität grenzte. Die Liebe zur Literatur versprach zur
Befreiung des Volkes beizutragen und Frieden zu schaffen; sie würde gar
einen Physiker vom Bau der Atombombe abhalten. (Kampf 1967:55) Diese
Naivität konnte zu ungewollt komischen Aussagen führen, wenn Standard-
werke unversehens in die marxistische Tradition aufgenommen wurden:
"And how can the man who loves *Moby Dick* be a capitalist hyena?" (Ibid.)

Andere *Radicals* wandten sich ab von der großen Kunst: "high culture
propagates the values of those who rule and therefore helps to maintain current social arrangements." (Kampf/Lauter 1972:8)[10] Die Meisterwerke der
englischsprachigen Literatur wurden für ihre konservativen Werte kritisiert.
(Delany 1972:309) In einem Beitrag im *Newsletter* des NUC hieß es:

> Homer and Shakespeare, Vermeer and Mozart, Plato and Sartre − magnificent as
> they may be intrinsically − are largely incomprehensible to the 'culturally depri-
> ved' and furthermore in their eyes become accessories to an oppressive class
> structure [...]. (Zit. in Ericson 1975:152)

An ihrer Stelle trat bisher ausgeklammerte Literatur in den Vordergrund.
Eldridge Cleaver und Ralph Ellison waren häufig zitierte schwarze Autoren
(Franklin 1972:106; Ellis 1972:165; Kampf/Lauter 1972:44); als Autorinnen
wurden Virginia Woolf und Kate Chopin genannt. (Kampf/Lauter 1972:10;
cf. Robinson 1972) Die Texte wurden vermutlich aufgrund der Tatsache interessant, daß ihre Charaktere oder AutorInnen sich gegen gesellschaftliche
Zwänge auflehnten, sich für eine Revolution aussprachen oder alternative

---

10 Kampf ging hier auf den Widerspruch, daß Melville dann nicht zur 'high culture' gehören
   dürfte, nicht weiter ein.

Identifikationsmuster boten. Allerdings blieb es häufig bei der Nennung der Namen, als seien diese schon aussagekräftig genug und bedürften keiner weiteren Erklärung. Der gegenteilige Eindruck verstärkte sich; es scheint, als hätten die *Radicals* über die Kenntnisnahme politischer Aussagen eines Textes hinaus noch keine Systematik für die Erarbeitung des Textes entwickelt. Daß die "socialist literary practice" von den Neuen Linken nie richtig definiert worden war, rechtfertigten Kampf und Lauter mit der häufigen Entscheidung für den politischen Aktivismus, der Zerstörung linker literarischer Institutionen durch den McCarthyismus, der zunehmenden Homogenisierung der Arbeiterkultur durch die Massenmedien und mit der Vernachlässigung des Klassenbegriffs in den *American Studies*-Programmen. (1972:13f)

Aussagekräftiger war die Betrachtung der Genres. Was die traditionellen Genres betraf, ist es vorstellbar, daß die Romanform von der Neuen Linken deutlich bevorzugt worden wäre, weil mit ihr umfassende realistisch-kritische Darstellungen besonders gut ausführbar sind, Veränderungen und Entwicklungen detailliert nachvollzogen werden können. Dies war in der Anthologie jedoch nicht festzustellen. Die beiden am stärksten auf Literatur bezogenen Essays hatten Lyrik zum Thema. Florence Howe und Carol Ahlum berichteten über ein Projekt, für das Collegestudenten in die *high schools* gingen, um vor allem Arbeiterkindern Lyrik näherzubringen. Es handelte sich dabei ausschließlich um zeitgenössische Lyrik, und Howe diskutierte die Gründe ihrer Auswahl. Ein Hauptargument war, daß zeitgenössisch-rebellische Gedichte das Interesse der Schüler wecken würden. Doch interessant war vor allem, daß hier zum ersten Mal wieder formale Kriterien mit ausschlaggebend waren. Die Gedichte waren kurz; sie ersparten den Schülern und Schülerinnen lange Hausaufgaben; sie konnten im Rahmen einer Sitzung behandelt werden. Die Alltagssprache vieler Gedichte (z.B. W.C. Williams' "This Is Just to Say") machten sie leicht verständlich. Die unkonventionellen Formen der Gedichte sollten die (von den Anforderungen eines Sonetts oder eines jambischen Versfußes abgeschreckten) SchülerInnen ermutigen, selbst Gedichte zu schreiben. Gedichte drückten die Verbindung zwischen Gedanken und Gefühlen aus; die jungen Lesenden würden damit ihre eigenen Gedanken und Gefühle ausloten lernen. Zuletzt bekräftigte sie, daß das Sprach- und Rhythmusmuster der Gedichte angenehm in den Ohren klang: "People might read poems [...] for pleasure!" (1972:287) Doch sie beließ es nicht bei "pleasure for its own sake"; als Pädagogin registrierte sie, daß "pleasure" die Neugierde und Bereitschaft der Schüler zur Mitarbeit stärkte. Wichtiger noch war die Funktion der Gedichte: sie konnten auf der Ebene der individuellen Ausdrucksmöglichkeit und auf der gemeinschaftlichen Ebene befreiend wirken; letzteres, indem sie die im Gegensatz zu den traditionell ausschließenden Gedichten die Existenz einer 'Kultur des Volkes' ausdrückten – "a *people's* culture (rather than an elitist one)". (1972:300f)[11]

Wir haben es also mit einem neuen Formbegriff zu tun, der Komplexität nicht mehr als Wert an sich anerkannte. Im Gegensatz zu den Neukritikern, für die ein Gedicht 'schwierig' sein mußte, damit es 'Arbeit am Menschen' leistete und ihn zu der Auseinandersetzung mit dem Text brachte, sollte nun ein Gedicht möglichst eingängig und ansprechend sein, damit seine Leser sich mit ihm beschäftigten. Es sollte nicht bewußt von der Welt abgetrennt werden, sondern bewußt in der Welt stehen. Die Intention war ähnlich; der Unterschied lag in der Definition des Lesepublikums.

Ein zweiter interessanter Aspekt der Genreauswahl war die Ausweitung des Literaturbegriffs. Cantarow las das Pamphlet einer spanischen anarchistischen Gewerkschaft der 1930er Jahre, in dem kollektive Arbeits- und Wohnprojekte in nüchterner, deskriptiver Sprache vorgestellt wurden und berichtete über ihr Gefühl angesichts des Widerstands der tschechischen Bevölkerung gegen den sowjetischen Einmarsch im Jahre 1968. (1972:78f) Beides waren für sie ästhetische Erfahrungen, die keinen Unterschied zur Literatur aufwiesen: "They were [...] like my feelings about literature." (1972:72) Lillian Robinson präsentierte während einer MLA-Tagung 1976 die Autobiographie einer Näherin und verteidigte sie gegen den Protest derjenigen Zuhörer, denen das Werk zu wenig komplex war, um zur Kunst gezählt zu werden.

---

11 Dies konnte natürlich nur für bestimmte Gegenwartslyrik gelten.

(1983:117) Martha Vicinius stellte Arbeitergedichte des 19. Jahrhunderts vor, die sonst nicht zur 'serious literature' gezählt wurden. Lauter und Kampf fügten ihrer "Introduction" eine thematische Liste von Werken über Revolution, Imperialismus und Abolitionismus bei, die unter anderem das Gefängnistagebuch von Ho Chi Minh, Gedichte von Mao Tse-tung und Pablo Neruda, Stowes *Uncle Tom's Cabin*, Melvilles "Benito Cereno" und Emersons "Emancipation in the West Indies" beinhaltete. (1972:53) Die literarische Grenzaufhebung erfolgte als ein bewußter Akt. (Kampf/Lauter 1972:17)

Typisch für diese Grenzaufhebungen war die Zusammenstellung der Artikel in Lauters und Kampfs *The Politics of Literature*. Nur ein Drittel der Beiträge beschäftigte sich ausdrücklich mit konkreten Literaturbeispielen, die politischen Aussagen von Mao Tse-Tung schienen in der "Introduction" mehr Gewicht zu erhalten als literarische Autoren. Kampf und Lauter erkannten dieses Ungleichgewicht explizit an: die geringe Zahl der konkret literaturkritischen Essays war für sie Ausdruck der Problematik dieses traditionellen akademischen Genres. (1972:10) Es war zwar eine wichtige Aufgabe der Neuen Linken, den literarischen Kanon zu rekonstruieren, aber noch wichtiger war es, neue, vor allem historische Fragen an Literatur zu stellen. Diese Grenzaufhebung wurde auch für die Frage nach der revolutionären Literatur der Zukunft zentral. Im Gegensatz zur konventionellen Funktion der Literatur in Amerika, die in den Augen der Neuen Linken die Menschen passiv machte, ihre Empörung abwiegelte, war eine neue Literatur vonnöten, und hier zitierten Lauter und Kampf Maos normative Literaturdefinition: "works which awaken the masses, fire them with enthusiasm and impel them to unite and struggle to transform their environment." (1972:50) Jeder mußte die Möglichkeit haben, an dieser revolutionären Kunst teilzunehmen; die enge Eingrenzung des Literarischen konnte hier nur elitär-ausschließend wirken:

> Meanwhile, a revolutionary art can be practiced by anyone, almost anywhere, using almost anything: painting one's car or besplattering a wall; writing a song or singing it; coining a slogan or chanting it; knitting a sweater; playing a drum; or writing or reciting or acting or taking a picture or building or playing a game. (Kampf 1970:644)

Rückschau

Warum griff die Neue Linke überhaupt noch zur Literatur, wenn diese doch ihre spezifische Funktion verloren hatte? Eine solche Frage weist in die falsche Richtung. Aus der Sicht der Neuen Linken erschien es grundsätzlich anders: die Literatur schien bisher *keine Funktion* zu haben und hatte sie jetzt endlich gewonnen. Literatur war plötzlich 'nützlich' geworden. Die Neue Linke griff deshalb zur Literatur, weil sie eine Existenzberechtigung für Literatur gefunden hatte und *weil diese wie jeder andere Text auch* auf ihre Verantwortlichkeit hin überprüft werden konnte. Es war damit möglich, auch bisher isolierte Akademiker als Klientel anzusprechen und die gesellschaftliche Umwälzung auch in der Universität zu verfolgen. Die weitgehende Gleichsetzung von literarischen und anderen Texten hatte freilich Konsequenzen. Vor allem stellte sich das Problem der Legitimation von Literatur, wenn sie keine andere Funktion hatte als die Schriften von Mao. "War Literatur denn so viel mehr als eine Vorschule des Studiums von Marx und Engels?", kommentierte Mattenklott. Die Frage ist eine rhetorische – natürlich ist Literatur mehr als das –; sie darf aber nicht dazu dienen, die Ideen der Neuen Linken als völlig unangemessen abzutun. In diesem Sinne antwortet Mattenklott dann durchaus berechtigt: "Als literarische Frage ist sie blödsinnig, als moralische nicht." (1993:17)[12] Die Ästhetik der Neuen Linken kann als eine Ästhetik der Verantwortung anerkannt werden. Daß sich dieses Verantwortungsgefühl "zu rigorosem Moralismus steigern konnte", daß es als alleiniges Maß für Literatur der Vielfältigkeit literarischer Funktionen und Formen nicht gerecht werden konnte, steht auf einem anderen Blatt. Hätte die Neue Linke ihre moralisierend-normativen Forderungen an die Literatur gänzlich durchsetzen können, wäre die Literatur verarmt zurückgeblieben, vermutet Mattenklott. Doch wenn die normative Frage nach der Verantwortung sich verschob zur kritischen, aber nicht mehr präskriptiv-absoluten Frage der gesellschaftlichen Beteiligung von Literatur, erschien das Unangemessene, ja Absurde plötzlich

---

12 Allerdings ließe sich natürlich fragen, ob Mattenklott auch mit dem Begriff des 'Literarischen' nicht unhinterfragte Annahmen macht.

sinnvoll. Immerhin bewegt sich Literatur im Spannungsfeld zwischen Eigenständigkeit und Beteiligung, und es ist eine Frage der Nomenklatur, ob diese Pole nun Autonomie und Verantwortung oder anders genannt werden.

Der Versuch, die Einseitigkeit des *New Criticism* (Kunstautonomie und Form) durch die Einseitigkeit der *New Left* (Verantwortung und Inhalt) zu ersetzen, konnte nicht erfolgreich sein.[13] Angesichts der Dominanz des *New Criticism* in den Universitäten können aber die (Wieder-)Aufwertung der Lesenden, der literarischen Referenz- und Sozialisierungsfunktion und der Verantwortung des Kritikers als Anstoß zu einer Neuorientierung der Literaturwissenschaft anerkannt werden, selbst wenn diese nicht überzeugend theoretisiert worden sind. Diese Elemente haben seit den späten 1960er Jahren das literaturwissenschaftliche Klima dauerhaft geprägt. Das Projekt der Neuen Linken hat sich als langlebiger erwiesen, als prophezeit wurde, und profitierte davon, daß es in der Folgezeit die Theorien der afroamerikanischen Kritik und der feministischen Kritik aufnahm. Das Erscheinen von Lauters *Heath Anthology of Literature* (Lauter 1990b) war kein Phänomen der 1990er Jahre, sondern Produkt einer Entwicklung, die unter anderem mit Lauters Beteiligung an der 'kleinen MLA-Rebellion 1968' begonnen hatte.

---

13 Immerhin kam die Hinterfragung der neulinken Literaturkritik zum großen Teil aus den eigenen Reihen.

1.2. *The Black Aesthetic*

Nach der neulinken Literaturkritik soll nun die Kritik der *Black Aesthetic* vorgestellt werden. Wie schon im vorherigen Kapitel bei den *Radicals* beobachtet, findet sich auch für die *Black Aesthetic* eine zweifache Herleitung aus einer gesellschaftlichen und einer literaturkritischen Entwicklung. Beide sollen im folgenden beschrieben werden.

Historischer Kontext
Die Entwicklung der afroamerikanischen Literatur und -kritik fand natürlich auch vor dem Hintergrund des Liberalismus und des *New Criticism* statt. Doch die afroamerikanische Literatur wurde im *New Criticism* kaum beachtet, und es hatte sich seit Erscheinen der ersten afroamerikanischen literarischen Werke eine eigene Kritik gebildet, die nicht mit der jeweils vorherrschenden Literaturkritik deckungsgleich war. Wichtigstes Merkmal dieser kritischen Tradition waren die strategisch-politischen Gedanken, die immer zwischen den Zeilen standen; die Kritik an afroamerikanischer Literatur war nie unabhängig vom jeweiligen Bild der Schwarzen in Amerika.

Die Anfänge einer afroamerikanischen Literaturkritik liegen im 19. Jahrhundert, als überwiegend weiße Kritiker Werke schwarzer Autoren und Autorinnen meist in Begriffen rassischer Inferiorität interpretierten. Erst im 20. Jahrhundert vollzog sich allmählich der Übergang zur Betrachtung schwarzer Literatur als 'ernstzunehmendem' Studienobjekt liberaler Kritiker. (Cf. hier wie im folgenden Gross 1966:7ff; L. Bennett 1961:352ff; Norton 1976:703) Die Entwicklung wurde nicht zuletzt verstärkt durch die zunehmende Anzahl schwarzer Schriftsteller, die Beiträge zur Literaturkritik lieferten.

The Souls of Black Folk von W.E.B. DuBois (1903) markiert den Ausgangspunkt der Tendenz, die Existenz und den Wert der afroamerikanischen Kultur ausdrücklich anzuerkennen. Diese Entwicklung fand in der *Harlem Renaissance* der 1920er Jahre einen Höhepunkt. Die Autoren Claude McKay,

Jean Toomer, Zora Neale Hurston und Langston Hughes würdigten ihre afroamerikanische Kultur mit vorher nicht gekanntem Selbstbewußtsein; Alain Lockes *The New Negro* (1925) war neben Hughes' "The Negro Artist and the Racial Mountain" (1926) das wohl bekannteste kritische Manifest. Auch weiße Autoren trugen zum Bekanntheitsgrad der *Harlem Renaissance* bei durch Werke wie Carl Van Vechtens melodramatisch-überzeichnetes *Nigger Heaven* (1926). Die Wertschätzung erklärte sich einerseits durch die demographischen Veränderungen (Urbanisierung, Migration) der schwarzen Bevölkerung und ihr daraus resultierendes politisches Selbstvertrauen (Garveyism, Pan-Africanism), andererseits aber auch durch den Zivilisationsüberdruß der Moderne und ihre wachsende Faszination für 'exotische', 'primitive' Kulturen.

Aber gerade diese teilweise romantisierenden Hervorhebungen des Instinktiven, des Exotischen und des Afrikanischen durch schwarze wie weiße Autorinnen und Autoren der *Negro Renaissance* wirkten beunruhigend auf eine Reihe schwarzer Intellektueller wie James Weldon Johnson, Walter White und wiederum DuBois. Auch hier standen politische Gedanken im Hintergrund: solche romantisierenden, phantasievollen literarischen Darstellungen afroamerikanischer Menschen liefen Gefahr, von (weißen) Außenstehenden mißverstanden zu werden bzw. bestehende Vorurteile zu bestätigen.

Die Wirtschaftskrise der 1930er Jahre beendete den Überschwang der *Harlem Renaissance*. In den Vordergrund der schwarzen Literatur(kritik) rückte die "protest tradition" (Gross 1966:18), deren unbestrittener Höhepunkt Richard Wrights *Native Son* (1940) war. Der Roman erschreckte das Publikum mit seiner Darstellung der Brutalisierung von Schwarzen durch Armut, Ausbeutung und Rassismus.

Nach dem zweiten Weltkrieg verlor sich das Interesse an radikaler Sozialkritik. Wrights *Native Son* wurde vorgeworfen, Gegen-Stereotypen der Negativität und Unterdrückung zu errichten. James Baldwin schloß seinen Artikel "Everybody's Protest Novel" (1949:585) mit dem Urteil: "the failure of the protest novel lies in its rejection of life, the human being, the denial of his

beauty". Ralph Ellison beanstandete Wrights Zeichnung der schwarzen Lebenswelt als einseitig leidensbetont, als sei "unrelieved suffering" die einzig
anerkannte afroamerikanische Erfahrung. (1953:111) Haß war für die AfroamerikanerInnen selbstzerstörerisch, warnte Ellison; das Vokabular von Polemik und sozialer Verantwortlichkeit gefährdete die Expressivität und Komplexität afroamerikanischer Literatur. (1953:256, 282) Für die Anhänger des
Integrationsgedankens konnte die *protest literature* keinen Bestand haben; sie
erschien ähnlich inakzeptabel wie die rigorose Rassentrennung selbst.
(Brown/Davis 1941:229) Der Tenor der Literaturkritik blieb an der Integra-
tionsidee orientiert, die schon Sterling A. Browns und Arthur P. Davis' Anthologie *The Negro Caravan* (1941) geleitet hatte.

Einen neuen Impetus erhielt die schwarze Literaturkritik erst mit der Bürgerrechtsbewegung, die das Interesse an afroamerikanischer Kunst wachsen
ließ. Zwischen 1960 und 1970 erschienen 34 Anthologien, mehr als doppelt
so viele wie in den 25 Jahren davor seit Alain Lockes *The New Negro*. (Cf.
Davis/Redding 1981:875f)

Bis 1968 handelte es sich jedoch dabei um eine rein quantitative Veränderung. Die Kritik sympathisierte mit der Bürgerrechtsbewegung und sah Anthologien als Beitrag zur kulturellen Integration und zum künstlerischen Fortschritt der Afroamerikaner. James A. Emanuel stellte sich mit seinem Werk
gegen die stereotypen Bilder von Schwarzen und erklärte: "This book is a re-
cord of [their] humanity." (1968:xi) Brown forderte bereits 1941: "[...] Negro
authors, as they mature, must be allowed the privilege and must assume the
responsibility of being the ultimate portrayers of their own." (Brown/Davis
1941:5)

Gleichzeitig weigerten sich diese Kritiker, von einer eigenständigen afroamerikanischen Literatur zu sprechen. Sie argumentierten, daß die gesonderte
Behandlung schwarzer Literatur, wenn auch mit guten Absichten, einen interpretatorischen *double standard* hervorbringe, mit dem Afroamerikanern nicht
gedient sei, weil er zu einer benevolenten Diskriminierung führt. Der schwarze Literaturkritiker Sterling A. Brown wußte, wie leicht der *double standard*

ins Vorurteil umkippen konnte – er hatte in den 1930er Jahren über die stereotypische Darstellung von Schwarzen durch weiße Autoren gearbeitet:

> 'Negro Literature' is easily placed [...] in an alcove apart. The next step is a double standard of judgment, which is dangerous for the future of Negro writers. 'A Negro Novel,' thought of as separate form, is too often condoned as 'good enough for a Negro.' [...] In their own defense they must demand a single standard of criticism. (Brown/Davis 1941:7; cf. Hill 1963:18)

Die Kritiker betonten daher, daß Kunst keine rassischen Grenzen kenne. (Brown/Davis 7; cf. Chapman 1968:48f) Ebenso scheute sich der Weiße Abraham Chapman vor einer Definition afroamerikanischer Kunst: "I have no special thesis about Negro American Literature to advance or prove." Offensichtlich bedeutete für Chapman jede Spezifizierung der *Negro Literature* eine Diskriminierung: "In my reading and experience I simply have not found any such thing as 'the Negro.'" (1968:27)

So bemühten sich die Kritiker zu beweisen, daß afroamerikanische Literatur allgemein-menschliche universale Themen berührte. Die Deutung des schwarzen Protagonisten als menschlicher Archetyp, der das Leiden *des Schwarzen* transzendierte, erschien Seymour Gross als Zeichen für die Überwindung des Rassismus. (1966:26) Auch Ellison betonte die Bedeutung des Universalen, das aus dem Besonderen der afro-amerikanischen Lebenswelt geschaffen wurde. (1986:242ff) Emanuel und Davis wiesen darauf hin, daß in ihren Anthologien nur das Kriterium des "intrinsic artistic merit" gezählt habe. (Emanuel 1968:xi; Davis/Redding 1981:vii) Herbert Hill schließlich verkündete das Ende der Tage, da schwarze Literatur nur für die Soziologen interessant gewesen sei:

> Today the Negro artist, as he enters into the main stream of contemporary literature, feels a new strength and refuses to be limited to racial protest or to the conventional Negro themes of the past. [...] As the Negro moves beyond anger, he develops a new concern for the writer's craft for literary discipline and control, and seeks an involvement in the larger world of art and ideology. (1963:4)

Hintergrund dieser Bemühungen war – neben der Angst vor rassischer Diskriminierung – das Problem des literarischen Wertes. Zu viele Kritiker fanden

sich in der Verlegenheit, nach geltenden literarischen Standards die afroamerikanische Literatur abwerten zu müssen. Während man sich in der
mainstream-Kritik längst von dem simplistischen Literaturverständnis der
Old Left distanziert hatte, wurden Texte von Schwarzen allzu häufig als Do-
kumente ihrer Kultur betrachtet, deren Bedeutung über das Spezifische der
afroamerikanischen Lebenswirklichkeit nicht hinausging. Dem Mangel an
Allgemeingültigkeit haftete in dieser Argumentation das Stigma der 'schlech-
ten' Literatur an.

Black Power: Die schwarze Befreiungsbewegung

Gegen Mitte der 1960er Jahre spaltete sich die schwarze Befreiungsbewegung. Während Martin Luther King, Jr. weiterhin um Integration und gewalt-
losen zivilen Ungehorsam bemüht war und zunehmend Anerkennung auch
unter der weißen Bevölkerung fand, stieg Malcolm X zum herausragenden
Sprecher des aggressiv-separatistischen *black nationalism* auf. Seine Popula-
rität wuchs noch nach seiner Ermordung 1965; er wurde zum Märtyrer der
Black Power-Bewegung. *Black Power* umfaßte verschiedene Konzepte für
die Erstarkung der schwarzen Bevölkerung: von der Selbstkontrolle afroamerikanischer Institutionen und Ressourcen über die Gründung eigener Parteien
bis zur nationalistischen Idee eines eigenen schwarzen Staates in Amerika.
Gemeinsam war ihnen die Ablehnung der Integrationsstrategie der Bürgerrechtsbewegung, die Betonung des afroamerikanischen Selbstwertgefühls und
die Forderung nach schwarzer Selbstbestimmung und Eigenständigkeit. (Cf.
L. Bennett 1961:423ff) *Action*, häufig als Synonym für *revolution* verwendet,
war ein weiteres Element des *Black Power*-Gedankens und deckte ein ähnlich
breites Bedeutungsspektrum von demokratischen bis zu gewaltsamen Mitteln
zur Durchsetzung von *Black Power* ab. "But it has no one *specific* meaning.
It is rather a kind of feeling", erklärte Larry Neal und fügte hinzu: "it can ultimately be defined only in action". (1968a:646)

Black Power und Literaturkritik I: Kritik am *mainstream*

Der politischen Bewegung sollte die Kunst zur Seite stehen: "Black Art is the aesthetic and spiritual sister of the *Black Power* concept." (Neal 1968b:272) Mit dem Konzept einer 'schwarzen Ästhetik' vollzog sich in der Interpretation afroamerikanischer Literatur eine Wende. Sie wird markiert durch zwei Anthologien, LeRoi Jones' und Larry Neals *Black Fire* (1968) und Addison Gayles *Black Aesthetic* (1971), die der folgenden Darstellung als Grundlage dienen sollen.[1]

Die Autoren der Anthologien brachen mit der Literaturwissenschaft des *mainstream* auf grundsätzliche Art. Sie inszenierten eine absolute Opposition zwischen weißer und schwarzer Kultur und definierten erstere als rassistisch und dekadent-kränkelnd, letztere dagegen als positiv und lebensfähig. Im folgenden soll zuerst die Auseinandersetzung mit den bestehenden kulturellen Normen beschrieben werden.

Rassismus und Stereotypen

Ein Blick in die Anthologie zeigt, daß in fast allen Essays die Stereotypisierung und rassistische Darstellung schwarzer AutorInnen und Charaktere durch weiße Kritiker erwähnt wurden. Diese Erkenntnis der *Black Power*-Bewegung war nicht neu, aber ihr wurde eine größere politische Bedeutung als Signal kultureller Unterdrückung zugewiesen. Aus der Sicht der schwarzen Befreiungskämpfer konnten diese Stereotypen nicht ohne Gewalt abgeschafft werden: "We realize now that we are involved in a black-white war over the control of image. For to manipulate an image is to control a peoplehood." (Gerald 1971:374)

Doch es ging den schwarzen Kritikern nicht nur um Stereotypen, sondern um eine ganze Denkstruktur, die der schwarzen Kultur aufgedrängt worden war – dies meinten Hoyt Fuller, als er von "literary colonialism" sprach

---

1 Wie schon am Beispiel von Lauters und Kampfs *Politics of Literature* betont worden ist, waren Anthologien keineswegs Entstehungspunkte, sondern immer verspätete Produkte, die bereits bestehende Trends aufnahmen und benannten.

(1971a:349), und Gayle, als er seinem Essay den Titel "Cultural Strangulation" gab. (Gayle 1971b) Das aufoktroyierte Regelsystem, das die Kritiker als 'weiße Ästhetik' identifizierten, gab sich nicht als spezifisches Produkt der weißen Kultur zu erkennen, sondern definierte sich als allgemeingültig und zeitlos und war deshalb schwerer anzugreifen.

Universalität

Der Begriff des Universalen stand im Mittelpunkt der Kritik an der 'Ästhetik' des *mainstream*. Wenn die ästhetischen Normen des *mainstream* als 'universal' galten, dann wurden die der afroamerikanischen Kultur automatisch zu den 'anderen', 'abweichenden' und damit zu den minderwertigen Normen. Viele der Kritiker zitierten Louis Simpsons berühmt-berüchtigten Kommentar zu den Gedichten von Gwendolyn Brooks: "if being a Negro is the only subject, the writing is not important." (Z.B. in Fuller 1971b:5) Der Autor John Oliver Killens berichtete von der Frage, die ihm in unzähligen Varianten immer wieder neu gestellt wurde: "John, why do you insist upon writing about Negroes? Why don't you write about people?" Killens kommentierte die Frage: "As often as I've heard that one, it never fails to jar me, laboring as I always have, under the illusion that Negroes *are* people." (1971:380f) Warum standen das Russische von Dostojewski, das Irische von O'Casey der 'Universalität' ihres Schreibens offensichtlich nicht im Weg, wohl aber die Hautfarbe des schwarzen Autors? (Ibid.)

Auch dies waren keine neuen Erkenntnisse. Bereits seit Anfang des Jahrhunderts hatten sich Kritiker über die Verdrehung kritischer Standards empört. (Cf. S. Brown/Davis 1941; Chapman 1968:38, 42) Der Unterschied lag in der Konsequenz, die sie daraus zogen. Chapman, Gross und andere waren dafür eingetreten, afroamerikanische Literatur ebenfalls mit dem Qualitätsurteil der 'Universalität' auszuzeichnen. Die Vertreter der *Black Aesthetic* dagegen sahen das als Unterwerfung unter die Regeln einer weißen Ästhetik an. Statt dessen entlarvten sie die angebliche 'universale' als 'weiße' Ästhetik und setzten das Anderssein der schwarzen Literatur positiv dagegen.

'Weiße Ästhetik'

Der Begriff der 'weißen Ästhetik' muß an dieser Stelle problematisiert werden. Er war ein Schlagwort der schwarzen Befreiungsbewegung und umfaßte undifferenziert verschiedene Sachverhalte. Die Verwendung des Begriffes leuchtet ein, wenn damit ästhetische Urteile gemeint waren, die auf der Grundlage separatistischer Überzeugungen gefällt wurden. Der Rassismus in der Literaturkritik des *mainstream* hatte viele Ausdrucksformen. Er war am deutlichsten in der feindseligen Ablehnung der schwarzen Literatur zu sehen, in der Überzeugung von der moralischen und intellektuellen Inferiorität ihrer Autoren, in Unwissen und Desinteresse. (Emuanuel 1971:200ff; A. Miller 1970:397; Fuller 1971b:4ff, 1971a:351ff) Auch die Übertragung einer Farbästhetik, die weiß über schwarz und hell über dunkel stellte, auf eine Ästhetik der Rassen und Hautfarben konnte als rassistische Ästhetik gewertet werden. (Cf. Gayle 1971b:39ff) Rassismus zeigte sich weiter in den literarischen Stereotypisierungen, die die Kritiker des *mainstream*, wenn auch nicht in böser Absicht, übernommen hatten. Sie waren indirekt, nicht unbedingt Ausdruck eines bewußten Rassismus, doch hochwirksam. Sie kanalisierten die Wünsche und Ängste der weißen Gesellschaft auf Kosten der Individualität und Komplexität der Beschriebenen; vor allem legitimierten sie deren Unterdrückung. Die Wahrnehmung eines Volkes in Stereotypen beinhaltete ein Kontrollpotential: je allgegenwärtiger die Stereotypen waren, desto mehr strukturierten sie auch die Gedankenwelt der Betroffenen.

Wenn aber Ästhetik so eng gefaßt wird wie ein Normensystem, mit dessen Hilfe literarische Texte auf bestimmte Eigenschaften hin untersucht und bewertet werden, stellt sich die Frage, wie sinnvoll die Bezeichnung einer Ästhetik als "weiß" war. Gewiß war die in den 1960er Jahren dominante Ästhetik des *mainstream*, die Ästhetik des *New Criticism*, von Weißen entwickelt worden, und es darf vermutet werden, daß der in den Theorien mitgedachte Leser von weißer Hautfarbe war. Aber war "weiß" der *Schlüssel* zur Analyse der neukritischen Theorie und zur Erkenntnis ihrer theoretischen Schwächen? Die neukritische Theorie erschien doch auch manchen weißen

Gruppen unzureichend, wie z.B. den Neuen Linken und den (weißen) feministischen Kritikerinnen, und auch die sogenannte 'Regionalliteratur' wurde
durch den Universalitätsbegriff des *New Criticism* marginalisiert.

Es wäre eine interessante und durchaus plausible Überlegung, ob Rassismus bzw. Diskriminierung der schwarzen oder weiblichen Kultur *konstitutiv*
waren für die Entwicklung der neukritischen Ästhetik. In Ansätzen wurde
dies für den Sexismus in der feministischen Kritik versucht (Cf. Nina Baym
im Kapitel zur Ästhetik). Im Begriff einer 'weißen Ästhetik' dagegen wurde
dieser Zusammenhang fraglos vorausgesetzt; durch die Ahistorizität und Pau-
schalität, mit der der weißen Hautfarbe feste, unveränderliche Wesenskatego-
rien zugewiesen wurden, verlor der Begriff seine analytische Brauchbarkeit.

Es erscheint zunächst angemessener, die 'weiße Ästhetik' in die 'Ästhetik
des *New Criticism*' umzubenennen und ihn auf seine Inadäquatheit gegenüber
afroamerikanischer Literatur hin zu untersuchen. Dies geschah jedoch nur
fragmentarisch, wenn Larry Neal beispielsweise sagte: "No more abstractions. Poems are physical entities: fists, daggers, airplane poems, and poems
that shoot guns." (1968b:276)[2] Neal verweigerte sich damit der neukritischen
Überzeugung, daß Gedichte nichts 'geschehen lassen' konnten. ("Literature
can make nothing happen" – zit. in Kermode 1988:70)

Allerdings füllte die Auseinandersetzung mit der Vormachtstellung des
New Criticism in den Anthologien weit weniger Raum als in der Anthologie
der *Radicals*. Der neulinke Streit um neukritische 'Wissenschaftlichkeit' und
'Objektivität' war hier kein Thema; die leidenschaftliche Auseinandersetzung
der Neuen Linken mit der kanonisierten Literatur erschien im Vergleich zur
schwarzen Ästhetik geradezu verklärend. Dies mochte einen Grund darin
haben, daß die Suche nach einer afroamerikanischen Ästhetik nicht aus den
neukritisch dominierten Universitäten heraus erwuchs, zu denen nur wenige
Schwarze Zugang hatten.

Vor allem aber lag es am Separatismus der schwarzen Bewegung und
dem daraus folgenden zweigeteilten Weltbild. Diese Zweiteilung führte dazu,

---

2 Bezeichnend ist hier die Gewalttätigkeit seines Vokabulars.

daß herrschende Literaturtheorien in Gänze abgelehnt wurden. Eigentlich lassen sich Rassismus in der Literaturkritik und neukritische Ästhetik als Achsen darstellen, die quer zueinander laufen, und in deren Schnittpunkt Aussagen zu finden sind wie die bereits erwähnte, daß afroamerikanische Literatur im Unterschied zur *mainstream*-Literatur zu spezifisch und zu wenig allgemeingültig sei: "if being a Negro is the only subject, the writing is not important." (Zit. in Fuller 1971b:5) Trotz dieses Schnittpunktes sind die Achsen nicht identisch; wie gesagt, laufen sie quer zueinander. Sie wurden aber durch den Begriff der 'weißen Ästhetik' für identisch erklärt. Die strikte Zweiteilung der Welt durch die *Black Power*-Befürworter führte zur eindimensionalen Gleichsetzung von weißer Hautfarbe, neukritischer Ästhetik, rassistischen Ideologien und westlichem Denken. Protest gegen Rassismus, Kritik am *New Criticism* und die inzwischen beinahe klassisch zu nennende Zivilisationskritik (weil auch Element der neukritischen und neulinken Theorien) wurden undifferenziert miteinander vermischt.

Zweifellos war eine Veränderung der Perspektive notwendig, um sich von dem Stigma des 'Nicht-Weißen', das Schwarze allzuoft internalisiert hatten, zu lösen. Die gleichzeitige Vereinfachung der Perspektiven konnte die Bildung einer eigenen, alternativen Identität vorantreiben. Als Reaktion auf den Rassismus und die rassistische Weltsicht konnte eine Distanzierung von der dominanten Welt erfrischend provokant wirken: "We do know that the Western mind construes reality differently from the rest of the world", schrieb Larry Neal. (1968a:648) Durch den ironischen Wechsel der Perspektive wurde der Westen plötzlich zu dem 'Anderen', 'Abweichenden', was zum Einspruch, aber auch zum Nachdenken herausfordern konnte. Aber wenn die Veränderung der Perspektive zum Dogma wurde, mußten die Aussagen naiv erscheinen: "The West denies change, defies change [...] resists change" (Steward 1968:9); "Western culture is simply decadent" (O'Neal 1971:48), "doomed and damned". (O'Neal 1971:52) Die Vehemenz der separatistischen Ästhetik läßt ahnen, wie unterdrückend und überwältigend die Erfahrung des Rassismus auch in der Literaturkritik gewesen sein mußte.

Black Power und der Literaturkanon

In der schwarzen Literaturkritik vor 1968 war eine deutliche Orientierung an dem literarischen Kanon des *mainstream* festzustellen, sei es in der kritischen Herausarbeitung der rassischen Stereotypen in der kanonisierten Literatur, sei es im Versuch, für die schwarze Literatur Aufnahme in den Kanon zu finden. Dies änderte sich in der *Black Aesthetic* grundsätzlich. Der literarische Kanon wurde abgelehnt, ohne daß sich wie bei den *Radicals* noch Stimmen regten, die in einer idealistischen Weise neue Wahrheiten in der traditionellen Literatur entdeckt hätten. Er fiel unter den Begriff der 'westlichen Ästhetik' und war damit ohnehin dem Untergang geweiht.

Black Power in der Literaturkritik II: *The Black Aesthetic*

Anstatt die Normen der weißen Ästhetik zu übernehmen, sollten die Vertreter der *Black Power* eine schwarze Ästhetik entwickeln. Einzelne Elemente einer schwarzen Ästhetik lassen sich zu einem ungefähren Gesamtbild ordnen. Es ergeben sich dabei bekannte Aspekte des *Black Power*-Denkens, zum ersten die Ablehnung der weißen Welt – "the destruction of the white thing" (Neal 1968b:274) –, zweitens das Bewußtsein der afroamerikanischen Tradition und schwarzen Geschichte, das Mayfield "racial memory" nannte (1971:27), und drittens das Anstreben einer Revolution. Mit anderen Worten: "Black art must expose the enemy, praise the people and support the revolution." (Karenga 1971:33f)

Der erste Aspekt – *expose the enemy* – ist bereits dargestellt worden. Zwar läßt sich wiederholen, daß jede neue Ästhetik sich von einer alten abgrenzt, doch war es ungewöhnlich, daß der Abgrenzungs- und Emanzipierungsakt auch konstitutiver Teil der neuen Ästhetik und ihrer Aufgabe war. Im Idealfall kann dies zu einer genauen 'Feindanalyse' führen, die auch den eigenen Standort festigt; meist droht aber die Gefahr, daß die Abgrenzung zur Hauptsubstanz der neuen Kritik wird und Versuche einer positiven (nicht ex negativo implizierten) Selbstdefinition überschattet. Aufschlußreich ist, daß die Kritiker übersahen, daß auch die *Black Aesthetic* nicht unabhängig von der Tradition der 'weißen Ästhetik' sein konnte, gegen die sie sich definierte. Da die Analyse des *mainstream* undifferenziert ausfiel, drohte auch die Selbstdefinition undifferenziert zu werden. Der 'schwarzen' Selbstdefinition fehlten wie der 'weißen Ästhetik' die Zwischentöne. Schwarze und weiße Welt erschienen völlig voneinander getrennt: "the two races are residents of two separate and naturally antagonistic worlds". (Fuller 1971b:7) Die Definition einer schwarzen Ästhetik profitierte von dieser binären Opposition, weil sie bequem ex negativo erfolgen konnte: schwarze Ästhetik war alles, was die weiße Ästhetik nicht war: "There is this difference between the worlds: the white leads to death and decay; the black to life and vitality." (Gayle 1971c:413) John O'Neal schrieb: "The canons of Western art have only incidental significance for Us. [...] We cannot find our essence in the West, for we are not of the west. [...] We are an African People." (1971:56 [sic])[3]

Der zweite Aspekt – *praise the people* – indizierte den Adressaten der schwarzen Ästhetik. "It is a literature primarily directed at the consciences of the black people." (Neal 1968a:647f) Afroamerikanische Kunst sollte Kunst von Schwarzen sein und sich ausschließlich an das afroamerikanische Publikum wenden. (Neal 1968b:290) Die in der Kunst dargestellte Welt mußte eine afroamerikanische Lebenswelt sein. Schwarze Literatur brauchte schwarze Modelle; sie sollte afrikanische Stile und Traditionen aufnehmen. (Turner 1971:74) Der ausschließliche Bezug auf das eigene Volk sollte die "double-consciousness" des Afro*amerikanischen* zerstören und zu einer eigenen unstigmatisierten *afrikanischen* Identität beitragen. Killens bestätigte: "We need our own myths and legends to regain our lost self-esteem." (1971:391) Erneut dominierte dabei das Abgrenzungselement. So schrieb Addison Gayle:

> The acceptance of the phrase 'Black is Beautiful' is the first step in the destruction of the old table of the laws and the construction of new ones, for the phrase flies in the face of the whole ethos of the white aesthetic. (1971b:46)

---

3 Emanuel stellte eine Ausnahme unter den Kritikern dar, wenn er mahnte: "But racial passion and belated zeal in striking back at the iron face of prejudice might harden into a dogmatic exclusion of whites and on recuperative embraces of blacks. Such a program [...] would sour the free-running sympathies of a number of creative artists." (1971:204)

In ihrer etwas programmatisch-unflexiblen Selbstzelebrierung setzte sich die
Black Aesthetic hier von ihrem 'Vorvater' Hughes ab, wie Randall feststellte:
"Hughes stresses individualism [...]. In the Black Aesthetic, individualism is
frowned upon. [...] Hughes says, 'We know we are beautiful. And ugly too.'
In the Black Aesthetic, Negroes are always beautiful." (Randall 1971:226)

Das Konzept 'Black' warf definitorische Probleme auf. Zwar war die Existenz einer eigenständigen afroamerikanischen Kultur unbestreitbar und wurde in den Anthologien vor allem in den Kapiteln über Musik dokumentiert.
Doch was 'Black' genau war, blieb unscharf. James Emanuel erkannte dies in
einem Nebensatz an, als er auf "the presently fluid definition of 'black'"
hinwies. (1971:197) Auch McWorters Beschreibung kam der Definition nicht
näher; im Gegenteil drohte der Begriff 'black' inhaltsleer zu bleiben:

> If one thinks Black, one must live Black, dress Black, sleep Black, look Black,
> love Black, move Black, vacation Black, write Black, study Black, eat Black,
> conference Black, work Black, read Black, go to Black movies, lectures, hospi-
> tals, businesses, schools, churches, countries, restaurants, communities, and ...
> 'get ourselves together'... (Zit. in Emanuel 1971:213; Auslassungen Emanuels)

Ein anderes Beispiel dafür war der Versuch Julian Mayfields, die schwarze
Ästhetik zu beschreiben.

> [...] I know deep down in my guts what it means, but so does every other writer
> who is grappling with this question, and some of them sound as silly to me as I
> must sound to them. (1971:24)

Während Mayfield sich vor einer festen Definition scheute, definierten andere sie tautologisch als "a set of rules by which Black literature and art is to be
judged and evaluated" (Gayle 1971b:46) oder "the principles of Black Art"
(O'Neal 1971:55), die nicht weiter erklärt wurden.

Warum diese Schwierigkeiten? Gewiß befand sich die schwarze Ästhetik
noch in der Entstehung; es mochte verfrüht sein, sie definieren zu wollen. Es
konnte der strategische Gedanke mitgespielt haben, daß die Schlagkraft eines
Begriffes umso stärker würde, je weniger umrissen er blieb, weil er Identifikation für viele Positionen bot, die sich in einer festen Definition eher aus-
schlossen. Don Lee schien darauf anzuspielen, wenn er sagte: "To accurately

and fully define a Black Aesthetic would automatically limit it." (1971:246) Vor allem aber war die definitorische Verschwommenheit der Preis der unzureichenden 'Feindanalyse'. Jede neue Ästhetik war abhängig von den Wertsystemen, von denen sie sich abgrenzte, bzw. von der Wahrnehmung dieser Wertsysteme; dies galt vor allem für die Bewegungen, in denen Protest und Auflehnung eine zentrale Rolle spielten.

Außerdem ergaben sich Widersprüche bei der Verbindung von 'Black' mit der schwarzen Bevölkerung. Einerseits wurde die schwarze Ästhetik fraglos an die Hautfarbe des Künstlers und des Publikums gekoppelt; es erschien selbstverständlich und offenkundig, daß nur Schwarze 'Blackness' erfahren konnten und würden. Andererseits schien 'Blackness' doch eher ein präskriptiver Begriff für einen Lebensstil zu sein, der erlernt und verlernt werden konnte. Julian Mayfield erzählte von einem weißen Bekannten, der nach langem Bemühen als 'Schwarzer' anerkannt wurde – "I [...] admitted him to the race." (1971:25) Umgekehrt wurden Afroamerikaner wie James Baldwin als *White Negro* ausgeschlossen, wenn sie nicht den politischen Anforderungen der schwarzen Ästhetiker entsprachen.

Der dritte Aspekt – *support the revolution* – spiegelte die Überzeugung wider, daß sozialer Wandel nur durch einen kulturellen Bewußtseinswandel vorangetrieben werden würde. Insofern waren revolutionäre Absichtserklärungen der Künstler gefordert: "just being beautiful is not enough", schrieb Neal. (1968a:652) Kunst sollte sich gegen die etablierte Ordnung stellen und revolutionär sein. (Steward 1968:5) "For all art must reflect and support the Black Revolution", so sah es auch Ron Karenga. Er sah die Aufgabe der *Black Aesthetic* als Kampf, "the battle for the minds of Black people", der gewonnen werden mußte, um die 'richtige', gewaltsame Revolution zu ermöglichen. (Karenga 1971:32) Das Kriterium schloß bestimmte Kunstwerke aus: "and any art that does not discuss and contribute to the revolution is invalid". (Ibid.) Wie schon bei der Definition von *black* zeigte sich auch bei 'Revolution' die begriffliche Unschärfe des Schlagwortes. Für James Steward war das Kriterium des 'Revolutionären' bereits erfüllt, wenn man 'dagegen' war: "a

revolutionary is against the established order, regime, or culture." (1968:5)
Killens hoffte auf eine kulturelle Revolution mit folgendem Ziel: "to un-
brainwash the entire American people, black and white." (1971:379) Andere
versuchten, die Revolution 'ganzheitlich' zu fassen als literarischen wie politischen und psychologischen Prozeß: "The black revolt is as palpable in
letters as it is in the streets". (Fuller 1971b:3; Neal 1968a:656) Wie bei der
Neuen Linken waren *action* und *revolution* zu zentralen Schlagworten geworden; allerdings wurden sie nie konkreter gefaßt. Die Gettounruhen der späten
1960er Jahre, die Bildung der *Black Panther Party* 1966 und die Propagie-
rung der *Black Aesthetic* standen gewiß in historischem Zusammenhang miteinander. Doch aus den Essays ging nicht hervor, wie die enge Anbindung
von *Black Power* und *Black Aesthetic* revolutionär wirksam werden konnte.

Revision der eigenen Literatur

So wie sich der Blick auf die bisherige Literaturkritik verändert hatte, so
nahmen die Vertreter der *Black Aesthetic* gleichfalls eine Neubewertung der
schwarzen Literatur vor. Doch auch hier erlaubte die strikte Zweiteilung der
Urteile keine Zwischentöne. Schwarze KünstlerInnen und Kunstformen, die
andere Wege gingen als die der *Black Aesthetic*, wurden auf die Seite der
'weißen Ästhetik' verwiesen und abgewertet. Daher schwand die Bedeutung
der durch die frühere schwarze Literaturkritik kanonisierten Autoren Ellison,
Baldwin, Wright und James Weldon Johnson. Die *Harlem Renaissance* war
das erste Opfer dieser Revision; sie wurde ihres Glanzes als Beginn einer
selbstbewußten schwarzen Kultur beraubt. Dies begründete Neal mit der Tatsache, daß die schwarzen Autoren sich hauptsächlich an ein weißes Publikum
gerichtet hätten: "I mean the 'Harlem Renaissance' [...] was essentially a failure. It did not address itself to [...] the Black community." (Neal 1968b:290)
An anderer Stelle bekräftigte er: "The so-called Harlem Renaissance was, for
the most part, a fantasy-era for most black writers and their white friends. For
the people of the community, it never even existed." (1968a:650) Auch

Randall meinte: "the arts [...] were alive and active only at a very superficial elitest level, being mainly patronized by the uptown whites". (1971:236 [sic])

Die *protest tradition*, die von der bisherigen schwarzen Literaturkritik wegen ihrer 'Negativität' abgewertet worden war, fand auch aus der Sicht der *Black Aesthetic* keine Zustimmung. Richard Wright wurde immerhin ange-rechnet, daß er die Eigenständigkeit der schwarzen Kultur betont hatte; sein Artikel "Blueprint for Negro Writing" (1937) fand daher den Weg in Gayles Anthologie. Doch *Native Son* wurde als Protestliteratur abgelehnt, weil Pro-test einen Appell an Weiße darstellte: "Implicit in the concept of 'protest' lite-rature [...] is an appeal to white morality". (Neal 1968b:273)[4] Dem Wright-Kritiker Ralph Ellison bescheinigte Gayle "assimilationist aspirations". Sein Versuch, weiße und schwarze Kultur zu fusionieren, riskierte die Zerstörung der schwarzen Kultur, so Gayle. (1971c:413f) Auch Neal verurteilte Ellison als "inauthentic" und "actionless". (Baker 1988:144) James Baldwin, der An-fang der 1960er Jahre noch als die Stimme des schwarzen Amerikas galt, wurde ebenfalls von der *Black Power*-Bewegung fallengelassen. Cleaver be-zeichnete ihn in Anlehnung an Mailer als "White Negro". (1968:98; cf. Gates 1993:53f) DuBois wurde die Erkenntnis der afroamerikanischen "double-consciousness" zugute gehalten. Allerdings sah Neal ihn dennoch als geschei-tert an, weil er das Dilemma erst zu spät zugunsten der afrikanischen Identi-tät lösen wollte. (Neal 1968a:643)

Die Revision gestaltete sich also als fast durchgängige Ablehnung der afroamerikanischen Literaturgeschichte: "It is precisely here that almost all of our literature had failed." (Neal 1968a:650) Diese Ablehnung war erstens widersprüchlich, weil sie dem Motto 'Black is beautiful' nicht entsprach, sondern im Gegenteil die *mainstream*-Überzeugung von der Inferiorität der schwarzen Literaturgeschichte echote. (D. Smith 1991:97; Baker 1988:150) Zweitens zeigte sich in der Tatsache, daß schwarze Ästhetiker wie LeRoi

---

4 1975 differenzierte Gayle seine Sicht über Wright; trotz seiner Kritik an der Protestliteratur aner-kannte er *Native Son* als ein Werk, das "the reality of its time" beleuchtet hatte, d.h. seiner Zeit angemessen gewesen war. (1971c:xviii)

Jones ihre Tradition als "middle class" ablehnten, ein dogmatischer Klassen-
begriff – *middle class* erschien als grundsätzlich unehrlich; nur die Unter-
klasse konnte 'blackness' und 'truthfulness' für sich in Anspruch nehmen. (D.
Smith 1991:97) Zum dritten bezeugte die Ablehnung der afroamerikanischen
Literaturtradition das ahistorische Denken der *Black Aesthetic*. Sie konnte die
Leistung von Werken wie *Invisible Man* nicht anerkennen und aus der Vergangenheit keine Lehren ziehen. Emanuel war der einzige Kritiker, der vor
einer ahistorischen Ablehnung der literarischen Vergangenheit warnte: "Destruction of the past is rarely a necessary prelude to building a future. [...]
The black critic must accept [...] that no literary art can be fairly judged without a minute examination of its context." (1971:215f)

Positiv fiel die Einschätzung nur einiger weniger Vorläufer aus. Langston
Hughes gehörte zu diesen. Sein berühmter Aufsatz "The Negro Artist and the
Racial Mountain" (1926) war auch in Gayles Anthologie *The Black Aesthetic*
aufgenommen worden. Hughes zitierte die Aussage eines schwarzen Kollegen:" I want to be a poet – not a Negro poet" und kritisierte sie als "this urge
within the race toward whiteness, the desire to pour racial individuality into
the mold of American standardization". (Hughes 1926:175) Wegen solcher
Aussagen wurde er in verschiedenen Essays der Anthologie lobend erwähnt.
(Fuller 1971:356; Randall 1971:225f; A. Miller 1970:400) Anderswo wurden
gedankenlos-rassistische Kommentare weißer Kritiker zu Hughes sowie dessen Entschluß, über sich und über schwarze Kultur allgemein zu schreiben,
zitiert, sowie an einer Stelle in voller Länge auch ein Gedicht von ihm abge-
druckt. (Gayle 1971d:49f, 220f, 403, 208) Aus den Zitaten ging hervor, daß
er vor allem deswegen geschätzt wurde, weil er bewußt als afroamerikanischer Autor über afroamerikanische Themen schreiben wollte; daß viele
Weiße ihn lange abgelehnt hatten, trug ebenfalls positiv zu seinem Status bei.

Afroamerikanische Literatur, die anerkannt werden wollte, mußte den
Kriterien der *Black Aesthetic* entsprechen. *Black Fire* enthielt eine Reihe von
Werken, die offensichtlich den Vorstellungen der Herausgeber entgegen-
kamen – die bekanntesten Autoren waren wohl Larry Neal und LeRoi Jones

selbst sowie Sonia Sanchez und Stanley Crouch. *The Black Aesthetic* erwähnte neben Jones und Neal auch Don Lee, John Oliver Killens und Ishmael Reed. Doch ein großer Teil der AutorInnen, die in den 1960er Jahren bekannt geworden waren, fanden keine Aufnahme unter dem Label "nationalist black novelists" (Fuller 1971a:366), beispielsweise Ernest Gaines, Kristin Hunter, Alice Walker, Nikki Giovanni. Warum wurden die einen akzeptiert, andere abgelehnt? Wieder waren politische Gründe dafür ausschlaggebend: immerhin hatten Reed, Lee etc. selbst Beiträge zu einer *Black Aesthetic* geliefert und erfüllten damit die verlangte Personalunion von Autor und Aktivist, während letztere nicht unter der Fahne von *Black Power* geschrieben hatten.

Auch die Gedichte in LeRoi Jones' und Neals Anthologie *Black Fire* waren '*Black Power*-kompatibel': Amerika wurde aggressiv-kritisch betrachtet (Jones/Neal 1968:252, 256); ein Fan europäischer klassischer Musik wurde als "black pervert" tituliert (254); dagegen wurde eine Rhythm-and-Blues-Gruppe mit einem Lobgesang bedacht (230), und Malcolm X war Held mehrerer Gedichte (268, 284, 290). Der afroamerikanische Gegenkanon zeichnete sich also dadurch aus, daß er die in der dominanten Literaturwissenschaft anerkannten Kriterien des 'Erfolges' nicht erfüllte. (Steward 1968:6)

Letztlich herrschte die Überzeugung, daß Literatur der *Black Aesthetic* noch Literatur der Zukunft war. Die Beschreibung der Literatur bestand häufig genug aus Vorschriften für zukünftige Autoren und Autorinnen. Die Theoretiker der *Black Aesthetic* fanden sich in dem Dilemma, fast keine Literatur zur Illustration ihres Literaturbegriffs vorweisen zu können. Darwin T. Turner sah das als Problem: "[We are] handicapped by the necessity of devising theory prior to the creation of works." (Turner 1971:75)

Dieses Dilemma wiederholte sich mit der Tatsache, daß einige Kritiker den Wert der Literatur grundsätzlich zugunsten der Musik in Frage stellten. Afroamerikanische Musik entwickelte sich eigenständig innerhalb der schwarzen Kultur, sie war 'die' afroamerikanische Kunstform. Von daher folgten die Kritiker nur der Logik ihres Konzeptes, wenn sie sagten: "However, all of the writings of Ellison, Jones, Baldwin, et al., [...] do not

weigh as much as one John Coltrane solo". (Spellman 1971:164) Neal forderte ebenso:

> the key to where the black people have to go is in the music. Our music has al-
> ways been the most dominant manifestation of what we are and feel, *literature*
> *was just an afterthought, the step taken by the Negro bourgeoisie* who desired
> acceptance on the white man's terms. And that is precisely why the literature has
> failed. It was the case of one elite addressing another elite. (1968a:654, m. Herv.)

Er relativierte seine Aussage zwar in Hinblick auf die jüngste Literatur, die
die Tendenzen der Musik aufnahm; das Urteil fiel dennoch eindeutig zugunsten der Musik aus. Ebenso wie die Musik wurde die Kunstform des Dramas
privilegiert, weil dort das Zusammenspiel der Schauspieler und die Gemein-
schaftlichkeit der Zuhörer einer partizipatorischen, egalitären Kunstauffassung entsprachen. (D. Smith 1991:101) Amiri Baraka (früher LeRoi Jones)
gründete folgerichtig 1965 die *Harlem Black Repertory Theater/School.*
(Baker 1981:5)

Literaturbegriff

Wenn also Literatur in der *Black Aesthetic* noch Geltung haben wollte, dann
mußte sie deren Kriterien entsprechen, das heißt, wie Karenga schon gefordert hatte, den 'weißen Feind' entlarven, das schwarze Volk feiern und die
Revolution vorantreiben. In diesem Zusammenhang wurde Karengas Satz berühmt: "In brief, it must be functional, collective, and committing." (1971:33)
Der Begriff "functional" macht stutzig, suggeriert er doch, daß Literatur vorher (z.B. im *New Criticism*) *keine* Funktion gehabt habe. Tatsächlich unterschätzte Karenga die neukritische Ästhetik, indem er sie als funktionsloses
Konzept kritisierte. Im *New Criticism* wurde der Kunst zwar ein eigenstän-
diger Bereich zugewiesen und ihre direkte Referenzfunktion ausdrücklich
verneint; dies aber nur, weil die Kunst genau in dieser Abgetrenntheit von der
Welt ihr Heilsversprechen einzulösen versprach. Von *art for art's sake* konnte
also im *New Criticism* nicht die Rede sein; die *New Critics* sprachen der Literatur eine zentrale Funktion zu und teilten Emanuels Überzeugung, daß die
literarische Tradition "central to the redemption of mankind" war. (Emanuel

1971:206) Der Unterschied zwischen der neukritischen und der schwarzen Ästhetik zeigte sich nicht in der Frage, ob Literatur eine Funktion hatte oder nicht, sondern in der Frage, welche Literatur und welches Publikum jeweils gemeint war, und welche spezifische Wirkungsweise der Literatur zugeschrieben wurde.[5] Diese Feinheiten aber gingen Karenga verloren; von der Vorlage des *New Criticism* als *art for art's sake* hob sich die *Black Aesthetic* als *art for life's sake* wirkungsvoll ab, ohne daß dies konkreter begründet werden mußte.

Die 'Nützlichkeit' der Literatur war im Falle der *Black Aesthetic* sehr konkret, wörtlich zu verstehen und wurde im Unterschied zum *New Criticism* als entscheidend angesehen. Gedichte waren Instrumente – Gayle sprach von "a corrective – a means of helping black people" (1971a:xxiii) –, die eine starke, körperlich erfahrbare Wirkung auf ihre Leser ausübten. Larry Neals bereits zitierte Beschreibung soll hier wiederholt werden: "Poetry is [...] an action. No more abstractions. Poems are physical entities: fists, daggers, airplane poems, and poems that shoot guns." (1968b:276) Dies drückte die Überzeugung aus, daß Literatur 'im Leben stand' und für die Zwecke der Revolution eingesetzt werden konnte. Gayle stellte fest: "The question for the black critic today is not how beautiful is a melody, a play, a poem, or a novel, but how much more beautiful has [it] made the life of a single black man?" (1971: xxiii; cf. auch Karenga 1971:33)

Je wörtlicher dies jedoch genommen wurde, desto größer war die Gefahr einer präskriptiven Kunstauffassung. Sehr häufig tauchten in den Abhandlungen über afroamerikanische Kunst Begriffe wie 'must' und 'shall' auf. Die Präskriptivität drohte in ihrer Humorlosigkeit in ungewollte Komik umzuschlagen: So schrieb Karenga, daß ein Künstler, der beispielsweise Orangen

---

5 Im *New Criticism* mußte die Menschheit vor dem negativen Zivilisationsprozeß gerettet werden; die Rettung lag in der Kunst. In der *Black Aesthetic* erschien diese 'Menschheit', die der *New Criticism* im Sinn hatte, plötzlich selbst als Teil der negativen Zivilisation, vor der die Schwarzen wiederum gerettet werden mußten. Die Verschiebung wiederholte sich in der Literatur, deren neukritisch-moderne Erscheinungsform auf die Unterdrückerseite wechselte und ihre Heilsfunktion nur noch in der afroamerikanischen Form ausüben konnte.

darstellte, diese nicht als Stilleben arrangieren dürfe, sondern als Nahrung zur Stärkung von Guerillas zeigen müsse; wenn er schon Bäume male, dann wenigstens als Schutz und Deckung für die Kämpfenden. (1971:34)[6] Das zeigte sich auch in den Erwartungen, die an Künstler und Kritiker (von Frauen war hier kein Gedanke) gerichtet wurden.

Das Wort "committing" bezog sich auf die direkte Appellfunktion der Literatur; sie sollte ihre Leser zur Revolution verpflichten. Für das Literaturverständnis hieß das, daß Literatur über sich hinauswies, den Leser aktiv zum Handeln aufforderte und nur in der Verbindung zum Leser definiert werden konnte. Literatur sollte die richtige moralische Botschaft vermitteln und sich nicht mit "phonetic subtleties" (Emanuel 1971:196) aufhalten. Literarische Form, die Grundlage für die neukritische Ästhetik, war gänzlich zweitrangig, wenn sie nicht im Sinne der schwarzen Ästhetik interpretiert werden konnte: "We refuse to produce work that sacrifices commitment for something called 'craft'", meinte Larry Neal. (Zit. in Baker 1988:147)

Auch der Begriff "collective" zielte auf die enge Verbindung zum Leser, bezog aber dazu noch Autor und Kritiker ein. Dabei wurden Konzepte wichtig, die in der afroamerikanischen Musik und im Drama zentral waren: Spontaneität im Austausch zwischen Autoren und Lesern, aktive Teilnahme der Lesenden im Sinne der *call and response*, die Verwurzelung der Literatur im *vernacular* und seinem spezifischen 'Rhythmus' und 'Stil'. Auch der hohe Stellenwert der Performanz in der Lyrik erinnerte an die Stilelemente der afroamerikanischen Musik; der künftige Leser sollte Texte nicht in der stillen Kammer lesen, sondern dem Autor in öffentlichen und offenen Lesungen zuhören. (D. Smith 1991:101) Emanuel stellte fest: "The nature of literature itself, then, appears to be changing for black authors and their followers. It seems to me more social, more programmatic, more therapeutic." (1971:196)

---

6 Auch die literarische Funktion des *New Criticism* war insofern präskriptiv, als sie bestimmte Literatur ausschloß. Der Unterschied lag darin, daß die Indirektheit, mit der im *New Criticism* die Funktion vermittelt wurde, mehr Werke zuließ als die direkteren inhaltlichen Modelle der *Black Aesthetic*. Im *New Criticism* erfolgte der Ausschluß eher durch formale Kriterien als durch inhaltliche Vorschriften.

Insofern wies David Smith m.E. zu Recht darauf hin, daß die Schwerpunkt-
verlagerung der *Black Aesthetic* von der Literatur hin zur Musik nicht nur
Probleme mit sich brachte, sondern auch interessante, positive und provokan-
te Konsequenzen haben konnte. (D. Smith 1991:101) Im Unterschied zu der
Kunstauffassung der Moderne, in der der Künstler die Rolle des "alienated
artist" spielte, erhielt der Künstler der *Black Aesthetic* eine neue Rolle – die
des "organic intellectual", der Teil des Volkes war und es mit seiner Arbeit
unterstützte. (Gates 1993:53) Mit 'Volk' war natürlich immer nur die Unter-
klasse, 'die Massen', gemeint, weil die schwarze Mittelklasse und ihre Autoren als 'unehrlich' und 'uninteger' galten.

Der Auftrag der Schriftsteller, ihrem Volk zu helfen, war nicht neu. "The
Negro Writer who seeks to function within his race as a purposeful agent has
a serious responsibility", schrieb Richard Wright (1937:339), und bereits im
19. Jahrhundert empfanden schwarze Autoren und Autorinnen das Schreiben
als Mittel zur Erhöhung ihres Volkes. (Cf. Washington 1987:83; Carby
1987:62ff) Ihr Appell richtete sich jedoch vorherrschend an das weiße Lesepublikum, und eben dies änderte sich in der *Black Aesthetic*:

> the black writer at the present time must [...] redirect his art to the striving within
> the race [...]. To do so, he must write for and speak to the majority of black peo-
> ple. (Gayle 1971c:418)

Die Essays der vorliegenden Anthologien richteten eine Vielzahl von Erwartungen an den Autor: er war "the guardian of image", "the myth-maker of
his people" (Gerald 1971:375); er mußte zum politischen Aktivisten und zum
Priester werden, der nach afrikanischem Vorbild kollektive Rituale vollzog;
er war ein "performer [...] – loud, gaudy and racy." (Neal 1968a:655) Er befand sich im Krieg gegen die Gesellschaft, aber nicht im traditionellen Sinne
als entfremdetes Individuum, sondern als Mitstreiter der schwarzen Bevölkerung gegen die weiße Gesellschaft. Er wollte die Welt verändern. Killens akzeptierte diese Aufgabe: "I am a writer, first of all, and precisely because the
world stinks, and I want to change it." (1971:384) Jeder Autor, der etwas auf
sich hielt, mußte subversiv wirken wollen. (Ibid.) Ein schwarzer Autor war

der einzige, der über die afroamerikanische Erfahrung schreiben konnte. Einem weißen Schriftsteller fehlte nicht nur aus Erfahrungsgründen der Einblick in die schwarze Kultur: "It is reasonable to suppose that his white psychology will get in the way." (Braithwaite, zit. in Gayle 1971a:xvii)

Ebenso veränderte sich die Rolle der Kritiker: "A critical methodology has no relevance to the black community unless it aids men in becoming better than they are." (Gayle 1971a:xxiii) Sie mußten eigene kritische Analyseinstrumente entwickeln – "unique art derived from unique cultural experiences mandates unique critical tools for evaluation." (Gayle 1971a:xxiv; cf. auch Neal 1968a:272) Alle Vertreter der *Black Aesthetic* waren sich einig, daß Weiße bei der Interpretation schwarzer Literatur auf Afroamerikaner angewiesen waren, die schwarze Literatur aufgrund ihrer Herkunft besser verstehen konnten. (Turner 1971:60) So wie also schwarze Literatur nur von Schwarzen geschrieben werden konnte, ließ sich schwarze Kritik nur von Afroamerikanern betreiben: "the ethnic roots of Black Poetry [...] are ultimately understood only by Black people themselves." (Zit. in Baker 1981:7)

Insgesamt schrieben die Beitragenden verhältnismäßig wenig über den Literaturkritiker der Zukunft. Eine erste Erklärung dafür war, daß in den Anthologien mehr Autoren und Journalisten vertreten waren, die ihre Rolle nicht primär als Literaturwissenschaftler verstanden. Aber die Abwertung der Literatur als bourgeoiser 'afterthought' in der *Black Aesthetic* verpflichtete auch zu dieser Zurückhaltung. 'Action' war dem geschriebenen Wort vorzuziehen: "The force of what we have to say can only be realized in action." (Neal 1968a:653) Vor allem durfte die Kunst nicht mehr so elitär sein, daß sie einen eigenen Berufsstand zu ihrer Erklärung brauchte. "[The poet] must take his work wherever the people are", sagte Neal (1968a:655) – der Kritiker verlor seine Schlüsselstellung als Vermittler. "[The black writer] must [...] speak to the majority of black people", meinte Gayle (1971c:418) – folglich konnte die Universität nicht mehr die Bedeutung haben, die DuBois ihr als Ort der *Talented Tenth* zugeschrieben hatte. Dies sollte sich in dem Maße ändern, wie die Zahl der schwarzen Studenten und Lehrenden an den Hochschulen zunahm, war aber Ende der 1960er Jahre noch zwingende Schlußfolgerung. Nur wenige, wie z.B. Gayle (damals *Assistant Professor*), forderten ausdrücklich die Vorantreibung von "serious scholarship". (1971b:46)

Nur selten wandten sich die Vertreter der *Black Aesthetic* ernsthaft einem Text zu. Wie wir gesehen haben, wurde Langston Hughes zwar oft zitiert, meist aber nur in bezug auf sein Selbstverständnis als Autor. An wenigen Stellen schimmerte eine sprachlich begründete Bewertung von Hughes' Werk durch, wenn z.B. Adam Miller schrieb: "[he] took the lives of [his] characters seriously, and rendered them with integrity, clarity, and precision." (1970: 401) Leider ging er nicht näher auf dieses Werturteil ein, und so muß man aus dem Kontext seines Zitats schließen, daß er damit nicht mehr meinte, als daß Hughes sich geweigert hatte, literarische Stereotypen von Schwarzen zu übernehmen. Daß bereits das so bedeutungsvoll war, sagt viel aus über die sonstige Darstellung Schwarzer in der Literatur. Aber das Urteil suggerierte auch, daß Miller entweder übersah, daß viele andere Autoren und Autorinnen außerhalb der *Black Aesthetic* ihre Charaktere auch ernsthaft und präzise beschrieben, oder daß Miller ihnen diese Fähigkeit absprach; beides war mehr als problematisch.

Don L. Lee zitierte James Weldon Johnsons Urteil über Hughes' Sprache: "it is the common, racy, living, authentic speech of the Negro in certain phases of real life." (Lee 1971:239) Ähnlich lobte Randall Hughes' Werk, weil es von Jazz, Blues, *Negro Folkore* und "the speech of the urban working man" beeinflußt war. Erneut zeigte sich hier die Bedeutung des *vernacular* und der Musik als Analyseinstrumente für afroamerikanische Texte.

Die Worte "authentic" und "real life" verweisen auf die bekannte Forderung nach realistischer Abbildung der Lebenswelt in der Literatur. Was hieß realistisch? Realismus war hier als Stilmerkmal einer sich stets verändernden Tradition zu verstehen, das als eine "mit der Wirklichkeit übereinstimmende künstlerische Darstellung" oder "als Konkretes, Faktisches, als eine an der Wirklichkeit orientierte Mitteilung" definiert werden kann. (*Duden Fremdwörterbuch* 1982:651; *Meyers* 1981/XVIII:110)

Grundsätzlich ist die Forderung nach 'realistischer Darstellung' durchaus berechtigt. Die stereotypisierende Darstellung oder gänzliche Ignorierung der afroamerikanischen Welt führte dazu, daß sich viele schwarze Lesende von der Literatur ausgeschlossen fühlten und ihre gesellschaftliche Marginalisierung bestätigt sahen. Die identitätsstiftende (oder in diesen Fällen identitätsverwirrende) Wirkung der Literatur war tatsächlich bedeutsamer und spezifischer, als der *New Criticism* oder die *American Studies* zugestanden hatten.[7]

Daraus ergaben sich aber auch Probleme. Erstens beschränkte die Forderung nach 'Realismus' die mögliche Bandbreite afroamerikanischer Literatur – die stark symbolisierenden bzw. expressiven Darstellungen z.B. der *Harlem Renaissance* konnten so nicht berücksichtigt werden, obwohl sie keineswegs negative Stereotypen festschrieben. Zweitens suggerierte die Forderung nach einer 'realistischen' Darstellung von Schwarzen in der Literatur eine Objektivität, die es nie geben konnte. Jeder Versuch, sich von Stereotypen wegzubewegen, würde kein 'realistisches' Bild, im Sinne eines 'objektiven' Bildes, zur Folge haben, sondern immer nur eine bestimmte Interpretation der Realität. Manche Bilder mochten angemessener als andere erscheinen, doch wer wollte dies endgültig entscheiden? Realismus als Stilmerkmal ist ein sehr offener, vieldeutiger Begriff, der von der jeweiligen Wirklichkeitssicht bzw. Weltanschauung abhängt. Insofern muß die Forderung nach Realismus also als Forderung nach einer *bestimmten* Wirklichkeitssicht verstanden werden; im Kriterium 'Realismus' war in der *Black Aesthetic* immer die ideologische Botschaft im Sinne von *Black Power* mitgemeint. Wenn die Kritiker also Detailtreue erwarteten, implizierten sie mehr als das; die Details mußten aus einer bestimmten Perspektive gesehen werden. Eine 'realistische' Darstellung der Wirklichkeit war nicht akzeptabel, wenn sie nicht 'den Feind entlarvte und die Revolution vorantrieb'. Ethik wurde zum Analysekriterium der neuen Ästhetik, aber nur eine ganz bestimmte Ethik: "Ethical, that is from the viewpoint of the [black] oppressed." (Neal 1968b:275)

---

7 Und dies hat nichts mit der verhängnisvollen Vorstellung zu tun, daß schwarze Lesende sich nur mit schwarzen Charakteren identifizieren könnten.

Auf ein drittes Problem deutet der bekannte Einwand hin, daß Literatur nicht zum gesellschaftlichen Dokument reduziert werden durfte. Wir kennen dies bereits von Trillings Kritik an der sozialhistorischen Literaturgeschichte Vernon Parringtons. Sie wurde auch bezüglich der afroamerikanischen Literatur laut. Richard Wright warnte in seinem bekannten Essay "Blueprint for Negro Writing", daß der Realismusanspruch nicht dazu führen dürfe, den künstlerischen Anspruch zugunsten der didaktischen Aussage zurückzustellen. "But if their writing is demanded to perform the social office of other professions, then the autonomy of craft is lost and writing detrimentally fused with other interests." (1937:343f) Solche Kritik kannte man vor allem von Ralph Ellison. Seiner Ansicht nach versuchten politische Gruppen, afroamerikanische Autoren für ihre Zwecke zu manipulieren; wenn man aber über Politik schreiben wolle, müsse man sich ein anderes Genre suchen – das der Reportage beispielsweise. In seinem berühmten Interview mit dem Titel "A Very Stern Discipline" meinte er:

> But if a Negro writer is going to listen to sociologists [...] he is in trouble because he will have abandoned his task before he begins. [...] He'll never learn to use his own eyes and his own heart, and he'll never master the art of fiction. (Ellison 1986:275f)

Tatsächlich herrschte in der *Black Aesthetic* Blindheit für die 'art of fiction' – Neals Ablehnung der 'craft' ist bereits erwähnt worden. (Baker 1988:147) Durch die enge funktionale Anbindung der *Black Aesthetic* an das Konzept von *Black Power*, die sich darin äußerte, daß für beide 'moral commitment' zum entscheidenden Kriterium erhoben wurde, ergab sich wie bei der Neuen Linken ein Literaturbegriff, dessen Grenzen zu anderen Diskursformen verschwammen und der Literatur weder inhaltlich noch formal eine spezifisch literarische Funktion zuwies. Außerhalb ihrer Funktion, das afroamerikanische Volk zu feiern und revolutionär-moralisches Engagement zu zeigen, durfte Literatur keine Relevanz für ihr Publikum beanspruchen. (Cf. Gayle 1971c:408; Neal bezeichnete diese Grenzaufhebung als 'total art form', 1968b:649)

Der Begriff der Ästhetik war zwar im Begriff der *Black Aesthetic* erhalten
geblieben: Im Grunde aber konnten ihre Vertreter mit ihm nichts mehr anfangen, da sein Inhalt immer noch gebunden war an neukritische Ideen der
geschlossenen Form und poetischen Sprache (ein Beweis für den Einfluß des
New Criticism!), die sie als nutzlose Spielereien empfanden. So meinte Neal:
"The new aesthetic is mostly predicated on an Ethics." (1968b, 274), und
Emanuel prophezeite: "The 1970s [...] might well dawn upon new notions of
functional beauty, subordinating such skills as authentic rhyme and phonetic
subtleties". (1971:196) Eine Ästhetik jedoch, die Literatur bzw. ihre spezifischen Funktionen letztlich ablehnte, konnte schwerlich Kriterien liefern, die
die Eigenschaften eines literarischen Textes analysieren halfen.

An einer einzigen Stelle wurde der Literatur eine spezifische Funktion zugewiesen. Karenga schrieb, daß Literatur den Alltag in neuer Form beschreiben sollte – "in a form more beautiful and colorful than it was in real life. For
that is what art is: everyday life given more form and color." (1971:34) Aber
dies wurde weder von ihm noch von anderen in irgend einer Weise aufgenommen oder weiterentwickelt.

Ellisons oben beschriebener Einwand sollte allerdings relativiert werden.
Zum einen lohnt es sich, seinem Zitat genauer nachzugehen. Denn Ellison
warnte dort nicht vor der literarischen Verwendung soziologischer Daten und
Methoden an sich, sondern vor einer ganz bestimmten soziologischen Richtung. Konkret spielte Ellison auf den *Moynihan Report* über schwarze Familien von 1965 an, der von vielen kritisiert wurde, weil er die Stereotypen vom
Gettoelend, von zerbrochenen Familien und dominanten Müttern wiederholt
und festgeschrieben hatte. Mit anderen Worten: Ellison kritisierte hier nicht
die Genre-Vermischung von soziologischen Erkenntnissen und Fiktion, sondern den verfälschenden und negativen Charakter damaliger soziologischer
Theorien. Für ihn bestand "the art of fiction" in diesem Kontext in der Fähigkeit eines Autors, auch das Schöne und Positive der schwarzen Lebenswelt zu
sehen, d.h. ihre Vielfältigkeit anzuerkennen. Ellison meinte also mit seiner

Kritik an Autoren, die auf soziologische Analysen fixiert waren, etwas ganz anderes, als es auf den ersten Blick erscheinen mochte. (1986: 275f)

Zum anderen entsprang der 'Literatur-als-Dokument'-Einwand häufig dem neukritischen Literaturverständnis, das blind für gesellschaftliche Aussagen eines literarischen Werkes war und auf der Autonomie der Literatur beruhte. Der Vorwurf von Literatur-als-Dokument setzte voraus, daß Einverständnis über das Wesen der Literatur herrschte, und reduzierte die Alternativen einer Literaturdefinition auf das Oppositionspaar Kunst-oder-Dokument, als ob deren Funktionen sich nicht auch überschneiden könnten. Innerhalb dieser Oppositionierung hatte eine Literatur, die gesellschaftliche Aussagen machte, keinen Platz.

Schlußgedanke

Eine Würdigung der *Black Aesthetic* soll nicht ausbleiben. Zu häufig hat ihre Problematik dazu geführt, diese Phase der literaturkritischen Geschichte zu vernachlässigen. "When we think of the Black Arts movement, its polemics and excesses are what we often remember", schreibt David Smith rückblickend. (1991:108) Die historische Aufarbeitung der *Black Aesthetic* ist aber wichtig für die Einschätzung der Afroamerikanistik heute: "If we [create new ways of understanding our collective past], our view of the present cannot stand unaltered." (Ibid.) Ihre Bedeutung liegt vor allem in ihrer Funktion als *Wegbereiterin* für die Afroamerikanistik der folgenden Jahre, die sich von der *Black Aesthetic* abgrenzte und doch von ihr profitierte. Das Selbstbewußtsein, mit dem die *Black Aesthetic* die afroamerikanische Kultur präsentierte, ermöglichte eine neue Sichtweise für schwarze Literatur und ihren Reichtum an Themen und Stilmitteln. Der Zusammenhang zwischen Literatur und Gesellschaft, wie ihn auch die *Radicals* auszuarbeiten versuchten, rückte erneut ins Zentrum der Aufmerksamkeit – trotz aller Ungereimtheiten in bezug auf das 'Wie' ihrer Verbindung.

In seinem Essay über afroamerikanische Literaturkritiker schloß Darwin Turner mit einer Vision für die Zukunft: Die vorherrschend weißen Universitäten würden zunehmend schwarze Kritiker einstellen; diese hätten mehr Zeit und Gelegenheit für Veröffentlichungen, die über den Stand der schwarzen Literaturkritik informieren würden. Die Forschung zur afroamerikanischen Literatur würde sich vertiefen und auch das Interesse der weißen Amerikaner wecken. "In short, the new black critics may develop [a] theory that may become influential in the evaluation of all American literature." (Turner 1971: 76) Turner selbst blieb zwar skeptisch: "I would like to conclude on a note of optimism. But I cannot." (Ibid.) Doch es zeigte sich, daß sich in der Folge alle seine Vermutungen erfüllten: die Veränderungen in der afroamerikanischen Literaturkritik seit Ende der 1960er Jahre kommen in der Tat einer Revolution gleich. Selbst wenn die *Black Aesthetic* eine andere Art der Revolution angestrebt hatte, so stellt sie dennoch den Auftakt zu einer der lebendigsten kritischen Strömungen der Gegenwart dar.

2. *The Literary Is The Political* – Revision der Literaturkritik durch die *Feminist Critique*

2.1. Die feministische Bewegung

Die heutige feministische Bewegung der U.S.A. entstand während der 1960er Jahre hauptsächlich im Gefolge der Bürgerrechts- und Studentenbewegungen, von denen sie sich um 1967 abspaltete. Ein solcher Vorgang fand nicht zum ersten Mal statt: auch Mitte des 19. Jahrhunderts hatte sich die Suffragetten-bewegung aus dem Abolitionismus herausgebildet. In ihrem Einsatz für die Emanzipation der Sklaven überraschten weiße Frauen sich selbst und andere mit Fähigkeiten, die ihnen niemand zugetraut hatte, sammelten organisatorische Erfahrung und erlangten das Selbstbewußtsein, in der Öffentlichkeit aufzutreten. Damit stießen sie an die Grenzen ihrer Handlungsfreiheit, die durch das viktorianische Frauenbild eingeschränkt war. "Yes, white women would be called upon to defend fiercely their rights *as women* in order to fight for the emancipation of Black people." (A. Davis 1981:39). Erstmals in der Lage, in Analogie zur Rechtlosigkeit der AfroamerikanerInnen ihre eigene Unterdrückung zu formulieren, waren die weißen Frauenrechtlerinnen schließlich bitter enttäuscht, daß ihr Kampf um das Wahlrecht für die schwarze (männliche) Bevölkerung nicht mit dem Wahlrecht für Frauen entlohnt wurde. Sie beschlossen daher, ihren Kampf zukünftig getrennt von der schwarzen Emanzipationsbewegung zu führen.[1] Doch ihr Erfolg war begrenzt: Trotz einiger Fortschritte und des stetig wachsenden Selbstbewußtseins der Frauen sollte es noch bis 1920 dauern, bis das Wahlrecht für Frauen

---

1 Diese Entscheidung hatte verhängnisvolle Folgen für die schwarze Bevölkerung, verlor sie doch wichtige Verbündete zu einer Zeit, da das Interesse an der Situation der AfroamerikanerInnen mit der Verleihung des Wahlrechts (für die Männer) ohnehin zu schwinden begann und in Rassismus umzuschlagen drohte. Die weiße Frauenbewegung selbst verstärkte diese Tendenz, indem sie ihre Forderungen gegen die der Schwarzen ausspielte. Gezwungen, sich für eine der Bewegungen zu entscheiden, und bestätigt durch die teilweise rassistische Haltung der feministischen Bewegung, entschlossen sich schwarze Frauen für den Kampf gegen ihre Unterdrückung als Schwarze, die sie als fundamentaler ansahen.

eingeführt wurde, und mit dem Erreichen des 19. Verfassungszusatzes hatte
sich der Impetus der Frauenbewegung weitgehend erschöpft. (Cf. hier wie im
folgenden Giddings 1984; A. Davis 1981; Norton 1976; S. Evans 1977, 1990)

Erst in den 1960er Jahren entstand in der weißen Mittelklasse in Amerika
wieder eine feministische Bewegung, welche mit *Women's Rights* und
Women's Liberation zwei Gruppierungen bildete, die erst später zusammen-
wuchsen. Den Hintergrund dieser Entwicklungen bildete das gesellschaftliche
Klima der 1950er Jahre, das durch den Rückzug ins Private und die hohe Bewertung der Familie, der Ehe und der Mutterschaft gekennzeichnet war. Die
1950er Jahre boten eine modernisierte Version der viktorianischen Trennung
von Öffentlichkeit und Privatsphäre. (S. Evans 1977:53) Die Verklärung der
Mutter- und Hausfrauenrolle stand in starkem Kontrast zur gesellschaftlichen
Realität: Nach dem zweiten Weltkrieg arbeiteten Frauen in zunehmender
Zahl und für längere Zeiten; immer mehr Frauen erhielten eine Männern
ebenbürtige College-Ausbildung. Ihr Horizont erweiterte sich und weckte Erwartungen, die der Alltag des Hausfrauendaseins nicht einlösen konnte. Das
Symptom der 'Trapped Housewife' rückte Anfang der 1960er Jahre ins Blick-
feld der Gesellschaft. Die Medien stürzten sich auf 'das Problem' der amerikanischen Hausfrau – "once she wrote a paper on the Graveyard poets, now
she writes notes to the milkman", formulierte die New York Times 1960 grif-
fig und konstatierte: "The road from Freud to Frigidaire [...] has turned out to
be a bumpy one". (Zit. in Friedan 1963:18)

Politiker versuchten, stärker auf die Doppelrolle der Hausfrau und Er-
werbstätigen einzugehen, und im Dezember 1961 gründete Präsident Kenne-
dy *The President's Commission on the Status of Women* unter dem Vorsitz
Eleanor Roosevelts. Im Umkreis der nationalen und der einzelstaatlichen
Commissions entstanden kleine Zirkel von Frauen, die meist schon länger im
Berufsleben standen bzw. eine Karriere verfolgten und sich mit der beruflichen Gleichberechtigung der Frau beschäftigten. In dieser Phase der Veränderung, in der Frauen anders als früher wahrgenommen wurden und man
sich eingestand, daß die amerikanische demokratische Vision Frauen nicht

automatisch einschloß, veröffentlichte Betty Friedan *The Feminine Mystique*, das wie eine Bombe einschlug.

Mit *The Feminine Mystique* artikulierte Friedan für viele weiße Hausfrauen der Mittelklasse "the problem that has no name", wie sie das Gefühl der Leere und Nutzlosigkeit umschrieb. (1963:11) Sie sah die Erklärung dafür in der *feminine mystique*, dem Mythos der schwachen, inferioren und schutzbedürftigen Frau. Der Mythos, der durch Medien wie Schule und Werbung vermittelt wurde, dominierte das Weiblichkeitsbild in Amerika und bewirkte, daß Frauen in ihrem Heim wie in einem goldenen Käfig eingeschlossen waren. Die Lösung für 'das Problem ohne Namen' konnte für Friedan nur in der beruflichen (Weiter-)Bildung und in sinnvoller Arbeit außerhalb des Heims liegen. Ihr Buch schien einen Nerv getroffen zu haben.

> She was unprepared for the deluge of mail that her book inspired. From all over the country, women by the thousands wrote to thank her for naming their unhappiness and to tell her their own painful stories. (Evans 1990:275)

Ein bedeutendes rechtliches Instrument zur Gleichstellung von Frauen wurde 1964 mit *Title VII* des *Civil Rights Act* geschaffen, der die Diskriminierung im Arbeitsverhältnis aufgrund von Rasse, Hautfarbe, Religion, Geschlecht oder Herkunft verbot.[2] In der öffentlichen Diskussion jedoch wurde das Gesetz belächelt als "bunny law" – denn hätte damit nicht auch ein Mann die Möglichkeit, als Playboy-Bunny zu arbeiten? Es war offensichtlich, daß Frauen keine organisatorischen Strukturen zur Verfügung hatten, um ihre Gleichberechtigung ernsthaft voranzutreiben. Als während einer *Conference of State Commissions on the Status of Women* 1966 deutlich wurde, daß von Regierungsseite keine konkreten Veränderungen erwünscht waren, entschloß sich eine kleine Gruppe um Betty Friedan, eine eigene Organisation zu grün-

---

2 Die beliebte Geschichte, daß der Zusatz "sex" ironischerweise von einem sexistischen *Congressman* vorgeschlagen worden sei, in der sicheren Erwartung, daß das Gesetz darauf hin abgelehnt werden würde, ist wohl teilweise zu korrigieren. So betonte Sarah Evans, daß der Betreffende, Howard Smith, als glühender Segregationist zwar tatsächlich gehofft hatte, den *Civil Rights Act* zu Fall zu bringen, den Zusatz als Befürworter des Equal Rights Amendment aber ernst gemeint hatte. (1990:276)

den, die *National Organization for Women* (NOW). (Evans 1990:276f) Dieser
Vorläufer der später einsetzenden Massenbewegung wird als *Women's Rights*
bezeichnet. Der Name weist auf die legalistische Ausrichtung der Bewegung
hin; das erklärte Ziel von NOW war es, als "NAACP for women" individuellen Rechtsbeistand zu leisten. (Giddings 1984:303; Evans 1990:278) NOW
setzte sich aus vergleichsweise älteren berufstätigen Frauen zusammen – *Pro-
fessionals*, Angestellten im öffentlichen Bereich, Gewerkschaftsvertreterin-
nen, Mitgliedern der *State Commissions*. Unter den Mitgliedern dominierten
Frauen des weißen *mainstream*, obwohl einige der Gründungsmitglieder
schwarze Frauen waren. NOW definierte sich als Organisation *für*, aber nicht
ausschließlich *von* Frauen und ließ daher die Mitgliedschaft von Männern zu.
(Giddings 1984:303f; Evans 1990:278) Die Anstrengungen NOWs zielten auf
die Gleichberechtigung im öffentlichen Bereich; die Trennung des öffentlichen und privaten Raums blieb gemeinhin akzeptiert.

Etwa ein Jahr nach der Gründung von NOW entstand aus den StudentIn-
nen- und Bürgerrechtsbewegungen heraus die *Women's Liberation* genannte
Massenbewegung einer jüngeren Generation von Frauen, deren Ziele weiter
gingen und deren Kritik grundsätzlicher ausfiel als die der Generation ihrer
Mütter. Die Teilnahme an der Bürgerrechtsbewegung war für die meisten der
Frauen eine einschneidende Erfahrung und lieferte die Bedingungen für eine
radikale feministische Umorientierung. Schon früh hatten im amerikanischen
Süden weiße Frauen, oft aus dem Umkreis der Kirche, an bürgerrechtlichen
Aktivitäten teilgenommen. Doch erst anläßlich des *Freedom Summer* 1964
entschlossen sich die Mitglieder der schwarzen StudentInnenorganisation
SNCC, weiße Studierende in großer Zahl aus dem Norden zur Unterstützung
anzufordern. Für die meisten Studentinnen, Töchter der Mittelklasse, brachte
die Entscheidung, in den Süden zu gehen, eine Serie radikaler Entschlüsse
mit sich, die schon damit begann, daß sie Ungehorsam gegen die eigene Familie leisteten. Sie erlebten harte Arbeit ohne Geschlechterunterscheidung;
sie waren beeindruckt von der teilweise beinahe anarchisch-demokratischen
Beteiligung aller Mitarbeitenden an Entscheidungen; und sie entdeckten neue

Vorbilder in den schwarzen Frauen der Südstaatengemeinden, für die das viktorianische Weiblichkeitsbild nie Bedeutung gehabt hatte. Hunderte von Frauen entwickelten Motivation, Einsatzbereitschaft und Selbstbewußtsein, ohne zunächst die dadurch entstehenden Widersprüche in ihrem Leben artikulieren zu können. (Evans 1977: Kap. 2)

Die 'Frauenfrage' rückte um 1965 in das Bewußtsein einer größeren Zahl von Frauen innerhalb der Bürgerrechtsbewegung. Es waren Afroamerikanerinnen, die die Unzufriedenheit mit ihrer Benachteiligung als erste formulierten. Doch es entstand keine rassenübergreifende Solidarität unter den Frauen, und bald beteiligten sich schwarze Frauen an dem Ruf nach einem afroamerikanischen Separatismus. Mit ihm setzte allerdings eine 'Virilisierung' der afroamerikanischen Rhetorik ein. Die Kopplung des Freiheitsgedankens an Begriffe der Männlichkeit zeigte sich in Forderungen nach *black manhood* und Äußerungen wie "The black man's got to have his balls back". (Cf. Giddings 1984:317) Gerade die radikalsten Vertreter der *Black Power*-Bewegung zeigten sich oft explizit frauenfeindlich, so bspw. Stokely Carmichael in seiner Antwort auf die ersten kritischen Äußerungen von Frauen: "The only position for women in SNCC is prone". (Zit. in Giddings 1984:302)

Zurückgekehrt in den Norden, mußten viele Frauen erkennen, daß Gruppen der *New Left*, vor allem SDS, ihnen noch weniger Platz boten als SNCC. Im Kontrast zur *Old Left*, die zumindest in Lippenbekenntnissen die Unterdrückung von Frauen zu beseitigen versprochen hatte, herrschte in der Neuen Linken eine explizite und zum Teil krasse Misogynie. Gleichzeitig erwiesen sich in den *Community Projects*, die SDS 1963-65 in den Gettos der Nordstaaten organisierte, vor allem Frauen als erfolgreiche Organisatorinnen. Auch im Norden fiel für Frauen also die Entdeckung der eigenen Stärke und Fähigkeiten mit der Entdeckung der Geschlechterdiskriminierung zusammen, die in der Bewegung, wenngleich gewiß nicht stärker als in der Gesellschaft insgesamt, ausgeübt wurde.

Ende 1965 entstand während der SDS "rethinking conference" der erste "women's workshop". In den folgenden anderthalb Jahren bildeten sich weitere kleinere Workshops und erste vereinzelte Kurse über Frauenthemen. Einmischungs- und Einschüchterungsversuche von Männern stießen auf zunehmenden Widerstand; feministische Erkenntnis und Handlungsbereitschaft wuchsen. Die Ereignisse zweier *New Left*-Konferenzen im Sommer 1967, während derer eine Reihe emanzipatorischer Forderungen mit Hohn und Mißachtung beantwortet wurden, lösten einen Massenprotest von Frauen aus. Hunderte von *Women's Liberation Groups* entstanden in den folgenden Monaten und machten den Feminismus zu einer Massenbewegung, die über die *New Left* und die gesellschaftliche Mittelklasse hinausging. (Cf. Evans 1977: Kap. 7; Giddings 1984)

Wie bereits angedeutet, übte die *Women's Liberation* im Unterschied zur *Women's Rights*-Bewegung grundsätzliche Kritik an der Gesellschaft. Der Slogan *the personal is the political* spiegelte dabei eine zentrale Einsicht der Bewegung wider. Er signalisierte die Bereitschaft, die Trennung zwischen privatem und politischem Raum aufzuheben und das Private politischer Kritik und Veränderungsansprüchen zugänglich zu machen: "feminism argues that an individual woman's problems are not in fact idiosyncratic, but rather a product of sexist ideology and institutions." (Koedt 1973:vi) Robin Morgan formulierte es etwas salopper: "We've learned that those experiences are not our private hang-ups. They are shared by every woman, and are therefore political." (1970:xviif)

Der Begriff der *Erfahrung* erhielt eine Schlüsselbedeutung in der feministischen Bewegung. Tatsächlich war er konstitutiv für sie: es waren hauptsächlich Selbsterfahrungsgruppen (*consciousness-raising groups*), in denen feministisches Bewußtsein mobilisiert wurde.[3] *Consciousness-raising* diente ebenso als Mittel zur Theorieentwicklung wie als Strategie zum Aufbau einer Bewegung, wie Sara Evans feststellte. (1977:214ff) Die dezentrale Klein-

---

3 Die Selbsterfahrungsgruppen hatten ihren Vorläufer im sogenannten "Guatemala guerilla organizing approach", der sich in der *New Left* zur Zeit ihrer Massenmobilisierung als äußerst erfolgreich herausstellte und darin bestand, daß Treffen jeder Art mit dem Austausch autobiographischer Informationen begannen. Das 'Pooling' gemeinsamer Gefühle versprach Inspiration und Motivation zum Aktivismus. (S. Evans 1977:214)

gruppenstruktur ermöglichte Zusammenkünfte und die Bildung eigener Gruppen in kleinstem Rahmen ohne bürokratischen oder organisatorischen Aufwand. Die Betonung der persönlichen Erfahrung ermöglichte es auch bisher politisch uninteressierten Frauen, sich als Betroffene, als Teil einer politischen Gemeinschaft zu fühlen. Robin Morgan konstatierte: "Women's liberation is the first radical movement to base its politics – in fact, create its politics – out of concrete personal experiences." (1970:xvii)

Die Ziele der Frauenbewegung zu dieser Zeit waren wenig spezifisch und eher vage-visionär. Im Gegensatz zu *Women's Rights*, die durch ihre legalistische Ausrichtung konkrete kurz- und mittelfristige Ziele verfolgen konnte, drang *Women's Liberation* mit ihrer Kritik an der Geschlechterideologie in nicht juristisch einklagbare oder politisch entscheidbare Bereiche ein. Darüber hinaus hatte *Women's Liberation* keine übergreifende Organisation, die ein klares Programm hätte aufstellen können (NOW entwickelte sich erst später zur gemeinsamen Organisation). Die ersten Ziele der neuen Frauenbewegung waren daher allgemein ausgerichtet auf den Aufbau einer politischen Bewegung, auf Erreichung von Außenwirkung und die Mobilisierung von Feministinnen.

Wie bei den vorher dargestellten Bewegungen war auf lange Sicht eine radikale gesellschaftliche Veränderung anvisiert: "the complete elimination of the sex role system". (Koedt 1973:vii) Ähnlich forderte Bonnie Kreps: "There shall be no characteristics, behaviour, or roles ascribed to any human being on the basis of sex." (1972:239) Letztlich konnte nur eine feministische Revolution die Geschlechtertrennung überwinden. (Firestone 1970:191) Allerdings antizipierten die meisten Feministinnen wie Kate Millett diese als *kulturelle* Revolution:

> And here it would seem that the most profound changes implied are ones accomplished by human growth and true reeducation, rather than those arrived at through the theatrics of armed struggle – even should the latter become inevitable. (Millett 1970:362f.)

Der gewaltsame Kampf, den Millett im letzten Nebensatz immerhin als möglich betrachtete, war grundsätzlich kein Thema in der feministischen Kritik
und nahm im Unterschied zu der Neuen Linken und der afroamerikanischen
Befreiungsbewegung keinen zentralen Platz in ihrer Rhetorik ein.

2.1.1. Schritt in die Akademie: Institutionelle Kritik

Der Schritt der Feministinnen in die Akademie begann mit der Untersuchung
der Diskriminierung von Frauen. Im Bereich der Literaturwissenschaft entdeckten Feministinnen, daß Frauen wie in jedem anderen gesellschaftlich-
kulturellen Bereich benachteiligt wurden, und daß auch hier kulturelle und
gesellschaftliche Macht in Zusammenhang miteinander standen. Bereits ein
Blick in den 'Urtext' der feministischen Literaturkritik, Virginia Woolfs *A
Room of One's Own*, zeigte den erschwerten Zugang zu Bildung und For-
schung als eine wichtige Quelle feministischer Verärgerung: Woolfs fiktivem
Ich wurde der Eintritt zur Bibliothek von Oxbridge verweigert. (1929:9)
Auch 1971 war das Problem noch aktuell. In "A Report on Women and the
Profession" berichtete die Vizepräsidentin der MLA, Florence Howe, daß der
Anteil weiblicher College- und Universitätslehrkräfte im Bereich der *Modern
Languages* 37% betrug. Zwar lag diese Zahl immer noch erheblich höher als
der Fächerdurchschnitt von ca. 20%; jedoch reduzierte sie sich auf 12% an
den Universitäten bzw. 8% unter denjenigen, die nur Graduierte unterrichte-
ten. Je besser die Bezahlung bzw. das Prestige der Beschäftigung, desto geringer ihr Frauenanteil, kritisierte Howe. (1971:848ff)[4]

Feministinnen erkannten bald, daß die Barrieren für Frauen in der akademischen Welt auch psychologischer Art waren: selbst wenn sie den Sprung

---

4 Die Situation hat sich heute gebessert. Der Frauenanteil unter amerikanischen ProfessorInnen ist
 heute sehr viel höher, allerdings ist weiterhin ein starkes Gefälle je nach Status und Sicherheit
 der Position zu erkennen: Frauen stellen ungefähr ein Viertel der *full professorships* in der Literaturwissenschaft, etwas über die Hälfte der *assistant professors* und drei Viertel der *part time
 positions*. (Spear 1993) An deutschen Universitäten ähnelt die Situation noch stark den Zahlen,
 die Howe für Amerika 1971 vorgelegt hat; 1990 besetzten Frauen einen 35%-Anteil unter den
 Wissenschaftlichen MitarbeiterInnen, 12% aller DozentInnen- und nur 5% aller ProfessorInnen-
 plätze. (Cf. *Bericht des Zweiwochendienstes Frauen und Politik* 62/1991, 6. Jahrgang)

in die Colleges und Universitäten geschafft hatten, blieben Studentinnen von der intellektuellen Inferiorität der Frau überzeugt. Dies mochte der Grund sein, warum von den 55% Studentinnen in den MLA so wenige die Möglichkeit sahen bzw. den Ehrgeiz hatten, eine akademische Laufbahn einzuschlagen. Studentinnen waren ängstlicher, vorsichtiger und weniger selbstbewußt als Studenten; und Elaine Showalter folgerte: "women do not have equal opportunity either in the society or in the classroom". (1971a:857) Nancy Evans schrieb: "For too long I have been intimidated in my reading of literature by the authority traditionally ascribed to male professors by sex and by role." (1972:306) Dieses Eingeschüchtertsein zeigte sich in einem Experiment, in dem zwei Gruppen von Studentinnen einen Text beurteilen sollten, dessen Autor in der ersten Gruppe mit John McKay, in der zweiten Gruppe mit Joan McKay benannt wurde. Der Essay des Autors wurde übereinstimmend positiv, der der Autorin übereinstimmend negativ beurteilt – der Text war jedoch derselbe. (Millett 1970:55) Angesichts dieses überwältigenden Mangels an Selbstbewußtsein, den man daraus schließen konnte, fiel Milletts Urteil vernichtend aus:

> the general level and style of higher education for women [...] is closer to that of Renaissance humanism than to the skills of mid-twentieth-century scientific and technological society. (1970:42)

2.1.2. Feministische 'Infrastruktur'

Der Erfolg der feministischen Kritik im akademischen Bereich war nicht nur deshalb so groß, weil es angesichts der Diskriminierungen einen 'Protestbedarf' gab, sondern vor allem weil bereits eine entsprechende 'Infrastruktur' in den Universitäten vorhanden war. Tatsächlich waren Frauen in den Universitäten und Colleges bereits präsent; 1971 machten sie in den *Modern Languages* 55% der Studierenden und unter den Lehrenden (zwar in schlechteren Positionen als ihre Kollegen, wie Howe berichtete, aber) immerhin noch 37% aus, wobei die feministische Initiative wohl eher vom jüngeren Lehrpersonal als von den Studentinnen ausging. (Showalter 1971e:iii)

Außerdem hatten sich in den Universitäten bereits alternative Denkmuster in Form von *Free Universities* oder *Freedom Schools* gebildet, die 1965 vom SDS gegründet und einige Jahre lang an Universitäten und Colleges überall in den Vereinigten Staaten betrieben wurden. Es handelte sich dabei um Kurse innerhalb des Lehrbetriebs, die zum Ziel hatten, die Traditionen und Verkrustungen der Lehre und Forschung von innen heraus aufzubrechen. Die *Free Universities* waren Ende der 1960er Jahre wieder von der Bildfläche verschwunden; ihre Innovationen aber waren von einzelnen Lehrenden der Universitäten aufgenommen worden: ein bewußt antiautoritärer Lehrstil, die Arbeit in Workshops und Feldstudien, das Ersetzen von regulären schriftlichen Arbeiten durch Projekte, Tagebücher oder kreative Arbeiten, vor allem aber auch die Veränderung der Lehrpläne. Die Arbeit der *Free Universities* kann daher als der Beginn der Kanonkritik angesehen werden. (Cf. Howe/ Ahlum 1971:396f; Lauter 1983b:xii)

Zuletzt muß die Bedeutung der *MLA Commission on the Status of Women* für die Entwicklung der feministischen Kritik gewürdigt werden, die die *Radicals* während jener turbulenten MLA-Konferenz 1968 durchgesetzt hatten. Immer wieder ließ sie *calls for papers* ergehen, die vor allem in der Zeitschrift *College English* veröffentlicht wurden, z.B. in den Sonderausgaben im Mai 1971 und Oktober 1972. Bis 1974 bestanden die meisten Titel der feministischen Kritik aus Artikeln und Vortragsmanuskripten, die in den Frauenworkshops der MLA präsentiert wurden. Erst relativ spät erschien eine große Zahl selbständiger Werke. (Showalter 1975:437)

2.1.3. *Women's Studies*: Die Erfolgsstory

Im September 1970 erschien in einem der neuen feministischen Verlage, KNOW, ein zusammengehefteter Stoß hektographierter Blätter mit dem liebevoll aufgemalten Titel *Female Studies No. 1*. Sheila Tobias von der Wesleyan University hatte eine Anthologie von 17 Syllabi und Literaturlisten des Jahres 1969/70 zusammengestellt – "in a field that may eventually be called Female Studies", wie sie in der Einleitung schrieb. (1970:o.S.) Einige typische Titel der Kurse lauteten "Images of Women in English and American Literature", "Literary Treatment of Women" oder "The Feminine Mystique in American Fiction". Das Ziel der Anthologie war, den intellektuellen Anspruch und die inhaltliche Bandbreite der feministischen Kritik unter Beweis zu stellen; Tobias betonte, daß bereits an vier Hochschulen *Female Studies*-Programme existierten. Offensichtlich war sie in eine Marktlücke gestoßen, denn bald wurde an die *MLA Commission* die Bitte herangetragen, das Projekt fortzuführen und als "clearing house for information on new curricular developments" zu fungieren. (F. Howe et al. 1970:o.S.) Bereits drei Monate später erschien *Female Studies II* und dann bis 1973 in halbjährigem Abstand *Female Studies III* bis *VII*. Die Entwicklung, die die Anthologien nachzeichneten und wohl auch selbst vorantrieben, ist erstaunlich. Berichtete Tobias noch von 17 Kursen aus verschiedenen Disziplinen und 4 *Female Studies* Programmen, hatte sich die Anzahl bereits drei Monate später auf 66 Kurse erhöht und stieg bis Ende 1971 auf 600 Kurse und 17 Programme, bis 1973 auf 2.000 Kurse und 80 Programme, bis 1983 auf 30.000 Kurse (3.000 davon im Literaturbereich) und bis 1989 auf 525 – inzwischen "Women's Studies" genannte – Programme an. "Obviously, the women's movement had spread onto campuses beyond even our most optimistic expectations", kommentierte Howe. (Howe/Ahlum 1971:ii; F. Howe 1983:289; Kaplan/Rose 1990:64)

2.2. Feminismus und Literaturkritik

2.2.1. Ausgangspunkt

Im Gegensatz zur afroamerikanischen Kritik[5] existierte keine literaturwissenschaftliche Tradition, die die Feministinnen hätten aufgreifen oder verändern können. Eine feministische Literaturkritik hätte sich tatsächlich nur auf zwei

---

5 Die afroamerikanische Kritik zu dieser Zeit war relativ weit entwickelt. Rassismus und literarische Stereotypen in der dominanten Literatur(kritik) waren bereits in den 1930er Jahren untersucht worden; eine afroamerikanische literarische Tradition war anerkannt. Die Vertreter der Black Aesthetic schufen einen Neuanfang innerhalb einer existierenden kritischen Tradition.

Werke berufen können: Virginia Woolfs *A Room Of One's Own* (1929) und
Simone de Beauvoirs *Das andere Geschlecht* (1949)[6].

Für die neuere feministische Literaturkritik gab es kein einzelnes Werk,
das so deutlich einen Anfangspunkt setzte wie die Anthologien *The Politics
of Literature* und *The Black Aesthetic* für die Kritik der *Radicals* und der
Black Aesthetic. Wohl kann man hier Kate Milletts *Sexual Politics* nennen,
das 1970 erschien und als "the world's best-selling Ph.D. thesis" (Moi 1985:
24) bezeichnet werden darf. Doch zwei Jahre vor *Sexual Politics* erschien
bereits Mary Ellmanns *Thinking About Women* und schon 1966 Katharine
Rogers' *The Troublesome Helpmate*. Daneben erwiesen sich auch die Anthologien *Woman in Sexist Society* (ed. Vivian Gornick 1971) und *Images of
Women in Fiction* (ed. Susan Cornillon 1972) als wichtige Texte der frühen
feministischen Kritik.

2.2.2. Bruch mit neukritischer Theorie

Wie für die vorher beschriebenen Bewegungen bildete auch für die feministische Kritik die Auflehnung gegen "the totalitarian dogma" des Formalismus
den Anfang der Entwicklung eigener Inhalte. (Donovan 1975a:79) Der Bezug
zu den Theorien des *New Criticism* und der *myth and symbol*-Schule der
American Studies wird in den folgenden Kapiteln immer wieder auftauchen;
an dieser Stelle soll zunächst das Problem der 'Wissenschaftssprache' diskutiert werden.

Erneut wurde dem neukritischen Formalismus Lebensfeindlichkeit vorgeworfen. Die *New Critics* schienen jeden Versuch aufgegeben zu haben, das
Leben der Studentinnen zu verstehen. (F. Howe 1983:197) Die Feministinnen
störten sich an der "terminology which is foreign to everyday, human language". (N. Evans 1972:305) Der Formalismus wurde als "the long sleep"

---

6 De Beauvoir widmete sich allerdings nur in einem Teil ihres Werkes der Literatur – in der Untersuchung des Weiblichkeitsmythos bei Schriftstellern wie D.H. Lawrence, André Breton und
Paul Claudel. Im Laufe der Zeit wurden noch andere Autorinnen als Vorläuferinnen der feministischen Kritik geltend gemacht, so z.B. Christine de Pisan (Cf. Andersen 1975:4), die aber nicht
die Grundlage der heutigen feministischen Kritik bildeten.

und "a hypnotic trance" bezeichnet; er erschien in seiner Leblosigkeit und gesellschaftlichen Isoliertheit dem Untergang geweiht:

> Formalism, that great block of aesthetic ice, is breaking up and the cold fantasy
> of 'pure' and isolated cerebration that created it is melting away. The heat of so-
> cial conflict [...] is making fluid the rigid notions of Literature beautifully preser-
> ved in a crystal cube, touching no one and nothing. (Katz-Stoker 1972:313)

Adrienne Rich kritisierte, daß im *New Criticism* der Anschein der wissenschaftlichen Distanz als Strategie eingesetzt würde, um sich den Wahrheiten
der Literatur nicht zu stellen – "like asbestos gloves, [formalist readings]
allowed me to handle materials I couldn't pick up barehanded." (Rich 1971:
111) Die intellektuelle Neutralität war ein Mythos, "[a] dog-eared myth" (Kolodny 1980b:163), und überhaupt durfte bezweifelt werden, ob Kritik jemals
objektiv sein könne. (Register 1975:18f)

Diese Argumente sind aus der Neuen Linken und der *Black Aesthetic* bekannt. Zusätzlich jedoch geriet der Formalismus in der feministischen Kritik
zu einem Symbol männlicher Machtstruktur. Elaine Showalter beobachtete
eine zunehmende hierarchische Zweiteilung der Kritik: "the higher concerned
with the 'scientific' problem of form and structure, the 'lower' concerned with
the 'humanistic' problems of content and interpretation", und hinterfragte den
Versuch von Kritikern wie Northrop Frye, mit dem Anspruch auf Wissenschaftlichkeit den 'soft disciplines' maskuline Respektabilität zu verschaffen.

> The new sciences of the text [...] have offered literary critics the opportunity to
> demonstrate that the work they do is as manly and aggressive as nuclear physics
> – not intuitive, expressive, and feminine, but strenuous, rigorous, impersonal,
> and virile. (Showalter 1979:140)

Für viele stellte sich die Frage, wie frau sich zum Wissenschaftsanspruch
verhalten sollte. Einige Kritikerinnen plädierten für die feministische Aneig-
nung wissenschaftlicher Methoden. So beschrieb Kolodny die künftige Aufgabe der feministischen Kritik: "to school itself in rigorous methods for ana-
lyzing style and image and then without preconception of preconeived
conclusions to apply those methodologies to individual works." (1975a:50;
cf. Register 1975:18) Vor einer feministischen Wissenschaftsfeindlichkeit

mußte gewarnt werden, weil Frauen dadurch fern der Macht blieben und in Gefahr gerieten, den Mythos von der schwachen, unwissenschaftlichen Frau zu perpetuieren. (Stimpson 1973:44)

Andere lehnten den Wissenschaftlichkeitsanspruch ausdrücklich ab. In diesem Zusammenhang wurde ein warnender Ausspruch von Audre Lorde zu einem geflügelten Wort unter Feministinnen: "*For the master's tools will never dismantle the master's house.*" (1981:99) Showalter formulierte die Auseinandersetzung des Feminismus mit dominanten wissenschaftlichen Methoden bildhaft: "I believe [...] that this thrifty feminine making-do is ultimately unsatisfactory. Feminist criticism cannot go around forever in men's ill-fitting hand-me-downs". (1979:139; cf. Register 1975:20; Holly 1975:40)

Hier ging es nicht mehr speziell um den *New Criticism*, sondern um 'Theorien' allgemein, deren Sprache und Inhalte als schwer verständlich, abstrakt und lebensfeindlich empfunden wurden, und die wie der *New Criticism* in ein männliches Machtsystem eingeordnet wurden. So bezog sich Showalter in ihrem Zitat 1979 nicht nur auf neukritische, sondern auch auf strukturalistische und dekonstruktivistische Theorien.[7] Dies ist auch in den 1990er Jahren noch Thema, beispielsweise bei Sandra Gilbert, für die der *New Criticism* durch "other -*isms*" ersetzt wurde, die ihren jeweils eigenen Jargon pflegten und aus dem Professor, der Texte las und interpretierte, eine Mischung aus esoterischem Technokraten und Philosophen machten. (Gilbert 1990:131f) Die schwarze Feministin Barbara Christian sah in den neuesten Theorien Instrumente westlicher hegemonialer Kräfte, die die Kontrolle über den akademischen Diskurs zu halten suchten. Mit einer lebensfernen, unverständlichen Sprache würden die Unterdrückten – "people of color, feminists, radical critics, creative writers", mit anderen Worten "the folk" – weiter marginalisiert:

---

7 Showalter würde diese heute wohl nicht mehr gleichsetzen. Überhaupt ist im folgenden immer wieder zu berücksichtigen, daß sich die meisten feministischen Kritikerinnen weiterentwickelt haben; es ist also unratsam, eine bestimmte Position mit dem Namen einer Kritikerin markieren zu wollen, da diese zu einem anderen Zeitpunkt eine teilweise oder gänzlich andere Position vertreten haben kann.

The race for theory [...] has silenced many of us to the extent that some of us feel
we can no longer discuss our own literature, while others have developed intense
writing blocks. (Christian 1987:53)

Interessanterweise wurde also noch zu einem Zeitpunkt, da die feministische
Kritik sich bereits theoretisiert hatte, debattiert, ob Feministinnen Theorie
brauchen. Kaplan und Rose wiesen auf den Widerspruch hin: "After all, we
have begun to move into that house." (1990:164) Für sie konnte es jetzt nur
noch darum gehen, die Dinge von innen zu verändern.

Die Diskussion um die *master's tools* ist problematisch. Einerseits ist eine
gewisse Beunruhigung angesichts der Tatsache verständlich, daß Feministinnen mit ihrer Entscheidung, sich für ihre Zwecke bestimmte Theorien anzu-
eignen oder sie abzulehnen, in eine Zwickmühle gerieten. Wenn sie sich den
neueren Theorien verweigerten, drohten sie von Anhängerinnen französischer
Theorien wie beispielsweise Toril Moi als 'angloamerikanisch' oder – was das
gleiche hieß – 'naiv' abgewertet zu werden. (Cf. L. Marcus 1992:14) Wenn
sie sich für die Theorien und ihren entsprechenden Jargon entschieden, liefen
sie nicht nur Gefahr, den Kontakt zur 'Basis' zu verlieren und für Frauen
außerhalb der Akademie unverständlich zu werden, sondern drohten auch auf
den Widerstand einiger ihrer männlichen Kollegen zu stoßen, für die die
Theorien wie der *New Historicism*, Dekonstruktivismus oder Marxismus ein
männliches Refugium darstellten. Barbara Johnson kommentierte: "The minute women start to rise in a field is concommitant with the demise of the
overall prestige of the field". (Zit. in Kaplan/Rose 1990:12)[8] Es gab allen
Grund für Feministinnen, sich zu fragen, wie vielversprechend der Weg in
die Theorie sein würde.

Andererseits wurde die Debatte um die *master's tools* ausgesprochen unhistorisch geführt. Dies zeigte sich bereits am Umgang mit dem Lorde-Zitat,

---

8 In diesem Sinne interpretierten auch Carey Kaplan und Ellen Rose die Entdeckung, daß die renommierten akademischen 'Theorie'-Zeitschriften *ELH, Critical Inquiry, Diacritics, New Literary History* sich weigerten, den Grundsatz des *author-anonymous reviewing* einzuführen, der
erfahrungsgemäß den Anteil weiblicher Beitragender in akademischen Zeitschriften deutlich an-
steigen ließ. (Kaplan/Rose 1990:188, 126)

das meist aus dem Zusammenhang gerissen verwendet wurde. Ihre Mahnung hatte sich an weiße Feministinnen gerichtet, denen sie vorwarf, die 'Teile und herrsche'-Politik der Mächtigen zu imitieren und schwarze und mittellose Frauen zu ignorieren. Das Herrschaftsinstrument war ursprünglich also nicht irgendeine wissenschaftliche Theorie, sondern Rassismus und Mittelklassenorientiertheit, die hinter der 'Teile und herrsche'-Politik standen. In ihrer Diskussion, ob Feministinnen nicht zum Opfer bestimmter theoretischer Methoden werden können, übersahen die Lorde-zitierenden (weißen) Feministinnen geflissentlich, daß die Warnung ursprünglich ihnen selbst als potentiellen 'Täterinnen' galt.

Auch in anderer Hinsicht wurden in der popularisierten Version der *master's tools*-Frage, die Theorien selbstverständlich als Herrschaftsinstrumente voraussetzte, fragwürdige Vermischungen und Verschiebungen vorgenommen. Zunächst muß man zwischen 'Theorie' als solcher und bestimmten Theorien unterscheiden. Man kann bestimmte Theorien ablehnen; 'Theorie' als solcher entkommt man jedoch nicht: "Whether we realize it or not, each of us brings to a text an *implicit* theory of literature". (Gates 1987b:351)[9]

Zudem darf aus der Tatsache, daß zu einem bestimmten Zeitpunkt dominante gesellschaftliche Gruppen sich dominanter literaturwissenschaftlicher Theorien bedienten, nicht gefolgert werden, daß eine notwendige Verbindung zwischen ihnen besteht bzw. daß diese Theorien an sich herrschaftsfördernd sind. So zeigt sich am Beispiel der Idee von künstlerischer Autonomie, daß eine Theorie je nach historischem Kontext die Basis sowohl für konservative wie für oppositionelle Lesarten liefern kann. (Felski 1989:178) Darüber hinaus ist es fragwürdig, die verschiedenen Theorien und Denkweisen ohne Anerkennung ihrer Unterschiede gleichzusetzen. Daraus ergibt sich ein eindimensionales Feindbild, in dem *New Criticism* und "other -*isms*", Wissenschaftlichkeit, westliche Kultur und Männlichkeitswahn ohne Differenzie-

---

9 Auch meinten viele mit der 'Theorie' nur den Jargon, der diese oft, aber doch nicht unvermeidlich, begleitete.

rung verschmelzen.[10] Die Voraussetzung eines unveränderlichen Antagonismus zwischen männlicher Herrschaft und weiblicher Emanzipation erleichterte natürlich die eigene Definition: die feministische Kritik war alles, was der Feind nicht war. Wenn Showalter also die Zweiteilung von 'higher' und 'lower criticism' beschrieb, dem ersteren männliche Wissenschaftlichkeit und dem letzteren weiblichen Humanismus (oft gleichgesetzt mit 'Humanität') zuordnete, deutete sich per Assoziation eine Umkehrung der geringer geschätzten Kritik ins moralisch Höherstehende an.

Dieses Phänomen läßt sich wie bei der Neuen Linken und der schwarzen Ästhetik damit erklären, daß jede sich emanzipierende Gruppe dazu neigt, eine Zweiteilung der Welt vorzunehmen, um sich besser abgrenzen zu können; das Abgrenzungsbedürfnis ist umso größer, je stärker die Macht und Feindseligkeit empfunden werden, die der Gruppe bei ihrem Eintritt in die dominante Welt entgegenschlagen.

2.2.3. Personalized Criticism

Als Antwort auf den Wissenschaftsanspruch des *New Criticism* entwickelten einige feministische Kritikerinnen einen bewußt personalisierten Stil: "Feminist criticism is rooted in the personal, the immediate, the emotions; it builds from the awakening, the feeling, the vision." (Showalter 1975:460) Viele Kritikerinnen verzichteten auf eine Legitimierung ihrer Arbeit durch einen wissenschaftlichen Stil oder Anspruch auf Allgemeingültigkeit. In diesem Sinne war Stimpson zu verstehen, die (trotz ihrer oben genannten Einwände gegen die Wissenschaftsfeindlichkeit) bemerkte: "My method is impressionistic rather than scientific" (1973:38), und Diamond, wenn sie sagte, ihre Materialsuche intuitiv betrieben zu haben. (1977:ix) Typisch war hier auch der Verzicht auf die Geschlossenheit der Arbeit, wenn Sandra Gilbert am Beginn ihres Essays gestand: "I must confess I have hardly been able to make up my

---

10 Die *undifferenzierende Gleichsetzung* ist unzulässig; damit möchte ich aber nicht ausschließen, daß es durchaus aufschlußreiche Verbindungen zwischen Aufklärung, Wissenschaftsdenken und Maskulinitätsdenken gibt. Diese müssen aber historisiert werden.

mind what aspect [...] to discuss here" (1980:29) oder wenn Jane Tompkins
am Ende ihrer Fragen schrieb, "I don't have an answer to such questions."
(Zit. in Schilb 1990:229)[11]

Die Kritikerinnen versuchten, Kontakt mit den Leserinnen aufzunehmen.
Sie betonten das Prinzip der "plain language", mit der sie 'normale Leserinnen' erreichen wollen. (Gilbert 1990:130f; Kaplan/Rose 1990:160). Andere
versuchten, sich als Privatmenschen zu offenbaren und der Unpersönlichkeit
und Anonymität zu entfliehen, die aus der 'Objektivität' ihrer Aussagen gefolgt wären. So schrieben viele in der "forbidden first person" (Donovan
1975b:306) oder brachten autobiographische Informationen in ihre Artikel
ein. (Rich 1971; F. Howe 1972; Tompkins 1987)

Sehr wichtig war hier auch die Aufwertung der emotionalen Sprache. Jane
Tompkins schrieb von ihrer Verletzlichkeit und Verwirrung (in Schilb 1990:
224f), für Fetterley war die Erkenntnis der politischen Dimensionen in der
Literatur "painful" (1978:xi), und Barbara Smith schrieb: "I am filled with
rage at [the exclusion of] Black and Third World Women." (1977:169)

Natürlich liefen die Beteiligten damit Gefahr, lediglich einen neuen Jargon zu bilden, der sich ebenso verselbständigte und die gleichen Funktionen
erfüllte wie der alte: als Aushängeschild für die eigene Position zu dienen,
ein Ingroup-Gefühl zu stärken, ein bestimmtes Selbstbild zu konstruieren und
sich – gerade durch den ostentativen Autoritätsverzicht – wiederum auktoria-
le Autorität zu verschaffen. Ob Wahrheit durch 'Objektivität' oder durch persönliche Beteiligung und Authentizität beansprucht wird, ist gleichermaßen
hinterfragbar. Ein Jargon der Betroffenheit ist einseitig, weil er verschleiert,
daß eine Person nicht nur diesen Betroffenheits-Aspekt, sondern auch abgren-
zende oder sachliche Elemente in sich trägt; er schafft einen *Anschein* von
"real-life" (Schilb 1990:225), der ebenso konstruiert sein kann wie der
Anschein der Neutralität. Im schlimmsten Fall führt der Jargon zu einer

---

11 Dies ist sicherlich nicht nur ein Aspekt des 'personalisierten' Stils, sondern auch eine Version
   des postmodernen Verzichts auf den geschlossenen Entwurf; insofern zeigte sich doch wieder
   der Bezug zur 'Theorie'.

klischeehaften Inflation der Rhetorik, wenn beispielsweise Ellen Cronan Rose die Vorwürfe afroamerikanischer Kritikerinnen an sich und ihre weißen Kolleginnen als "bruisingly persuasive" empfand. (1993:351)

Andererseits kann die Wirkung einer 'personalisierten' Schreibweise außerordentlich erfrischend sein. Sie kann dazu beitragen, das Lesen zu erleichtern, zur Reaktion und Kritik zu motivieren, Stellungnahmen herauszufordern. Selbst wenn es inzwischen zur Binsenweisheit geworden ist, daß Thesen und Feststellungen doch 'nur' bestreitbare Meinungen der AutorInnen sind, ändert das ausdrückliche Eingeständnis dieser Tatsache das Klima des Leseprozesses (der ja immer ein Dialog mit dem Text und dem imaginierten Autor ist) spürbar; der Leseprozeß wird enthierarchisiert. Dieser Demokratisierungseffekt mag ein historisch spezifischer sein, denn ebenso ist die 'neutralere' Schreibweise einst mit dem Demokratie-Argument verteidigt worden. So betonte man, daß die objektive Sprache die Lesenden vor dem manipulativen Einfluß des Autors oder der Autorin schützte und ihnen zugestand, sich ihre eigene Meinung zu bilden. Die Bewertung eines Stils als demokratisch hängt also eher davon ab, in welchem Stil eine bestimmte Position *bisher* autorisiert wurde; die sich von dieser Autorität emanzipierende Gruppe wird wahrscheinlich einen anderen Stil wählen. Diese Einsicht schmälert jedoch nicht den Befreiungseffekt, den der personalisierte Stil zu dem dargestellten historischen Zeitpunkt auf viele Lesende gehabt hat.

2.2.4. *Politicized Criticism*

Eine andere Antwort auf den 'lebensfeindlichen' *New Criticism* war der Anspruch der feministischen Kritik, sich explizit als Teil der politischen Bewegung zu verstehen. Dieser drückte sich in den Anfangsjahren der feministischen Kritik in normativen Forderungen aus. Kritikerinnen mußten ein erfolgreiches *consciousness-raising* vorweisen können und sich für ihre politische Haltung verantworten: "The critic must be held responsible for questioning her/his adherence to sex, class, and race biases in evaluating a work". (Holly 1975:45) Robinson ging einen Schritt weiter, wenn sie sagte: "I am not terribly interested in whether feminism becomes a respectable part of academic criticism; I am much concerned that feminist critics become a useful part of the women's movement." (1971:889) Einige feministische Kritikerinnen reihten sich in die marxistische Tradition ein, indem sie das Marxsche Zitat abwandelten: "Feminist criticism, after all, is a mode of *praxis*: the point is not simply to interpret the literature in various ways; the point is to *change the world.*" (Schweickart 1985:1; cf. Stimpson 1973:39f; Robinson 1971:889)

Aber auch ohne diese normativen Vorschriften war das politische Interesse unumstrittener Teil des feministisch-kritischen Selbstverständnisses. Die enge Verbindung zwischen akademischer Kritik und gesellschaftlicher Bewegung wurde immer wieder herausgestellt. Alice Jardines Ausspruch: "Feminist criticism is, by definition, based in very precise political struggles and practices and remains inseparable from them" (1985:5) ist bis heute als repräsentativ für die amerikanische feministische Kritik zu betrachten.[12] (Cf. Kaplan/Rose 1990:13; Koedt 1973:viii; F. Howe 1979:231; F. Howe et al. 1970:v; Register 1975:1)

2.3. The Feminist Critique

Die feministische Kanonkritik begann mit dem Widerstand gegen den Text. Kate Millett und Mary Ellmann waren unter den Wegbereiterinnen eines Ansatzes, der als *Images of Women Critique* bzw. *Feminist Critique* bekannt geworden ist.[13] (Cf. Showalter 1979:128ff) "[T]he first act of the feminist critic must be to become a resisting rather than an assenting reader": Mit diesen

---

12 Hier ist – mit aller Vorsicht vor nationalen Kategorisierungen – ein entscheidender Unterschied zu den französischen Kritikerinnen festzustellen, die zwar für die feministische Kritik sehr bedeutend sind, sich aber mit Ausnahme von Luce Irigaray ausdrücklich als *nicht feministisch* bezeichnen. (Jardine 1985:20)

13 Die *Feminist Critique* als eine bestimmte Phase feministischer Kritik ist nicht zu verwechseln mit dem Oberbegriff *Feminist Criticism* bzw. 'feministische Kritik'!

Worten wies die Leserin die Autorität des Textes zurück. (Fetterley 1978: xxii) Sie ließ sich nicht mehr von dem Appell leiten, den der Text an sie richtete, oder davon, was andere über den Text gesagt hatten. Einem Text Widerstand zu leisten, stellte die Autorität auktorialer Intentionen ebenso wie die Autorität des Kunstwerkes in Frage.

Ohne Kritikerinnen wie Kate Millett zu Heldinnen machen zu wollen, muß betont werden: was heute unspektakulär erscheinen mag – die Ankündigung, einen Text 'gegen den Strich' zu lesen, gehört inzwischen zum guten Ton –, war damals ein mutiger Schritt. Elaine Showalter hat davor gewarnt, Milletts Wendung gegen den Text in ihrer Tragweite zu unterschätzen; es handelte sich um Entscheidungen gegen den Rat ihrer Doktorväter und ihrer Umgebung: "These decisions were really negations – bold ones". (1993a: o.S.) Es war allerdings wohl nicht allein das Mißtrauen gegen den Text, das den Bruch mit der herrschenden Literaturkritik ausmachte; entscheidend war genauso, daß der Widerstand ein *feministischer* war und daß die Kritik aus der *subjektiven Perspektive einer Leserin* erfolgte.

Daß die Subjektivität der lesenden Person ausdrücklich wieder anerkannt wurde, war tatsächlich neu. Es war Milletts Verdienst, das Urteilsvermögen der Leserin geltend gemacht zu haben. (Moi 1985:24f) Die Leserin selbst besaß den Schlüssel zur Beurteilung von Literatur: ihre eigene Erfahrung. So wurde nicht nur Erfahrung als allgemeines Konzept, sondern die konkrete Erfahrung individueller Frauen als literarisches Analyseinstrument aufgewertet. Die Fragen, die die Leserin an den Text richtete, hießen: 'was sagt der Text über Frauen?', 'Kann ich mich damit identifizieren?' und 'Ist das echt und überzeugend, was der Text über (einige von) uns sagt?' Literatur mußte sich dem Vergleich mit dem 'richtigen Leben' stellen. (Cf. Donovan 1975a:77; Holly 1975:46; Diamond 1977:x; C. Brown 1978:xiii; F. Howe 1976:194; Showalter 1971a:856; Fetterley in Russ 1991a:205)

Der Unterschied der personalisierten Lesart zum Impressionismus der Jahrhundertwende lag darin, daß die lesende Person nicht als vereinzeltes *Individuum*, sondern als *Frau* identifiziert wurde. Aus der Tatsache, daß die

Leserinnen trotz aller Vielfalt immer wieder kommentierten: 'aber wir sind doch ganz anders, als diese Bücher uns darstellen!', und daß sich Übereinstimmungen in ihren Lesarten fanden, wuchs die Überzeugung, daß Frauen den Text aus *einer gemeinsamen Perspektive* betrachteten, also keine willkürlich-individuellen Lesarten lieferten. – Daß das weibliche 'Ganz-anders' mit völlig unterschiedlichen Inhalten gefüllt werden konnte, wurde erst später zum Thema gemacht.

Die weibliche Perspektive konstituierte den ersten Schritt der Kanonkritik – den neuen Blick auf das Alte, eine Bestandsaufnahme des Gegebenen. Was Kolodny als "rereading" (1980b:148) und Jehlen als "re-thinking" (1981:775) bezeichneten, ist wohl am einprägsamsten in Adrienne Richs bekanntem Zitat formuliert worden: "Re-vision – the act of looking back, of seeing with fresh eyes, of entering an old text from a new critical direction [...] is an act of survival." (1971:106) Der Begriff des *Revisionism* ist letztlich zum Synonym für die Kanonkritik überhaupt geworden (und hat neben der Bedeutung *der anderen Sicht* auch die *der Neuordnung* übernommen). Die Metapher der Optik ist naheliegend und findet sich in vielen feministischen Texten. So verglich Elaine Showalter die gleichzeitige Sicht des Alten und Neuen mit dem Verwirrspiel einer optischen Täuschung (1975:435), und Carolyn Heilbrun charakterisierte den feministischen Blick als "unexpected, even startling point of view". (Zit in Fetterley 1978:xviii)[14]

2.3.1. *Images of Women*-Kritik

Mit diesem neuen Motto wandten sich die Feministinnen der Literatur zu, und anstatt sie auf Unterschiede in Genre, Stil und Erzähltechnik zu untersuchen, betrachteten sie die Werke unterschiedslos in Hinblick auf ihre realistischen Aspekte. Daß dieser Ansatz nicht auf jede Literatur gleich anzuwenden war, blieb zunächst Nebensache; eine Differenzierung setzte erst später ein. Zu diesem Zeitpunkt stand im Vordergrund die überwältigende Erkennt-

---

14 Joan Scott (1991) hat darauf hingewiesen, daß die Betonung des Sehens und Wahrnehmens wiederum die Idee der authentischen Erfahrung legitimiert.

nis, wie wirkungsvoll die neuen Leitfragen waren. Es erschien vielen, als sei ihre Sicht auf die Literatur vorher versperrt gewesen und als böte sich jetzt plötzlich das 'wahre' Gesicht der Werke, das sie vorher nicht wahrgenommen hatten. Die erste Erkenntnis, die auch die Ausrichtung der *Feminist Critique* bestimmte, war die der weiblichen Unterdrückung – "[the] reality of oppression", wie es immer wieder hieß. (Watson 1975:114) Zentrales Thema der *Feminist Critique* war die Frau als Opfer – als Opfer von Misogynie, Unterdrückung und Marginalisierung.

Im Unterschied zu der Tatsache, daß es so wenig Autorinnen und Kritikerinnen gab, waren Frauen in der Fiktion durchaus nicht abwesend oder ignoriert. Im Gegenteil: "Are you aware that you are, perhaps, the most discussed animal in the universe?" fragte Virginia Woolfs Persona ihr weibliches Publikum ironisch. (1929:27) Aber ein genauerer Blick zeigte Verwirrendes:

> Why does Samuel Butler say, 'Wise men never say what they think of women'? Wise men never say anything else apparently. But [...] what is so unfortunate is that wise men never think the same thing about women. [...] Are they capable of education or incapable? [...] Have they souls or have they not souls? Goethe honoured them; Mussolini despised them. Wherever one looked men thought about women and thought differently. (Woolf 1929:30)

Was Woolfs Ich so verwirrte, war nicht die Unterschiedlichkeit der Auffassungen; im Gegenteil wäre es beängstigend, wenn alle dasselbe dächten. Es war vielmehr die Autoritätspose, mit der diese Statements verbreitet wurden; die Rigidität der Charakterisierungen, die jeweils Vielfalt und Entwicklungsmöglichkeiten ausschloß; schließlich der Haß, der aus so vielen Äußerungen zu sprechen schien (Woolf 1929:31ff) und sich neben allen liebe- und respektvollen Frauenbildern als "dark stream" durch die Literaturgeschichte zog. (Rogers 1966:ix)

Die Frage, was die Literatur über Frauen aussagte, und ob Frauen sich damit identifizieren konnten, brachte jedesmal das gleiche Ergebnis: die Frauengestalten erschienen unrealistisch und überzeichnet; selten traten sie als eigenständige Persönlichkeiten auf, noch seltener überlebten die fiktiven

Heldinnen ihren selbstbewußten Auftritt. Dies führte Feministinnen zu der
Schlußfolgerung: "American literature is male". (Fetterley 1978:xii)

Katharine Rogers nahm in ihrem bereits 1966 erschienenen Buch *The
Troublesome Helpmate* eine erste historische Differenzierung der misogyni-
stischen Frauenbilder vor. Sie sah die Literatur des Mittelalters vom Einfluß
der Kirche gekennzeichnet: Frauenfeindlichkeit zeigte sich in der Verklei-
dung der *sexual guilt*; sexuelles Begehren galt als entwürdigend und erschien
als Bedrohung. Dies änderte sich mit der Säkularisierung in der Renaissance;
bis zum Ende des 18. Jahrhunderts, so Rogers, wurde das Frauenbild allmählich freundlicher, und die Feindseligkeit wurde durch höfliche Geringschät-
zung ersetzt. Im 19. Jahrhundert nahm die Idealisierung der Frau zu in dem
Maße, wie sich auch das Eigentumsverhältnis zwischen Mann und Frau
festigte. Hier fand Rogers die Überhöhung positiver weiblicher Attribute wie
Frömmigkeit, jungfräuliche Reinheit, Intuition und Mütterlichkeit. Die Schat-
tenseite der Idealisierung war die Bevormundung der Frau und die Einschränkung ihrer Freiheit, die der Überzeugung folgte, daß eine Frau beschützt und
geführt werden mußte. Erst im ausgehenden 19. Jahrhundert stellte Rogers
ein erneutes Gefühl der Bedrohung in der Literatur von Männern fest, das
offensichtlich von der zunehmenden Emanzipationsbestrebung der Frauen
ausgelöst wurde. (Rogers 1966)

Das 20. Jahrhundert, so beobachtete Rogers weiter, zeichnete sich durch
die beinahe völlige Gleichstellung von Frauen und Männern in vielen Werken aus, aber daneben auch durch eine verschärfte Feindseligkeit gegenüber
Frauen. Diese Verschärfung des misogynen Tons in der amerikanischen Literatur des 20. Jahrhunderts gab vielen Feministinnen Anlaß zur Beunruhigung.
(Ellmann 1968:71; Showalter 1975:495; Rogers 1966:226; Firestone 1970:
182) Dolores Barracano Schmidt untersuchte ein besonders häufiges Frauenbild, das sie 'The Great American Bitch' nannte und als Weiterentwicklung
der dunkelhaarigen Heldin des 19. Jahrhunderts identifizierte. Schon zu jener
Zeit trotz (oder gerade wegen) ihrer Stärke und Energie sehr ambivalent ge-
zeichnet und zum fiktionalen Untergang verurteilt, hatte die Heldin in diesem

Jahrhundert allmählich sogar diese Ambivalenz verloren und war gänzlich auf die grausame, gierige, ewig-unzufriedene und übermächtige Frau reduziert worden, 'a man-eater'. Man fand sie bei Hemingway als Margot Macomber, bei Albee als Martha und bei Kesey als Big Nurse. (Schmidt 1971:900) Die Vergeltung für diese Bedrohung des Mannes wurde von der 'new Virility School', wie Firestone sie nannte (1970:182), vorgenommen und zeigte sich in der fiktionalen Unterwerfung von Frauen durch sexuell hochpotente Männer, wie sie vor allem in Kate Milletts Darstellung von Henry Miller, Norman Mailer und D.H. Lawrence bekannt geworden ist.

In ihrer Untersuchung der US-amerikanischen Literatur konzentrierten sich Feministinnen wie Judith Fetterley und Nina Baym auf ein zentrales Thema: das des Individuums auf der Suche nach sich selbst. Sie stellten dabei eine deutliche Geschlechterverteilung fest: Das Individuum (ein Mann) flieht vor dem Zugriff des einengenden gesellschaftlichen Regelsystems (repräsentiert durch Mutter oder Ehefrau) in die Natur (die wiederum weiblich besetzt ist, aber mit der Gestalt der in Besitz zu nehmenden Geliebten). Fetterley charakterisierte die Zuordnung so: "America is female; to be American is male." (Fetterley 1978:xiii; Baym 1981:71) Baym sah darin einen Mythos, der mit der Realität kaum etwas gemeinsam hatte und der die Gesellschaft als etwas Unnatürliches und Feindseliges zeichnete; der Mythos legitimierte die Flucht vor Verantwortung und Beständigkeit, selbst wenn sie sich als illusorisch erwies. (Ibid.)

Fetterley und Baym orteten diesen Mythos als zentral für die amerikanische Literatur. Dieser begann mit der Flucht Rip Van Winkles vor seiner zänkischen Frau und setzte sich mit Huck Finns Flucht vor der strengen Witwe bis zu Variationen des 20. Jahrhunderts wie *A Farewell to Arms* fort, in dem Hemingway Catherine sterben ließ, um Frederic die Freiheit zu sichern; er fand sich auch bei *Rabbit, Run* und *Henderson the Rain King*, in denen Flucht zum Selbstzweck wurde. (Baym 1981:71ff; Fetterley 1978:xvff) Diese Themen schlossen Frauen als eigenständige Heldinnen aus. Obwohl die Identifikationsmöglichkeiten grundsätzlich unabhängig vom Geschlecht waren,

zwangen die Themen mit ihren eindeutigen Geschlechterzuweisungen die Leserinnen zur Identifikation mit dem, was *not female* war:

> In such fiction the female reader is co-opted into participation in an experience
> from which she is explicitly excluded; she is asked to identify with a selfhood
> that defines itself in opposition to her; she is required to identify against herself.
> (Fetterley 1978:xii)

Natürlich sahen Baym und Fetterley Ausnahmen; sie waren beeindruckt
von der Klarheit der gesellschaftlichen Analysen und den starken und positiven weiblichen Charakteren in den Romanen Henry James' oder von der auf-
rechten Persönlichkeit der Hester Prynne in Hawthornes *The Scarlet Letter*.
Dennoch warfen sie James vor, die gesellschaftlichen Verhältnisse zwar
durchschaut, aber als unvermeidlich hingenommen zu haben. Ebenso beanstandeten sie die kritische Rezeption; sie kritisierten, daß Leslie Fiedler in
seiner Interpretation von *The Scarlet Letter* Arthur Dimmesdale und nicht
Hester Prynne zum Zentrum des Romans gemacht hatte.[15]

In besonderem Maße ärgerten sich Feministinnen über die beharrliche
Tendenz zu weiblichen Stereotypisierungen in der Literatur. Zwar wurde das
Verhältnis zwischen "textual and social harrassment of women" (Showalter
1990:179) nie wirklich theoretisiert; daß aber eine deutliche Verbindung zwischen literarischen und gesellschaftlichen Stereotypen bestand, stand außer
Frage. Die Stereotypen zeigten sich häufig in Extrempaaren, und ebenso ex-
trem war die Darstellung der Heldinnen – sie wurden entweder erhöht oder
erniedrigt, so daß gänzlich widersprüchliche Frauenbilder entstanden. Bereits
Leslie Fiedler hatte erkannt: "the European writer and the American alike
learn to [...] split Woman into Dark Lady and Fair Maiden, savior and temp-
ter" (1960:36), und mit der Zeit reichte das Bild der Blonden und der Dunk-

---

15 Hier treten erste Widersprüche der feministischen Kritik auf: Während Rogers und Baym die
   positiven Frauengestalten James' wertschätzten, kritisierte Fetterley James, aus seinen Beob-
   achatungen keine Konsequenzen gezogen zu haben. Während Baym den sentimentalen Roman
   als alternative Ur-Erzählung des amerikanischen Romans betrachtete, war er für viele frühe Feministinnen wegen seiner konventionellen Frauengestalten und -schicksale ein Ärgernis – ungeachtet der weiblichen Autorinnenschaft.

len, *the lily and the rose*, aus, um auch die weniger zurückhaltenden Bilder der 'Heiligen und der Hure' zu evozieren.

Es ging Feministinnen dabei nicht unbedingt darum, weniger ambivalente Frauenbilder einzufordern. Sie kritisierten diese Widersprüchlichkeit wegen ihrer realitätsfernen und rigiden Zweiteilung weiblicher Identitätenvielfalt. Natürlich gab es auch entsprechende männliche literarische Stereotypen, z.B. die des Verführers und des Retters, doch standen Männern vielfältigere Bilder zur Verfügung; für sie gab es Alternativen zu den Stereotypen. Dagegen befanden sich sowohl die Heilige als auch die Hure in Extrempositionen – Randpositionen – eines Systems, in dessen Zentrum das Männliche stand.

In Mary Ellmanns *Thinking About Women* wurde diese Gegensätzlichkeit besonders ausgearbeitet. Ellmanns Darstellung der weiblichen Stereotypen war deshalb so scharfsinnig und amüsant, weil sie deren Widersprüchlichkeit auf die Spitze trieb: "In most women [...], spirituality is premarital. When, on occasion, it persists after marriage, it tends to be expressed as an alternate of hypersexuality." (1968:103) Auch die Frömmigkeit war kein unveränderliches Gut: "The effervescent piety of young girls subsides into the dull and inhibitive piety of wives." (1968:96) Keuschheit schlug nach der Hochzeit in Frigidität um; ähnlich verhielt es sich mit Intuition, die sich in Irrationalität verkehrte, und geheiligter Mutterschaft, die sich in mütterliche Übermacht verwandelte. Ellmann verfolgte die Entwicklung eines Bildes, bis es in sein Gegenteil umschlug und sich damit selbst zerstörte. (1968:66; cf. Moi 1985: 37) Sie zeigte damit, daß die Extrempositionen aufeinander aufbauten und eine Kontrollfunktion ausübten, die eine Entwicklung bzw. Eigenständigkeit weiblicher Identität unmöglich machte.

2.3.2. Verurteilungen

Welche Auswirkungen hatten die neuen Erkenntnisse für die Haltung der Feministinnen zu den Autoren? Viele Feministinnen zögerten, ihren Ärger über einseitige Frauenbilder in den literarischen Wertungsprozeß einfließen zu lassen. Sie beriefen sich auf Welleks und Warrens Unterscheidung zwischen 'intrinsischen' und 'extrinsischen' Interpretationsansätzen und betonten, daß ein "extrinsic approach" der Literatur nie wirklich gerecht werden könnte. (Pratt zit. in Gallop 1989:622) Sie gaben zu bedenken, daß viele Schriftsteller unbewußt literarischen Konventionen gefolgt seien (Register 1975:3), und betonten, daß die starke Idealisierung der Frau notwendigerweise zu einer heftigen Demontage dieser Illusionen führen mußte; außerdem waren die Beschreibungen von Frauen manchmal durchaus realistisch. (Rogers 1966:265f; Firestone 1970:191) Es war schwierig zu entscheiden, ob Stereotypen in der Literatur auf die persönliche, explizite Frauenfeindlichkeit oder unbewußte Wunschvorstellung eines Autors verwiesen oder einfach nicht ernst gemeint waren. Schließlich konnte sich eine Situation aus der Perspektive eines Mannes tatsächlich anders darstellen als aus der einer Frau; das Problem wäre also nicht das Frauenbild aus männlicher Sicht, sondern das Fehlen weiblicher Gegenbilder. (Rogers 1966:265f) Im nachhinein durfte man vielleicht von Autoren wie Fitzgerald kein heutiges feministisches Bewußtsein erwarten, denn, so fragte Holly, hatte ihre ganze Umgebung nicht damals ähnlich gedacht? (1975:40f)

Allerdings hatte ein Autor ja immer auch die Wahl, Teile seines kulturellen Erbes kritisch zu hinterfragen oder zurückzuweisen. (Rogers 1966:268) Die Beharrlichkeit, mit der Autoren weibliche Stereotypen übernahmen, konnte nicht allein auf diese Erklärungen zurückzuführen sein. Offensichtlich mußten die Stereotypisierungen auch einem gewissen Bedürfnis – einem patriarchalen Machtwunsch? – entsprechen. So stellte Rogers schließlich fest: "There is an obvious reason for this [misogyny in literature]: the top dog naturally wishes to remain on top." (1966:272) Eine solche Schlußfolgerung hatte bereits Virginia Woolf gezogen, als sie sich Gedanken über die wütende Gehässigkeit männlicher Äußerungen über Frauen machte:

> Possibly they were not 'angry' at all [...]. Possibly when the professor insisted a little too emphatically upon the inferiority of women, he was concerned not with their inferiority, but with his own superiority. That was what he was protecting rather hot-headedly and with too much emphasis, because it was a jewel to him of the rarest price. (1929:34f)

Von daher erschien es einer anderen Gruppe von Kritikerinnen tatsächlich angebracht, eine Verurteilung vorzunehmen. Register fragte zweifelnd: "can [literary competence] absolve sexist authors of social guilt?" (1975:7) Sie beantwortete ihre Frage selbst: "The verdict depends on the ultimate political effect of their literary production. [...] Do they do harm to individual female consciousness?" (Ibid.) Die Vokabeln "guilt" und "verdict" sind aufschluß-reich: sie markieren die richterliche Position, die die Kritikerinnen gegenüber den Autoren einnahmen. Auch Holly war überzeugt: "the writer must be held accountable for creating superficial and stereotyped characters or motivations." (1975:45) Hemingway war in diesem Zusammenhang wegen seiner maskulinistischen Werte ein beliebtes Angriffsziel für Feministinnen: "Hemingway's work must be distrusted from the outset [...] because [...] he fails to transcend superficial cultural definitions." (Holly 1975:43) Aber selbst wenn Schriftsteller freundliche Frauenporträts zeichneten, blieb die Haltung mancher Feministin mißtrauisch: "I mean that these men, however sympathetic, cannot imagine being a woman". (F. Howe 1983:303)

Häufig wurde dem Autor dessen Identifizierung mit dem misogynisti-schen Helden vorgeworfen. Rogers' Forschungsobjekt waren "misogynistic speeches by dramatic characters who are definitely speaking for the author". (1966:xiii) Folgende Aussagen waren typisch: "the protagonist, who is always some version of the author himself" (Millett 1970:5), oder "Mailer transparently identifies with his hero". (Millett 1970:21) Bei der fiktionalen Unterwerfung von Frauen durch Männer schien es sich meist um Wunschden-ken der Autoren zu handeln. (Millett 1970:49f; cf. Schmidt 1971:900) Doch wirkten die Helden von Mailer und Heller auf Firestone nicht subtiler als "complex versions of [...] Superman [...] and the adventures of Bugs Bunny." (Firestone 1970:181)

Im Gegensatz zu der weitverbreiteten Überzeugung, daß die feministische Kritik Autoren verdammt und Autorinnen mit Samthandschuhen angefaßt hätte, verschonte das feministische Urteil die Autorinnen nicht: Cornillon ge-stand zwar zu, daß frauenfeindliche Äußerungen fiktionaler Heldinnen der

Realität angemessen sein mochten, fand jedoch: "it is not appropriate for
Oates to share them." (1972a:120) Holly, die Fitzgeralds rassistische Tendenz
verteidigte, weil er es nicht besser gewußt hatte, verurteilte Phyllis Wheatley
als nicht "truthful", weil sie in ihrem Lob auf Amerika ihre eigene Unfreiheit
verschwiegen hatte. (1975:40) Zwar fielen 'ernsthafte' Autorinnen, die
stereotypisierend schrieben, im Vergleich zu stereotypisierenden Autoren
zahlenmäßig nicht ins Gewicht; Feministinnen erwarteten aber dennoch von
ihnen, daß sie authentische Darstellungen gäben. (Register 1975:11f)

Die Leistung der feministischen Lesarten, Tendenzen zu zeigen und zum
Umdenken anzuregen, ist durchaus als Erfolg zu werten, wenn es ihnen auch
nicht gelang, eine funktionsgeschichtlich differenzierte Untersuchung der
amerikanischen Literatur bezüglich ihrer Frauenbilder vorzunehmen. Was
ebenfalls ausblieb, war eine Theoretisierung des Verhältnisses textueller und
kultureller Bilder untereinander und der sozialen Wirklichkeit bzw. ihrer
Wirkungsmechanismen. So blieben meist die genaue Prämisse und Konsequenz der jeweiligen Arbeit unklar – warum sollte das Frauenbild eines bestimmten Autors erarbeitet werden?, und welche Konsequenz waren aus den
Erkenntnissen zu ziehen? Was berechtigte zu der Kritik an den Frauenbildern
– konnten Autoren nicht frei sein zu schreiben, wie sie wollten? Reflektierten
sie mit ihren Stereotypen nicht einfach die gesellschaftliche Wirklichkeit?
Unter welchen Bedingungen konnten politische Forderungen an bereits ge-
schriebene literarische Werke gestellt werden? War es nicht sinnvoller, diese
literaturgeschichtlich stehen zu lassen und in der Gegenwart um alternative
Frauenbilder zu kämpfen?

Selbst wenn die Prämissen der feministischen Diskussion nicht explizit
theoretisiert wurden, wurde in Nebensätzen und Randbemerkungen deutlich,
vor welchem Hintergrund die Diskussion anzusiedeln war. Der neukritische
künstlerische Autonomieanspruch, der sich der direkten Referenzfunktion der
literarischen Sprache verweigerte, stellte die Folie dar, von der die feministische Kritik sich abhob – die unverhüllten gesellschaftlichen Aussagen der
Literatur strafte die *New Critcs* Lügen und legitimierte die Suche nach Sexis-

mus im Text. Ein anderer Hintergrund war das von der Moderne entworfene Bild des Künstlers, der durch seine Abseitsstellung von der Gesellschaft besonders befähigt war, diese mit kritischem Blick zu durchleuchten. Weil der Künstler den entlarvenden Blick für sich beanspruchte, fühlten sich Feministinnen berechtigt, ihn beim Wort zu nehmen und ihm in bezug auf Frauen Blindheit und eine kritiklose, distanzlose Übernahme der Geschlechterstereotypen vorzuwerfen. Von der feministischen Warte aus zeigte sich die kritische Distanz des modernen Künstlers zur Gesellschaft – neukritische Voraussetzung für den Unterschied zwischen Kunst und Wirklichkeit – keinesfalls.

Darüber hinaus hatte der *New Criticism* eine Definition des Kunstwerks durchgesetzt, das sich ganz von selbst als Meisterwerk erwies und von *einem* Strukturprinzip geleitet war. Die Definition wertete die Bedeutung spontaner Reaktionen für die Bewertung des Kunstwerkes ab; die Möglichkeit flexibler, vielschichtiger Wertungen wurde ausgeschaltet. Angesichts der Autorität dieser Definition mußte also eine hohe Hemmschwelle überschritten werden, ehe Feministinnen die eigene Unzufriedenheit als gültige Response anerkannten; dies erklärt die Vehemenz der Urteile und den unvermittelten Umschlag von Respekt in Ärger.

2.3.3. Phallic Criticism

Die Literaturkritik war das zweite große Betrachtungsfeld der Kanonrevision; immerhin machte oft genug erst ihr Urteil ein Werk der Öffentlichkeit zugänglich und damit überhaupt lesbar. Auch das kritische Establishment war männlich dominiert. Ohne eine systematische Erfassung aller Kritiker vorzunehmen, konnten Feministinnen deutliche Trends feststellen und konstatieren: "Feminists believe that the predominance of men in academic positions has given rise to a sex-biased literary standard." (Register 1975:2) Eine prägnantere Bezeichnung für den kritischen *bias* bot Mary Ellmann mit ihrem Begriff "Phallic Criticism". *Phallic Criticism* manifestierte sich für Ellmann auf vielfältige Weise und begann (dies muß betont werden) nicht erst mit explizit sexistischer Kritik oder kritischem Männlichkeitswahn; der Begriff galt für jeden Ausdruck androzentrischen Denkens, das Frauen eine wie auch immer geartete Sonderstellung einräumte.

Es begann damit, wie Ozick bemerkte, daß in keiner Rezension über Schriftstellerinnen der Hinweis auf ihre Geschlechtszugehörigkeit fehlte. (1971:268) Dies ließ darauf schließen, daß die Weiblichkeit der Autorin eine Rolle für die Bewertung spielte; daß ihr Text anders bewertet wurde; daß literarische Qualität eben doch nicht geschlechtsunabhängig beurteilt wurde. Die Kritiker suggerierten eine gewisse Unvereinbarkeit von Weiblichkeit und Autorenschaft. Die dahinterstehenden Überzeugungen identifizierte Ozick als "Testicular" und "Ovarian Theory of Literature". (1971:266)

Wie Showalter bemerkte, wurden die Werke von Autorinnen im 19. Jahrhundert nicht am künstlerischen Ideal, sondern am herrschenden Frauenbild gemessen und ihre Romane als autobiographische gelesen: suchten sie Ruhm, der ihnen nicht zustand? Waren sie *bluestockings* oder *old maids*? (1971b: 323ff) Aber auch für das 20. Jahrhundert stellten Feministinnen fest: "Books by women are treated as though they themselves were women". (Ellmann 1968:29) So häuften sich 'weibliche' Adjektive in Beschreibungen ihres Stils wie "confessional", "personal", "pastel" oder auch "shrill". Autoren dagegen wurden meist bedacht mit Qualitäten wie "objective", "bold", "forceful", "vigorous". (Atwood 1976:197)[16] So galten für die Schreibweisen von Autoren und Autorinnen gesonderte Eigenschaften, und natürlich wirkten sich die 'weiblichen' Eigenschaften nachteilig für die Bewertung eines Textes aus.

Ein doppelter Standard nahm Autorinnen gleichzeitig die Möglichkeit, sich aus ihrer Rolle zu befreien, denn eine Autorin, auf die das Verdikt der weiblichen Schreibweise *nicht* zutraf, konnte kaum auf mehr Erfolg hoffen: So neigten *Phallic critics* dazu, sie als "too formidable" oder "clinical" zu kritisieren (Sukenik 1977:31), oder behaupteten (wie im Falle Sylvia Plaths),

---

16 Daß dies auch in Deutschland heute noch aktuell ist, zeigt das Beispiel einer Werbeaktion des Rowohlt-Verlags 1988, in dessen Monographien einerseits Aufschluß über "Leben und Dichtung bedeutender Schriftsteller", andererseits aber die "Einsichten in Leben und *Sehnsüchte* bedeutender Schriftstellerinnen" (m.H.) angekündigt wurden. – Die Dichtung der Männer: die Sehnsucht der Frauen?

daß sich ihre Ablehnung der Hausfrauen- und Mutterrolle negativ auf ihr Schreiben auswirke. (Ellmann 1968:38, 42)

Männlichkeit als literarische Eigenschaft konnte daher nur für männliche Autoren schmeichelhaft sein. (Atwood 1976:197) So erschien in der Rhetorik besonders maskulinistischer *phallic critics* der Besitz des männlichen Geschlechtsorgans zwar nicht als Garantie, aber doch als Voraussetzung für Kreativität. Die Bezeichnung des Werks eines Autors als "having 'balls'" drückte durchaus Bewunderung aus (Atwood 1976:198), und Norman Mailer war überzeugt: "a novelist can do without everything but the remnants of his balls." (Showalter 1971c:393) Die 'Körperlichkeit' einer Schreibweise galt erneut nur für den Autor als lobenswert: "The male body lends credence to assertions, while the female takes it away." (Ellmann 1968:148) Der "Distinguished Critic", der einst Erica Jongs *writing class* verkündete: "Women can't be writers. They don't know blood and guts, and puking in the streets, and fucking whores, and swaggering through Pigalle at 5 a.m.", hatte deshalb natürlich nicht berücksichtigen können, daß Frauen mit "blood and guts" eine Menge Erfahrung hatten. (Jong 1980:170) Vor diesem Hintergrund erschien auch die mit sexuellen Anspielungen angereicherte Äußerung des Kritikers Burgess über Jane Austen nicht mehr ungewöhnlich:

> [...] I recognize I can gain no pleasure from serious reading [...] that lacks a strong male thrust, an almost pedantic allusiveness, and a brutal intellectual content. (Zit. in Ellmann 1968:23)

Lobende Kritiken über Autorinnen schlugen häufig einen gönnerhaften Ton an. Schon Samuel Johnson hatte über den Spruch geschmunzelt: "Sir, a woman's preaching is like a dog's walking on his hind legs. It is not done well; but you are surprized to find it done at all." (Zit. in C. Brown 1978:xiii; cf. Kolodny 1980b; Woolf 1929; Ozick 1971)[17] Selbst höchstes Lob, wie es Robert Lowell der gefeierten Marianne Moore zollte, schrieb die Trennung

---

17 Johnsons Zitat hat sich als inspirierend für feministische Kritikerinnen herausgestellt; Cynthia Ozick titulierte ihren Artikel "The Demise of the Dancing Dog", Annette Kolodny nahm es 1980 in ihrem Titel "Dancing Through the Minefield" bzw. 1988 in "Dancing Between Left and Right" auf.

der Geschlechter fest: "She is the best woman poet in English." (Zit. in Ellmann 1968:33) Elizabeth Browning hatte dies "the comparative respect
which means the absolute scorn" genannt. (Showalter 1971b:323)

Die Tatsache, daß so viele große englische und auch einige amerikanische
Autorinnen unter männlichen Pseudonymen gearbeitet hatten, bestätigte die
Überzeugung, daß selbst die talentiertesten Autorinnen selten öffentliche Anerkennung erhielten. Der Bruder einer amerikanischen Autorin erklärte deren
männliches Pseudonym:

> The name was assumed as well for a cloak in case of failure as to secure the ad-
> vantage that a man has in literature over a woman. He obtains a quicker reading
> by the publishers, is better received by the public in the beginning, and
> altogether has an easier time of it. (Zit. in Showalter 1971b:326)

Bereits im 19. Jahrhundert kannte man also die Existenz eines "sex-biased
literary standard". Die ursprünglich begeisterten Kritiken von *Jane Eyre* hatten ihren Ton ins Gönnerhafte oder Negative verkehrt, nachdem Charlotte
Brontë als Autorin 'geoutet' worden war (wie man heute sagen würde).
Ebenso wurde das Werk George Eliots nach Bekanntwerden ihres Geschlechtes vornehmlich autobiographisch gelesen. (Showalter 1971c:394)

Auch die feministischen Kritikerinnen wurden Opfer des *Phallic Criticism*; bis in die Gegenwart hinein wurden ihre Veröffentlichungen von vielen
ihrer männlichen Kollegen ignoriert. Eine (wahre) Anekdote soll dies illustrieren: In Alice Jardines und Paul Smiths Anthologie *Male Feminism* erschien ein Artikel von Showalter (1983) mit einer Response des bekannten
Kritikers Terry Eagleton. Anschließend erhielt Showalter die Gelegenheit, zu
Eagletons Kommentar Stellung zu nehmen. Ihre Stellungnahme fiel allerdings recht kurz aus, da sie feststellen mußte, daß Eagleton in seiner 'Response' *keinerlei* Bezug auf ihren Artikel genommen hatte: Showalter äußerte
daher ihren Verdacht, daß Eagleton ihren Artikel gar nicht gelesen habe, und
verzichtete auf den "one-sided dialog", wie sie es nannte. (1987a:136) Wie
Showalter einige Jahre später erzählte, hatte sie tatsächlich von Toril Moi in
Erfahrung gebracht, daß er 'einfach keine Zeit gehabt hatte', ihren Artikel zu

lesen und deshalb ins Blaue geschrieben hatte. Um eine Schlammschlacht zu vermeiden, hatte sie in ihrer Stellungnahme ihren Unmut nur als Verdacht geäußert, den aber ihre Kollegen und Kolleginnen gleichwohl mit Ungläubigkeit aufnahmen und einem Verfolgungswahn zuschrieben. (1993a:o.S.)

2.3.4. Blick auf Autorinnen I: Geschichte der Verhinderung

Der kritische Blick auf den Kanon brachte neben der Entdeckung der Misogynie in Literatur und Kritik eine zweite Erkenntnis: Autorinnen waren in ihm nur in sehr geringer Zahl vertreten. Showalter war unter den ersten, die zu zählen begannen: In 21 Literaturkursen ihres *English Department* wurden 313 Autoren und 17 Autorinnen aufgelistet; die Nachschlagewerke *Norton Anthology* und *American Poetry and Prose* boten 169 Männer und 6 Frauen bzw. 86 Männer und 10 Frauen. (1971a:856) Die meisten Kurse zur amerikanischen Literatur hatten, wenn überhaupt, als einzige Frau Emily Dickinson aufzuweisen. Joanna Russ untersuchte eine größere Anzahl literarischer Anthologien und stellte fest, daß Autorinnen in ihnen einen konstanten Anteil von 5% bis 8% hielten. Erstaunlich war angesichts dieser Konstanz die Tatsache, daß es sich um immer wieder andere handelte, so daß man schließen konnte, daß die jeweiligen Herausgeber in unbewußtem oder stillschweigendem Übereinkommen aus einem größeren Pool von Autorinnen jeweils nur so viele auswählten, daß der Mindestanteil gedeckt, aber auch nie überschritten wurde. (1991b:194) Die Abwesenheit von Autorinnen im Kanon konnte eigentlich nicht überraschen. Immerhin war bereits die künstlerische Moderne von der Idee beeinflußt gewesen, daß es keine bedeutenden Autorinnen gab, weil Frauen von ihrem Wesen her nicht zum kreativen Schaffen in der Lage waren (wie sie z.B. in Georg Simmels erfolgreichem Werk *Philosophische Kultur* (1923) und in Otto Weiningers Bestseller *Geschlecht und Charakter* (1903) verbreitet worden war). Der Gedanke galt also als Allgemeinplatz in der Moderne;[18] doch jetzt zeigte sich die Tatsache in ihrer

---

18 Dies belegte z.B. Eva Hesse in ihrem Werk *Die Achse Avantgarde-Faschismus* (1992:174ff; cf. auch Hof 1987-1993:o.S.)

ganzen Skandalosität. Mit den Argumenten der feministischen Kritik war es möglich, die Idee der minderwertigen Künstlerin in das Reich des Mythischen zu verweisen. Aus der Geschichte der wesenhaften künstlerischen Unfähigkeit der Frau wurde eine Geschichte der verhinderten Künstlerin.

Wieder begann die Geschichte mit der materiellen Behinderung. "Why are there no great women artists?", fragte Linda Nochlin und antwortete selbst: "The fault lies not in our stars, our hormones [...], but in our institutions and our education". (1971:346) Oft fehlte es einer Autorin bereits an der materiellen Sicherheit und am "room of one's own", um kreativ wirken zu können, wie der Titel von Woolfs Pionierwerk andeutete. "Intellectual freedom depends upon material things. [...] And women have always been poor, not for two hundred years only, but from the beginning of time". (Woolf 1929:103) Daß das eigene Zimmer Voraussetzung für Kreativität war, bestätigte die Tatsache, daß bis auf wenige Ausnahmen alle Autorinnen des 19. Jahrhunderts nicht oder sehr spät geheiratet hatten; alle verfügten über eine Dienerschaft. Auch im 20. Jahrhundert blieben überdurchschnittlich viele Autorinnen unverheiratet oder zumindest kinderlos. (Olsen 1965:107)

Dazu kam das Problem der (Aus-)Bildung, zu der Frauen der Zugang häufig verwehrt wurde. Das bekannteste Beispiel dafür war ein fiktives – Woolfs Geschichte von Judith Shakespeare[19]. "Let us imagine, since facts are so hard to come by, what would have happened had Shakespeare had a wonderfully gifted sister, called Judith, let us say." Sie wäre im Unterschied zu ihrem Bruder nicht zur Schule geschickt, sondern, so mutmaßte Woolf, zur Hausarbeit und Ehe erzogen worden. Ihr Versuch, auszubrechen und in die Theaterwelt einzutreten, hätte scheitern müssen – Judith hätte sich noch nicht einmal allein und ungestört in London bewegen können. An den Theaterbühnen wäre sie abgewiesen, von wohlmeinenden Gentlemen verführt worden. "At last [...] she found herself with child [...] and so [...] killed herself one winter's night". (1929:46f)

---

19 Analog dazu fragten Showalter nach dem Schicksal von Melvilles Schwester (1993:113) und Nochlin nach dem Schicksal Picassos, wenn er als Mädchen die Welt erblickt hätte. (1971:351)

"Literary history and the present are dark with silences", schrieb Tillie Olsen 1965, und damit meinte sie nicht die vielbeachteten Schaffenspausen großer Künstler, sondern das unbemerkte Schweigen der Werke, die nie entstehen konnten; das Schweigen der talentierten Armen, Ungebildeten, Frauen, deren Talent brachliegen mußte. (1965:97) Virginia Woolf selbst sah sich nur knapp einem solchen Schicksal entgangen, wie eine Tagebuchaufzeichnung zeigte:

> Father's birthday. He would have been 96, 96 yes, today; and could have been 96, like other people one has known; but mercifully was not. His life would have entirely ended mine. What would have happened? No writing, no books; − inconceivable. (Zit. in Olsen 1965:107)

Kein Wunder also, folgerten Feministinnen, daß Frauen keine Meisterwerke wie *War and Peace* geschrieben hatten; ihnen war die Freiheit verwehrt, ihren eigenen Erfahrungen nachzugehen. (Showalter 1971b:343) Simone de Beauvoir beschrieb die psychologischen Hindernisse für Autorinnen: das Schreiben, eine Berufung, die sich im Kindesalter bemerkbar machte, wurde bei Mädchen nicht gefördert. Mädchen identifizierten sich meist mit ihren Müttern als zweitrangig (alle Autorinnen dagegen zeigten eine starke Vater-Identifikation). Ihnen wurde nie ein solches Unabhängigkeitsgefühl anerzogen, daß sie die Gesellschaft grundsätzlich hätten kritisieren können; doch dies war für de Beauvoir Grundvoraussetzung für den distanzierten Blick des Künstlers auf die Welt. (1966:25ff)

Nach allem, was bekannt geworden war, erschien es nur verständlich, daß die von Frauen produzierte Kunst den allgemeinen künstlerischen Standards nicht entsprach. Für die Feministinnen der neuen Frauenbewegung erklärte die Geschichte zur Genüge, warum Frauen mit wenigen Ausnahmen keine Meisterwerke geschaffen hatten: "If history has treated women badly, it is entirely to be expected that a reduced or distorted female culture [...] will show it." (Jehlen 1981:594) Sie waren Außenseiterinnen in einem Spiel, dessen Regeln ihnen nicht zugänglich waren: "Because they have had to compete *as men*, in a male game [...] it is not surprising that they are seldom as skilled as men at the game of culture." (Firestone 1970:177) Angesichts der systematischen Unterbindung sogar des weiblichen Schreib*versuchs* mußte davor gewarnt werden, Literatur von Frauen ohne Berücksichtigung ihrer ständigen Entmutigung zu betrachten. (Jong 1980:169; Register 1975:11; Showalter 1971d:5; Landy 1977:21; Heilbrun 1979b:87)

2.3.5. Blick auf Autorinnen II: Geschichte der Selbstverleugnung

Auch was die Darstellung von Frauen durch Frauen betraf, zeigte die feministische Sicht die Literaturgeschichte als eine der weiblichen Selbstverleugnung. Die Haltung der Kritikerinnen gegenüber den wenigen großen Autorinnen schwankte zwischen Verständnis und Enttäuschung. Keine präsentierte erfolgreiche oder positive Frauengestalten, ihre Literatur beschrieb außer der Hausarbeit nicht einmal die alltäglichsten Dinge im Leben von Frauen – so fragte sich Cornillon nur halb ironisch, warum sie immer nur von sich rasierenden und dabei über das Leben philosophierenden Helden las, aber von keiner sich die Beine rasierenden weiblichen Heldin wußte. (1972a:119) Ebenso vermißte Carole Yee in der amerikanischen Literatur die Darstellung 'normaler' jüdischer Frauencharaktere. (1972:131) Bilder des Erfolgs fand man noch nicht einmal bei erfolgreichen Autorinnen: "Women writers [...] have failed to imagine autonomous women characters [...] with even the autonomy they themselves have achieved." (Heilbrun 1979b:71; auch L. Bloom 1975:324ff) Cornillon sprach ebenfalls von 'failure' und empfand es als tragisch und schizoid, daß Autorinnen sich auch in der Fiktion mit den männlichen Gestalten identifizierten. (1972a:119, 128) Sie bewiesen für Heilbrun "the female urge toward the destruction and denial of female identity". (1979b:79)

Was diese Aussagen für den zugrundeliegenden Literaturbegriff bedeuten, soll in Kürze untersucht werden. An dieser Stelle möchte ich nur davor warnen, einige dieser Gedanken als naiv zu verwerfen. Es mag sein, daß die Forderung nach Bildern weiblichen Alltagslebens in der Literatur trivial klingt. Aber das kann daran liegen, daß wir diese Bilder nur als triviale kennengelernt haben. Gerade dem besonders banal erscheinenden Beispiel der ihre

Beine rasierenden Heldin stellte Showalter ihre Erinnerung an ein Gedicht Adrienne Richs gegenüber, in dem diese Prozedur tatsächlich beschrieben wurde. Das Bild der Frau, die ihre Beine rasierte, verlor seinen Alltagscharakter und erhielt Würde durch den Eindruck glattschimmernden Elfenbeins, den Rich beschrieb: "she shaves her legs until they gleam / like petrified mammoth-tusk." (Rich 1970:22; Showalter 1993a:o.S.) Es ging Feministinnen nicht um die auflistbare Dokumentation weiblicher Alltagserfahrungen in der Literatur, sondern um die Bestätigung, daß die Erfahrungen von Frauen wertvoll und einzigartig sein konnten – daß man Kunst aus ihnen machen konnte. (Showalter 1993a:o.S.)

2.3.6. Folgen für Leserinnen

Der Schluß lag nahe, daß die stereotypisierten Frauengestalten, die Verhinderung und Selbstverleugnung der Autorinnen und die Frauenfeindlichkeit der Kritiker Folgen für die Frau als Leserin haben mußten. "Let us imagine a woman student entering college to major in English literature", schlug Showalter vor, Woolfs fiktionales Experiment mit Judith Shakespeare wiederholend. (1971a:855f) Die Studentin würde von den klassischen Themen der 'Menschheit' hören und ihre Informationen über Amerika und Europa aus Büchern wie *The Responsible Man, Man in Crisis, The Young Man in American Literature*, oder *Portrait of the Artist as a Young Man* ziehen. (Ibid.) Howe bestätigte diese Erfahrung – "my heroes were male". (1972:256) Auch Rich erzählte, daß sie sich mit der männlichen Literatur identifiziert hatte: "my style was formed first by male poets"; "I had been taught that poetry should be 'universal,' which meant, of course, nonfemale." (1971:110, 114)

Die Identifikation mit männlichen Künstlern wirkte sich jedoch negativ auf die Einschätzung von Autorinnen aus, so die Überzeugung vieler Feministinnen. Adrienne Rich erinnerte sich an ihre Bemühungen, nicht als "female poet" bezeichnet zu werden. (1971:114) Firestone bekannte: "[...] I would – I'm ashamed to admit it – far sooner have been caught dead with Hemingway than with V. Woolf in my hands." (1970:181) Die gleiche Logik mußte sich auf das Selbstbewußtsein der Studentin niederschlagen. Florence Howe wertete ihr fehlendes Interesse an den Werken von James Joyce als Versagen – "after all, who was I, a mere student to judge that god Joyce?" (1972:260) Das Schicksal der fiktiven Studentin sah düster aus: "few women students can sustain the sense of a positive feminine identity in the face of [the masculine dominance]." (Showalter 1971a:855) Der Schaden konnte nicht überschätzt werden:

> The woman as victim is an enerving spectacle with an ambiguous message. Is it, as we originally assumed it would be, 'Rebel!' or is it instead, 'Give up! The odds are helpless'? What, then, is to be done? This reality of oppression is all too real. (Watson 1975:114)

Die neukritische Anforderung, 'neutral' zu lesen, drohte eine ganze Generation von Leserinnen der Literatur zu entfremden. (Katz-Stoker 1972:318) Die Erkenntnis der Unterwerfung von Frauen in der Literaturgeschichte war für viele Kritikerinnen und Studentinnen eine deprimierende oder gar traumatische Erfahrung. (Showalter 1971e:ix) Offenbar empfanden Feministinnen, die in den Prozeß des Umdenkens geraten waren, die Verletzung gleichsam am eigenen Leib: "Feminist critics testify to the psychological and moral damage incurred by women readers of male texts" (Schweickart 1985:9); sie meinten damit gewiß nicht nur literarische Texte. Vielmehr zeigte sich mit dem re-visionären Blick die ganze Welt als ein 'männlicher Text', dem zu entkommen beinahe unmöglich zu sein schien.

Die *Feminist Critique* löste ungeheure Energien aus und produzierte eine Flut von Beiträgen mit dem Titel 'Images of Women in ...'. Sie hat ihre Bedeutung als Auftakt der Kanonkritik nicht verloren. Erst die *Re-vision*, der neue Blick der feministischen Kritik, führte zu der für viele Feministinnen empörenden Erkenntnis, daß alles, was sie als allgemeingültig akzeptiert hatten – die Botschaften der Literatur, die Theorien der Kritiker, 'Kultur' schlechthin – sich als ein Produkt des männlichen Blickwinkels entpuppte. Der männliche Blick nahm die eigenen Wahrnehmungen als allgemeingültig an und blendete Frauen damit aus; was dazu führte, daß Äußerungen wie die folgenden in ihrer Absurdität gar nicht erkannt wurden: "all of us want to kill our fathers and marry our mothers". (Zit. in Showalter 1971a:885) Die sprachliche und philosophische Gleichsetzung des Männlichen mit dem Allgemeinen ist kein neuer Gedanke; er läßt sich bis zu Aristoteles und zur Bibel zurückverfolgen. Dennoch war es für viele Kritikerinnen überraschend und schockierend zu sehen, wie sehr ihr eigener Bereich, die Literatur(kritik), von der männlichen Perspektive durchdrungen war.

2.4. Literaturbegriff: *The Literary is the Political*

Offensichtlich hatte in der feministischen Kritik eine grundsätzliche Verschiebung des Literaturbegriffs stattgefunden. Bereits der Slogan 'The Personal is the Political' drückte einen erweiterten Politikbegriff aus, der jede Beziehung zwischen Individuen in einem gesellschaftlichen Raum verortete, in einem Gefüge von Machtverhältnissen, sprich: politischen Strukturen. Wie der Titel dieses Kapitels, 'The Literary is the Political', anzeigt, wurde nun der Literatur ebenfalls konkrete politische Bedeutung zugewiesen.[20] Immerhin wurde sie im gesellschaftlichen Raum produziert und konsumiert; politische Aussagen schlugen sich direkt und indirekt im Text und in der Kritik nieder. In diesem Sinne schrieb Howe: "the critic, the writer, and their audience – all are rooted in their biographies and historical circumstances." (1976:190) Ähnlich stellte Kolodny fest: "power relations [...] are inscribed in the texts that we have inherited" (1980b:147); wie oben konnte sich dies sowohl auf literarische und kritische Texte als auch auf die Welt als Text beziehen. Ebenso wurde die feministische Literaturkritik bewußt als politische Kritik anerkannt. Typisch war in diesem Zusammenhang der Kommentar Howes zu ihrer Gedichtanthologie *No More Masks*: "Is this a political or a

---

20 Das Motto fand sich wörtlich bei Sandra M. Gilbert: "For feminist critics, however, the axiom can be modified and expanded: not only is the personal the political; the aesthetic ist the political, the literary is the political, the rhetorical is the political." (1980:31)

literary document? It is neither one or the other, and yet it is always both".
(Howe/Bass 1973:xxviii) Damit erschien ihr der Versuch legitimiert, Literatur unter politischen Gesichtspunkten zu betrachten.

2.4.1. Zur Definition des Politischen

Der Politikbegriff muß an dieser Stelle genauer betrachtet werden. Wie gesagt, wurde er über seine staatlichen und öffentlichen Bezüge hinaus erwei-
tert und umfaßte nun allgemeiner die Macht- und Autoritätsbeziehungen zwischen Menschen oder Gruppen. Diese Erweiterung war von Vorteil, weil sich
damit mehr erklären ließ; es konnten Verbindungen, Analogien und Gemeinsamkeiten bisher getrennter Bereiche sichtbar gemacht werden. So zeigte
sich die Form der sozialen Geschlechterbeziehungen als nicht naturgegeben,
sondern als Produkt von Macht- und Interessenbeziehungen, gleichsam von
'Verhandlungen'. Die Hoffnung feministischer Kritikerinnen war dabei, daß
sobald die politische Dimension eines Konzepts oder Bereichs offengelegt
wäre, das Konzept oder der Bereich diskutierbar und damit veränderbar würde. So war Fetterley überzeugt, daß die Bewußtwerdung und Veränderung
der Wirkungsweisen kanonisierter Literatur für ihre Leserinnen die Bedingungen für die Veränderung der Gesellschaft allgemein schafften. (1978:xix)

Es ergaben sich aber auch Probleme, weil der Politikbegriff dazu einlud,
die vorhandenen Unterschiede zwischen politischen Ebenen zu ignorieren.
Machtpolitik in den staatlichen Institutionen muß anders analysiert werden
als der politische Aktivismus der feministischen Bewegung (obgleich sie sich
in Amerika näher stehen als anderswo); die Machtpolitik im akademischen
Bereich ist nicht mit der in der Gesellschaft gleichzusetzen; die 'Politik der
Literatur' betrifft uns anders als die Ebenen der zwischenmenschlichen Misogynie. Es muß der Unterschied zwischen einer bewußten Machtpolitik einzelner und der unbewußten Teilhabe an bzw. privilegierten Position in einem
Machtsystem wahrgenommen werden. Diese Differenzierung ist wichtig, um
Machtzentren besser lokalisieren und die gegnerische wie die eigene Position
präziser identifizieren zu können, um pauschale Verschwörungstheorien zu

vermeiden, schließlich um zu wissen, welche Einfluß- und Veränderungsstrategien frau wählen und welchen Erfolg sie erwarten kann. Diese Unterschiede wurden in der feministischen Literaturkritik kaum herausgearbeitet. Diana Fuss hat das Problem angesprochen: der Begriff *politics* konnte überall hinterfragend eingesetzt werden, wurde aber selbst nicht hinterfragt. "To this extent, politics often occupies an apolitical position in our thinking – a position of unquestioned power and privilege." (1989:105)[21] Wenn man 'die Politik' eines Bereiches ansprach, war es oft, als sei damit bereits alles gesagt. Aber war das auch so? Genügte dies für eine systematische Kritik dieses Bereiches und für die Legitimierung der eigenen Lesart?

Wieder kann die ausbleibende Differenzierung mit der relativ unkomplexen Einschätzung des Literaturbegriffs der Moderne erklärt werden. Die Folie, gegen die die feministische Kritik sich definierte, war das herrschende Literaturverständnis (vor allem des *New Criticism*), von dem sie annahm, daß in ihm Literatur eine autonome Stellung innehatte, keine gesellschaftliche Funktionen und keine politischen Lesarten zuließ. Da sich die feministische Kritik in Antagonismus zur dominanten Lesart definierte, mußte auch ihre Selbstdarstellung und -wahrnehmung unkomplex ausfallen. Gegen die 'objektive' Lesart stellte sie die 'engagierte', 'politische' Lesart; "aesthetic response is once more invested with epistemological, ethical, and moral concerns", konnte Kolodny schreiben, als sei der *New Criticism* an Moralität und Ethik nicht interessiert gewesen. (1980b:158) Die fehlende Differenzierung des politischen Arguments zu beanstanden, heißt allerdings, seine Treffsicherheit erhöhen zu wollen – und *nicht*, seine Legitimität grundsätzlich zu verneinen, wie einige Kritiker implizieren. Beide Überlegungen sollen im vierten Kapitel wieder aufgenommen werden.[22]

---

21 Fuss' Diskussion des Begriffs stand in einem etwas anderen Kontext: sie bezog sich auf Versuche, die Bedeutung von Theorien an ihrer politischen Nützlichkeit für marginalisierte Bewegungen zu messen. 'Politik' war hier die der Marginalisierten, nicht die der 'Mächtigen'.

22 So ließ sich auch Fuss bewußt auf den Widerspruch ein, mit einem Politikbegriff zu arbeiten, den sie später selbst hinterfragte. Sie zeigte damit, daß es effektiver sein konnte, die Widersprü-

2.4.2. Gesellschaftliche Funktion von Literatur

Wie sich schon im Fall der Neuen Linken herausgestellt hat, ist der 'Bruch' mit dem *New Criticism* eher als 'Akzentverschiebung' zu werten. Das Literaturverständnis der *New Critics* war durchaus ein politisch-gesellschaftliches gewesen: die Kunstautonomie sollte einen Schutzbereich gegen die kulturelle Erstarrung bieten. Auch im neukritischen Literaturbegriff war Zivilisationskritik enthalten, und daß die *New Critics* sich scheuten, diese als politische Funktion der Literatur anzuerkennen, war eher eine Frage der Terminologie.

Die Relativierung soll allerdings den Unterschied der feministischen Kritik zum *New Criticism* nicht schmälern. Der gesellschaftliche Bezug wurde in der feministischen Kritik grundlegend anders definiert. Im *New Criticism* lag die Heilswirkung der Literatur in ihrer Abgetrenntheit vom negativen Zivilisationsprozeß, einer Trennung, die über ihre geschlossene Form und poetische Sprache garantiert wurde. Genau diese Literatur aber war für die feministische Kritik der Inbegriff des negativen Zivilisationsprozesses; ihre Sozialisierungsfunktion war eine *negative* und lief über die Schiene der literarischen Handlungen, Erzählstrategien und Charaktere.[23] Die poetische Sprache und die neukritische 'intrinsischen Bedeutung' waren in diesem Kontext (zunächst) unerheblich. Ich glaube aber auch, daß die unzureichende Differenzierung des *New Criticism* durch die feministische Kritik nicht nur auf ihr simplistisch-antagonistisches Selbstverständnis zurückzuführen ist (das, wie ich bereits ausgeführt habe, ein typisches Anfangsphänomen sich emanzipierender Gruppen ist), sondern auch auf den neukritischen Ansatz, *wie er sich feministischen Kritikerinnen in den Universitäten darstellte.* Ich vermute, daß die Kritikerinnen es mit einer Version des *New Criticism* zu tun hatten, die sich holzschnittartig präsentierte, die den Widerspruch zwischen intrinsischer

---

sprüche eines Konzepts beizubehalten und mit ihnen zu arbeiten, als dieses Konzept voreilig abzuwerten. (1989:37, 106)

23 Wie das vierte Kapitel zeigt, scheuten sich die feministischen Kritikerinnen, die Aufmerksamkeit auf den Inhalt als 'ästhetisch' zu bezeichnen und nannten sie 'politisch' (womit sie sich weiterhin an einer neukritischen Schematisierung orientierten).

Lesart und der offensichtlichen Referenzfunktion der Literatur nicht klären konnte und extrinsische Lesarten dennoch verbot.

In jedem Fall formulierten die feministischen Kritikerinnen ihren jeweiligen Literaturbegriff selten explizit und noch seltener gründlich und umfassend. Die folgende genauere Darstellung der gesellschaftlichen Funktion stützt sich daher stark auf implizite oder nicht näher erläuterte Aussagen und Nebenbemerkungen. Es versteht sich von selbst, daß ich nie 'die feministischen Kritikerinnen' in ihrer Gesamtheit meine, sondern daß ich immer von den Kritikerinnen spreche, die sich in einer bestimmten Phase (hier: *Feminist Critique*) oder zu einem bestimmten Thema geäußert haben.

Kognitive Funktion

In deutlicher Abgrenzung zum *New Criticism* wurde in der feministischen Kritik die kognitive Funktion der Literatur betont und die Referentialität der literarischen Sprache ausdrücklich anerkannt. Literatur erlaubte also Rückschlüsse auf die Gesellschaft, die sie widerspiegelte. Bereits de Beauvoir sah die negativen Darstellungen von Frauen als exemplarisch für die Mythen der sexistischen Kultur an. Millett wählte für den literaturkritischen Teil ihres Buches den Titel "The Literary Reflection". (1970) Rich beschrieb die Notwendigkeit der weiblichen Selbsterkenntnis und betrachtete Literatur als einen Schlüssel – "as a clue to how we live." (1971:106) Damit meinte sie jedoch nicht unbedingt, fiktionale Handlungen wörtlich zu nehmen und als dokumentarische 'Beweisstücke' für die Unterdrückung der Frau zu präsentieren. Vielmehr ging es ihr und anderen um die Mythen, Annahmen, unformulierten Überzeugungen, die das Geschlechterverhältnis strukturierten – "the assumptions in which we are drenched" (Rich 1971:106) –, und die sich in der Literatur bisweilen deutlicher fanden als 'im wirklichen Leben'. So ordnete de Beauvoir den literaturkritischen Teil ihres Werks unter dem Titel "Myths" ein. Mythen waren natürlich auch Teil der 'Realität', doch basierten sie auf einem anderen Diskurs, der der Fiktion ähnlicher war.

'Literature can make anything happen'

Dabei wurde die Wirkung der Literatur durchaus nicht auf die eines Spiegels reduziert. Im Gegenteil waren Feministinnen vom starken Einfluß der Literatur auf die Lesenden überzeugt. Unzählige Male erschienen in feministischen Texten Aussagen wie "Literature has a most immediate impact on us" (Holly 1975:45f), "[books] matter, not in literary history, but in our lives" (Bell 1975:57) oder "critics [...] insist upon [...] the normative impact of art on life." (Kolodny 1975a:147; cf. M. Ferguson 1972:77) Nur mit der Annahme, daß die Literatur die Lesenden beeinflußte, konnte feministische Kanonkritik überhaupt sinnvoll sein; bliebe Literatur wirkungslos, hätte die feministische Literaturkritik sich mit der Entdeckung von Sexismus in der Literatur auch schon erschöpft. (Cf. F. Howe 1983:288)

Nun muß die Aussage, daß Literatur einen Einfluß auf Lesende ausübt, wie eine Binsenweisheit klingen – denn dies wollte gewiß niemand bestreiten. Wirklich interessant waren doch vielmehr der Grad und die spezifische Wirkungsweise dieses Einflusses. Daß viele Feministinnen sich auf die Ausrufung dieser 'Binsenweisheit' beschränkten, scheint allerdings erneut darauf hinzudeuten, daß der *New Criticism* diese Einflußdynamik selbst nur simplistisch oder begrenzt zuließ. Die Wirkungsstrukturen waren im *New Criticism* allein im Text zu suchen; im Zuge der Textinterpretation wurden weder Autor noch Leser, und schon gar nicht Autorin und Leserin, berücksichtigt.

Sozialisationsfunktion

In der Auffassung feministischer Kritikerinnen wirkte Literatur auf die Leserin nicht nur wie ein Vergrößerungsglas (indem sie ihr ein schärferes Bild der Gesellschaft vermittelte), sondern auch als sozialisierende Instanz. Literatur hatte eine eigenständige Stimme in der Gesellschaft (und galt nicht, wie manchmal in der *Black Aesthetic*, nur als revolutionäre *handmaid* des Diskurses). Wenn sie auch bisweilen nur wiederholte, was in der Gesellschaft allgemein als wahr galt, war ihr Einfluß oft außergewöhnlich groß, weil ihr eine besondere Autorität als 'Kunst' zugewiesen wurde. Gerade die jüngeren Leserinnen suchten oft in der Literatur nach Orientierung: "We now recognize that literature [...] significantly influence[s] our daily lives by creating role-models". (Holly 1975:38, 45) Der erzieherische Effekt der Literatur konnte nicht hoch genug eingeschätzt werden, so Katz-Stoker: "Literature is a major component of the educational process, and that process [...] shapes our destiny." (1972:324) Auch Florence Howe stellte heraus:

> Literature and language, as we sometimes forget, do teach values, do shape images and perceptions of self, of society, and of how these are related. Even if the teacher is silent about such values, the literature, of course, is not. (1971:852f)

Literatur formte die Haltung der Lesenden gegenüber sich und der Welt, sie gab Konflikten einen Namen und zeigte Lösungsstrategien; sie bestätigte bestimmte Gedanken und Werte und entzog anderen die Legitimation. Der Zugang zu diesen Konflikten und Werten lag in den Identifikationsangeboten, die Literatur den Lesern machte.

Die Angebote und Mechanismen der Identifikation – ein Thema, das in der 'poetic experience' des *New Criticism* wenig Raum hatte – waren zentrale Punkte in der *Feminist Critique*. Feministinnen kritisierten, daß die dominante Literatur den Leserinnen durch gesellschaftliche und rhetorische Beschränkungen ein höchst selektives und problematisches Identifikationsangebot machte. In diesem Zusammenhang ist also zu wiederholen, daß die literarische Wirkungsweise in der feministischen Kritik durchweg *negativ* bewertet wurde – Literatur führte aus dieser Perspektive zwar ebenfalls zur Sensibilisierung und zur Schärfung des Blicks, aber im negativen Sinne; sie bewirkte ein Scheitern von Empathie- und Identifikationsversuchen, zur Verleugnung des Selbst, zur Entmutigung und Frustration. Allerdings herrschte wenig Einigung darüber, wie ein positiver oder negativer Identifikationsprozeß wirklich verlief.

Manche Kritikerinnen zogen Kinderliteratur, deren didaktische und Modell-Funktion unbestritten war, als Beispiel für die sozialisierende Wirkung der Literatur heran. Doch das Studium der Kinderbücher war entmutigend für alle, die nach positiven Frauengestalten für Mädchen suchten. Zwei der häufigsten Bilder in Kinderbüchern waren "the apron; worn by females of all ages [...]; the armless little girl, whose hands are joined behind her back." (F. Howe 1976:195) Die Protagonisten von Grundschulbüchern waren in drei Viertel aller Fälle männlich, Frauen und Mädchen wurden selten namentlich vorgestellt und traten immer nur in Verbindung mit männlichen Charakteren auf; sie hatten nie selbst Erfolg, erlebten stets langweiligere Geschichten und hatten Mütter, die unfähig waren, ein Problem zu lösen. (U'Ren 1971:218ff; cf. *Feminists on Children's Media* 1971) Dahinter stand der Gedanke, daß geschlechterbezogene Aussagen oder Urteile umso stärker von Kindern internalisiert wurden, je häufiger sie in der Literatur und im Alltag auftraten.

Im ersten Kapitel ist Sheila Delaneys Versuch beschrieben worden, die Ähnlichkeit moralischer Aussagen in der Literatur mit elterlichen erzieherischen Mahnungen als Grundlage für den Wirkungsprozeß der Literatur heranzuziehen. Doch ebensowenig wie Delaney den Unterschied zwischen dem erzieherischen und dem literarischen Diskurs definierte, erfolgte in der feministischen Kritik die genaue Unterscheidung zwischen der Wirkungsweise von Kinderbüchern und Kanonliteratur. Man kann also nur annehmen, daß viele feministische Kritikerinnen auch für die Kanonliteratur das Sozialisierungsmodell der Kinderliteratur übernahmen. Dies wird auch durch die Tatsache gestützt, daß die Kanonkritik vor allem im *undergraduate*-Bereich stattfand, dessen Leser und Leserinnen noch relativ jung, ungeübt und formbar erschienen.

Manche Kritikerinnen sahen in der Literatur kein Identifikations*angebot*, sondern einen Identifikations*zwang*, der zerstörerisch auf Leserinnen wirken mußte. Susan Cornillon schrieb in diesem Sinne: "If we believe what we read in novels, we would never know that 'normal' women have sexual feelings without and before the tutelage of the penis". (1972a:126) Florence Howe ging sogar so weit, die Frage "Should Women read Fiction?" mit einem emphatischen 'Nein' zu beantworten – "unless they were either resolute about their own vocation or they were content to follow the path prescribed for most fictional heroines – marriage or death". (1976:189)

Andere Feministinnen teilten nicht die Sorge, daß Mädchen und Frauen sich zu sehr mit negativen weiblichen Charakteren identifizieren würden. Sie gingen davon aus, daß Leserinnen sich durchaus mit den männlichen Protagonisten der Literatur identifizieren könnten. Das Problem war aber dann, daß Leserinnen sich auch mit ihrem Ausschluß identifizieren, sich verleugnen mußten. Ellen Cronan Rose schrieb: "it had been [disorienting] for white women students to be asked to identify with Shakespeare's Hamlet or Twain's Huck Finn". (1993:350) Judith Fetterleys Kritik fiel weniger zurückhaltend aus: "In such fiction the female reader [...] is asked to identify with a self-hood that defines itself in opposition to her; she is required to identify against herself." (1978:xii)

Wiederum andere sahen das Problem nicht darin, daß Frauen Schwierigkeiten hatten, sich mit männlichen Protagonisten zu identifizieren. Im Gegenteil: Showalter kritisierte Roses Annahme, daß Studentinnen sich nur um den Preis der Orientierungslosigkeit mit Hamlet oder Huck Finn identifizieren könnten, als anmaßend. Sie sah das Problem eher darin, daß umgekehrt Männer sich nie mit weiblichen Heldinnen wie Esther Greenwood oder Isadora Wing identifizieren mochten. "And as long as this was the case", schloß Showalter, "our heroines did not feel real." (1993a:o.S.)

2.4.3. Zentrale Problempunkte
Präskriptivität

Ein Problem ergab sich in dem Augenblick, als aus der Erkenntnis, daß Literatur eine Sozialisierungsfunktion ausübte, die Erwartung folgte, die Inhalte der Sozialisierung seien aktiv bestimmbar. Die Kritik an Stereotypen und Negativcharakteren der kanonisierten Literatur enthielt implizite Vorstellungen davon, welche Inhalte oder Eigenschaften der Literatur wünschenswert waren. Zum Beispiel kristallisierten sich Wünsche nach Wirklichkeitstreue heraus – "the accuracy of psychological portraiture as part of literature's claim to excellence". (F. Howe 1983:290) Ein wenig im Widerspruch dazu war der Wunsch nach Handlungsfreiheit weiblicher Charaktere, die ja in der Wirklichkeit nicht immer gegeben war. Ebenso zeigten sich Wünsche nach möglichst vielfältigen Perspektiven und wieder im Widerspruch dazu der Wunsch nach möglichst positiven Frauengestalten zum Ausgleich der negativen Stereotypen.

Die *Images*-Kritik lief Gefahr, in eine präskriptive Kritik an Autoren wie Autorinnen umzuschlagen. Register war allerdings die einzige Feministin, die den Gedanken einer präskriptiven Kritik unbefangen und explizit verfolgte:

> It is a 'prescriptive' criticism that attempts to set standards for literature that is 'good' from a feminist viewpoint. It is prescriptive in that it implies a need for new literature that meets its standards. It can guide authors [...] as well as [...] critics [...]. (1975:2)

Konkret zeigte sich die Forderung nach neuen Standards in einer Kritik an Kinderbüchern:

> In our view, a non-sexist portrayal would offer the girl reader a positive image of woman's physical, emotional, and intellectual potential [...]. [We need books] on women who simply function very well and freely wherever they choose – or are forced – to apply their abilities. [...] And when, as must sometimes happen if books portray real life, there is an overcontrolling or bossy woman, she should not be made a fool or villain. (Feminists on Children's Media 1971:97)

Der Wunsch nach positiven Vorbildern für Mädchen und Jungen ist durchaus nachvollziehbar – wenn auch nicht einzusehen ist, warum Frauen nicht die Rolle der Narren oder Bösewichte einnehmen dürften. Doch was bei Kinderbüchern immerhin noch verständlich ist, wird bei der Literaturauswahl für Studierende äußerst fragwürdig. Hier kommt die feministische Kritik den (wie Gates sie nannte) "'collective' and 'functional' fallacies" der *Black Aesthetic* am nächsten. (Gates 1984:5)

Die meisten feministischen Kritikerinnen waren sich der Probleme eines präskriptiven Ansatzes bewußt und entwickelten ihn nicht weiter. Die Gefahr verringerte sich aber dadurch nicht; sie war der *Images*-Kritik inhärent und zeigte sich in Aussagen wie dieser: "To be truthful, [Phillis Wheatley] would have had to deal with some of the pain of not being free". (Holly 1975:40) Wenn Feministinnen wahrheitsgemäße Aussagen, akkurate Porträts oder authentische Gefühle forderten, dann ging es ihnen ja um ganz bestimmte, 'politisch korrekte' Wahrheiten, Porträts, Gefühle und Handlungen; sie schlossen damit gewiß keine Werke ein, die rassistische oder sexistische Gefühle hervorriefen, so authentisch sie den Lesenden auch erscheinen mochten.

Die Ansprüche waren historisch gesehen verständlich. Frauen waren von Künstlern und Autoren in der Regel auf sexistisch-stereotype Weise dargestellt worden. Jedes einseitige Porträt drohte die vorhandenen Vorurteile zu bestärken, denn eine dominante Gesellschaft ist selten bereit, ihren Blick auf eine marginalisierte Gruppe zu differenzieren. Wahneema Lubiano formulierte das Problem als "the political and historical impossibility of any member of a group [...] speaking with an individual voice *and being heard by the dominant group as a single voice.*" (1989:436) Dennoch ignorierte der Wunsch nach positiven Darstellungen von marginalisierten Charakteren die künstlerische Freiheit von Autoren und Autorinnen – abgesehen davon, daß der Wunsch auch unmöglich umzusetzen war. Zu Recht zitierte Werner Sollors Langston Hughes: "the true literary artist is going to write about what he chooses anyway regardless of outside opinions." (1987:331f) Zudem gab selbst Register zu, daß es unmöglich war, mit letzter Sicherheit zu bestimmen, ob eine Darstellung stereotypisiert oder realistisch war und ob ihr misogyne oder satirische Motive zugrunde lagen. (1975:13; cf. Rogers 1966:xi) "Es ist eine Frage, die letztlich auf die Intention des Autors zielt", gab Weigel zu bedenken (1987:199), und gerade vom Autor wollte sich die *Feminist Critique* doch unabhängig machen. Zuletzt stellt sich auch die Frage, ob eine präskriptive Kritik für Frauen und die Frauenbewegung überhaupt wünschenswert war. Sie suggeriert, daß Einigkeit darüber herrschte, wie ein positives und 'realistisches' weibliches Vorbild auszusehen hatte, und verleugnet die positive Bedeutung von Dissens und Heterogenität in einem Diskurs. Auch wenn ein Autor oder eine Autorin sich selbst bemühte, positive, ausgleichende Frauenporträts zu liefern, wäre es unwahrscheinlich, daß diese Bilder allen Frauen zusagten. Über die Angemessenheit einer Darstellung entschiede letztlich nur eine Person mit entsprechender Entscheidungs*macht*. Dies konnte nicht im Interesse der feministischen Literaturkritik liegen.

Literaturverständnis

Wie wir bereits gesehen haben, konzentrierte sich die *Feminist Critique* vor allem auf den Inhalt eines Werkes – auf die Handlung, die Beschreibung der Charaktere und die Aussagen der Charaktere oder des Erzählers – und untersuchte ihn auf seine kognitive und sozialisierende Leistung und seine Wirklichkeitstreue. Für Lillian Robinson war dies ein Akt längst fälliger Befreiung: "criticism has progressed so far into formalism that we have forgotten not so much that art has content but that *content* has content." (1971:888)

Nun eignet sich nicht jede Literatur in gleichem Maße für diese realistisch-mimetische Betrachtungsweise. Eine Überprüfung des Inhalts auf seine Wirklichkeitstreue ist nur bei Werken sinnvoll, die diese auch für sich beanspruchen; bei satirisch-ironisierenden Texten oder bei expressiv-symbolisierenden Darstellungen müssen andere Analysekriterien eingesetzt werden.

Ein anderes Problem war die Haltung zur Literatur, die hinter der Forderung nach Wirklichkeitstreue stand. Mußte Coleridges 'suspension of disbelief' so wörtlich genommen werden? Konnte es tatsächlich nur darum gehen, der Literatur zu 'glauben'? Wurde damit nicht ein Großteil der kanonisierten wie nicht kanonisierten Literatur nutzlos? Cornillon meinte, daß der Roman als Aufklärungsmodell versagt hatte, weil frau ihm nicht glauben durfte. (1972a:126) Doch was hieß das für die kognitiven Fähigkeiten einer Leserin? Kann ein Roman als Aufklärungsmodell nicht auch dann wirksam sein, wenn er die Realität nicht so zeigt, wie sie uns erscheint, wenn er Zukunftsvisionen entwirft oder uns zum Widerspruch reizt, uns zu *resisting readers* macht? Vollends fragwürdig wurde das Bild der Leserin bei Florence Howe, die Frauen von der Lektüre von Literatur abriet, wenn sie dem unvermeidlichen Schicksal Ehe oder Tod, das die Literatur ihnen diktierte, ausweichen wollten. (1976:189) Es ist interessant, daß Howe noch 1991 an diesem Bild festhielt: sie widerrief zwar ihre 1969 ausgesprochene Empfehlung, Literatur zu vermeiden, aber nur mit der Begründung, sie habe damals nicht gewußt, wie viel, – quasi ausgleichende – positive, frauenorientierte Literatur von Frauen existierte. Sie setzte hier eine unmündige Leserin und eine Lesart der völligen Identifizierung voraus, ebenso wie Katz-Stoker einen unheilvollen Einfluß in traditioneller Literatur sah:

> Mailer himself graphically demonstrated, when he assaulted and wounded his own wife, how easily his misogynous hatred moves from the pages of *The American Dream* into the real world. (Katz-Stoker 1972:323)

Wie Heinz Ickstadt bemerkt hat, erinnert dieses Zitat an traditionelle Vorbehalte gegen Fiktion – ähnlich hatte auch Lyman Beecher argumentiert, der seiner Tochter das Lesen von Romanen verbot. (1991-1993:o.S.) Es kann der feministischen Kritik letztlich nicht darum gehen, feministisch-stromlinienförmige Literatur einzufordern; viel lohnender erscheint doch der Versuch, Leser und Leserinnen zu 'resisting readers', die sich mit jeder Literatur kritisch auseinandersetzen, heranzuziehen.

Dennoch meine ich, daß die Bedenken gegen das naive Literatur- und Leserverständnis von Howe und Katz-Stoker nicht dazu berechtigen, die Frage nach der – ob subversiven oder sozialisierenden – Wirkung von Literatur als irrelevant zu übergehen; immerhin ist der effektive Wirkungsprozeß von Kunst und Literatur bis heute nicht geklärt.

Ein nützliches Konzept, um die mimetisch-realistische Lesart der frühen feministischen Kritik verständlicher zu machen, ist von Carey Kaplan und Ellen Cronan Rose entworfen worden. Sie zogen dazu die Unterscheidung zwischen "common readers" und "professional readers" heran, die auf Samuel Johnson zurückging. Schon Virginia Woolf gab zweien ihrer kritischen Essay-Sammlungen den Titel *The Common Reader* und stellte ihnen als Motto ein Zitat von Samuel Johnson voran:

> [...] I rejoice to concur with the common reader; for by the common sense of readers, uncorrupted by literary prejudices, after all the refinements of subtilty and the dogmatism of learning, must be generally decided all claim to poetical honours. (1925:11 und 1932:1; cf. Kaplan/Rose 1990:xviii)

'Alltagsleser', denen man häufig unterstellte, daß sie lasen, um der Wirklichkeit zu entfliehen, richteten vielmehr sehr gezielte Erwartungen an Literatur, wie Rose und Kaplan feststellten. "Common readers read to find reflections,

confirmations, and clarifications of the problems they confront daily as ado-
lescents, lovers, parents, citizens", schrieb Rose; sie fragten bei jedem Werk:
"What has this got to do with me?" (Rose 1993:348)

Dieser Ansatz läßt sich durch einige zusätzliche Bemerkungen stützen.[24]
Er muß zunächst als Reaktion auf die "professional readers" der Zeit verstanden werden. Diese waren in der formalistischen Schule ausgebildet worden
und stellten die Fragen der 'Alltagsleser' nicht. Selbst wenn der neukritische
Formalismus seinen Lesern einst den direkten Zugang zur Literatur sichern
wollte, so zeichnete er sich inzwischen doch durch ein für 'Alltagsleser' un-
durchsichtiges Regelgeflecht sprachlicher Unterscheidungen aus. Mit Beginn
der feministischen Bewegung entstand eine neue Generation professioneller
Leserinnen, die die Hierarchie von 'Alltags-' und 'professionellen' Lesern
durchbrechen wollten, indem sie sich der Fragen einer 'gewöhnlichen' Leserin annahmen und deren angemessene Repräsentation in der Literatur sicherzustellen versuchten. Ihr Ziel war die Demokratisierung der Kritik.

Zweitens kann man die feministischen Forderungen, daß Literatur auf die
Probleme und Interessen der Leserinnen eingehen sollte, in die Tradition der
humanistischen Literaturkritik einordnen, die Literatur als Instrument zur Bildung und Identitätsfindung betrachtete. Dieser normative Strang der 'Kritik'
hat also schon immer neben der positivistisch-formalistischen 'Forschung'
(und in Spannung zu ihr) bestanden.

Damit finden sich viele Feministinnen in überraschender – wenn auch un-
gewollter – Interessengemeinschaft mit einigen der hartnäckigsten konserva-
tiv-antifeministischen Verteidiger des Kanons. So erinnerte z.B. Allan Bloom
daran, daß Literatur den Blick auf unsere Mitmenschen schärfte, und fügte
hinzu: "Without literature, no such observations are possible." (1987:63f) Er
war besorgt, daß die heutigen Studenten, die Bücher wie *Anna Karenina*

---

24 Ich möchte betonen, daß der humanistisch orientierte "common reader"- Ansatz nicht von allen
   Feministinnen geteilt wurde. (Showalter 1993a) Auch mochte es einige Feministinnen irritie-
   ren, daß Kaplan und Rose ausgerechnet Samuel Johnson zu ihrem Protagonisten wählten, der
   ja in feministischen Kreisen auch durch seinen Vergleich einer Predigerin mit "a dog's walking
   on his hind legs" bekannt war.

nicht lasen, keine stabilen Beziehungen würden aufrechterhalten können. Christopher Lasch schrieb: "students want to think their studies matter and reject a starvation diet of 'theory,' which tells them that 'texts' [...] cannot be expected to change the way we live." (1991:29)[25] Diese Überzeugungen waren genau die der "common readers" und echoten Florence Howes Aussage "We read to change ourselves and others" (1972:268) ebenso wie Barbara Bells Erwartung: "[books] matter, not in literary history, but in our lives." (1975:57) Die Schlußfolgerung liegt nahe, daß viele Kritiker die feministische Theorie nicht wegen ihrer Überzeugung angriffen, *daß* Literatur gesellschaftlich relevante Inhalte vermittelte und Leser sozialisierte, sondern sich nur darum stritten, *welche* Inhalte Literatur vermitteln sollte und wie man den "common reader" definierte. Der Affront der feministischen Kritik lag dann auch nicht primär darin, daß sie die Interessen des 'Alltagslesers' verteidigte, sondern daß sie einen Unterschied zwischen Lesern und Leserinnen machte.

Drittens muß man berücksichtigen, daß die Erwartungen der feministischen "common readers" von bestimmten literarischen Werken tatsächlich erfüllt wurden. Feministische Literatur von Marylin French, Marge Piercy, Sylvia Plath, Margaret Atwood und Doris Lessing lieferte vielen ihrer Leserinnen weibliche Vorbilder und Lebensinterpretationen, die auf ihr eigenes Leben zutrafen. Ellen Cronan Rose berichtete, wie sich ihr Leben nach dem Lesen zeitgenössischer Frauenliteratur verändert hatte; dies galt auch für einige ihrer Kolleginnen. (1993:356, 364) Elaine Showalter blickte auf die 1970er Jahre zurück und erinnerte sich, daß die Gedichte Adrienne Richs "a running commentary on our lives" gewesen waren. (1993a:o.S.)

Natürlich ist ein Ansatz, der Heldinnen für Frauen und Helden für Männer fordert, mehr als fragwürdig; er ignoriert die imaginativen Fähigkeiten der akademischen wie 'normalen' Lesenden. Er ignoriert ebenfalls, daß ein viktorianischer Held nicht nur für eine Studentin, sondern ebenso für einen heutigen Studenten weit entfernt sein wird. Aber diese Forderungen waren

---

25 Hier meinte Lasch ironischerweise die poststrukturalistische wie auch die feministische Kritik.

auch nie das Ziel der feministischen Kritik. Die Forderungen nach Charakteren, die die Erfahrungen heutiger Leserinnen widerspiegeln, muß im historischen Kontext einer akademischen Praxis verstanden werden, die den Frauen von vornherein *die Wahl* ihrer literarischen Präferenzen verweigerte.[26]

Vernachlässigung formaler Aspekte

Von Anfang an war die feministische Kritik von Zweifeln begleitet, ob sie der Literatur vielleicht nicht gerecht würde, wenn sie deren formale Eigenschaften und ihren Sonderstatus als 'Kunst' unberücksichtigt ließ. Die Zweifel haben verschiedene Ursachen. Zum Teil sind sie darauf zurückzuführen, daß sich einige Kritikerinnen noch der neukritischen Theorie verpflichtet fühlten. Obwohl sie einräumten, daß eine gegen den Text gerichtete feministische Lesart wichtige Erkenntnisse liefern konnte, mochten sie gleichwohl den gemeinsamen Glauben an "a tradition of the good in art" (Jehlen 1981:578) nicht aufgeben:

> We should begin, therefore, by acknowledging the separate wholeness of the literary subject, [...] what the formalists have told us [...]: its integrity. We need to acknowledge, also, that to respect that integrity by not asking questions of the text that it does not ask itself [...], will produce the fullest, richest reading. (Jehlen 1981:579)

Jehlens Einwand schien neben der neukritischen Verpflichtung noch ein strategisches Motiv zu haben – die Gefahr zu vermeiden, durch einen veränderten Ästhetikbegriff ins literaturkritische Abseits zu geraten. Dies wurde in ihrer Prophezeiung deutlich: "we isolate us into irrelevance". (1981:578)

Andere Kritikerinnen argumentierten nicht aus der neukritischen, sondern aus einer poststrukturalistischen Perspektive. Bereits 1975 war Showalter aufgefallen, daß die feministische Kritik hartnäckig theorieunwillig – "stubbornly empirical" – blieb. (1975:436) Aber erst in den 1980er Jahren entstand bei vielen Feministinnen eine leicht verächtliche Haltung gegenüber der *Images*

---

26 Cf. Elmar Lehmann, der die Bewegung von der 'Bürgerkompetenz' zum 'Spezialistentum' in der Literaturkritik allgemein nachzeichnet und ebenfalls die gegenwärtig einsetzende Rückbesinnung auf den nichtspezialisierten Leser registriert. (1982)

of Women-Kritik, die die Sprache doch etwas blauäugig als transparentes Medium verstand. Typisch war hier das Urteil von Toril Moi, die in ihrem eindrucksvollen Werk *Sexual/Textual Politics* einen Überblick über die feministische Kritik lieferte. Sie kritisierte Milletts *Sexual Politics*: "As a literary critic, Millett pays little or no attention to the formal structures of the literary text: hers is pure content analysis." (1985:30) Sie betrachtete Millett als repräsentativ für die angloamerikanische Kritik, die sich durch ihren "deep realist bias" kompromittierte (1985:47); Milletts Kapitelüberschrift "The Literary Reflection" basierte nach Moi auf der Vorstellung einer mechanischen, simplistischen Verbindung zwischen Literatur und Kultur und Gesellschaft. (1985:30f)[27] "By the end of the 1980s", faßt Rose ironisch zusammen, "it was considered inexcusably naive to look for unproblematized representation of women in fiction if one were to be Theoretically Correct." (1990:354)[28]

Die Selbstkritik kam also von der neukritischen wie von der poststrukturalistischen Seite und war ebenso sachlich wie strategisch motiviert. Wie wir gesehen haben, hatte diese Kritik durchaus ihre Berechtigung. Tatsächlich liefen die *Images of Women*-Kritikerinnen Gefahr, literarische Texte in ihrer Komplexität zu reduzieren. Eine Differenzierung nach Genre, Stil und Funktion des Textes fand selten statt; zu oft wurden Autor, Erzähler und Held miteinander gleichgesetzt; die Sozialisierungsfunktion der Literatur wurde nur im Inhalt gesucht, nicht in Stilmitteln und Erzähltechniken. Zu starr wurden realistische gegen nichtrealistische Texte gestellt, wie vor allem im folgenden Kapitel zu zeigen sein wird. Zwar beteuerten viele Kritikerinnen, Literatur keineswegs im 1:1-Verhältnis mit der Welt zu sehen (ich meine, daß diese Annahme ganz selbstverständlich für die im *New Criticism* ausgebildeten Kritikerinnen war), doch ihre Arbeiten setzten diese Erkenntnis nicht überzeugend genug um.

---

27 In auffälligem Kontrast zu Mois harter Kritik an Millett stand der (nicht kommentierte) Titel von Mois Werk *Sexual/Textual Politics*, der ja durchaus eine Hommage an Milletts *Sexual Politics* implizierte.

28 Roses Bemerkung ist natürlich ihrerseits doppelt aufschlußreich: sie spiegelt die Herablassung der 'theoretisierten Schwestern' ebenso wie Roses Vorurteile gegen diese.

Ohne Frage wirkte die feministische Kritik anfangs naiv. Doch ebenso muß man feststellen, daß auch diejenigen, die die frühe Kritik angriffen, häufig genug fadenscheinige oder wenig differenzierte Argumente vorbrachten. Ein Beispiel dafür ist der Umgang mit Annette Kolodnys bekannt gewordener Warnung:

> feminist critics must themselves be wary of reading literature as though it were polemic [...]. If, when using literary materials to make what is essentially a political point, we find ourselves virtually rewriting a text, ignoring certain aspects of plot or characterization, or oversimplifying the action to fit our 'political' thesis, then we are neither practicing an honest criticism nor saying something useful about the nature of art [...]. (1975a:52f)

Dieses Zitat diente Verteidigern des *New Criticism* dazu, sich von einer 'Insiderin' den Irrweg der feministischen Kritik bestätigen zu lassen. Doch erstens wurde das Statement meistens aus dem Zusammenhang gerissen; die Fortsetzung wurde gerne übersehen: "Nevertheless, feminist criticism must continue, for some time, to be avowedly 'political'". (1975a:53) Kolodny wollte der 'politischen Kritik' keineswegs ein Ende setzen, sondern strebte eine Diskussion über den zukünftigen Weg und seine politischen wie theoretischen Kosten und Nutzen an. Ihr Argument sollte die feministische Kritik nicht delegitimieren, sondern sie dazu bringen, sich mit ihren Widersprüchen und Problemen auseinanderzusetzen, an ihnen zu wachsen.

Zweitens ist unklar, ob Kolodnys Idee von "the nature of art" jemals konkretisiert oder hinterfragt worden ist. Es bleibt völlig offen, was "the nature of art" für sie nun wirklich hieß. Es ist ein Begriff, der für sich selbst sprechen sollte, evident und zeitlos erschien, aber gerade dadurch undurchsichtig wurde. Ich nehme an, daß sie sich mit ihm auf neukritische Kunstdefinitionen bezog. Die Tatsache aber, daß "the nature of art" unhinterfragt blieb, zeigt, daß viele Einwände gegen die feministische Kritik von undefinierten Positionen aus erfolgen und damit wertlos sind.

Ein weiterer Einwand gegen die Angriffe auf die frühe feministische Kritik ist ihre Tendenz, in zu grobe Raster einzuteilen. Typisch hierfür ist die Gegenüberstellung der 'angloamerikanischen' mit der 'französischen' Kritik;

der 'politischen' und der 'theoretischen' Ausrichtung; des 'Gleichheits-' und des 'Differenz'-Schwerpunktes; der 'frühen' und der 'reifen' Kritik, wobei erstere jeweils etwas abwertend betrachtet werden.

In diesem Zusammenhang haben sich zwei Mythen der frühen feministischen Kritik entwickelt. Der eine, auf den Jane Gallop hingewiesen hat, ist ein Mythos des linearen Fortschritts: er zeigt die frühen 1970er Jahre als das finstere theorielose Zeitalter, das – Göttin sei Dank – überwunden worden ist. (1989:614) Der andere Mythos, den Showalter beschrieben hat, sieht diese Jahre in etwas nostalgischem Licht – sie waren die Jahre der politischen Aufrichtigkeit und Authentizität, die unwiederbringlich verlorengegangen sind. (1982:304) Bei Moi lassen sich hinter der herablassenden Haltung beide Mythen entdecken, wenn sie die *Images*-Kritik tadelt für ihren "dangerous anti-intellectualism", aber im Rückblick ihren "enthusiasm and commitment to the feminist cause" hervorhebt. (1985:49) Beide Mythen müssen entkräftet werden. Die feministische Kritik der 1970er Jahre ist keineswegs Vergangenheit, ob im positiven oder negativen Sinne. Sie hat viele Probleme aufgeworfen; daß ein Konzept 'problematisch' ist, darf aber nicht dazu führen, daß man sich gänzlich von ihm abwendet. Vielmehr müssen die Probleme der frühen feministischen Kritik relativiert werden; sie können als Reaktionen auf dominante Konzepte verstanden werden, die ebenfalls problematisch waren.

Eine solch differenzierende Neubewertung hat erst in den letzten Jahren eingesetzt. 1987 las Jane Gallop die 1972 erschienene Anthologie *Images of Women in Fiction* und stellte überrascht fest, daß diese komplexer und interessanter als erwartet war. "The insight, conflict, and wisdom found in that 1972 anthology are not at all represented by our notion of the 'Images of Women' phase of criticism." (1987:613) 1990 versuchten Rose und Kaplan, die Rechte der 'Alltagsleserinnen' zu verteidigen, und 1993 suchte und fand Rose gleich ein Dutzend Werke, die die Beziehung feministischer Leserinnen zu 'ihrer' Literatur theoretisierten. (1993:355) Möglicherweise zeigt sich darin die Tendenz, die eigene feministisch-kritische Geschichte neu zu bewerten, die frau allzu eilig hinter sich gelassen hatte.

2.5. Bestandsaufnahme

Anfang bis Mitte der 1970er Jahre konnte man in der *Feminist Critique* ein
gewisses Innehalten bemerken, das sich an Aussagen wie dieser festmachen
ließ: "the process of discovery [of female stereotypes] is complete. [...] Feminism can now go on". (Register 1975:3) Tatsächlich kündigte sich ein Richtungswechsel in der feministischen Kritik an. Der Eindruck der ausdrückli-
chen Bilanzierung verstärkte sich durch Äußerungen wie "women's literature
must go beyond these scenarios of compromise" oder "I do not think that
feminist criticism can find a usable past in the androcentric critical tradition."
(Showalter 1979:130; 1981:247). Gerade Showalter trug entscheidend dazu
bei, diese Rückschau bewußt zu machen, indem sie in mehreren Artikeln die
Feminist Critique bzw. *Images of Women*-Kritik identifizierte und benannte,
auf Probleme hinwies und neue Richtungen zeigte. (Cf. Showalter 1975,
1979, 1981) Das Motiv für den Richtungswechsel lag einerseits in dem
Wunsch nach Weiterentwicklung und der allmählich wachsenden Erkenntnis
der literaturkritischen Probleme, die in diesem Kapitel dargestellt worden
sind. Andererseits zeigten sich in der *Feminist Critique* auch Nachteile poli-
tisch-strategischer Art.

Schwierigkeiten entstanden zunächst mit der deutlichen Negativwirkung
der *Feminist Critique*, die unter dem Motto "[the] reality of oppression" die
Gefahr einer *self-fulfilling prophecy* mit sich brachte. (Watson 1975:114) Es
ergab sich das Problem der Selbstrepräsentation: mit der *Feminist Critique*
definierten und bestätigten sich Frauen als Opfer. Barbara Watson schrieb:
"The woman as victim is an enerving spectacle with an ambiguous message."
(1975:114, s. Kap. 2.3.6.) Showalter bestätigte: "The critique [...] has a tend-
ency to naturalize women's victimization by making it the inevitable and
obsessive topic of discussion." (1979:130) Die starke Betonung der unterdrückten Frau förderte triste Bilder zutage und stellte die Handlungs- und
Befreiungsmöglichkeiten von Frauen in Frage.

Damit verknüpfte sich ein zweites Problem; viele Feministinnen bemängelten, daß die Kritik die bestehende Ordnung stützte. Showalter betrachtete die Kritik als "male-oriented" und auf existierenden Modellen aufbauend. (1979:130; 1981:246) Wichtiger noch war, wie Annette Kolodny bemerkte, daß die männlichen Schriftsteller, die zum traditionellen Kanon gehörten, erneut am meisten Aufmerksamkeit erhielten; die Schriftstellerinnen fristeten dagegen weiterhin ein Schattendasein. (1976:420; cf. F. Howe 1976:196) Die Konzentration auf die Unterdrückung verstellte den Blick auf das Erreichte: auf den Erfolg von Autorinnen, auf die Handlungsfreiheit der Frau, auf positive Protagonistinnen.

Daraus folgte drittens der Eindruck, daß mit der *Feminist Critique* keine Veränderung erzielbar war – wenn man eine präskriptive Kritik vermeiden wollte, mußte man sich auf den Protest beschränken. Diamond empfand die Angriffe auf die Literatur als unergiebig; für Showalter hatten sie den Überraschungs- und Irritationseffekt verloren und dienten nur noch dem *consciousness-raising* der neuen Studentinnengeneration. (1975:452) Ihr Urteil fiel eindeutig aus: "But simply to point the finger of scorn is insufficient. Many essays of this type now have a tired air; they are only beating a dead pig." (Ibid.)

Eine weitere Schwierigkeit war die des politischen Zieles, über das keine Klarheit herrschte. Die Diskussion über *the master's tools* hatte viel Unsicherheit über den zukünftigen Weg ausgelöst. Sogar das ursprünglich unstrittige Ziel, den Männern die Macht streitig zu machen, war in Verruf geraten:

> Issues concerning real power are now before us, and women are facing their own potential for power, paradoxically, at a time when the values surrounding power structures in general are in question. (Watson 1975:111)

Die Entwicklung der feministischen Literaturkritik verlief weniger in abgeschlossenen Schritten, sondern entsprach eher sich überlagernden Phasen. Kristeva hat diese Phasen als 'Generationen' bezeichnet, die einander nicht ablösten, sondern aufeinander aufbauten, so daß 'alte' und 'neue' Phasen mit gewissen Übergängen bis heute gleichzeitig existieren. (1986:36f) Auch

Showalter und Gallop haben festgestellt, daß die Phasen beinahe zeitgleich entstanden, und daß sich statt eines Perspektivenwechsels eher Perspektivenvielfalt zeigte. (Showalter 1989a; Gallop 1989:616) Insofern mag die Emphase, mit der der Richtungswechsel angekündigt und kommentiert wurde, ein wenig mißtrauisch machen. Sie scheint auf eine gewisse *self-promotion* hinzuweisen, den Versuch, suggestiv den 'Fortschritt' einzuschreiben. "Fortschritt' suggerierte eine heilsgeschichtliche Ausrichtung und versprach, die ungelösten Probleme der feministischen Kritik eines Tages beantworten zu können. Ungeachtet dieser Bedenken weisen die Bilanzierungsversuche auf einen hohen und frühzeitigen Bewußtseinsgrad der feministischen Kritik hin. Sie übte eine ständige Selbstkontrolle mit der Frage 'Wo stehen wir gerade?' Die Selbstbetrachtung bildete den Anfang der feministischen Theorieentwicklung. Die Frage 'Wo stehen wir gerade?' war nicht die Frage nach 'dem Standpunkt', der einen festen, einzunehmenden Ort suggerierte. Vielmehr handelte es sich um eine ständige Vor- und Rückschau. Es war einerseits der Versuch, sich in einem andauernden Theoretisierungsprozeß zu orientieren und die Bedeutung der eigenen Arbeit für die feministische Kritik insgesamt einzuordnen. Andererseits war es auch das Bemühen, sich immer neu in Bezug zum Ausgangspunkt der Kritik zu setzen, nämlich zum Eintritt der politischen feministischen Bewegung in die Literaturkritik.

Meine These lautet, daß sich die gesamte feministische Literaturkritik als Fortsetzung dieses Prozesses beschreiben läßt. Jede neue Phase erforderte einen neuen Rückblick, einen neuen Bezug zum Ausgangspunkt im positiven wie im negativen Sinne. Der Rückblick war nicht nur Hommage; die feministische Theorie entwickelte sich ja weiter, *weil* die *Feminist Critique* sich als unzulänglich erwiesen hatte. Die Gleichsetzung 'the literary is the political' war, wie wir gesehen haben, problematisch; dennoch übte sie weiter ihren Reiz aus, erschien immer noch eher angemessen als ihr Vorgängersatz 'the literary is *not* the political'. Die Folge war die unaufhörliche Neuformulierung des Satzes, eine andauernde Verhandlung zwischen den Begriffen des Literarischen und des Politischen.

3. *Gynocritics*: Frauenzentrierte Kritik

3.1. Aufwertung der Weiblichkeit

3.1.1. Künstlerische Androgynität

In der *Feminist Critique* konnte sich eine Kritik am akademischen Männlich-keits*bias* entweder darauf berufen, daß die wahre Kunst androgyn war oder darauf, daß es eine weibliche Perspektive gab, die spezifisch weibliche Kunst und weibliche Kritik möglich machte. Die Idee der Androgynität, der Ge-schlechtslosigkeit, des Geistes dominierte vor allem in der *Women's Rights*-Generation. Virginia Woolf war, wie so oft, auch hier Pionierin. Sie, für die Shakespeare das Ideal des androgynen Genius verkörperte, beobachtete mit Besorgnis eine zunehmende Geschlechterbetontheit in der Literatur und warnte vor der einseitigen Dominanz des Männlichen oder des Weiblichen: "it is fatal for anyone who writes to think of their sex. [...] It is fatal for a woman [...] to speak consciously as a woman." (1929:99) Die Schriftstellerin-nen Joyce Carol Oates und Cynthia Ozick teilten diese Auffassungen − "the writer who is also a woman [...] experiences herself, from within, as a writer primarily". (Oates 1985:191; cf. Ozick 1971:265) Die Herrschaft des Andro-gynen, "the complete elimination of the sex role system", war die Zukunfts-vision vieler frühen Feministinnen. (Koedt 1973:vii)

Feministinnen mußten aber feststellen, daß die Welt hartnäckig vom Ge-genteil überzeugt blieb und die Geschlechterunterscheidung als grundlegen-des Ordnungsprinzip der Gesellschaft beibehielt. Oates, die betont hatte, daß eine wahre Schriftstellerin sich nur als "writer" empfand, sah gleichzeitig: "but she is a *woman* writer by others' definitions." (1985:194, m.H.) Ozick berichtete über ihre Erfahrungen als Dozentin für Englisch:

> the minds of the uneducated young women were identical with the minds of the uneducated young men. [...] They thought alike (badly), they wrote alike (gracelessly), and they believed alike (docilely). And what they all believed was this: that the minds of men and women are spectacularly unlike. They believed that men write like men, and women like women [...]. (1971:264f)

So basierte die zweite, weiblichkeitsorientierte Position der feministischen Kritik auf dem Unterschied zwischen den Geschlechtern und lehnte die
Argumente der Androgynität ab. Androgynität mochte die unterschiedslose
Anerkennung von Künstlerinnen und Künstlern versprechen, drohte aber
ebenso zum Ausschluß von Künstlerinnen eingesetzt zu werden – "advocat-
ing a single or universal standard of critical judgment which women writers
had to meet." (Showalter 1989a:359) Viele Feministinnen empfanden die
Idee des Androgynen als eine erneute Abwertung der Weiblichkeit.

Es erschien sinnvoller, die Geschlechterkategorien zu akzeptieren, aber
ihre Hierarchien umzukehren, die Kategorie des Weiblichen für sich zu verwenden und mit feministischen Inhalten zu füllen. Damit war Frauen die
Möglichkeit gegeben, eine positive Ich-Identität zu entwickeln und ihre
Weiblichkeit als positiven Wert anzuerkennen. Zwar hatte eine solche gesonderte Kategorie des Weiblichen einst dazu geführt, Frauen vom Zentrum des
(Männlich-)Menschlichen auszuschließen und sie in ihrer eigenen Kategorie
quasi zu gettoisieren. Doch die Möglichkeiten, sich gänzlich von den Katego-
risierungsmechanismen zu befreien, waren begrenzt. So befand Joyce Carol
Oates schließlich: "a ghetto, after all, is a place to exist: dissolve it, and one
may find oneself without a place in which to live at all." (1985:196)

3.1.2. Beginn der *Gynocritics*

Die Umkehrung des Weiblichen ins Positive – "It is not feminine in any sense of that stereotype, but it is female"[1] (Showalter 1971c:404) – war Grundlage für die *Gynocritics*, die explizit frauenbezogene und frauenfördernde
Ausrichtung der feministischen Kritik. Obwohl viele Feministinnen in ihrer
eigenen Biographie die *Gynocritics* als Antwort auf die *Feminist Critique* erlebten, sollte man die Phasen nicht als nacheinander auftretende mißverste-
hen, sondern sie als beinahe zeitgleich einsetzende Perspektiven sehen.

---

1 "Female" suggerierte in diesem Zusammenhang eine nicht ideologisch besetzte, positive Weiblichkeit (daß auch diese Formen der Weiblichkeit konstruiert waren, war zu dem Zeitpunkt kein
Thema).

Zur Terminologie ist folgendes anzumerken: Elaine Showalter hat den Begriff der "Gynocritics"[2] ebenso wie den der "Feminist Critique" geprägt; es zeigt sich erneut die gestaltende Rolle, die sie durch die Klassifizierung und Benennung feministischer Standpunkte eingenommen hat. Sie ersetzte 1990 den Begriff *Gynocritics* durch *Gynocriticism*: mit diesem kleinen, aber entscheidenden Unterschied wollte sie sich offenbar von den Widersprüchen und Sackgassen der *Gynocritics* distanzieren und mit *Gynocriticism* ein 'reiferes', theoretisch fundierteres Niveau anzeigen. Obwohl ich zustimme, daß es verschiedene Ausrichtungen der *Gynocritics* gab und daß ein 'Reifungsprozeß' stattgefunden hat, möchte ich ihre nachgelieferte Terminologie nicht übernehmen, weil sie suggeriert, daß diese 'Reife' von Anfang an existiert habe.

Mit der Abwertung des männlichen Blickwinkels begann auch die Aufwertung der Weiblichkeit. Im Überschwang der Begeisterung, sich als Frauen positiv zur Geltung bringen zu können, neigten viele Feministinnen zu einer gewissen Totalität der Weiblichkeitsdefinitionen. "[I]s there a women's angle to everything?", fragte Heilbrun und antwortete selbst: "The answer at this stage is, yes, there is." (1979b:86) So drehten Frauen die Vorzeichen um: "All of the female culture traits are defined as negatives by the dominant world culture – we do not believe them to be so." (Burris 1973:354f) Jede negative Zuschreibung konnte umgewertet werden: aus 'passiv' wurde 'gewaltlos', aus 'hysterisch' 'emotional', aus 'unlogisch' 'intuitiv': "We are proud of the female culture of emotion, intuition, love, personal relationships, etc., as the most essential human characteristics." (Burris 1973:355; cf. Bovenschen 1976:94)

Sogar die Position der *underdogs* erschien vielen plötzlich als *vantage point*, als vorteilhafter Standpunkt, der die nötige Distanz für den entlarvenden Blick auf die dominante Kultur bot. Haraway beurteilte den Blickwinkel der Unterdrückten dementsprechend: "there is good reason to believe vision

---

2 Es ist bezeichnend, daß Showalter diesen Begriff vor einem überwiegend männlichen Publikum zunächst als französisches Wort, "gynocritique", ausweisen mußte, um über den Bezug zu französischen Sprachtheorien die Legitimität und Respektabilität des Begriffs zu sichern – und dem drohenden Spottgelächter zu entgehen. (1993a:o.S.)

is better from below the brilliant space platforms of the powerful." (1988: 583) Auch Joyce Carol Oates meinte: "The luxury of being despised is an embittered and satirical one, yet it allows for a certain energizing of forces". (1985:196) Die korrumpierenden Machtpositionen hatten ihre Verlockung verloren – "their very status of victors has robbed [men] of the sort of flexibility and emotional openness women more usually possess." (Jong 1980: 178) "It is our male colonizers [...] who are 'culturally deprived'", schloß Barbara Burris triumphierend. (1973:355)

Außerhalb der Literaturwissenschaft war hier die Phase des separatistischen *Cultural Feminism* festzustellen, zu deren Vertreterinnen Mary Daly (*Gyn/Ecology*) und Susan Griffin (*Woman and Nature: The Roaring Inside Her*) zählten. Wie die Titel andeuten, wurde im *Cultural Feminism* die Verbindung Frau/Natur romantisierend hervorgehoben und vorbildhaft der Negativgruppe Mann/Technik/Wissenschaft gegenübergestellt.

Männer nahmen ebenfalls an einem solchen Diskurs der weiblichen Heilsversprechung teil, denn dieser fand sich auch im nichtfeministischen Kontext der postmodernen Legitimationskrise der *master narratives* – einer Krise der *Männer*erzählungen, wie Jardine betonte. (1985:24) Die Idee des Weiblichen hielt Einzug in das Denken wichtiger Kritiker und wurde zu einem zentralen Begriff im Diskurs der Postmoderne. (Jardine 1985:25) Aus marxistischer Sicht konzeptualisierte Herbert Marcuse die Frau als revolutionäres Subjekt. "[Ich entdecke] in den sogenannten weiblichen Qualitäten die Spuren eines dem kapitalistischen entgegenstehenden Realitätsprinzips". (Bovenschen et al. 1987:75) Die Frau war, so Marcuse, wegen ihres Ausgeschlossenseins aus der Produktionswelt

> zum Träger von Widerstandsqualitäten geworden [...] unter dem Titel des spontanen Protests gegen Aggression, gegen Grausamkeit, gegen das destruktive Leistungsprinzip. 'Spontan' bedeutet hier, daß die Frau anders lebt, anders mit Gegenständen und Empfindungen umgeht, anders reagiert als der Mann. Ihr Widerstand ist also sozusagen ein natürlicher Widerstand, einer, der zur zweiten Natur geworden ist. (In Bovenschen et al. 1987:79)

3.1.3. *The Authority of Experience*

Das Konzept der weiblichen Erfahrung und Authentizität nahm in der akademischen Kritik wie in der feministischen Bewegung allgemein eine wichtige Position ein. Dies galt für die Erfahrung der Leserin ebenso wie für die biographischen Erfahrungen von Autorinnen und die fiktionalisierten Erfahrungen ihrer Heldinnen. Im zweiten Kapitel ist bereits gezeigt worden, wie die Leserin autorisiert wurde, sich mit Hilfe ihrer eigenen Biographie gegen Texte zu wehren, deren Frauenbilder ihr unecht oder stereotyp erschienen. Ihre Erfahrung wurde nun auch als Interpretationsschlüssel für Literatur von Frauen wertgeschätzt. Florence Howe kritisierte die Vertreter des *New Criticism*, die es nicht zuließen, daß Lesende ihre eigenen Erfahrungen in den Leseprozeß einbrachten, weil sie diese als irrelevant ansahen. Im Gegensatz dazu betonte Howe: "I want to make the point that one's experience must be seen as enabling, not crippling or disqualifying." (1976:191) Da Frauen gemeinsame Erfahrungen hatten, konnten Leserinnen am besten feststellen, ob die Werke von Autorinnen 'authentisch' waren oder nicht, meinten viele Feministinnen:

> The final test [of a work's authenticity] must be the subjective response of the female reader, who is herself familiar with 'female reality.' Does she recognize aspects of her own experience? (Register 1975:13; cf. Donovan 1975a:77)

The Authority of Experience ist denn auch der Titel einer 1977 von Arlyn Diamond herausgegebenen literaturkritisch-feministischen Anthologie.

Frauen wurde nun auch die Autorität zugestanden, über interpretative Zweifelsfälle zu entscheiden. Die bekannte Frage *Who is the speaking subject?* half Feministinnen bei ihrem Urteil. An zwei Beispielen läßt sich das verdeutlichen. Eine Aussage wie 'many women like to see themselves as wives and mothers' konnte erst durch die Frage nach dem sprechenden Subjekt wirklich gedeutet werden – sprach hier ein Personalleiter, der die bevorzugte Einstellung männlicher Bewerber rechtfertigen wollte, oder war es eine Feministin, die Frauen das Recht auf die *Wahl* ihres Lebenswegs zuerkannte?

Ein anderes Beispiel betrifft den bereits zitierten Marcuse im Vergleich zur Dichterin Audre Lorde. Beide postulierten sie die Erotisierung der (Arbeits-)Welt durch Frauen als Befreiungsstrategie aus kapitalistischer Unterdrückung. Doch die Beispiele, die sie zur Illustration heranzogen, erlauben interessante Rückschlüsse auf das "speaking subject" und lassen Marcuses Zitat, das sich auf den ersten Blick nahtlos in den gynokritischen Diskurs einzufügen scheint, in einem anderen Licht erscheinen. Lorde bezeichnete das Erotische als Lebensfreude, Genußfähigkeit und Selbstfindung; eine Frau, die von der Ausübung ihrer (geistigen oder handwerklichen) Arbeit ebensolche Freude erwartete wie von ihrer Freizeit, konnte der im Kapitalismus gängigen Trennung zwischen Arbeit und Vergnügen die Grundlage entziehen. (1978:o.S.) Marcuses Beispiel dagegen ließ die Frau nur in ihrer traditionellen Funktion als Muse zu: Shakespeares Fernando, so Marcuse, schreckte vor dem Hausbau lustlos zurück, weil er damit Arbeit und Mühen assoziierte, und erhielt erst von Miranda die nötige Motivation ('Erotisierung'), weil sie ihn daran erinnerte, daß das Haus für ihr gemeinsames [Sex-?] Leben bestimmt war. (Bovenschen et al. 1987:85)

Die Frage *Who is the speaking subject?* berücksichtigte den gesellschaftlichen Kontext einer Aussage und nahm die Machtposition der Sprechenden in die Interpretation der Äußerung auf. Dadurch, daß sie bestimmte Äußerungen einer Frau glaubwürdig machen konnte, die aus dem Mund eines Mannes zweifelhaft klangen, bestätigte sie die Erfahrung einer Frau als gültig, wertvoll und kompetenzstiftend. Die Folge war auch, daß Texte ihren Anspruch auf Allgemeingültigkeit verloren, wenn ihre Bedeutung von den Sprechern abhing. Dies war durchaus im Sinne der feministischen Kritik, wie Showalter feststellte: "while scientific criticism struggles to purge itself of the subjective, feminist criticism is willing to assert (in the title of a recent anthology) *The Authority of Experience*." (1979:141) Die Definition des Menschen als handelndes und interpretierendes Subjekt entsprach der politischen Ausrichtung der feministischen Kritik, die auf Veränderung der Gesellschaft zielte.

3.1.4. Problematik des Erfahrungsbegriffs

Die Konzepte der weiblichen Erfahrung und der heilsversprechenden Weiblichkeit sind offenkundig problematisch; einige der Probleme sind bereits im Zusammenhang mit der personalisierten Rhetorik feministischer Kritikerinnen aufgetaucht. Der kritischste Punkt ist der Essentialismus, den der Diskurs der Erfahrung mit sich bringt. Eine bestimmte Art der Wahrnehmung, ein Wissen von vergangenen Erlebnissen wird unveränderlich und quasi wesenhaft Frauen zugeteilt. Es wird dabei verneint, daß diese Erfahrungen sich verändern können, daß Männer diese Erfahrungen teilen bzw. Frauen andere Erfahrungen haben können. Joan Scott kritisiert den Erfahrungsdiskurs als fundamentalistisch (*foundational*), weil er Erfahrung naturalisiert und sie als letzten Grund, als Ursprung allen Wissens setzt. (J. Scott 1991:786, 790)

Zweiter Problempunkt ist die Selbstautorisierung, der ein Erfahrungsbericht häufig diente. Fuss hat beobachtet, daß eine persönliche Aussage eine Diskussion zwar inspirieren, unter Umständen aber auch das genaue Gegenteil bewirken kann. (1989:113ff) Wenn die eigene Erfahrung als authentische Wahrheit zum Beweis der eigenen Meinung herangezogen wird, kann dies Diskussionen beenden, indem 'Un-Erfahrene' zum Schweigen gebracht werden. Die Erhöhung der Erfahrung zum privilegierten Signifikant suggeriert, daß man letztlich nur aus eigener Erfahrung sprechen darf; sie wertet die Disputations- und Imaginationsleistung anderer DiskussionsteilnehmerInnen ab.

Der Diskurs der Erfahrung gibt sich drittens den Anschein von "real-life", als gäbe es einen Raum außerhalb des sprachlichen Zugriffs, und verschleiert die rhetorische Konstruiertheit der Erfahrung. (Scott 1991:790; Schilb 1990: 225) Wenn sie aber eingesetzt wird, um die 'Objektivität' dominanter Interpretationen zu hinterfragen, kann sie sich selbst auch nicht mehr als 'objektiv' autorisieren. (1991:786) Wie Scott jedoch betont hat, impliziert die Tatsache, daß Erfahrung ein 'diskursives Ereignis' ist, keinen sprachlichen Determinismus: Individuen haben Handlungsmöglichkeiten, selbst wenn es keine absoluten Handlungs-Freiheiten sind. (1991:792f) Ebenso müssen Erfahrungen nicht als ungültig abgewiesen werden: sie sind zwar sprachlich konstruiert, aber dennoch unbestreitbar wirksam. Es geht in dieser Kritik nicht darum, die Gültigkeit von Erfahrungen abzuwerten, sondern darum, zu zeigen, daß Erfahrungen historisiert werden müssen. Aufgabe ist in Scotts Worten: "trying to understand the operations of the complex and changing discursive processes by which identities [and experiences] are ascribed, resisted, or embraced". (1991:792) Mit dieser Haltung kann der feministische Diskurs der Erfahrung historisch verständlich werden; man kann seine integrierende Funktion betonen und, wie Fuss, trotz aller Einwände die Bedeutung der eigenen Erfahrung in Diskussionen und für die Wissensproduktion anerkennen:

> But while truth clearly does not equate with experience, it cannot be denied that
> it is precisely the fiction that they *are* the same which prompts many students,
> who would not perhaps speak otherwise, to enter energetically into those debates
> they perceive as pertaining directly to them. The authority of experience, in other
> words, not only works to silence students, it also works to empower them. (Fuss
> 1989:117f; cf. Kaplan/Rose 1990:36f)

Zuletzt hat Showalter darauf hingewiesen, daß Erfahrung in anderen Diskursen durchaus eine anerkannte Schlüsselstellung einnimmt. Während der Versuch, spezifisch weibliche Erfahrungen geltend zu machen, häufig abgewertet wird (von poststrukturalistischer Seite wird das Konzept als 'naiv' belächelt, in der Gesellschaft werden z.B. Vergewaltigung und *harrassment* nicht ernst genommen), erhalten die Erfahrungen des Holocaust und neuerdings die AIDS-Erfahrung die Aufmerksamkeit und den Respekt, die ihnen zustehen, meint Showalter. Sie hat sie mit Trumpfkarten verglichen, die die Erfahrungen von Frauen ausstechen. (1993a:o.S.)

Nun halte ich es für äußerst fragwürdig und nicht besonders ertragreich, Erfahrungen gegeneinander aufzuwiegen und auszuspielen. Im Gegenteil wäre hier eine Solidaritätserklärung eher angebracht, da es Stimmen gibt, die die Erfahrungen des Holocaust und der HIV-Infektion nicht nur abschätzig bewerten, sondern rundweg negieren – die Behauptungen einer 'Auschwitzlüge' und einer 'AIDSlüge' sind beängstigend weit verbreitet. Dennoch mag die Frage, wessen Erfahrungen als authentisch gelten und wessen nicht, eine Überlegung wert sein. Brauchen auch Erfahrungen eine Lobby?

3.2. *Gynocritics* und Literatur

Die Aufwertung der Weiblichkeit betraf nach der Leserin auch die Autorin, die nun einen neuen Status erhielt. Bereits in der *Feminist Critique* war das Leben der Autorin in ein neues Licht gerückt, allerdings nur als das Leben der 'verhinderten Autorin'. Jetzt wandte man sich den Autorinnen erneut zu, diesmal jedoch denjenigen, die ihre schriftstellerischen Ambitionen durchgesetzt hatten. Ziel war es, die Verbindungen zwischen der Autorin – ihrem Denken, ihren Erfahrungen, ihrer Sozialisation und ihrer Weiblichkeit – und dem Text herzustellen und zu analysieren.

3.2.1. Blick auf Autorinnen III: Zukunftsvisionen

Der Blick auf weibliche Literatur schien für einige feministische Kritikerinnen einen Blick in die Zukunft zu erfordern: "We are searching for a truly revolutionary art." (Holly 1975:42f) Agate Krouse sah den Beginn dieser neuen Literatur zwar bereits in der Gegenwart – Autorinnen schienen allmählich freier über ihre Erfahrungen zu schreiben und damit eine Tradition zu schaffen, die eines Tages einen weiblichen Shakespeare hervorbringen könnte. (Krouse 1974:283) Für Shulamith Firestone war das aber noch Zukunftsmusik: "Most of this art is as yet primitive, clumsy, poor. [...] Eventually, out of this ferment [...] we may see the emergence of an authentic female art." (1970:189) Auf die feministische Kritik sah Elaine Showalter noch harte Arbeit zukommen:

> If such critical attention can encourage feminine self-awareness, perhaps a future generation of women writers will produce an independent and confident literature unlike any we have ever seen. (1971d:5)

3.2.2. Blick auf Autorinnen IV: Geschichte des Erfolgs

Für die meisten Kritikerinnen war bereits eine genauere Rückbesinnung auf die Literaturgeschichte lohnenswert, denn dort fanden sie literarische und feministische Vorfahrinnen in überraschend großer Zahl. Es setzte sich daher in der feministischen Kritik eine Neuorientierung durch – die Suche nach literarischer Vielfalt und nach positiveren Frauengestalten, die die *Images-Kritik* nicht hatte leisten können. (F. Howe 1976:196) So schrieb Annis Pratt: "it would seem better to turn one's attention from attack to defense, from examples of distorted images of women to examples of healthier representation." (1971:877) In den 1970er Jahren entdeckten Feministinnen lange vernachlässigte Autorinnen wie Kate Chopin, Zora Neale Hurston oder Charlotte Perkins Gilman für sich und stießen auf das feministische Potential von Virginia Woolf, Mary McCarthy, Anaïs Nin, Sylvia Plath und Doris Lessing. Die Vereinnahmung von Autorinnen für die Ziele der feministischen Bewegung war zentral für die zweite Perspektive der feministischen Kritik, die Showalter als *Gynocritics*, "the study of women as writers", bezeichnete und folgendermaßen definierte:

> its subjects are the history, styles, themes, genres, and structures of writing by women; the psychodynamics of female creativity; the trajectory of the individual or collective female career; and the evolution and laws of a female literary tradition. (1981:248)

Damit verkehrte sich die Sichtweise der feministischen Kritik auf die Schriftstellerinnen ins Gegenteil; aus einer Geschichte ihrer Verhinderung wurde eine der Leistungen, des Erfolgs. Während die Ausgangsfrage von Kritikerinnen wie Linda Nochlin noch hieß: "Why Are There No Great Women Artists?", eröffnete Ellen Moers ihr Buch *Literary Women* mit einer herausfordernden Umkehrung: "The [...] question with which I began was: what did it matter [to literature] that so many of the great writers of modern times have been women?" (1977:xi) Diese Beobachtung erschien dadurch als Selbstverständlichkeit; und erst später verlor Moers doch ein paar Worte darüber: "There is no point saying that women cannot do in history, for history shows they have done it all." (1977:xiii)

Die Umkehrung der bekannten Frage machte den Blick frei auf eine große Zahl von Autorinnen, die die feministische Kritik durch ihren Fokus auf die verhinderte, unterdrückte Künstlerin bisher übersehen hatte. Das 19. Jahrhundert erwies sich als ein Zeitalter der Frauen; bereits die schwarze Schriftstellerin Frances Ellen Harper hatte geschrieben: "If the fifteenth century discovered America to the Old World, the nineteenth century is discovering woman herself." (Zit. in Giddings 1984:96) Showalter erläuterte die Gründe für die Faszination, die das 19. Jahrhundert auf sie ausübte: Ihm entstammten die wenigen kanonisierten Autorinnen wie z.b. Jane Austen und die Brontë-Schwestern; die häufige Verwendung von Pseudonymen markierte ihr Bewußtsein für die Geschlechterdiskriminierung, und die ohnehin im Wandel begriffenen *Victorian Studies* ließen neue Ideen und Impulse eher zu als andere Studienbereiche. (1990:192) Gerade in Amerika war das 19. Jahrhundert ein Zeitalter, in dem Schriftstellerinnen begonnen hatten, ihre männlichen Kollegen in ihrer Zahl und an der Auflagenstärke ihrer Werke zu übertreffen. Triumphierend schrieb Nina Baym über die Frauenromane des 19. Jahrhunderts: "authorship in America was established as a woman's profession, and reading as a woman's avocation." (1978:11) War nicht Susannah Rowsons *Charlotte Temple* von 1794 der erste amerikanische Bestseller gewesen? War Harriet Beecher Stowes *Uncle Tom's Cabin* nicht der größte Bestseller der amerikanischen Literaturgeschichte überhaupt?

Im Zuge der Umwertung erschien auch Hawthornes berühmte Beschwerde über "the damn mob of scribbling women", die seinem Erfolg im Wege stünden, in einem anderen Licht; es wurde geradezu ein Qualitätsurteil, das von feministischen Kritikerinnen nicht ohne Stolz zitiert werden konnte. (Cf. Baym 1981:64ff; Martin 1971:231; Showalter 1993b:12) Die Euphorie, die einsetzte, schien begründet: warum sollte es nicht genauso viele große Autorinnen wie Autoren gegeben haben? Howe schloß ihren Bericht zum Status von Frauen in der Wissenschaft siegesgewiß ab: "In the next decade, I expect that we will discover other Kate Chopins, women like Rebecca Harding, perhaps, to add to the curriculum; we will rescue not only Emily Brontë but Margaret Fuller from the hands of male critics." (1971:853)

3.3. Literaturbegriffe

3.3.1. Die Verteidigung der Autorin

Durch die neue pro-weibliche Ausrichtung der feministischen Kritik verschoben sich auch die Elemente des Literaturbegriffs, die die *Gynocritics* von der *Feminist Critique* übernommen hatten. Wie wir gesehen haben, wurde die Autorin wichtig, und zwar vor einem doppelten Hintergrund: gegen den *New Criticism*, der Sinnelemente nur im Text lokalisierte und davor warnte, die Intentionen des Autors in die Interpretation aufzunehmen, mußte das Interesse an der auktorialen Position verteidigt werden; gegen diejenigen, die bereits am Autor interessiert waren, mußte die Wendung hin zur Autorin-als-Frau gerechtfertigt werden. Dabei ging es nicht nur um die Texte von Frauen, sondern um ihr Leben, ihre Erfahrungen und Intentionen. Für Henry Gates, Jr. war dies konstitutiv für die Kanondebatte allgemein, deren Aufmerksamkeit nicht Texten, sondern AutorInnen als "social constituency" galt. (1991a:717)

Es gab noch einen dritten Hintergrund, vor dem die Bezugnahme auf die Autorin verteidigt werden mußte: der 'Tod des Autors', der nicht erst seit Roland Barthes verkündet worden war. Es ist tatsächlich auffallend, daß zu einer Zeit, da sich in den sozialen Bewegungen die Aufmerksamkeit auf die schreibende Person richtete, die Bedeutung des Autors für französische Theoretiker zu schwinden begann. Cheryl Walker hat diesen Widerspruch näher untersucht (Cf. 1990:551ff): Die Position des Autors impliziert, daß der Autor die ursächliche Präsenz hinter dem Text ist und Autorität und Kontrolle über das literarische Werk und seine Signifikanten ausübt – und jeder dieser Begriffe ist im Zeitalter des Poststrukturalismus hinterfragbar geworden. Diese Hinterfragung hat auch innerhalb der feministischen Kritik eingesetzt; Walker bezieht sich hier insbesondere auf Mois einflußreiches Werk *Sexual/Textual Politics*, in dem Moi schreibt:

> For the patriarchal critic, the author is the source, origin and meaning of the text.
> If we are to undo this patriarchal practice of *authority*, we must take one further step and proclaim with Roland Barthes the death of the author. (Zit. in C. Walker 1990:553)

Diese Auffassung, mit der Moi der Mehrzahl angloamerikanischer Kritikerinnen das Festhalten an patriarchalisch-humanistischen Begriffen und Methoden vorwarf, hat für Walker besorgniserregende antifeministische Implikationen: "The loss of the writer runs us the risk of losing many stories important to our history." (C. Walker 1990:560)

Walker versucht daher, innerhalb des poststrukturalistischen Paradigmas Raum für die Anerkennung der Autorin zu schaffen. Zum einen zeigt sie, daß Moi sich selbst nur zum Teil an das hielt, was sie sagt. In ihrer Darstellung von Showalter, Kolodny und Gilbert/Gubar essentialisierte Moi diese als 'Autorinnen' ihrer Gedanken, schrieb ihnen bestimmte Aussagen und Positionen zu, als hätten sie sich nie weiterentwickelt, und fällte dann ihre teilweise vernichtenden Urteile. (C. Walker 1990:558)[3] Ob sie an der Bedeutungslosigkeit des Autors festhielt oder nicht, sie dachte in jedem Fall aber unhistorisch und ließ in ihren Urteilen den biographischen und historischen Kontext unberücksichtigt, aus dem heraus die Aussagen verständlich werden könnten. Auch im allgemeineren Kontext der Postmoderne, so Walker, wurde 'der Tod des Autors' nicht immer konsequent gehandhabt: wie sonst wäre die Verwirrung zu erklären, die die Entdeckung von Paul de Mans Vergangenheit ausgelöst hatte?, und wie sonst wäre Derridas Vorschlag zu begreifen, de Mans Werke neu zu lesen, um "the historical personage Paul de Man" besser zu verstehen? (Zit. in C. Walker 1990:558)

Zum anderen relativiert Walker den 'Tod des Autors' zugunsten einer feministischen Verteidigung der Autorin: Barthes wandte sich mit diesem Ausspruch gegen ein Klima autoritärer Interpretationen, die nur *eine* Bedeutung des Textes zuließen und diese im essentialisierten Subjekt des Autors (oder Lesers) verorteten. (C. Walker 1990:567) Außerdem war seine Verwendung der männlichen Pronomina aufschlußreich: Barthes sprach (wie Foucault und Derrida) von dem männlichen Autor. Es ist aber wichtig, die Unterschiede

---

3 Um hier dem Vorwurf der Widersprüchlichkeit zu entgehen, hätte Moi einen strengen Unterschied zwischen einer Autorin und einer Kritikerin machen müssen; dies ist jedoch eine Trennung, die ebenfalls hinterfragbar geworden ist (und Walker zeigt, daß selbst Mois Darstellung deutliche narrative Tendenzen aufweist).

zwischen verschiedenen "writing subjectivities" zu beachten, mahnt Walker, und zitiert Nancy K. Miller:

> The postmodernist decision that the Author is dead, and subjective agency along with him, does not necessarily work for women and prematurely forecloses the question of identity for them. Because women have not had the same historical relation of identity to origin, institution, production, that men have had, women have not, I think, (collectively) felt burdened by too much Self, Ego, Cogito, etc. (Zit. in C. Walker 1990:556; cf. 568f)

Walker versucht, ein Konzept zu entwickeln, das die Autorin weder verneint noch als allein sinnstiftende Präsenz essentialisiert. Sie versteht Autoren und Autorinnen als "possible subjectivities whom we may consider as contradictory, fluctuating presences in the text" und legitimiert damit die kritische Untersuchung der Beziehung von Autorinnen und Leserinnen im feministischen Kontext. (1990:568)

Diese Überlegungen sollen beispielhaft zeigen, daß die Beschäftigung mit der Autorin nicht grundsätzlich problematisch sein muß oder im unvermeidlichen Widerspruch zu poststrukturalistischen Theorien steht. Sie sollen jedoch an dieser Stelle nicht weiter verfolgt werden, da sie in der frühen feministischen Kritik noch keine Rolle spielten. Tatsächlich blieb in dieser Phase eine kritische Auseinandersetzung mit der Problematik aus. Feministinnen entdeckten die Autorin zumeist unhinterfragt als (feministisches) Subjekt und versuchten sie auch rückwirkend für ihre Ideen zu vereinnahmen.

Das Problem war für sie ein ganz anderes und ergab sich bei dem Versuch, nach altem Konzept neue Autorinnen zu sammeln und sie als des Kanons würdig anzupreisen. Im Gegensatz zu Howes hoffnungsfroher Vorhersage schien die Zahl der unerkannten 'großen' Schriftstellerinnen eher begrenzt zu sein: "The supply of Kate Chopins [...] cannot be infinitive", gab Showalter wohl in Antwort auf Howe zu bedenken. (1975:444) Wollten Feministinnen das männlich dominierte akademische Establishment von der Qualität der gefundenen Schriftstellerinnen überzeugen? Oder ging es nicht eher darum, den männlichen Blickwinkel als einseitig und inadäquat für Frauen zu entlarven?

3.3.2. Blick auf Autorinnen V: Weibliche Ästhetik

Mit dem Ziel, nicht nur Autorinnen zu 'sammeln' und ihr Leben zu untersuchen, sondern auch neue Maßstäbe zur Analyse ihrer Werke zu finden,
entwickelten sich die *Gynocritics* noch einen Schritt weiter. Die positive Umwertung der Weiblichkeit wurde nun auch auf literarische Kriterien übertragen und spiegelte sich in der Rehabilitierung von Schreibweisen wider, die
im *Phallic Criticism* als 'typisch weiblich' disqualifiziert worden waren. Dazu
war ein neuer konzeptueller Rahmen vonnöten, in dem die Differenz zu der
kanonisierten Literatur im männlichen Establishment nicht als negative Ab-
weichung, sondern als positives Anderssein deutlich wurde. Howe betonte
folgerichtig: "We are not men, nor do we want to be. We are interested in our
difference". (Howe/Bass 1973:xxviii) Auch Showalter schrieb: "It is [...] the
essential question of difference. How can we constitute women as a distinct
group? What is *the difference* of women's writing?" (1981:248) Hatte das
künstlerische Schaffen von Frauen eigene ästhetische Paradigmen? Mußte es
nach gesonderten Maßstäben beurteilt werden? In der einen oder anderen
Form wiederholte sich Bovenschens Frage: "Gibt es eine weibliche Ästhetik?" unzählige Male in feministischen Texten. (Bovenschen 1976)

Viele Kritikerinnen reagierten zunächst zurückhaltend. Kolodny warnte
davor, allzu schnell festzusetzen, wie diese Differenz aussehen könnte – "[it]
would leave us in danger of discovering what might not be there" –, und fuhr
fort: "before we can ask *how* women's writing is different or unique, we must
first ask *is it*?" (1975a:38, 40) Auch Donovan erschien es verfrüht, Inhalte
weiblicher Ästhetik festzulegen. (1975a:77) Showalter distanzierte sich von
der Festschreibung einer weiblichen Schreibweise: "Women writers should
not be studied as a distinct group on the assumption that they write alike, or
even display stylistic resemblances distinctly feminine." (1971a:858f)

Weibliche Tradition

Unter welchen Bedingungen war es überhaupt möglich, Literatur von Frauen
in einer gesonderten Kategorie zu kanonisieren und nach spezifischen Kriterien zu untersuchen? Selbst wenn Feministinnen zögerten, Autorinnen auf

einen typisch weiblichen Schreibstil festzulegen, sympathisierten viele mit
Showalters Feststellung:

> But women do have a special literary history susceptible to analysis, which
> includes such complex considerations as the economics of their relation to the
> literary marketplace; the effects of social and political changes in women's status
> upon individuals, and the implications of stereotypes of the woman writer and
> restrictions of her artistic autonomy. (1971a:859)

Diese historischen Konstellationen, von denen Showalter sprach, bedingten
ein bestimmtes Verhältnis von Autorinnen zur literarischen Kultur ihrer Zeit,
dem sich kaum eine Autorin entziehen konnte, und das sich auf ihr Selbstverständnis als Schriftstellerin auswirken mußte. Insofern schien hier eine solide
Ausgangsbasis für die Untersuchung ihrer Literatur zu bestehen. Ein Beispiel
für diese Theorie lieferten die Autorinnen Sandra Gilbert und Susan Gubar
mit ihrem Werk *The Madwoman in the Attic*. Sie variierten Harold Blooms
These von der *anxiety of influence*, die das zentrale Problem des Künstlers in
seinem lebenslangen Kampf gegen die Einflüsse seiner Vorgänger bzw. -vä-
ter sah, und übertrugen es auf Autorinnen. Doch das Problem der Künstlerin,
so Gilbert und Gubar, war ein viel existentielleres. Durch ihr historisch be-
dingtes anderes Verhältnis zur schriftstellerischen *Autor*ität entstand die
anxiety of authorship, die Angst vor ihrer eigenen Kreativität, die im Kontext
der gesellschaftlichen Zwänge ihre Identität als Frau aufs Spiel zu setzen
drohte. (1980:Kap. 2)

Der Schluß lag nahe, daß Autorinnen sich in einer gemeinsamen schriftstellerischen Tradition bewegten, jedoch nicht nur *nolens* durch die gemeinsame Position, die der literarische und kritische Markt und die Gesellschaft
ihnen zuwiesen, sondern auch *volens*, wie Joanna Russ ausführte: englische
und amerikanische Autorinnen des 19. Jahrhunderts kannten einander, lasen
die Werke der anderen, korrespondierten miteinander und bezogen sich aufeinander, wenn es um die Frage nach literarischen Vorbildern und Einflüssen
ging. (Russ 1991b:198f) Bereits Virginia Woolf hatte angeregt, daß jedes
Werk einer Autorin gelesen werden sollte "as if it were the last volume in a
fairly long series", und weiter: "For books continue each other, in spite of our

habit of judging them separately." (1929:76f) Die Historikerin Carroll Smith-Rosenberg wies 1975 auf die Existenz einer spezifischen 'Frauenkultur' im Amerika des letzten Jahrhunderts hin. Es zeigte sich immer deutlicher, daß die Entwicklung der *women's culture* eng zusammenhing mit *women's writing*, der schriftstellerischen Entwicklung von Frauen. (Showalter 1989c:13) Im folgenden stellte sich in der feministischen Kritik die Frage, wie eine spezifisch weibliche literarische Tradition in den Texten festgemacht werden konnte, und es boten sich verschiedene Ansätze dafür an.

Weibliche Charaktere und Bilder

Die deutlichsten Anzeichen für eine spezifisch weibliche Ästhetik ließen sich bei den Inhalten finden. Kolodny war überzeugt: "[there are] clearly demonstrable repetitions of particular thematic concerns, image patterns [...]. Even the most cursory survey [...] will illustrate just how inescapable they are." (1975a:41) Die Kritikerinnen Gubar und Gilbert stützten ihre Thesen von der weiblichen *anxiety of authorship* auf Metaphern der Gefangenschaft und Dämonisierung, die in Werken von Autorinnen zu finden waren und die gesellschaftliche Repression und Isolierung weiblicher Kreativität symbolisierten. ('Die Verrückte im Dachboden' stammte aus Brontës *Jane Eyre*.)

Showalter fand in der amerikanischen Vor-Bürgerkriegsliteratur von Frauen Bilder weiblicher Kreativität in häuslicher Geborgenheit – liebevoll angelegte Küchengärten, zwitschernde Vögel in ihren Käfigen, alte Schaukelstühle, in denen Frauen ihre Geschichten erzählten. (1989c:14) Dann wiederum spielten englische und amerikanische Autorinnen bereits im 17. Jahrhundert mit klassischen Symbolen des Künstlertums – so verzichtete Anne Bradstreet auf den Lorbeerkranz und gab sich bescheiden-ironisch mit einem Kränzchen aus Petersilie oder Thymian zufrieden, und auch Anne Finch mochte ihrer Muse keine Lorbeeren versprechen. (Showalter 1989c:9f) In der neueren Gegenwartsliteratur fanden sich bei Autorinnen realistischere und 'rundere' weibliche Charaktere als bei Autoren und andere Themen, wie Howe beobachtete:

> themes usually ignored in literature courses or by literary critics [...]: the relation-
> ship of mothers and daughters (as distinct from fathers and sons); female
> sexuality, including breast-feeding and homosexuality; female identity, abortion,
> childbirth, female creativity. (F. Howe 1973:3)

Sie bezog sich in ihrer Aufzählung auf ihre Anthologie *No More Masks!*, die
u.a. Gedichte von Denise Levertov, Silvia Plath, Nikki Giovanni, Audre
Lorde und Gwendolyn Brooks enthielt. Kolodny beobachtete häufig Inversio-
nen in der Literatur von Frauen: die Umkehrung von Stereotypen wie die Assoziation von Kindern mit Unglück und Tod in Chopins *The Awakening* und
Bilder und Situationen, die den Heldinnen als hieroglyphisch verschlüsselte
Rätsel erschienen. (1975a:41ff) McCarthys *The Group* (1954) war ein beliebtes Beispiel für die Demonstration der Vielfalt 'weiblicher' Themen; auch
ihre Biographie bot sich unterstützend für eine feministische Interpretation
an. Showalter beschrieb sie als eine unterbewertete, verunsicherte und am
männlichen Establishment orientierte Schriftstellerin, der mit *The Group* die
Selbstbefreiung gelang, weil sie ihre Themen aus weiblicher Sicht beschrieb:

> But in *The Group* she said goodbye to all of that and struck out on her own. First
> of all, she was writing about feminine experience: the loss of virginity, marriage,
> adultery, [female] masturbation, lesbianism. These are not themes likely to
> please male critics: they're feminine themes, and therefore trivial. (1971c:401)

Daß der Roman von Kritikern als "a trivial lady writer's book" abgetan wurde, beeinträchtigte Showalters lobende Kritik nicht; im Gegenteil, wie schon
Hawthornes Wutausbruch über seine schriftstellernden Kolleginnen war auch
der allgemeine Verriß von *The Group* Grund zur feministischen Auszeich-
nung. Showalters abschließender Satz drückte eine gewisse Befriedigung aus:
"It is clear why Mailer hated this book." (1971c:402)

Weibliche Erfahrung

Für viele Feministinnen war die Gegenwartsliteratur deshalb so reizvoll, weil
sie nicht nur die Erfahrung von Autorinnen enthielt, sondern weil sich auch
Leserinnen der Gegenwart in ihr wiederfinden konnten. "We have different
kinds of experience. We don't want now to have female versions of men's

books; we don't want the female version of *Portnoy's Complaints*", konnte Showalter daher versichern. (1971c:403) Schriftstellerinnen können sich nur von ihrer Unterdrückung befreien, meinte sie, wenn sie auf ihre weibliche Erfahrung zurückgreifen – "the rich dowry of feminine experience which they all possess." (Ibid.) Dies erhöhte auch den Wert ihrer Werke. So pries Florence Howe ihre Gedichtanthologie an: "you will be surprised [...] to find the concerns of your life, your feelings, and beliefs, vividly on some of these pages." (Howe/Bass 1973:3) Bereits der Titel der Anthologie, *No More Masks!*, suggerierte das Erscheinen einer unmaskierten, 'echten' weiblichen Persona und Schreibweise. Anita Rapone lobte Plaths Gedichte: "Sylvia Plath's poetry is political not because it is ideological but because it presents our experience. [...] The poetry [...] speaks to all women." (1972:407) Firestone nahm zu der negativen Rezeption der Autorin McCarthy durch die Kritiker Stellung: "Is Mary McCarthy [...] really so much worse a writer than Norman Mailer [...]?", und gab Antwort durch eine rhetorische Gegenfrage: "Or is she perhaps describing a reality that men [...] can't tune in on?" (1970:180)

An dieser Stelle stellt sich erneut das Problem des Erfahrungsbegriffs – wer wollte entscheiden, ob ein Buch 'rundere' Frauengestalten enthielt? –, das aber zusätzlich verstärkt wird durch die Frage nach dem Literaturbegriff, der hinter der Suche nach weiblicher Erfahrung in der Literatur stand. Um welche Art realistisch-mimetischer Ästhetik handelte es sich dabei? Spielte der Kunstbegriff in der frühen Literaturkritik überhaupt eine Rolle? Inwiefern konnte die Suche nach positiven Frauengestalten und typisch weiblichen Themen zwischen Literatur und anderen sprachlichen Medien unterscheiden? Das Problem war ähnlich wie bei der Neuen Linken; auch in der frühen feministischen Kritik wurde die literarische Funktion kaum theoretisiert und kann nur implizit, durch Randbemerkungen und Nebensätze rekonstruiert werden.

Dennoch zeigen sich deutliche Unterschiede zum frühen Literaturbegriff der Neuen Linken. In der feministischen Kritik war von 'Relevanz' nicht die Rede; es war nie Teil des feministischen Grundsatzprogramms, daß literarische Texte Helfershelfer der Revolution sein müßten. Das Schlagwort 'Relevanz' wurde durch das Schlagwort 'Bestätigung' ersetzt. Die Literatur behielt in der feministischen Literaturkritik ihre besondere Autorität, einerseits gewiß durch den weiterhin einflußreichen neukritischen Kunstbegriff, andererseits, wie ich meine, durch eine Art *story-telling*-Funktion, die in der Kritik an Bedeutung gewann. Durch diese Autorität konnte Literatur den Menschen das Gefühl verleihen, ernstgenommen zu werden; ein literarisches Werk wertete Frauen auf, wenn es sie porträtierte, und wenn sie sich in ihm wiedererkannten. Literatur leistete einerseits eine kognitiv-dokumentarische Funktion und bot ihren Leserinnen die Gelegenheit des Erkennens, aber zeigte ihnen andererseits auch die Welt der Möglichkeiten und Wünsche, die einen wichtigen Teil ihres Lebens bildeten. Die Sozialisierung der Leserinnen erfolgte über das Erkennen und Durchspielen dieser Informationen und Möglichkeiten auch in bezug auf das eigene Leben. Literatur als Kunstform bestätigte Frauen, wenn sie ihre Wirklichkeit, Ängste und Hoffnungen inszenierte. Diese Einstellung zur Literatur dominierte bei vielen Feministinnen der *Gynocritics*. – Ob man dies immer von der Literatur und von jeder Literatur gleichermaßen erwarten konnte, steht auf einem anderen Blatt.

Weibliche Genres

Im Gegensatz zur *Feminist Critique* begannen feministische Kritikerinnen in den *Gynocritics*, wieder auf die Form eines Werkes einzugehen, und suchten denn auch auf der formalen Ebene nach Spuren einer weiblichen Ästhetik. Die Suche nach Verbindungslinien zwischen Weiblichkeit und Form begann beim Genre. Es boten sich dabei praktisch-historische Überlegungen an, beispielsweise daß Autorinnen kürzere oder fragmentarische Genres wie Briefe, Tagebücher, Gedichte oder autobiographische Skizzen bevorzugten, weil ihr fragmentarisierter Arbeitsalltag keine regelmäßigen und längeren Schaffenszeiträume erlaubte. So sah Judith Fetterley die besten Werke von Frauen des 19. Jahrhunderts vor allem in Short Stories, Essays und Sketchen, und Audre Lorde betonte, daß die Lyrik das wichtigste Genre für unprivilegierte, arbeitende und schwarze Frauen gewesen sei: "A room of one's own may be a necessity for writing prose, but so are reams of paper, a typewriter, and plenty of time." (Beide in Showalter 1993b:122f)

Das Genre des Romans stellte dagegen viele Feministinnen vor Probleme, wohl weil sie Erklärungen dafür suchen mußten, warum es so viele sexistische Romane gab und so wenige Romane von Frauen, die ein feministisch-emanzipatorisches Interesse dokumentierten. Eine mögliche Antwort neben dem Zeitargument lag in der historischen Entwicklung des Romans. Myra Jehlen meinte dazu, daß der Roman ein Produkt der patriarchalen Gesellschaft sei, dessen Held immer "the unitary self versus the others" sei und deshalb keinen Raum für autonome Frauencharaktere bieten konnte. (1981:595, 600) Ähnlich beschrieb Elaine Showalter die konventionellen Zwänge der Romantradition:

> As the 'big' form, the novel carried the psychic and aesthetic freight of the male literary tradition. It forced women to come up with conventional plots and endings that violated their personal experience and demanded a commitment of time many could not manage. (1993b:122f)

Insgesamt ähnelten die Überlegungen früher Feministinnen zum Romangenre eher Spekulationen: Während Marcia Landy den historischen Roman für Frauen ablehnte, weil Frauen traditionell von der Geschichtsschreibung ausgeschlossen worden waren (20), empfahl Ellen Morgan gerade den historischen Roman neben dem realistischen und dem Bildungsroman, weil diese besonders geeignet seien, die Frau als soziales und psychologisches Wesen darzustellen. (1972:272) Agate Krouse sprach sich für den 'Zeitsprung'-Roman und den komischen Roman zur Darstellung von Frauen aus (1974:287f), Russ befürwortete dagegen geschlechtslose didaktische Genres wie den politischen Roman oder die Parabel, aber auch Science-fiction. (1972:19) Die verwirrende Vielfalt der Mutmaßungen zeigt, daß die Frage des Genres in der frühen feministischen Kritik nicht systematisch theoretisiert wurde.

Mit der Zeit entwickelte sich allerdings der feministische Roman zu einem immer bedeutenderen Subgenre und wurde zu einem der wichtigsten Forschungsfelder für die amerikanische feministische Kritik. Dazu trugen die

Romane von Doris Lessing, Marge Piercy, Margaret Atwood, Toni Morrison, Marilyn French, Erica Jong, Alice Walker, Rita Mae Brown, Adrienne Rich und anderen Autorinnen bei. (Cf. Spector 1986:3; Showalter 1990:182; Gallagher 1988:259)

Es ist schwierig, den feministischen Roman definitorisch genau einzugrenzen – wird er von dem feministischen Inhalt des Textes oder von den feministischen Intentionen der Autorin bestimmt? Ist ein Roman bereits dann feministisch, wenn er starke Frauenfiguren anbietet, oder wenn seine Autorin eine emanzipierte Persönlichkeit ist? Was ist mit Romanen von Männern? Dies ist Interpretationssache – so war zum Beispiel die feministische Bedeutung von Doris Lessing und Anaïs Nin für manche Kritikerinnen unbestritten, für andere dagegen fragwürdig (Cf. Krouse 1974:279f; Snitow 1973:414); was Gill Gane bei Joyce Carol Oates glaubhaft fand (1972:374), erschien Cornillon zweifelhaft (1972a:120); Gane wiederum empfand die von vielen Feministinnen wegen ihrer Stärke bewunderte Jane Eyre als "masochistic", wohl weil sie sich als selbständige Frau in die Abhängigkeit eines Mannes begab. (1972:355) Margaret Atwood lehnte es ab, ihre Romane feministisch zu nennen, und Gail Godwin und Cynthia Ozick verweigerten sich der Bezeichnung als 'woman writer'. (Showalter 1989a:359; 1984) Die Definition des feministischen Romans hängt offensichtlich davon ab, wie man Feminismus für sich definiert, und für diesen wird es keine übereinstimmende Definitionen geben.

Dennoch erschien der feministische realistische Roman als ein ideales Genre für die feministische Kritik. Wie bereits erwähnt, beurteilten viele Feministinnen mit Hilfe ihrer eigenen Erfahrungen die Echtheit der literarischen Frauenbilder. (Donovan 1975a:77) Auch Marcia Holly befürwortete den Vergleich zwischen Literatur und "authentic female life" (1975:46), und Arlyn Diamond betonte "the need to measure literary reality on the one side against historical and personally felt reality on the other." (1977:x; cf. C. Brown 1978:xiii) So war für Nina Baym die Aufgabe des Schriftstellers klar: "the classical fictionist's task [consists] of chronicling probable people in recognizable social situations." (1981:71) Fraya Katz-Stoker schließlich betonte den Schwerpunkt der feministischen Kritik: "Reality, above all, is the concern of feminist criticism." (1972:324)

Weibliche Sprache

Die Entdeckung, daß Sprache dazu beitrug, gesellschaftliche Beziehungen zu strukturieren, führte dazu, daß Feministinnen sich mißtrauisch fragten, inwiefern die Sprache die symbolische Ordnung des Patriarchats bildete und Frauen ausschloß. Kolodny betonte, daß die Sprache männlich dominiert war und an der Festschreibung einer asymmetrischen Mann-Frau-Beziehung teilhatte. Daraus schien sich das Dilemma der Autorin zu ergeben, keine Sprache für ihre Erfahrungen zur Verfügung zu haben (so gab auch Friedan ihrem ersten Kapitel den Namen "The Problem That Has No Name"), oder wie Adrienne Rich es ausdrückte, ihre Erfahrungen "mined with false-namings" vorzufinden. (Zit. in Kolodny 1980b:148) Virginia Woolf, auch hier die Vorreiterin, zitierte eine Satzfolge, die sie für typisch männlich hielt:

> The grandeur of their works was an argument with them, not to stop short, but to proceed. They could have no higher excitement or satisfaction than in the exercise of their art and endless generations of truth and beauty. Success prompts to exertion; and habit facilitates success. (1929:73)

Woolf kommentierte:

> That is a man's sentence; behind it one can see Johnson, Gibbon, and the rest. It was a sentence that was unsuited for a woman's purpose. Charlotte Brontë, with all her splendid gift for prose, stumbled and fell with that clumsy weapon in her hand. George Eliot committed atrocities with it that beggar description. (1929:73)

Auch Donovan kommentierte mehr als vier Jahrzehnte später diesen Stil. Das Männliche der zitierten Sätze, fand sie, lag im selbstsicheren, selbstgefälligen, gar arroganten Ton, der einer Autorin fremd sein mußte: als Außenseiterin im Bereich des Schreibens und in der dominanten Klasse neige sie nicht zu solch unanfechtbar erscheinenden Behauptungen. (1972:340f) Auch

Ellmann deklarierte "the impression of a profound (or basso) authority" als männlichen Stil. (1968:150)

Wenn die Sprache männlich strukturiert war, welche Möglichkeiten hatten dann Frauen, sich Geltung zu verschaffen? 'Frauen reden anders', war die Antwort, für die sich viele Feministinnen entschieden. Ob die weibliche Sprache sich aus der unterschiedlichen Sozialisierung herleitete oder als naturgegebene weibliche 'Muttersprache' erschien, war dabei oft nicht eindeutig. Eine einflußreiche Veröffentlichung war in diesem Zusammenhang Carol Gilligans psychologische Studie *In a Different Voice* (1982), die zwei verschiedene geschlechterspezifische Sprachen und Denkweisen identifizierte und Männern eine Sprache der Autonomie, des In-Prinzipien-Denkens und des Getrenntseins von den Mitmenschen und der Umwelt zuwies, Frauen dagegen eine Sprache des Kontaktes, des In-Beziehung-Stehens und der Identifizierung mit der Gemeinschaft. Das Konzept einer weiblichen Sprache ist bis heute aktuell. Dies zeigte der 1991 erschienene Bestseller *You Just Don't Understand* von Deborah Tannen; dies zeigten auch Jane Tompkins, als sie 1987 schrieb: "I want to speak in [...] the mother tongue" (1987:173), und Carey Kaplan, die 1990 eine ganze Serie wissenschaftstheoretischer Artikel mit Hilfe von *father tongue-* und *mother tongue-*Konzepten analysierte und sich auf Gilligans Studie berief. (Kaplan/Rose1990:147ff)

Auch – und gerade – in der Literaturwissenschaft erschien Frauen der Gedanke einer eigenen Sprache reizvoll. Erst seit Jane Austen hatte sich eine solche weibliche Sprache entwickelt, schrieb Virginia Woolf: "Jane Austen looked at [the male sentence] and laughed at it and devised a perfectly natural, shapely sentence proper for her own use". (1929:73) Woolf bekräftigte abschließend: "It would be a thousand pities if women wrote like men". (1929:84) Josephine Donovan kam zu zwei Schlußfolgerungen: "one, that there is a female 'mind,' and, two, that there is or ought to be a feminine style tradition appropriate to that 'mind.'" (1972:339) Donovan spürte den Grundsätzen eines weiblichen Stils nach und orientierte sich dabei an Woolfs Formulierung – "the psychological sentence of the feminine gender". (Zit. in

Donovan 1972:342) Der weibliche Satz erschien Donovan elastischer als der männliche, eher aufnahmebereit für psychologische Feinheiten als für philosophisch-abstrakte Prinzipien. Mit anderen Worten:

> a female prose style is or should be one which enables the writer to deal with the psychic, personal, emotional 'inner' details of life in a way that is neither analytic nor authoritarian. (1972:344)

Für Kolodny waren "reflexive perceptions" wie "I found myself walking...", die sie in Woolfs, Plaths und Atwoods Werken fand, typisch für Frauen, die sich ihrer Identität nie so sicher sein konnten wie Männer. (1975a41) Auch Elizabeth Ammons beobachtete einen eigenen weiblichen Stil, der "nuclear rather than linear" war, "weblike, circular and expanding, emphasizing process and repetition, oscillation and resolution." (Zit. in Showalter 1993b:122) Gilbert und Gubar entwickelten die These, daß ihre Autorinnen sich die Sprache der Männer zu eigen machten, sie aber unterliefen und verfeinerten durch eine versteckende und versteckte Sprache, einen *double-talk* gewissermaßen. (1980:73f)

Der Gedanke einer 'weiblichen Sprache' ist sicherlich reizvoll. Er ist durchaus plausibel und mag Erfahrungen entsprechen, die man/frau selbst gemacht hat. Es ist aber auch ein problematisches Konzept. Zunächst ergibt sich die Frage, ob die 'weibliche Sprache' tatsächlich ein hilfreiches und differenzierendes Bewertungskriterium sein kann. Bei Donovan, die einige Autorinnen einer kritischen Prüfung ihrer 'weiblichen Sprache' unterzog, drängt sich der Eindruck einer gewissen Willkürlichkeit ihrer Urteile auf: Jane Austen überzeugte sie durch die Darstellung der "inner reality" ihrer Heldinnen; George Eliot dagegen schien ihr 'Probleme' mit ihren Sätzen zu haben; Kate Chopin wiederum bescheinigte sie einen angemessenen weiblichen Stil – "a style that is an appropriate vehicle for the psychological depths of her heroine's inner life." (1972:347) Gewiß läßt sich all dies auch gegenteilig beurteilen. Ebenso wird es fragwürdig normativ, wenn Russ Autorinnen nur zwei geeignete Stilprinzipien zugesteht – einen assoziativ-lyrischen Stil Woolfscher Prägung, dessen Organisationsprinzip keine chronologische, dra-

matische Handlung, sondern "an unspoken thematic or emotional center" ist,
oder einen auf der eigenen Erfahrung basierenden Stil. (1972:12) Autorinnen
haben sicherlich auch andere geeignete Stilmittel gefunden. Es mag schließlich tatsächlich so sein, wie Kolodny sagt: daß einem männlichen Leser die
weibliche Welt, der er in der Literatur begegnet, fremd sein und als "a strange and unfamiliar world of symbolic significance" erscheinen kann, die er
deshalb als unverständlich und trivial abwertet. (1980b:148) Das kann aber
im Extremfall dazu verleiten, jedes Urteil aus männlichem Mund als irrelevant abzutun.

Wir haben bereits am Beispiel des Erfahrungsbegriffs gesehen, daß die
Suche nach Authentizität problematisch ist und Frauen essentialisiert. Es ist
eine durchaus stichhaltige These, daß es innerhalb bestimmter kultureller
Gruppen beobachtbare, historisch und gesellschaftlich bedingte asymmetrisch
verteilte Ausdrucksformen gibt, die auf eine 'typisch' weibliche oder männliche Sprache hinweisen. Dies darf aber nicht dazu verleiten, allen Frauen
innerhalb dieser Gruppen oder gar über alle kulturellen Gruppen hinweg bestimmte, quasi-anthropologische Eigenschaften wesenhaft und unveränderlich zuzuweisen. Aus historischen Konstellationen können keine deterministischen Wenn-dann-Verbindungen hergestellt werden.

Eine extreme Form des deterministischen Weiblichkeitsmythos ist bereits
am Beispiel des *cultural feminism* vorgestellt worden, der die Bedeutung des
Körpers, des Monatszyklus und der Mutterschaft für die Definition weiblichen Schreibens hervorhob. Dies geschah in dem Versuch, zum 'Ursprung'
weiblicher Kreativität zurückzufinden, gleichsam zu dem von Zivilisation,
Sozialisation und Kultur befreiten Urzustand. Die Amazone personifizierte
dabei das verlorene Matriarchat. Obwohl diese Bilder das Gefühl weiblicher
Stärke und Solidarität förderten, warnt Bovenschen: "Die damit verknüpfte
Erwartung der Lebenshilfe ist trügerisch." (1976:89) Die Reiche der Mutte-
rgöttinnen, so Bovenschen, sind untergegangen, und

die bruchlose Anknüpfung an unsere Erfahrungen im 20. Jh. [will] nicht gelingen, und wenn sie erzwungen wird, so sind die Resultate recht jämmerlich. Was
bleibt, ist Petersilie als Abtreibungsmittel und dieses und jenes Kräuterrezeptlein.
(1976:89)

Die Eigendefinitionen von Frauen als natur- und umweltverbundener als
Männer müssen bei genauerer Betrachtung als "fantasies of an idyllic encla-
ve" erscheinen. (Showalter 1981:263) Wenn Feministinnen von 'verlorenen
und wiederentdeckten' Autorinnen sprachen oder von der Macht der Sprache,
die sie wiederzuerobern hofften, suggerierten sie, daß diese einst dagewesen
waren und erst später verlorengingen wie ein matriarchalisches Paradies, *a
lost motherland* als Ursprung aller Dinge.

Noch problematischer war die Verknüpfung von Biologie und weiblicher
Kreativität, die die biologistischen Argumente zu wiederholen drohte, die
einst zur Diskriminierung von Frauen benutzt worden waren. Biologistische
Theorien, die mehr als die körperlichen Unterschiede zwischen Männern und
Frauen erklären wollten, konnten – wenn sie in falsche Hände gerieten – dazu
benutzt werden, bestehende Machtpositionen als 'naturgewollt' zu rechtfertigen. Wenige frühe Feministinnen stellten die Frage so direkt und selbst-
kritisch wie Register: "How can feminism justify generalizing about female
experience and women writers, in light of their objections to Phallic Criticism?" (1975:14) Showalter bestätigte: "Simply to invoke anatomy risks a
return to [...] the phallic and ovarian theories of art". (1981:250) Die Defini-
tionsversuche einer weiblichen Sprache setzten zudem nach Weigel "eine
ideale Vorstellung von Weiblichkeit" voraus, die sich meist "am Bild eines
autonomen (emanzipierten) weiblichen Subjekts" orientierten, "das selbst
aber als imaginäre Produktion kritisch zu befragen wäre." (1987:199) Dies
war, so Weigel, das Dilemma der Ideologiekritik, die einen eigenen Ort der
Wahrheit setzen mußte, um Dinge als "falsch bzw. ideologisch qualifizieren
zu können", der aber selbst zum Streitpunkt wurde. (Ibid.)

Showalter bekräftigte, daß die Idee der "separate spheres" und der getrennten Sprachen ein Tropus war: "it has been recognized that what Rich
calls 'the dream of a common language' has always been a utopian fantasy."

(1989c:7, 18) Sprachliche Identitäten sind hybrid, zusammengesetzt aus vielen Sprachen; vor allem sind sie Konstrukte. Baym wies nach, daß die Interviews, die Gilligan und andere geführt haben, stark von ihren Vorstellungen einer weiblichen Sprache vorstrukturiert waren, und Gilligan daher möglicherweise nur vorfand, was sie vorfinden wollte. (1992:228f) Showalter stellte fest: "Unlike [...] languages of minority or colonized groups, there is no mother tongue, no genderlect spoken by the female population". (1981:255) Sie nannte das Beispiel der Dichterin und Kritikerin Cherríe Moraga, die in einer ganz eigenen, teils spanischen, teils englischen Sprache schrieb und damit auf eine eigene *mother tongue* zu verweisen schien. "But in fact Moraga learned Spanish, not as an infant from her mother in the *barrio*, but as an adult from the Berlitz School in Boston." (1989c:19) Auch wenn man in dem Versuch, dem Essentialismus auszuweichen, einen spezifisch weiblichen Schreibstil gesellschaftlich begründet – Frauen beschreiben die Welt anders, weil sie sie (sozial bedingt) anders wahrnehmen – entstehen Schwierigkeiten. Statt eines biologischen droht ein sozialer Determinismus; die Präskriptivität bleibt. Elaine Showalter betonte:

> Feminist criticism ought not to dictate themes or styles to women writers, or pressure them to conform to a party line. To be obliged to deliver a women's art is as damaging, perhaps, as being forbidden to deliver it. (1984:31)

Die Idee weiblicher Schreibtraditionen muß nicht gänzlich aufgegeben werden. Wenn man deterministischen oder präskriptiven Argumenten ausweichen kann, wenn man berücksichtigt, daß Künstlerinnen unter Umständen ihren Kollegen der gleichen Periode ähnlicher sind als untereinander (Nochlin 1971:45), wenn man anerkennt, daß nicht alle Autorinnen in derselben Tradition stehen, dann bleibt es dennoch möglich, historische und intertextuelle Querverweise, gemeinsame Symbole, Themen und Stile festzustellen. Schreibtraditionen sind dann nicht mehr sauber voneinander abzugrenzen; eine Autorin kann in mehreren Traditionen gleichzeitig stehen. So zog es Mary Helen Washington vor, die Schreibtradition afroamerikanischer Frauen als "'broken and sporadic' continuities" zu bezeichnen. (1987:xx)

Écriture féminine

Ein gänzlich anderer Versuch, weibliches Schreiben zu definieren, ergab sich in der vom Konzept der *écriture féminine* französischer Theoretikerinnen beeinflußten *Gynesis*, die ab Mitte der 1970er Jahre in der amerikanischen feministischen Kritik an Bedeutung gewann.[4] Das Konzept der *écriture féminine* stützte sich vor allem auf die experimentelle Literatur der Moderne und machte das 'Weibliche' auf der stilistischen-linguistischen Ebene der Avantgarde-Literatur fest. Die Psychoanalyse bildete dabei eine der Hauptgrundlagen für Theoretikerinnen wie Hélène Cixous, Julia Kristeva und Luce Irigaray. Kristeva beispielsweise nahm analog zu Lacans Begriffen des Imaginären und der Symbolischen Ordnung die Unterscheidung zwischen dem Semiotischen und dem Symbolischen vor. (1987:32ff) Nach Kristeva zeichnete sich das Semiotische der vorödipalen Phase durch primärprozeßhafte Flux und Formlosigkeit aus und wurde, von der symbolischen Ordnung (Strukturiertheit, Schrift, Logik, Syntax) verdrängt, zum Anderen, zur Negativität und Abwesenheit. Doch die Unterdrückung konnte nie vollständig gelingen: das semiotische *désire* brach rhythmisch-pulsierend auch in die Symbolische Ordnung ein; und dieser semiotische Rhythmus war vor allem in der Kunst erkennbar. Kristeva bezog sich hier auf den Kunstbegriff des Dichters Mallarmé: "rätselhaft und weiblich, ist dieser dem Schreiben zugrunde liegende Bereich rhythmisch, entfesselt und nicht auf seine intelligible, verbale Übersetzung reduzierbar; er ist musikalisch". (1987:41) Im Text zeigten sich diese Durchbrüche "as pulsional *pressure* on symbolic language: as contradiction, meaninglessness, disruption, silences and absences in the symbolic language". (Moi 1985:162)

Wenn die *Gynesis* in der amerikanischen feministischen Kanondiskussion keine bedeutende Position einnahm,[5] dann hatte das verschiedene Gründe.

---

4 Wieder stammt die Klassifikation von Showalter; sie bezieht sich dabei auf Alice Jardines Werk *Gynesis*.

5 Diese Feststellung bezieht sich ausdrücklich nicht auf die Bedeutung und das Potential der französischen Theorien für die feministische Literaturwissenschaft *allgemein*, sondern konkret auf die von der feministischen Bewegung stark beeinflußte *Kanondebatte*.

Zunächst stießen sich die Feministinnen an der essentialistischen Tendenz der französischen Theorien. Tatsächlich spielte im Konzept der *écriture féminine* die weibliche Körperlichkeit eine explizite Rolle, wie Ann Rosalind Jones betont:

> [...] Irigaray focuses on a sexually specific relationship between women and language. To speak as a woman (*parler femme*, in her shorthand) is to reproduce the doubleness, contiguity and fluidity of women's sexual morphology and the multi-centred libidinal energy that arises from them. (A. Jones 1985:86)

Auch Hélène Cixous ging von der "erotics of writing" aus, wenn sie forderte: "Write yourself. Your body must be heard. Only then will the immense resources of the unconscious spring forth". (Zit. in A. Jones 1985:88)

Zwar unterschätzte der Essentialismus-Vorwurf die französischen Theorien zumindest teilweise; es handelte sich bei den Begriffen der Körperlichkeit um Konstrukte, um eine Metaphorisierung (oder, wie Fuss betonte, Metonymisierung) des Körpers. (Fuss 1989:62) Aber damit zeigt sich ein anderes Problem der französischen Theorien für die amerikanische Kanondiskussion, das mit der Philosophie zusammenhängt, aus der sie sich begründen. Wie bereits erwähnt, wurde das Weibliche ein wichtiges Konstrukt für die Postmoderne und den Dekonstruktivismus. Von Frauen als politischen Handlungsträgerinnen war dabei aber nie die Rede. Von daher war das Konzept der Weiblichkeit im Dekonstruktivismus ein äußerst schwieriges für amerikanische Feministinnen: denn wie konnte eine Feministin sich und andere Frauen aus einer Position der Abwesenheit und Negativität am Diskurs beteiligen? (Showalter 1989a:365)

Tatsächlich spielte der Feminismus als demokratische Bewegung in diesen Diskursen kaum eine Rolle. Die Bewegung stand in der Tradition des Humanismus und Rationalismus und bezog sich auf eine Gruppe von Menschen in der Geschichte, deren Identität durch Konzepte sexueller Eindeutigkeit bestimmt war – und der Dekonstruktivismus hatte jeden dieser Begriffe in Frage gestellt, wie Jardine bemerkte. (1985:20f) Die Humanismuskritik französischer Theorien wurde zwar von vielen amerikanischen Feministinnen mit Interesse aufgenommen; immerhin boten sich damit Ansatzmöglichkeiten zur Gesellschafts- und Patriarchatskritik. Aber sie bedrohte auch die feministische Kritik, weil sie das Subjekt hinterfragte, Männer und Frauen in den sprachlichen und kulturellen Strukturen gefangen sah und ihre Handlungsfähigkeit als illusorisch betrachtete. Schließlich erlitt durch den Dekonstruktivismus auch der im Humanismus-Liberalismus zentrale Begriff der Erfahrung – "the belief in the function of experience as a moral agent" (Fluck 1992:66) – einen für Feministinnen nicht hinnehmbaren Autoritätsverlust.

Mit Ausnahme von Luce Irigaray zeigten sich die französischen Theoretikerinnen zudem ausgesprochen uninteressiert an feministischen Ideen, wenn sie ihnen nicht gar feindselig gegenüberstanden. (Jardine 1985:20) Jardine interviewte Ende der 1980er Jahre zwanzig französische Autorinnen zum Kanon und dem Status von Schriftstellerinnen und erhielt als Antworten nur "shrugs of indifference"; Hélène Cixous bezeichnete den Kanon als typisch amerikanisches Konzept. (Showalter 1989c:5) Die Autorin als Person, die für die *Gynocritics* so wichtig war, hatte beispielsweise bei Kristeva überhaupt keine Bedeutung; sie zog zur Untersuchung des Semiotischen nur Werke männlicher Autoren und Dichter wie Mallarmé und Joyce heran, und selbst die 'frankophile' Toril Moi befand Kristeva als "curiously willing to accept the exclusively male pantheon of French modernism from Lautréamont to Artaud or Bataille". (1985:97) Das Problem verstärkte sich noch dadurch, daß die französische Humanismuskritik auch den realistischen Roman, der zu einem wichtigen Genre der amerikanischen Kritik geworden war, delegitimierte. Aus der französischen Perspektive erschien der Anspruch des Realismus mimetisch-naiv; er basierte auf einer illusorischen Transparenz der Sprache und suggerierte, daß Realität wirklich repräsentierbar sei. Deshalb privilegierten die französischen Kritikerinnen das experimentelle Schreiben der Avantgarde der Moderne und Postmoderne, die das Medium des Literarischen ernster zu nehmen versprach.

Seit den späten 1980er Jahren mehrten sich innerhalb des amerikanischen Feminismus explizite Verteidigungsreden für den realistischen Roman bzw.

Auseinandersetzungen mit den Oppositionen zwischen französischen und angloamerikanischen Theorien. 1989 wandte sich Rita Felski in *Beyond Feminist Aesthetics: Feminist Literature and Social Change* ausdrücklich gegen die Ästhetik der *écriture féminine*[6], und 1993 rezensierte Ellen Cronan Rose ein Dutzend kritischer Abhandlungen über den feministischen Roman, die seit 1985 erschienen waren (allein sechs in den Jahren 1990 und 1991). Besonders eindrucksvoll sind in diesem Zusammenhang Laura Marcus' Artikel "Feminist Aesthetics and the New Realism" (1992), Diana Fuss' *Essentially Speaking* (1989), Joan Scotts "Equality-Versus-Difference" (1990), Cathy E. Fergusons "Interpretation and Genealogy" (1991) und Marianne Hirschs und Evelyn Fox Kellers Aufsatzsammlung *Conflicts in Feminism* (1990).

Laura Marcus kritisierte in ihrem Artikel die vielbeschworene 'Feindschaft' zwischen Realismus und experimenteller Avantgarde. Eine solche Opposition baute eine deutliche Hierarchie zwischen 'theoretisch korrekten' französischen und 'theoretisch naiven' angloamerikanischen Positionen auf. Wie Felski hielt Marcus es für falsch, die Moderne als inhärent subversiv zu fetischisieren, und auch Showalter schrieb: "there is nothing uniquely revolutionary or subversive about the *avant-garde*, or the *avant-garde* literary style, however difficult or subversive it may originally appear." (1990:193) Die Bedeutung der Moderne für die feministische Kritik relativierte sich angesichts des Maskulinismus und der Misogynie des dominanten Strangs der Moderne. (L. Marcus 1992:13) Die *Gynesis*-Kritik betrachtete mit der Avantgarde nur eine Stilrichtung der Literatur und vernachlässigte andere literarische Formen. (Showalter 1989a:362) Tatsächlich aber gab es kein spezifisch "weibliches Genre" und keine notwendige Verbindung zwischen einer bestimmten Politik und einer bestimmten Ästhetik; jeder Versuch, diese festzusetzen, war aufschlußreich nur in Hinblick auf die Definition der Frauenbewegung, die dahinter stand. (1992:11, 18) Zu Unrecht, so Marcus, wurde der Realismus in

---

6 Felskis Titel ist etwas mißverständlich, weil sie mit *feminist aesthetics* eigentlich *écriture féminine* meint; vielleicht ist die Tatsache, daß ein kulturell so spezifisches Konzept ihr als 'die feministische Ästhetik' schlechthin erschien, ein Zeichen für den Erfolg dieses Konzepts. (Cf. L. Marcus 1992:12)

der französischen Theorie diskreditiert; er wurde gleichgesetzt mit einem primitiven Empirismus und einem naiv-authentizistischen Ansatz, der sich mit der unmittelbaren Wahrnehmung zufriedengab. (1992:14) Im Zuge der allgemeinen Abwertung des Realismus wurde kein Unterschied mehr zwischen Realismus als epistemologischem und Realismus als literarischem Begriff gemacht, beides fiel in den Bereich der 'Politik', der aus dem Bereich der 'Ästhetik' ausgeklammert war. Damit aber wurde die politische Funktion der Literatur auf einen Instrumentarismus reduziert. Die Vielzahl realistischer Darstellungsmöglichkeiten blieb unbeachtet; die kognitive Leistung der Literatur wurde marginalisiert. Warum konnten so wenige, angloamerikanisch wie französisch beeinflußte, Kritikerinnen die Möglichkeiten des realistischen Schreibens als ästhetische Strategien anerkennen? Warum, so Marcus, konnten sie sich keine Literatur vorstellen, die experimentell geschrieben war *und* affirmativ wirkte? (L. Marcus 1992:17, 20)[7]

Eine effektive Hinterfragung und Verhandlung dieser Oppositionen setzte, wie oben festgestellt, erst in den 1990er Jahren ein. In den *Gynocritics* der 1970er Jahre bildeten die Oppositionen noch ein unauflösbares Dilemma. Wenn eine feministische Kritikerin sich als Aktivistin verstand, sah sie für sich keine andere Wahl, als die 'critical negativity' der französischen Theorien abzulehnen und sich der 'affirmativen' realistischen Literatur zuzuwenden. Damit übernahm sie die Oppositionen zwischen Realismus, kognitiver Literaturfunktion, realistisch-wissenschaftlicher 'Monoreferentialität' und angloamerikanischer Kritik einerseits und Avantgarde, 'ästhetischer' Literaturfunktion, polysemantischem Spiel und französischer Kritik andererseits und ließ sie unhinterfragt. Angesichts dieses Dilemmas mußte sich frau eben ent-

---

7 Ein Beispiel für den Versuch, den Realismus als ästhetische Strategie zu definieren, zeigt sich bei Fluck, der ihn als symbolische, auf einen "reality effect" zielende Konstruktion der Realität beschreibt: "realism could be considered as a literature intent on arresting semantic play by insisting on the need of life-likeness and verisimilitude in representation." (1992:67) An anderer Stelle: "In this sense, realism is no more (and no less) than a system of rhetorical strategies in order to claim special authority for one's own interpretation of reality. It does not simply reflect or mirror reality, but offers a version of it". (Ibid.) Fluck bezieht sich in seinem Artikel allerdings nicht auf die feministische Literatur, sondern auf den 'Neorealismus' Carvers, DeLillos etc.

scheiden, ob sie beim bisherigen Forschungsgebiet blieb oder nicht. Diejenigen, die sich weiterhin mit dem realistischen Roman befaßten, fanden sich
damit ab, theoretisch nicht *en vogue* zu sein; die Abwertung ihrer Forschung
schien ein typisches Phänomen des antifeministischen Establishments zu
sein. Nur der weiterhin große Erfolg feministischer Romane beim Lesepublikum bestätigte die Berechtigung ihres Interesses.

3.3.3. Frauenliteratur und Leserin I: Positive Sozialisierung

Am Anfang des dritten Kapitels ist bereits die Aufwertung der Leserin und
ihres Urteilsvermögens dargestellt worden; mit der Entdeckung der Frauenliteratur wurde nun auch der Wirkungsprozeß der Literatur auf die Leserin
anerkannt. Leserinnen mußten der Literatur nicht mehr Widerstand leisten,
sondern konnten sich auch im feministischen Sinne positiv von ihr beeinflussen lassen. Hatten Feministinnen in der *Feminist Critique* noch die negative
Sozialisierungsfunktion der Literatur für ihr Publikum deskriptiv-mißbilli-
gend herausgestellt, wandelte diese sich mit dem Fokuswechsel von der
'Männerliteratur' zur 'Frauenliteratur' in den *Gynocritics* zu einer normativ-
positiven Sozialisierungsfunktion. "[F]rom a feminist's point of view, literature has a significant social function for the future." (F. Howe 1992:267)

Das "common reader"-Konzept von Kaplan und Rose kam vor allem beim
realistischen Roman zum Einsatz: Mit dem 'richtigen' Inhalt konnte Fiktion
ihren Leserinnen ein Identifikationsangebot machen und Orientierungshilfe
geben, sie erschien als Modell für das Leben. Sie konnte Informationen liefern und Fragen beantworten und im Gegensatz zur Kanonliteratur "psycho-
logically real" wirken, d.h. 'realistische' Frauengestalten zeigen und Rollen-
vorbilder schaffen. (Holly 1975:38, 45) "This realism", schrieb Holly, "would
do for women what [...] such writers as Tolstoy, Joyce, Sartre, and Camus
have done for men". (1975:39) Literatur war Wissens- und Erfahrungsquelle
für Studentinnen – "capable of informing them about any of the aspects of
life" (Heilbrun 1979a:21f), und Howe berichtete, eine Studentin hätte die
Frage nach dem Verhältnis zwischen Literatur und dem Leben folgender-

maßen beantwortet: "'I read,' she said, 'in order to figure out what to do with my life.'" (1983:288; 1972:268) Auch Spacks zitierte die Wünsche ihrer Studentinnen: "We need something to identify with." (1975:3) Wieder spielte die Erfahrung von Leserinnen eine wichtige Rolle; so beobachtete Howe: "in many classrooms, women's actual social experience becomes the driving force behind a review of literary perceptions and values." (1976:194)

Vor allem in der Schule und im College bot sich die Literatur als pädagogisches Instrument für den Unterricht an, nicht umsonst hatten Howe und Ahlum die feministische Bewegung als "a teaching movement" bezeichnet (1973:395); und hier überschneidet sich die Kanondebatte weitgehend mit der Multikulturalismus-Debatte, die zu einem großen Teil von pädagogischen Argumenten bestimmt wird. Florence Howe betonte ihre "useful educational function" als Kritikerin, aber auch als feministische Pädagogin: "Many courses focus on affecting changes in the lives of women and men". (Howe/Ahlum 1973:404; Howe1976:190, 193)

Die Begeisterung vieler Feministinnen darüber, wie wirkungsvoll Literatur auch im positiven Sinne sein konnte, ließ einige von ihnen über das Ziel hinausschießen, indem sie die pädagogische Funktion der Literatur und eine wörtliche Wirkungsstruktur allein dominant setzten. Cornillon schien Literatur nur noch als "instrument for education" zu betrachten (1972a:115); Florence Howe versuchte, aus der Literatur "a program for living as a woman" herauszuziehen (1983:288), und Gill Gane empfahl Chopins *The Awakening* als "excellent for highschool" und "successfully used for consciousness-raising". (1972:356)

Eine solche "Handbuchfunktion" der Literatur, von der man im Extremfall nur noch Rezepte für das Alltagsleben erwartet, ist natürlich fragwürdig. Nicht jede Literatur eignet sich zur feministischen Bewußtseinsbildung; und jede Literatur bietet mehr als das. Feministische Kritikerinnen wie Florence Howe verstanden Literatur als "primary source for studying lives of women" (1976:190), ohne die Bedingungen aufzuzählen, unter denen Literatur als "Primärquelle" verwendet werden könnte. Von der Literatur gar einzufordern,

daß sie didaktischen Funktionen voll nachkam, stellte eine zweifelhafte Form
der Präskriptivität dar.

Tatsächlich war die Präskriptivität in den frühen *Gynocritics* ein zentraler
Problempunkt. Die Betonung der feministisch-pädagogischen Funktion der
Literatur konnte in letzter Konsequenz dazu führen, daß Literatur in den
Dienst der feministischen Bewegung gestellt wurde. Dies schränkte nicht nur
die funktionelle Bandbreite der Literatur ein, sondern reduzierte auch die
Aufgabe der feministischen Kritik auf die Bereitstellung und Bearbeitung
feministisch korrekter und expliziter Texte. Die Forderung Cheri Registers
zeigte dies anschaulich; ihre Ausführungen sind aufschlußreich für das jury-
ähnliche Verhältnis zwischen Kritikerinnen und Autorinnen, das ihr vor-
schwebte:

> To earn feminist approval, literature must perform one or more of the following
> functions: (1) serve as forum for women; (2) help to achieve cultural androgyny;
> (3) provide role-models; (4) promote sisterhood; and (5) augment consciousness-
> raising. (1975:19)

Register konkretisierte diese Punkte: zunächst müßten Autorinnen ehrliche
und authentische Bilder liefern, um eine ausgeglichene Geschlechterkultur zu
erreichen und um das Bewußtsein für feministische Themen zu steigern.
Weibliche, doch nicht typisch 'feminine' Vorbilder seien wichtig, dürften
aber nicht überidealisiert werden. (1975:20f) Authentische Bilder könnten zur
Frauensolidarität beitragen: "a literary work can serve the cause of sisterhood
by recounting experiences that the reader can identify as her own." (1975:22)
Aber eine Leserin durfte auch mit fremdartigen weiblichen Erfahrungen konfrontiert werden, so Register; die politische Aussage des Werkes konnte
durchaus psychologischer Natur sein; das Werk mußte nicht Themen der öffentlichen Politik wie Diskriminierung am Arbeitsplatz oder Kinderbetreuung
übernehmen. (1975:22f)

> No feminist critic insists that a fictional work include political analysis. [...] The
> author need only describe the problems and offer some solutions, if the character
> herself can find them. The remaining tasks involved in consciousness-raising are
> left to the reader. (1975:24)

Im Idealfall sollte eine zeitgenössische Autorin an der Frauenbewegung teil-
nehmen und dort als Gleichgesinnte aufgenommen werden: "[The reader]
will feel a common bond with the author and other readers". (1975:22)

Cheri Registers Richtlinien liefern ein abschreckendes Beispiel für die
Gefahren und Belastungen, denen das Verhältnis zwischen feministischer Bewegung und Autorinnen ausgesetzt sein kann. Dennoch besteht dieses Verhältnis *nolens volens* und soll im folgenden angedeutet werden.

3.3.4. Frauenliteratur und Leserin II: Feministische Mobilisierung

Die Verbindung zwischen der Frauenbewegung und Autorinnen war bereits
historisch gegeben. Die schriftstellerische Entwicklung von Frauen im letzten
Jahrhundert hing nicht nur eng mit der Entwicklung der *women's culture* zusammen, wie oben bereits erwähnt wurde, sondern auch ganz konkret mit der
feministischen Bewegung. Elaine Showalter wies darauf hin, daß die erste
große Phase weiblichen Schreibens in Amerika in die Zeit des Auftaktes der
Frauenbewegung 1848 in Seneca Falls fiel; die zweite wichtige Phase begann
mit dem Aufstieg der "New Woman" und dem Aktivismus der schwarzen intellektuellen Frauen im Zeitalter des Progressivismus. (1993b:112) Umgekehrt ließ sich feststellen: "women artists *as a group* do not thrive when
feminist political activism is in decline or nonexistent". (Elizabeth Ammons
in Showalter 1993b:112)

Im 20. Jahrhundert stellte der feministische Roman ein ideales Bindeglied
zwischen Literatur und feministischer Bewegung dar. Die meisten Feministinnen waren nicht nur politische Aktivistinnen, sondern auch leidenschaftliche Leserinnen; für sie war die Verbindung zwischen Leben und Text nicht
nur rhetorisch, sondern auch biographisch verankert. (Showalter 1993a:o.S.;
1987:35) "For some of us", begann Kaplan ihren Artikel, "feminist criticism
originated in a recognition of our love for women writers." (1985:37) Literatur hatte also eine große Rolle in der Sozialisation vieler Feministinnen gespielt. "The works of Adrienne Rich", erinnerte sich Showalter, "seemed to
be a running commentary of how our lives were changing." (1993a:o.S.)

Viele Kritikerinnen setzten sich mit der Frage nach dem Potential des Romans, politischen und gesellschaftlichen Wandel zu bewirken, auseinander
(Rose 1993:356ff), und Florence Howe meinte explizit: "We read to change
ourselves and others." (1972:268)

Wie wir bereits gesehen haben, war die große Bedeutung der Literatur für
Feministinnen eine äußerst ambivalente Ehre für jene Schriftstellerinnen, die
die Bezeichnung 'woman writer' ablehnten. (Showalter 1984) Margaret Atwood begründete das Mißtrauen gegenüber der Frauenbewegung zum einen
damit, daß historisch gesehen, politische Bewegungen der Arbeit von Autoren und Autorinnen nicht immer gutgetan hatten; je erfolgreicher die Bewegung war, desto stärker war ihre Tendenz zur Intoleranz. (1976:202) Zum
anderen, so Atwood, hegten viele Schriftstellerinnen einen geheimen Groll
gegen die Feministinnen, die sich mit Autorinnen nachträglich als 'einer von
ihnen' schmücken wollten: "There is a great temptation to say to Women's
Lib, 'Where were you when I really needed you?'" (1976:191) Schließlich
fühlten sich Autorinnen in ihrer Schriftstellerinnenehre bedroht: "no good
writer wants to be merely a transmitter of someone else' ideology, no matter
how fine that ideology may be". (1976:203)

Aber es gab auch immer Schriftstellerinnen, die sich als Feministinnen
sahen und aktives Interesse an ihren Kritikerinnen und Leserinnen zeigten.
Alice Walker zum Beispiel bestätigte diese Verbindung auf ihrer 'Suche nach
den Gärten ihrer Mütter' und bezeichnete sich ausdrücklich als "womanist"
(1983:xi). Jong beschrieb die Bedeutung der Frauenbewegung für ihre Arbeit:

> From the courage the women's movement gave and from the reinforcement I
> received from grateful and passionate readers, I learned the daring to assume that
> my thoughts, nightmares, and daydreams were the same as my readers'.
> (1980:178)

Aus diesen Überlegungen läßt sich folgern, daß die Negativbeispiele, die
sich aus jedem Versuch ergeben, präskriptiv auf die Inhalte schriftstelleri-
scher Werke einzuwirken, nicht dazu führen dürfen, die komplexe und historisch spezifische Verbindung zwischen der Frauenbewegung und Autorinnen

zu verschleiern. Die Leistung der feministischen Kritikerinnen, am eigenen Beispiel die sozialisierende Funktion der Literatur, ihre Identifikationsangebote, ihr Potential zur Persönlichkeitsbildung vor allem auf der Inhalts- und Erzählebene neu entdeckt zu haben, wird durch die anfänglichen, theoretisch unsauberen und wenig durchdachten Versuche, diese genauer zu definieren, nicht geschmälert.

3.4. *Gynocritics* im Rückblick

3.4.1. Feministische Hoffnungen

Die *Gynocritics* stellten einen zentralen und konstitutiven Schritt für die weitere Entwicklung der feministischen Kritik dar. Die Kritikerinnen wandten sich ihrer eigenen *constituency*, den Frauen, zu. Die Setzung eines positiven Vorzeichens vor eine Sichtweise, die bisher nur weibliche Negativität, Unterdrückung und Absenz berücksichtigt hatte, und die Entdeckung einer Literatur von Frauen, die in einer eigenständigen und substantiellen Tradition stand, wirkten stärkend und ermutigend. Florence Howe berichtete:

> for women, reading the buried literature of the past — written by women — is encouraging, sustaining, nourishing, inspiring, energizing, perhaps even more to us today, who have been starved for so long. (1976:290)

Eine genauere Analyse der Frauenliteratur versprach, ihre Marginalisierung im literarischen Kanon aufzuheben und neue Begrifflichkeiten zu finden, mit denen man ihr gerechter werden konnte. Eine weibliche Art des Sehens bot sich an. Wer wußte schon, ob nicht gänzlich andere literaturkritische Kriterien zum Vorschein kamen, wenn das Männermonopol in der Literatur aufgegeben wurde? Auch wenn es eine 'universale' oder 'androgyne' Sichtweise gab, konnte sie nur mit dem weiblichen Blick, der den männlichen 'neutralisieren' würde, erreicht werden. Der Nachweis einer weiblichen Ästhetik konnte aber auch für die Zwecke der *Feminist Critique* eingesetzt werden: mit ihrer Hilfe hofften Feministinnen den männlichen Blickwinkel der Literaturwissenschaft zu entlarven und die gesellschaftliche Bedingtheit ästhetischer Werte zu zeigen. Die Willkürlichkeit des Literaturkanons würde gezeigt und eine Neuordnung des Kanons zugunsten der Frauen- und Minderheitenliteratur legitimiert werden. Mit einer weiblichen Ästhetik könnte das traditionelle, auf der Geschlechterhierarchie beruhende Wertesystem ausgehebelt werden. Für Showalter boten die *Gynocritics* auch die Möglichkeit, einen gemeinsamen theoretischen Rahmen für die unterschiedlichen Ausrichtungen feministischer Kritik zu errichten. Kritikerinnen wie sie (1975:436), Kolodny (1980b:145) und Register (1975:1) hoben die Heterogenität der Kritik hervor. Für diese Vielfalt sprach, daß sie Dynamik, Flexibilität und Offenheit ermöglichte. Doch Vielfalt konnte auch Inkohärenz bedeuten, und Kolodny zeigte sich besorgt angesichts der Angriffsfläche, die die feministische Kritik dadurch bot. (1980b:149) Showalter befürchtete, daß durch das Fehlen eines theoretischen Fundaments die feministische Kritik in der Universität unscheinbar oder gar als 'Dünnbrett-Kritik' abgewertet werden könnte:

> feminist criticism looks deceptively easy, in contrast to such a massively abstract school as structuralism. One reads *Sexual Politics*, gets one's consciousnesss adjusted, and *voilà!* [...] it has become easy to stereotype this criticism as intuitive, 'feminine' writing [...]. (1975:436)

Mit einer eigenen Theorie, so Showalter, konnte die feministische Kritik in den Arbeitsalltag der Forschung eintreten und die Richtlinien George Eliots befolgen – "accurate thought, severe study, and continuous self-command." (1975:436f)

3.4.2. Probleme der Schwerpunktsetzung

Die Umkehrung ging nicht völlig glatt vonstatten. Der Zugewinn hatte seinen Preis; es ergaben sich Widersprüche, die verhandelt werden wollten. Die Entdeckung der vielen Autorinnen in den *Gynocritics* stand im Widerspruch zu dem *Feminist Critique*-Argument der totalen Unterdrückung und Verhinderung von Autorinnen. Natürlich war es möglich, 'sowohl als auch' zu argumentieren: die Unterdrückung der Frauen war so stark, daß sich nur wenige Künstlerinnen gegen die gesellschaftlichen Zwänge durchsetzen konnten.

Dennoch drohten beide Gesichtspunkte, die Schlagkraft des jeweils anderen aufzuheben, wie man an Snitows Arbeitszielen sah: "The first [goal] was to show how much women have written, and how well. The second was to show how hampered they have been". (1990:413) Je mehr frau die Unterdrückung betonte, desto weniger ließ sich erklären, warum so viele Autorinnen sie überwunden hatten. Je mehr dagegen die Zahl und Qualität der vorgefundenen Autorinnen in den Vordergrund rückten, desto schwieriger ließ sich das Argument der verhinderten Künstlerin durchsetzen: "Clearly, any report of success in women writers tends to undermine the argument that they are hampered by a general negative estimate of their capacities." (Sukenik 1977:42)

Offen war auch die Frage nach der Haltung, die zu Literatur generell einzunehmen war. In der *Feminist Critique* las die Leserin *gegen* den Autor. Angesichts der Überzeugung, daß die kanonisierte Literatur unglaubhaft, gar schädlich war, mußte die Lesende Widerstand gegen den Text leisten. Da viele Feministinnen der *Gynocritics* aber an der affirmativen pädagogischen Leistung der Literatur von Frauen festhielten, las die Leserin dort also *mit* der Autorin; Fetterleys und Milletts Gegen-den-Strich-Lesen war in den *Gynocritics* nicht vorgesehen. Es gab also einen doppelten Widerspruch zwischen Positivität und Negativität. Neben dem Problem *protest or praise?* stellte sich das Problem, wie eine Bewegung, die sich aus dem Protest gegen die Absenz entwickelt hatte, oder, wie es Weigel formulierte, "sich einer Negativität verdankt[e]", positive, also präsente, bestimmbare Ziele, Eigenschaften, Qualitäten setzen konnte. (1987:204)

Zu diesem Dilemma gesellte sich ein weiteres. Ganz gleich, ob Feministinnen die Qualität der wiederentdeckten Schriftstellerinnen priesen und ihre Kanonisierung einforderten oder ob sie beklagten, daß gesellschaftliche Zwänge die Entstehung großer Kunst von Frauen verhindert hatten: in beiden Fällen orientierten sie sich weiterhin an den alten ästhetischen Maßstäben, die sie doch mit dem Argument einer weiblichen Ästhetik hinterfragen, wenn nicht abschaffen wollten. In diesen Widerspruch verstrickte sich Baym, die im Vorwort ihrer Anthologie *Woman's Fiction* eingestand: "I have not unearthed a forgotten Jane Austen or George Eliot, or hit upon even one novel that I would propose to set alongside *The Scarlet Letter*", um dann im nächsten Satz fortzufahren, daß die literarischen Kriterien für große Klassiker ohnehin abgelehnt und von weiblichen Werten abgelöst werden müßten. (1978:14f) Myra Jehlen kritisierte Baym:

> She is having it both ways, admitting the artistic limitations of the women's fiction [...] and at the same time denying the validity of the criteria that measure those limitations; disclaiming any ambition to reorder the literary canon, and, on second thought, challenging the canon after all [...]. (1981:592)

Der Versuch, die herrschenden ästhetischen Normen zu hinterfragen, und die widersprüchlichen Folgen dieses Versuchs wurden zum zentralen Streitpunkt in der feministischen Kritik, wie im folgenden Kapitel näher erläutert wird.

Allmählich erkannten die feministischen Kritikerinnen, daß der Widerspruch, der sich aus der Frage nach *praise* oder *protest* ergab, nicht zu lösen war. Sie ließen sich daher auf die Gratwanderung ein, die Widersprüchlichkeit zu akzeptieren und konstruktiv mit ihr umzugehen. In diesem Sinne inszenierten Carolyn Heilbrun und Catharine Stimpson in einem fiktiven Dialog das Dilemma als einen der Ur-Konflikte der westlichen Kultur:

> The first of these modes, righteous, angry, and admonitory, they compared to the Old Testament, 'looking for the sins and errors of the past.' The second mode, disinterested and seeking 'the grace of imagination,' they compared to the New Testament. Both are necessary, they concluded, for only the Jeremiahs of ideology can lead us out of the 'Egypt of female servitude' to the promised land of humanism. (Showalter 1981:243)

Robinson entschied sich ebenfalls für das Sowohl-als-auch und zog ein Zitat Maos für ihre Zwecke heran: "Is one to extol or expose? This is a question of attitude. What attitude is wanted? I would say both." (1971:886) Lauretis identifizierte das Dilemma als einen konstitutiven Widerspruch der feministischen Bewegung schlechthin:

> a two-fold pressure, a simultaneous pull in opposite directions, a tension toward the positivity of politics, or affirmative action in behalf of women as social subjects, on one front, and the negativity inherent in the radical critique of patriarchal, bourgeois culture on the other. (1987:154)

3.4.3. Literarische Repräsentation

Eines der zentralen Themen der feministischen Kanondebatte war das der literarischen Repräsentation. Schon das Problem der Differenz weiblicher Eigenschaften war unbestritten; aber noch unklarer war, wie zwingend sich Differenz in Literatur niederschlagen mußte. Möglicherweise konnte man gemeinsame Stilelemente oder Themen in der Literatur von Frauen entdecken, doch konnte man umgekehrt wirklich erkennen, daß ein Text von einer Frau oder von einem Mann geschrieben worden war? Konnte ein Text, der durch die Wahl des Themas, des Stils und der Protagonistin 'weiblich' erschien, nicht doch von einem Mann geschrieben worden sein? Ließen sich alle Themen und Stilelemente als männliche oder weibliche klassifizieren? Hieß feministische Literaturkritik, nur feministisch 'korrekte' Texte zu bearbeiten? Die Fragen blieben unbeantwortet.

Auch lief die feministische Kritik mit ihrem Versuch, eine Verbindung zwischen dem Text und den Erfahrungen seiner Autorin herzustellen, Gefahr, die Praxis des *Phallic Criticism* zu wiederholen und das Werk einer Autorin nur über ihre Biographie bzw. Geschlechtsidentität zu interpretieren. Ähnliches galt für den Gedanken der *authority of experience*: wenn eine Frau kraft ihrer Erfahrung die Autorität und Kompetenz hatte, literarische Werke zu beurteilen bzw. eine Autorin kraft ihrer Erfahrung Frauengestalten 'realistischer' darstellen konnte, hieß das, einen gesellschaftlichen Determinismus gutzuheißen, der auch im *Phallic Criticism* vertreten wurde – "Women can't be writers. They don't know blood and guts, and puking in the streets". (Zit. in Jong 1980:170) Es trug dazu bei, Frauen in ihr Getto einzuschließen, denn es implizierte, daß es bestimmte Dinge gab, beispielsweise männliche fiktionale Charaktere oder Werke von Männern, die Frauen mangels Erfahrung nicht beschreiben oder beurteilen konnten, die sie deshalb besser den Kritikern und Autoren überlassen sollten.

Eine andere ungelöste Frage war die der Ästhetik. Wie oben bereits dargestellt, schwankten Feministinnen zwischen dem Versuch, wiederentdeckte Autorinnen als den großen Künstlern gleichwertig zu präsentieren, und der

Hinterfragung der ästhetischen Werte, die diesem Versuch zugrundelagen. Konnten die ästhetischen Maßstäbe, die Melvilles und Hawthornes Werke als Meisterwerke auswiesen, neben den Maßstäben einer weiblichen Ästhetik stehenbleiben? Welchen Platz hatten dann die politisch motivierten Forderungen nach der Kanonisierung von Frauenliteratur in der ästhetischen Ordnung? Oder schlossen dominante ('männliche') und feministische ('weibliche') Ästhetiken sich grundsätzlich aus? Wenn Feministinnen die dominanten ästhetischen Werte hinterfragen wollten, mußten sie dann den künstlerischen Wert eines Henry James verleugnen? Konnte die feministische Kritik die spezielle literarische Qualität der Literatur anerkennen, oder mußte sie die Texte wie jedes andere Dokument behandeln?

Ein weiteres Problem der *Gynocritics* war ihre ausschließliche Konzentration auf Frauentexte. In seinem Artikel "Against Pure Pluralism" argumentierte Sollors gegen den sogenannten "cultural pluralism", der die Texte der amerikanischen Literatur streng nach gesellschaftlichen Gruppen, 'major writers', 'women's voices', 'African American writers' etc., kategorisierte. Er wandte sich vor allem gegen ethnische Aufteilungen, doch seine Kritik läßt sich auch auf Frauenliteratur übertragen: ein Kanon weiblichen Schreibens brachte Frauen in eine Gruppe, die außer ihrem Geschlecht möglicherweise nichts gemeinsam hatten. Dagegen verschleierte der Ansatz literarische und kulturelle Querverbindungen zu männlichen Schriftstellern und suggerierte, daß Literatur immer nur nach einem Prinzip strukturiert war. Sollors kritisierte: "should the very same categories on which previous exclusivism was based really be used as organizing concepts?" (1986a:255) Die Kategorisierung von Autorinnen und Kritikerinnen unter der Überschrift 'Frauen' war als Charakterisierung ungenügend: "a very partial, temporal, and insufficient characterization at best." (1986a:256)

Es muß hier berücksichtigt werden, daß die Einseitigkeit der *Gynocritics*, ihre ausschließliche Konzentration auf Frauentexte, in Reaktion auf eine andere Art der 'Einseitigkeit', nämlich die Ignorierung und Diskriminierung dieser Texte, entstanden. Es hatte sich die politische Notwendigkeit ergeben, einen Begriff von Frauenliteratur im Kern zu identifizieren und bekannt zu machen, um Frauen überhaupt sichtbar werden zu lassen.

3.4.4. Kulturelle Repräsentation

Das Problem der Repräsentation – im Sinne von Darstellung – zeigte sich nicht nur in der Literatur, sondern in der feministischen Bewegung allgemein: wie stellten Frauen sich überhaupt dar? Welches weibliche Alternativbild schwebte ihnen vor, und welche Folgen hatte dies für die feministische Bewegung insgesamt und für Frauen als Individuen? Die einfache Umkehrung der traditionellen Geschlechterkategorien änderte zwar die Vorzeichen, ließ aber deren Polarisierungsstruktur und mangelnde Dialektik unangetastet. (Bovenschen 1976:94; Burris 1973:357) Nicht nur wiederholten sich die gängigen Stereotypen mit anderen Begriffen, sie beließen Frauen auch in ihrem Getto. Eine solche Selbstabkapselung mußte in der dominanten akademischen Welt erneut zur Ignorierung feministischer Fragestellungen und weiblicher Autorinnen führen.

Es stellte sich Ernüchterung beispielsweise bezüglich der Einschätzung der weiblichen Subkultur ein. Niemand hat die Problematik der glorifizierten Machtlosigkeit so prägnant auf den Punkt gebracht wie Erica Jong: "the fact that the underdog has certain emotional advantages should never obscure the fact that she *is* the underdog." (1980:178) Donna Haraway sah ebenfalls die Gefahr – "a serious danger of romanticizing [...] the vision of the less powerful". (1988:584) Konnten Frauen aus dem selbstgewählten Getto heraus revolutionär wirksam werden? Bovenschen zitierte Marcuse, nach dem die Frau durch ihre "femininen Qualitäten: Rezeptivität, Sensitivität, Gewaltlosigkeit" die "repressive Ratio [...] des Kapitalismus unterminieren" würde, und fragte sich, wie frau jemals durch Rezeptivität und Gewaltlosigkeit 'unterminieren' könnte. (Bovenschen 1976:94)

Gerade der Begriff des Subversiven wurde in der frühen feministischen Kritik immer häufiger eingesetzt, bis er inhaltsleer zu werden drohte und mit anderen Begriffen der Ambivalenz, Ironie oder Opposition auswechselbar erschien. Bereits das Lesen eines Textes durch eine Frau konnte bisweilen als subversiv angesehen werden. Das 'subversive' Lesen galt als korrekte Lesart natürlich nur für Männertexte; Frauentexte dagegen waren in dieser Denkart 'affirmativ' zu lesen. Die alternativen Frauenbilder, die vielen Frauen 'richtig', 'realistischer', 'authentischer' erschienen, drohten selbst wieder essentialistisch zu werden. Die Mehrheit der amerikanischen Frauen der 1970er Jahre konnten sich nicht mit den feministischen Alternativbildern identifizieren; keineswegs alle amerikanischen Mittelklassehausfrauen empfanden ihr Heim als 'goldenen Käfig'. Die feministische Kritik konnte die Frage, warum denn nicht alle Frauen ihre Ideen teilten, nur wenig überzeugend mit derem 'falschen Bewußtsein' beantworten. Daß ihre Alternativbilder möglicherweise ebenfalls nur Konstrukte waren, war zu dem Zeitpunkt kein Thema.

3.4.5. Politisch-gesellschaftliche Repräsentation

Nachdem sich die Überlegungen, wie Frauen in der Literatur und in der feministischen Bewegung dargestellt werden konnten und sollten, bereits als problematisch herausgestellt haben, muß zum dritten gefragt werden, *wen* Feministinnen eigentlich darstellten, wenn sie Frauen darstellten. Es geht also um Fragen der politischen Repräsentativität. Die meisten feministischen Modelle der weiblichen Erfahrung und Kreativität reduzierten Frauen nicht nur auf bestimmte Rollen und Eigenschaften, sondern schlossen andere Frauen von der Kategorie 'Frauen' aus. Oates artikulierte das Problem: "Much is made of the elusive Female Voice without regard for the fact that Voice always means voices." (1985:192) In der Literaturkritik protestierten vor allem schwarze Feministinnen, daß die Erfahrungen schwarzer, ethnisch oder wirtschaftlich benachteiligter Frauen nicht in den feministischen Theorien zu finden waren. Haraway warnte Frauen davor, sich auf Grund ihres Frau-Seins pauschal als Unterdrückte zu verstehen und sich damit eine Art 'Unbedenklichkeitsschein' auszustellen: "The standpoints of the subjugated are not 'innocent' positions." (1988:584) So erinnerte Lorde die weißen Teilnehmerinnen der *Second Sex Conference* 1979 daran, daß die meisten von ihnen schwarze und mittellose

Haushilfen und Kindermädchen beschäftigten und diese Tatsache in ihren feministischen Theorien nicht berücksichtigten. (1981:100)

Tatsächlich spielten viele weiße Feministinnen vor allem in der frühen Zeit die Bedeutung von Hautfarbe und Rassismus in der feministischen Analyse herunter, weil sie sie als Ablenkung von der feministischen Sache und als Bedrohung für die Einigkeit unter Frauen empfanden. Sie waren überzeugt, daß *alle* Frauen eine kolonisierte Gruppe darstellten und infolge ihres Kampfes gegen Unterdrückung als antiimperialistisch gelten konnten. (Burris 1973:322f) Viele meinten, daß Frauen nicht zur Bourgeoisie gehören konnten, weil sie an ihr nur mittelbar teilhatten. (Robinson 1971:881) Geschlechterdiskriminierung galt als die fundamentale Form der Unterdrückung, stärker, älter und grundlegender als der Rassismus. (Howe/Lauter 1970:289; cf. Simons 1979:392; Hooks 1981:68) Schon Beauvoir war überzeugt, daß es trotz verblüffender Parallelen zwischen der Unterdrückung und den Stereotypisierungen von Frauen und Schwarzen – beide galten im 19. Jahrhundert als kindhaft, unselbständig, nicht-intellektuell und emotional – klare hierarchische Unterschiede zwischen den Gruppen gab. Herr und Sklave leisteten immerhin beide produktive Arbeit, von der Frauen ausgeschlossen waren: "Der Sklave seinerseits ist [...] nur ein unterjochter Mann; er ist nicht verschieden, nur unterlegen." (1949:83)

Andere Feministinnen bewiesen nur Gedankenlosigkeit bzw. die Unfähigkeit, über ihre eigene Welt hinauszudenken; ihre Weiblichkeitsmodelle entsprachen den dominanten Gruppen im Feminismus – weißen, berufstätigen, heterosexuellen Frauen der Mittelschicht. Elizabeth Spelman hat hier den Begriff des 'weißen Solipsismus' verwendet – "a tunnel vision which simply do not see nonwhite experience as precious or significant." (1982:36)

Je stärker die Einwände der schwarzen feministischen Kritik wurden, desto mehr mußten weiße Feministinnen einräumen: "What we have not fully acknowledged is that the variations among individual women may be as great as those between men and women" (Kolodny 1975a:41) Auch Stimpson warnte: "But the white American woman, thinking of herself as a Vietnamese [...], is actually inflating her own sense of oppression." (1973:42)

Konfrontiert mit den Schwierigkeiten und Widersprüchen der *Gynocritics*, entwickelte sich die feministische Kritik in den 1980er Jahren erneut weiter. Wieder fand eine Verhandlung der literaturwissenschaftlichen und politischen Gewinne und Verluste des feministisch-kritischen Entwicklungsprozesses statt. Im folgenden Kapitel möchte ich die Versuche darstellen, über den 'cultural radicalism' das Problem ästhetischer Normen auszuhebeln; im letzten Kapitel werde ich die Entstehung des Gender-Begriffs nachzeichnen und zeigen, wie er zu der Auseinandersetzung mit den Fragen literarischer und kultureller (Selbst-)Repräsentation beigetragen hat.

Beide Ausrichtungen sind nicht ohne Folgen für den Literatur- und Ästhetikbegriff einerseits und das feministische Selbstverständnis andererseits geblieben. Während dies einige Feministinnen beunruhigen mochte, versuchten andere, die Kritik als ein sich ständig weiterentwickelndes und veränderndes Unternehmen zu akzeptieren und den unaufhörlichen Prozeß des *trial and error* nicht als zu überwindende Phase, sondern als konstitutive Eigenschaft der feministischen Kritik wertzuschätzen.

4. *The Aesthetic Is The Political* – Zur Problematik des literarischen Wertes

4.1. Politisierung literarischer Werte

In der Kanondebatte warfen die Verteidiger des Kanons seinen Herausforderern häufig vor, daß sie im Namen gesellschaftlicher Gruppen die Politik in den Bereich der Literatur eindringen ließen. Die so Angegriffenen stellten sich diesem Vorwurf selbstbewußt und erkannten die politische Dimension nicht als Makel, sondern als konstitutiven Bestandteil ihrer Literaturkritik an: "One of the most important achievements of the women's movement has been to repoliticize art". (Felski 1989:175) Die Vorsilbe 're' suggerierte, daß Kunst schon einmal eine gesellschaftlich-politische Dimension aufgewiesen hatte, diese also nicht erst mit der feministischen Kritik eingeführt wurde. Ähnlich reagierte Henry Louis Gates, Jr. auf den Politik-Vorwurf:

> The only way to answer the charge of 'politics' is with an emphatic *tu quoque*. That people can maintain a straight face while they protest the irruption of politics into something that has always been political from the beginning — well, it says something about how remarkably successful official literary histories have been in presenting themselves as natural and neutral objects, untainted by worldly interests. (1990:109)

Das Motto *the literary is the political*, das sich den unzähligen Bemerkungen feministischer Kritikerinnen zum politischen Gehalt der Literatur entnehmen läßt, stellte sich also gegen die Vorherrschaft des *New Criticism*. Dabei hatte der Begriff des 'Politischen' (ungeachtet seiner definitorischen Unschärfe) zweierlei Bedeutungen. Zum einen zielte er auf die gesellschaftliche Funktion und Wirkung der Literatur; zum anderen auf den maskulinistischen und sexistischen *bias* der Literaturkritik, wie er sich im *Phallic Criticism* gezeigt hatte. In diesem Zusammenhang kritisierten Feministinnen die Abwertung von Autorinnen aufgrund ihrer Hautfarbe, Herkunft oder Geschlechtszugehörigkeit, die Abwertung bestimmter Genres wie Kurzgeschichten, Briefe, Tagebücher und der sogenannten 'regionalist literature' sowie die Privilegierung bestimmter 'maskuliner' literarischer Themen – kurz, die "politics of authorship [...], of form [...], of region [...], and of content". (Meese 1985:86) Entdeckungen solcher Art gaben den Kritikerinnen genug 'Beweismittel' an die Hand, um den Vorwürfen des 'Politischen' selbstbewußt zu begegnen.

Auch der Prozeß der ästhetischen Wertung wurde auf diese Weise in Frage gestellt – *the aesthetic is the political*. Die Ästhetik, die in der Philosophie als Versuch der systematischen Erfassung der Wahrnehmung – und dies hieß immer: des Schönen – begann, setzte sich in der Literaturwissenschaft als Diskussion über die Eigenschaften des Kunstwerks fort. Die Kanondebatte war von dieser Diskussion maßgeblich bestimmt, und die ausbleibende Kanonisierung der Literatur von Frauen wurde primär mit deren mangelnden ästhetischen, d.h. künstlerischen Leistungen begründet. Das Ziel der Hinterfragung des Kanons lag nun in der Aufdeckung von Machtansprüchen hinter der sich neutral gebenden literarischen Wertung. Damit sollte die Selbstevidenz des literarischen Wertes in der Kunstauffassung der Moderne widerlegt werden, nach der die Aufgabe der Kritik nur noch darin bestand, den Wert 'wahrzunehmen'. Wenn sich dies als Trugschluß herausstellte, wenn also der Wert eines Werkes nicht allein am Text festzumachen war und sich nicht von selbst offenbarte, dann konnte er als 'menschengemachter', willkürlicher Wert entlarvt werden. Von dieser Entlarvung versprachen sich feministische Kritikerinnen die Möglichkeit, den Kanon effektiv zugunsten der neuentdeckten Literatur von Frauen zu verändern und bisherige Werte durch neue, feministische zu ersetzen.[1] 'Politisch' hieß in diesem Falle also 'veränderbar'.

Trotz dieser Hoffnung blieb die Frage des literarischen Wertes für lange Zeit ein Problempunkt in der *Feminist Critique*. Der erste Versuch, die Werte des Kanons zu verändern, hatte in der präskriptiven Kritik geendet: "a 'prescriptive' criticism that attempts to set standards for literature that is 'good' from a feminist viewpoint". (Register 1975:2) Der Versuch war nicht sehr erfolgreich gewesen, wie gezeigt worden ist. Einer Zensur gleich, reduzierte er

---

1 Um welche feministischen Werte es sich handelte, hing von dem jeweiligen Feminismusbegriff
der einzelnen Kritikerin ab.

Literatur auf ihre politischen Aussagen, schränkte die schriftstellerische Freiheit drastisch ein, unterschätzte die Imaginationsleistung der Lesenden und
suggerierte Übereinstimmung bezüglich der feministischen Werte.

Die Gefahr der Präskriptivität bestand in der *Images of Women*-Kritik allgemein, und die feministische Kritik distanzierte sich zunehmend von ihr. So
konnte Wayne Booth Anfang der 1980er Jahre feststellen: "There are signs
that some feminist critics, embarrassed by certain excesses and distortions
[...] are turning away from evaluation – especially the negative grading of
sexist works." (1982:49) Kolodnys vielzitierte Warnung: daß eine politisch
motivierte Kritik literarischer Texte deren künstlerische Eigenschaften, "the
nature of art", mißachtete (1975a:52f), blieb Feministinnen in respektvoller
Erinnerung – mit der Folge allerdings, daß "the nature of art" unhinterfragt
als feste Größe hingenommen und unberührt gelassen wurde.

Die Frage nach dem Umgang mit dem Kunstwerk stellte sich vielen daher
als "[the question of how] to deal with what we do not like but recognize as
nonetheless valuable, serious, good". (Jehlen 1981:578) Für Kritikerinnen
wie Jehlen lag die angemessene Antwort darin, zwischen dem ästhetischen
und dem gesellschaftlichen Urteil streng zu trennen. Eine feministische Lesart, die den Wert des Textes oder gar den Ästhetikbegriff allgemein in Zweifel zog, stand nicht nur Jehlens ästhetischer Überzeugung entgegen, sondern
erschien ihr auch als strategisch unklug, weil sie ein Absinken des akademischen Status der Feministinnen riskierte: "we isolate us into irrelevance".
(1989:578) Entsprechend beeilten sich viele feministische Kritikerinnen zu
betonen: "I do not mean in any way to denigrate the literary accomplishments
of the authors referred to" (Schmidt 1971:905), "This is not [...] an effort to
damage the reputation of male writers" (F. Howe 1972:266) oder: "Far be it
from me to suggest that Mailer and Orwell do not have their place in the
stars." (Heilbrun 1979a:22; cf. A. Pratt 1971:877) Marcia Lieberman ver-
sicherte schließlich angesichts der "dual consciousness" der feministischen
Kritikerin: "she can continue to love Milton's poetry without also admiring
his representation of Eve." (1972:336)

4.1.1. Ästhetik im Abseits

So versuchten Kritikerinnen zunächst, die Frage nach dem ästhetischen Wert beiseite zu stellen. Sie vermieden es, den ästhetischen Wert kanonisierter Literatur zu hinterfragen, und versuchten, Literatur nur in bezug auf ihre gesellschaftlichen Bedeutung zu betrachten und in den Kanon zu bringen. Aber selbst dieses Vorgehen erforderte eine Rechtfertigung angesichts der allgemein herrschenden Überzeugung, daß allein der ästhetische Wert die Kanonisierung eines Werkes erlaubte.

Nina Baym: Literatur als kulturelles Dokument

Nina Bayms 1981 erschienener Artikel "Melodramas of Beset Manhood" stellte in diesem Zusammenhang einen bedeutenden frühen Versuch dar, gängige Modelle literarischen Wertes zu hinterfragen. Ihr Ziel war es, die Kanonisierung von Frauenliteratur aufgrund gesellschaftlicher Wertungskriterien mit dem Argument zu legitimieren, daß viele Kritiker der Moderne die Kanonisierung der amerikanischen 'Meisterwerke' mit Begründungen verteidigt hatten, die sich von denen der Feministinnen begrifflich kaum unterschieden. Vor allem versuchte Baym zu zeigen, daß auch bei 'dem großen alten Herrn' der amerikanischen Literaturkritik, Lionel Trilling, gesellschaftliche Kriterien eine zentrale Rolle bei der literarischen Wertung spielten und sich die feministische Kritik mithin in ehrenhafter Gesellschaft befand. Sie bezog sich konkret auf eine Passage in Trillings Essay "Reality in America", in der Trilling die Literaturauswahl des *progressive critic* Parringtons mit den Worten kritisiert hatte:

> this is not merely to be mistaken in aesthetic judgment. Rather it is to examine without attention and from the point of view of a limited and essentially arrogant conception of reality the documents which are in some respects the most suggestive testimony to what America was and is, and of course to get no answer from them. (Zit. in Baym 1981:68)

Triumphierend verwies Baym auf das Wort "merely", mit dem Trilling die Bedeutung ästhetischer Kriterien für den Wert eines Werkes herunterzuspielen schien zugunsten eines Kriteriums, das die 'dokumentarische' Bedeutung der Literatur maß. Trilling, so Baym, hatte Parrington also nicht etwa mit dem Argument kritisiert, daß sich Parrington gesellschaftlicher statt ästhetischer Auswahlkriterien bedient hätte; im Gegenteil übernahm auch er das Kriterium der gesellschaftlichen Aussage und kritisierte nur, daß Parringtons Anthologie kein akkurates Bild von Amerika vermittelte. Aus dieser und einer zweiten Passage Trillings schloß sie: "Culture is his real concern" bzw. "the task that really interests him [is] criticizing the culture." (1981:68, 70) Es wird Trilling jedoch nicht gerecht, aus dem Wort "merely" zu schließen, daß er ästhetische Kriterien als unwichtig erachtet hätte und daß die kulturelle Definition "his real concern" gewesen wäre. Tatsächlich spielten ästhetische Normen eine zentrale Rolle in seiner Kritik an Parrington. Es ging ihm eben nicht nur darum, daß die Realität komplexer war, als Parrington sie sah, sondern auch darum, daß Literatur ebenfalls komplexer war und die Realität auf ihre eigene Weise aufnahm und umsetzte. (Insofern war seine Verwendung des Wortes 'document', für sich gesehen, tatsächlich irreführend.) Darin lag für Trilling die ästhetische Bedeutung der Literatur, und nicht umsonst schrieb er einige Seiten vor jener bewußten Passage: "the weakest part of Parrington's talent was his aesthetic judgment." (1951:4)

Es ging Baym aber letztlich nicht um Trilling; sie brauchte ihn lediglich dazu, mit seinen beiden aus dem Kontext genommenen Passagen überzuleiten zu den *American Studies* allgemein. Bereits die Titel der diesbezüglich einschlägigen Werke – *Virgin Land*, *The American Adam*, *The American Novel and its Tradition* – zeigten an, daß in ihrer Kritik die Frage nach der 'Amerikanischheit' der Literatur dominierte. Mehr noch, in der Bestimmung einer nationalen Literatur durch die *American Studies* ging es um die Definition der amerikanischen Nation selbst. Wenn aber in den *American Studies* die Auswahl der Literatur – und damit ihre Kanonisierung – von der Suche nach der nationalen Identität bestimmt war, dann mochte sie auch nicht mehr einsehen, warum die Literatur von Frauen aus dem Kanon ausgeschlossen blieb. Ästhetische Begründungen für den Ausschluß: daß Frauen keine 'große Literatur' geschrieben hätten, hätte Baym durchaus anerkannt – aber die, so schloß sie etwas sorglos, waren ja hier gar nicht ausschlaggebend. (1981: 68ff) Warum also blieb Literatur von Frauen ausgeschlossen? Immerhin war sie ein eindrucksvolles 'Dokument amerikanischer Kultur' – Frauen hatten den literarischen Markt ab Mitte des 19. Jahrhunderts zahlen- und auflagenmäßig dominiert. Die Gründe für ihren Ausschluß waren wohl in der Definition 'Amerikas' zu finden, und hier entdeckte Baym einen maskulinistischen *bias* in den amerikanischen Literaturtheorien. Bayms und Fetterleys Untersuchungen zur mythologischen Definition Amerikas sind bereits im zweiten Kapitel dargestellt worden; auch Annette Kolodnys Werk mit dem sinnigen Titel *The Lay of the Land* beschäftigte sich mit der Sexualisierung des amerikanischen Mythos, in dem das (männliche) Individuum seine Identität in Auseinandersetzung mit den gesellschaftlichen Zwängen (Ehefrau, Mutter, Familie) und dem Lockruf der Wildnis (*virgin land, the promising landscape*) suchte. Dieser Mythos, so Baym, legte den Prototyp des 'Amerikaners' in einer Weise fest, daß ihn Autorinnen sicherlich nicht für ihre Werke bzw. für die Skizzierung weiblicher Heldinnen übernehmen mochten oder konnten.

Die Herleitung ihrer Thesen mochte unsauber sein – schließlich war in den *American Studies* durchaus von Ästhetik die Rede – doch Nina Bayms Argument blieb in seinen Grundzügen durchaus von Bedeutung für die feministische Kanonkritik. Es ging ihr nicht um den Sexismus einiger Kritiker, denn die diskriminatorische Haltung allein und die bösen Absichten einzelner konnten für den Ausschluß von Frauenliteratur nicht verantwortlich gemacht werden. Es ging Baym vielmehr darum zu zeigen, daß die Beurteilung, ja bereits die Wahrnehmung von Literatur nicht in der kontextfreien Begegnung der Lesenden mit dem Werk stattfand, sondern maßgeblich von Literaturtheorien gesteuert war: "theories account for the way we read". (1981:63) Der Wert eines Werkes wurde in erster Linie von einer dahinterstehenden Theorie bestimmt. So bot sich als ein möglicher Weg für die feministische Kritik an, neue Theorien für die Beurteilung von Texten zu entwickeln, die die Literatur von Frauen mit einschlossen.

Jane Tompkins: *Cultural Work*

Im 1985 erschienenen *Sensational Designs* nahm Jane Tompkins den Gedan-ken Nina Bayms auf und versuchte, die kulturellen Inhalte einer 'amerikani-schen Literatur' in einer Weise zu redefinieren, daß Raum für Frauen als Au-torinnen und Heldinnen entstand. Wie Baym zeigte sich auch Tompkins an Frauenliteratur und speziell an der *domestic novel* des 19. Jahrhunderts inter-essiert und war überzeugt, daß ihr Schattendasein in den Literaturgeschichten vor allem auf gesellschaftliche Gründe zurückzuführen war. (1985:64)

Um den bisher ausgeschlossenen Autorinnen Anerkennung zu sichern, führte sie das Kriterium der kulturellen Leistung ("cultural work") ein, an-hand dessen sie die von der Ästhetik der Moderne verschmähte sentimentale Literatur des 19. Jahrhunderts untersuchen wollte. Das Phänomen der "cultu-ral work" definierte sie so: "the way that literature has power in the world, [...] how it connects with the beliefs and attitudes of large masses of readers so as to impress them deeply". (1985:xiv) Wenn es also darum ging, daß Li-teratur mit Matthiessen "a literature for our democracy" sein sollte, dann konnte nachgewiesen werden, daß der sentimentale Roman des 19. Jahrhun-derts diese Ansprüche an amerikanische Literatur zur Gänze erfüllte. Ihr Fa-zit fiel denn auch entsprechend triumphierend aus:

> this body of work is remarkable for its intellectual complexity, ambition, and resourcefulness; and [...] in certain cases, it offers a critique of American society far more devastating than any delivered by [...] Hawthorne and Melville. (1985:83)

4.1.2. Ästhetik als Stolperstein

Es fiel Tompkins allerdings nicht leicht, sich über ihr bisheriges Ästhetik-verständnis hinwegzusetzen. Bisweilen klang sie geradezu entschuldigend; bereits der Entschluß, sich einer bisher nicht forschungswürdigen Literatur zuzuwenden, schien einem Verstoß gegen die literaturkritische Ordnung gleichzukommen. So vermochte sie die zu untersuchenden Werke zunächst nur über deren scheinbaren Defekte zu beschreiben:

[There is] an absence of finely delineated characters, a lack of verisimilitude in
the story line, an excessive reliance on plot, and a certain sensationalism in the
events portrayed. None [of the works] is thought to have a distinguished prose
style or to reflect a concern with the unities and economies of formal
construction that modern criticism seeks in great works of art. (1985:xii)

Tompkins bemühte sich, den Eindruck zu vermeiden, daß ihre Aufwertung der *domestic novel* mit einer Mißachtung des ästhetischen Wertes der
Meisterwerke einherging. Ähnlich wie die eingangs erwähnten Kritikerinnen
beeilte sie sich, letzteren ihren Respekt zu zollen. "My purpose is not to de-
preciate classic works" – dies glich einer Absicherung und wurde nur wenig
abgeschwächt durch die Fortsetzung des Satzes: "but to reveal their mutabi-
lity." (1985:4) Ähnlich defensiv erschien der Satz: "It is not my purpose [...]
to drag Hawthorne and Melville from their pedestal". (1985:84) So geriet
denn auch ihr erster Ablösungsschritt von der herrschenden kritischen Tradition eher halbherzig:

In arguing for the positive value of stereotyped characters and sensational, for-
mulaic plots, I have self-consciously reversed the negative judgments that critics
have passed on these features of popular fiction [...]. (1985:xvii)

Tompkins mußte die Abwendung von traditionellen ästhetischen Kriterien
gegen die eigene, noch dem Alten verhaftete Überzeugung durchsetzen:

My own embrace of the conventional [element of the sentimental novel] led me
to value everything that criticism had taught me to despise: the stereotyped character, the sensational plot, the trite expression. (1985:xvi)

Die Wertschätzung des Neuen, bisher Mißachteten mochte daher nicht
ganz überzeugend klingen, vor allem für diejenigen, deren Literaturverständnis noch relativ ungetrübt war – wie sollte man einer Kritikerin folgen, die
sich selbst offensichtlich nur wider besseres Wissen überzeugen konnte? So
schwankte Tompkins zwischen feministisch-gesellschaftlichem Interesse und
ästhetischem Mißfallen hin und her. Ihr Dilemma verstärkte sich dadurch,
daß ihr Ziel, die Gegner der feministischen Kanonrevision zur Anerkennung
von Frauenliteratur zu bewegen, fehlschlagen mußte, denn diesen blieb
immer noch die Möglichkeit, die Frauenliteratur aus ästhetischen Gründen

abzuwerten, egal wie gesellschaftlich interessant sie sein mochte. Dies war auch ein Schwachpunkt von Bayms Artikel gewesen, denn Baym hatte trotz aller Kritik an Trilling eingeräumt: "We probably share Trilling's aesthetic judgment." (Baym 1981:68)

Wie ließ sich der Konflikt zwischen gesellschaftlich-ideologischem und ästhetischem Interesse lösen? Die "confusion about literary value", wie Laurie Finke sie genannt hat (1992:151), war vielen Kritikerinnen gemeinsam. Felski sah den Grund für die Verwirrung darin, daß Kunst und Ideologie in einer starren Opposition betrachtet wurden, und plädierte dafür, das Verhältnis von Kunst und Ideologie eher als flexibel und dynamisch zu verstehen:

> The relationship is more appropriately conceptionalized in terms of a continuum in which the aesthetic function may be more or less dominant but always intermeshes with the ideological conditions [...]. (1989:177)

Felskis Sichtweise ist m.E. überzeugend; sie stimmt teilweise mit der Jan Mukařovskýs überein; nach ihm besetzt die ästhetische Funktion keinen Bereich grundsätzlich oder ganz allein, auch nicht die Kunst. In jedem Bereich menschlichen Handelns stehen viele Funktionen, auch die ästhetische und die ideologische, in einem Spannungsverhältnis zueinander, "sie werden sich zu einer Hierarchie aufbauen, sich kreuzen und durchdringen". (1966:123) D.h. der Gegensatz von Gesellschaft und Kunst ist falsch – auch die Opposition zwischen Kunstautonomie, Ästhetik und Establishment einerseits und Gesellschaftlichkeit, Ideologie und Anti-Establishment andererseits, die die Kritik am Kanon so häufig und schlagwortartig implizierte, ist ein Konstrukt.[2]

Allerdings lief auch Felski Gefahr, einer Verwirrung bezüglich des literarischen Wertes zu erliegen. Letztendlich schreckte sie vor einer konsequenten Anwendung ihrer Gedanken zurück. Selbst wenn sie Ästhetik und Ideologie nicht in starrem Konflikt miteinander sah, so wies sie ihnen doch implizit relativ feste, unvereinbare Definitionen und Bereiche zu. Das Konzept einer feministischen Ästhetik, einer Ästhetik also, in der feministische Belange eine

---

2 Tatsächlich hat die Geschichte gezeigt, daß der Gedanke der künstlerischen Autonomie auch für oppositionelle Zwecke herangezogen worden ist. (Felski 1989:178)

wie auch immer definierte Rolle spielten, war in den Augen Felskis "a non-issue, a chimera" (1989:181) und sollte aufgegeben werden. Diese Position jedoch begründete sie nicht ausreichend. Die einzige Erklärung, die sie lieferte, mochte auf den ersten Blick überzeugen, war aber letztlich tautologisch: die feministische Ästhetik wäre "a position that taken to its logical conclusion would rate *The Women's Room* as a better work of art than the writing of Kafka". (1989:180f) Anders gesagt: *The Women's Room* konnte nicht beanspruchen, besser zu sein als das Werk Kafkas, weil Kafkas Werk doch unbestritten besser war. Diese Begründung schien so einleuchtend, daß Felski es nicht für nötig hielt, sie zu kommentieren; und doch hätte sie eine Nachfrage, warum dieses Urteil so undenkbar sei, nur damit beantworten können, daß nicht sein konnte, was nicht sein durfte.

Ähnlich hatte es sich bereits mit der Warnung Kolodnys verhalten, daß Feministinnen "the nature of art" respektieren müßten. Weder Kolodny noch all diejenigen, die Kolodny zur Bekräftigung ihrer Meinung zitierten, hielten es für nötig, die Passage zu kommentieren, als wäre "the nature of art" ein unumstrittenes Konzept, dessen Anrufung allein genügte, um die feministischen Wertungsverirrungen in die richtigen Bahnen zu lenken. So wurde letztlich der gesamte Bereich der literarischen Wertung der kritischen Hinterfragung entzogen, als offenbarten sich die Antworten von selbst.

Felskis Verwirrung war ein Schlüssel für die Wertungsproblematik allgemein. Sie rührte daher, daß Felski erstens "[t]he value of a text as art" als bekannt und stabil voraussetzte und ihn zweitens identifizierte als die "formal complexity" und die "figurative devices" eines Textes. (1989:179) Damit stand sie wie viele ihrer Kolleginnen mit ihren Überzeugungen voll in der Tradition des *New Criticism*. Ebenso wie Finke "aesthetic form" und "social content" als unvereinbare Konzepte betrachtete (1992:175), stellte Howe Gegensatzpaare wie "Form and theme" oder "Art and politics" auf. (1989:515)[3]

---

3 So schrieb Howe über die *progressive critics*: "They desparately wanted artistic merit and political correctness to be synonymous. But they're not!" (1989:514) Wie Felski sah auch Howe Kunst und Politik als letztlich unvereinbar, ohne dies weiter zu begründen.

In dieser Sichtweise wurden Thema, Inhalt, gesellschaftliche Relevanz und Politik mit dem Feminismus gleichgesetzt und Form, Kunst und Ästhetik mit der Literaturkritik. Die Hierarchien waren dabei auch für Jehlen klar: "We should begin, therefore, by acknowledging the separate wholeness of the literary subject, [...] what the formalists have told us [...]: its integrity." (1981:579)

Wenn die feministischen Kritikerinnen die formalistischen Prinzipien anerkannten, blieb ihnen tatsächlich keine Wahl. Solange Ästhetik als gegeben und evident galt, konnte es nur die Alternative eines "generellen Verzichts auf Kunstnorm" (Bovenschen 1976:110) geben, das heißt die Ablehnung ästhetischer Normen als solcher – mithin eine unmögliche Alternative. Nicht einmal die feministischen Kritikerinnen, die am liebsten den Kanon ganz abgeschafft hätten, konnten sich Normen aus der Kunst wegdenken (und es läßt sich fragen, ob Wertungen in und außerhalb der Kunst nicht überhaupt einen notwendigen Bestandteil menschlichen Handelns und Zusammenlebens darstellen).

Die Alternative zwischen Ästhetik und Nichtästhetik war aber irreführend, weil der Begriff der Ästhetik hier verschiedene Positionen besetzte: einerseits die ästhetische Funktion an sich, die wie auch immer definiert, potentiell von jedem Gegenstand und jeder Handlung ausgehen konnte, und andererseits ihre historisch konkrete Ausrichtung durch den *New Criticism*. Das heißt, die ästhetische Wahrnehmung als Phänomen ist so alt wie die Geschichte der Zivilisation, aber das, was jeweils als ästhetisch 'gelungen' wahrgenommen wird und den Standard der Ästhetik setzt, verändert sich mit der Zeit. Anstatt den feministischen Umwertungsprozeß als das *Ersetzen* ästhetischer durch gesellschaftlicher Maßstäbe zu beschreiben, erscheint es daher angemessener, den Prozeß als eine *Veränderung* der ästhetischen Wahrnehmung zu verstehen.

Diese Veränderung zeigt sich konkret als eine *Verschiebung der Gewichtung der Funktionen innerhalb eines Kunstwerks*, eine Akzentverschiebung beispielsweise von einer rhetorischen zugunsten einer Referenzfunktion oder

von einer Verfremdungsfunktion zu einer unmittelbareren Identifikations-
oder Appellfunktion (von denen aber keine grundsätzlich der Ästhetik des
New Criticism oder der feministischen Kritik zugeteilt ist!). Die Verschiebung der Funktionen ist keine absolute, sondern nur eine der Gewichtungen.
Sie wird nicht dazu führen, daß ein literarisches Werk entweder völlig autonom oder gänzlich als gesellschaftspolitisches Objekt erklärbar sein wird.
Unter diesen einzelnen Funktionen der Kunst wird man auch nicht sofort die
ästhetische entdecken, sagt Jan Mukařovský :

> Fragen wir in diesem Augenblick, wo der ästhetische Wert geblieben ist, dann
> zeigt es sich, daß er sich in die einzelnen außerästhetischen Werte aufgelöst hat
> und eigentlich nichts anderes ist als eine summarische Bezeichnung für die
> dynamische Ganzheit ihrer gegenseitigen Beziehungen. (1966:103)[4]

Erst das Zusammenspiel der verschiedenen Funktionen im Kunstwerk wird
die ästhetische Funktion ausmachen, die allerdings ihrerseits die Wirkung der
Einzelfunktionen nicht aufhebt. "Die Unterscheidung eines 'formalen' [als 'ästhetischen'] und eines 'inhaltlichen' [als 'gesellschaftlichen'] Gesichtspunkts
bei der Erforschung ist also unrichtig." (Ibid.)

Es gab einen weiteren Grund, weshalb sich auch in der neuen Kritikerin-
nengeneration die Veränderung der ästhetischen Wahrnehmung nicht ohne Ir-
ritation vollzog – niemand kann (und muß) sich von dem Erbe von Literatur
und Literaturkritik völlig lösen, mit dem er oder sie ausgestattet ist. Dies verwirrte viele Kritikerinnen, weil sie zwei ästhetischen Systemen gleichzeitig
folgen wollten. Wenn Jehlen versuchte, ästhetisches und gesellschaftlich-
ethisches Urteil zu trennen, dann hieß das, daß sie zwei Ästhetiken gleichzeitig anzuwenden versuchte und die innerliterarische Aussage mit den Kriterien
des *New Criticism* und den außerliterarischen Bezug mit den Kriterien des
politischen Feminismus bemessen wollte. – Der erste Schritt der Wertverschiebung, die Dominantsetzung des gesellschaftlichen Bezugs von Literatur,
stellte zwar keinen absoluten Wechsel dar; seine Bedeutung darf dennoch

---

4 Allerdings vermochte auch Mukařovský die "Konsequenz des Werterelativismus", der sich aus
  seiner radikalen Historisierung der Ästhetik ergab, nicht zu akzeptieren, wie Lehmann ausführt.
  (1966:260)

nicht unterschätzt werden. Vielen erschien er als ein totaler Schritt, und sie unternahmen deshalb die Relativierung der herrschenden Kunstnormen vor allem in Form einer "Entlarvung".

4.1.3. Ästhetik und feministischer Einspruch

Wenn also Felskis ästhetische Definition eine historisch spezifische war, wenn ihr Begriff 'Ästhetik' in Wirklichkeit 'formalistische Ästhetik' heißen mußte, dann war ihre Hinterfragung legitim. Tatsächlich begannen Kritikerinnen, die Neudefinition des Ästhetischen in der Kunst zu fordern "we must reexamine our aesthetic". (Kolodny 1980b:157) Feministische Urteile wie die folgenden, die im Rahmen der *Images of Women*-Kritik allmählich in Verruf geraten waren: "Is it possible to find redeeming value in works that are socially repugnant?" (Register 1975:7) bzw. Howes Aussage: "the narrow understanding of feminism [...], at the heart of each of Hawthorne's and James' books, ends by corrupting their artistry" (1976:200) können also als frühe Versuche einer allgemeinen Auseinandersetzung gesehen werden, die um die Frage kreiste: "What do you mean 'good'?" (Robinson 1971:889)

Es fällt auf, daß, obwohl die ästhetische Wertung in der feministischen Kritik kaum systematisch diskutiert worden war, doch recht früh einzelne Stimmen zu dieser Frage laut wurden. Bereits Virginia Woolf hatte gewarnt:

> To admit authorities, however heavily furred and gowned, into our libraries and let them tell us how to read, what to read, what value to place upon what we read, is to destroy the spirit of freedom [...]. (1932:258)

Ebenso entwickelte Russ in einem Essay, dessen Tenor ansonsten den 'Erfahrungsdiskurs' der 1970er Jahre unproblematisiert wiedergab, immerhin folgende Gedanken:

> [Womens' art] calls into question the very idea of objectivity and absolute standards: This is a good novel. Good *for what?* Good *for whom?* [...] These questions [...] cannot be (and are not being) dealt with by assuming one absolute center of value.

In everybody's present historical situation, there can be, I believe, no single
center of value and hence no absolute standards. That does not mean that
assignment of values must be arbitrary or self-serving [...]. It does mean that for
the linear hierarchy of good and bad it becomes necessary to substitute a
multitude of centers of value, each with its own periphery, some closer to each
other, some farther apart. (1983^5:210)

Lillian Robinson stellte 1971 die Frage "What do you mean 'good'?" mit
einer Direktheit und Aggressivität, die sie zu einem *enfant terrible* der Literaturkritik machten. Provozierend gab sie zu, daß sie mit dem amerikanischen
Klassiker *Moby-Dick* nichts anfangen konnte (1985:111), wissend, daß sie
sich damit in den Augen ihrer Kollegen diskreditierte. "It all depends on what
we mean by 'good'", meinte sie, und fuhr fort: "our common definition of
literary excellence [is] due for an overhaul". (1987:146) Mit anderen Worten:
"we ought to reconsider whether the great monuments are really so great,
after all". (1985:108)[6]

4.2. *Cultural Radicalism* I: Jane Tompkins

Jane Tompkins stellte sich der Frage "But Is It Any Good?" im gleichlauten-
den Kapitel ihres Buches *Sensational Designs*. (1985) Tompkins wies darauf
hin, daß diese Frage, die man ihr häufig entgegengehalten hatte, implizite
Annahmen mit sich trug, die selber hinterfragt werden konnten. Sie suggerierte nämlich, daß es feststand, welche Literatur, welche literarische Sprache
'good' sei und was den literarischen Wert ausmache. Eben dies aber wollte
Tompkins bestreiten, und damit wechselte sie in ihrem Buch die Positionen:
von einer der modernen Ästhetik noch verhafteten Literaturhistorikerin im

---

5 In Russ' anschließenden Quellenangaben ist kein nach 1978 geschriebenes Werk angegeben; ich
  nehme daher an, daß das Originaldatum ihres Essays noch in den späten 1970er Jahren liegt.
6 Für weitere Beispiele cf. Aiken 1986:293; Kolodny 1980b:150; Lauter 1983b:xx und Katz-
  Stoker: "Aesthetics [...] merely deals with relative cultural norms of taste. What the male cultural
  establishment decides is beautiful is often more a function of the dominant cultural values than
  any inherent artistic merit". (1972:322f)

Sinne der *Gynocritics* zu einer des *Cultural Radicalism*, der die Fundamente des westlichen Denkens radikal herausforderte.[7]

Tompkins' These war, daß literarische Werte weder werkimmanent noch inhaltlich unveränderlich waren, sondern historisierbar und abhängig von den geschichtlichen Umständen. Damit mußte die Beurteilung literarischer Texte das Kriterium der geschichtlichen Umstände berücksichtigen; die Untersuchung des kulturellen Kontextes und der kulturellen 'Leistung' eines Werkes wurde unverzichtbar für seine Analyse. (1985:xix)

Das Beispiel der literarischen Anthologien, das Tompkins heranzog, zeigte, daß die ihnen zugrundeliegenden Werte und selbst der Begriff der Literatur an sich keine stabilen Einheiten waren, sondern Kategorien, deren Größe und Inhalt sich veränderten, und die sich den politischen und sozialen Umständen anpaßten. Tompkins skizzierte die Entwicklung der Anthologien amerikanischer Literatur, wobei sie als Anfangs- und Endpunkte Fred Pattees *Century Readings for a Course in American Literature* von 1919 und Perry Millers *Major Writers of America* von 1962 wählte. Während Pattee noch 'Hunderte' von Schriftstellern (Tompkins nannte keine genaue Zahl) in seinen Band aufnahm, reduzierte Miller die Zahl der wichtigen Autoren auf 28. Andere Anthologien, ungefähr zeitgleich mit Millers *Major Writers*, kürzten sie weiter auf 18, zwölf oder gar acht Autoren. Ebenso änderten sich die Periodisierung und Klassifizierung der Literatur und der Raum, der den jeweiligen Schriftstellern zugestanden wurde. (Tompkins 1985:188ff)

Die wechselnden Zahlen an sich mochten bereits erstaunen; noch interessanter wurde es, wenn Tompkins ihnen die Erläuterungen der verschiedenen Herausgeber gegenüberstellte, die sich frappierend glichen: "there can be no question"; "we can imagine little dispute" – zweifelsohne hatten sie die unbe-

---

7 Im Grunde ist auch in den *Gynocritics* bereits die Geltung des herrschenden ästhetischen Wertes angesprochen worden, indem Feministinnen für Frauen eine eigene Ästhetik entwarfen. Aber dies geschah ohne die Konsequenz, die im *Cultural Radicalism* bzw. in der *Feminist Critique* lag, soweit diese sich überschnitten. Denn wenn der Fokus auf die Alternative einer eigenen weiblichen Ästhetik gerichtet war, implizierte das, daß die 'alte, allgemeingültige Ästhetik' außerhalb des Feminismus durchaus noch 'allgemeingültig' sein mochte.

stritten besten Autoren in dieser Anthologie zusammengestellt. (1985:188ff)
Mehr noch, die Herausgeber zeigten sich überzeugt, daß sie die Entscheidung
nicht selbst getroffen hätten, vielmehr war sie ihnen von den Meisterwerken
selbst förmlich aufgedrängt worden. Die Auswahlkriterien waren also gänzlich in der Literatur enthalten. Wie konnte man dann, fragte sich Tompkins,
angesichts der übereinstimmenden Kommentare der Herausgeber die enor-
men Unterschiede zwischen ihren jeweiligen Entscheidungen erklären?

> But if it is the literature that governs a critic's choices, and not the critic himself
> [...], then it is hard to explain the drastic alterations that took place in literary
> anthologies between 1919 and 1962. (1985:189)

Das, was als *major* oder *minor writing* galt, änderte sich mit der Zeit und
spiegelte diese wider. In den Anthologien der 1930er Jahre beispielsweise erschienen *Negro Spirituals* und Gebete der *Native Americans*, Briefe, Tage-
buchaufzeichnungen und politische Reden – "items that had not appeared in
such collections before and have seldom appeared there since". (1985:191)
Auch die Literaturgeschichten und Anthologien der Gegenwart paßten sich
den veränderten Ansprüchen an Literatur und Kritik an.

Literarische Qualität war demnach kein fester Begriff, den man unbe-
denklich als Einwand gegen Tompkins' Wertschätzung des sentimentalen Romans vorbringen konnte. Daher betrachtete sie es auch als unstatthaft, unstrittige 'Meisterwerke' als Maßstab heranzuziehen. *Moby-Dick* oder *The Scarlet
Letter*, so wiederholte Tompkins, waren nicht inhärent und unveränderlich
'gute Literatur' und konnten nicht objektive Referenzpunkte für die Bewertung anderer Werke sein, im Gegenteil – "these texts already represent one
position in the debate they are being called upon to decide." (1985:187) Das
literarische Publikum hatte die Romane nicht im neutralen Raum zu lesen
und 'schätzen' (also bewerten) gelernt. Sie waren ihnen über bestimmte kritische Ansätze zugänglich gemacht worden, die schon immer in Wettbewerb
mit anderen Ansätzen und anderen Wertungskriterien gestanden hatten.

Nichtüberzeugte mußten ihren Einwand also anders formulieren, und
Tompkins bot ihnen eine Version an: Trotz aller Wechselspiele der Antholo-

gien blieb doch immer ein fester Kern einiger weniger Autoren wie z.B. Hawthorne – war das kein Beweis für wahrhaft große Literatur? Aber Tompkins konterte auch hier: es waren immer andere Werke Hawthornes, die im Laufe der Zeit in die Anthologien aufgenommen wurden; mehr noch, seine im 19. Jahrhundert kanonisierten Werke galten im 20. Jahrhundert als unbedeutend und vice versa. Auch wenn ein einzelnes Werk über Jahrzehnte hinweg als zentral anerkannt wurde, so doch immer aufgrund anderer Eigenschaften und in immer anderen Kontexten: "Even when the 'same' text keeps turning up in collection after collection, it is not really the same text at all." (1985:196) Ebenso argumentierte auch Mukařovský : "Ein bestimmtes Werk, mag es auch in zwei voneinander entfernten Perioden gleichermaßen positiv gewertet worden sein, ist dennoch jedesmal ein anderes ästhetisches Objekt, also in bestimmtem Sinne ein anderes Werk." (1966:74)

Im Unterschied zu den 1960er Jahren, die die psychologische Tiefe Hawthornes als Zeichen seiner Größe werteten, war Hawthorne ein Jahrhundert zuvor aus gänzlich anderen Gründen hochgeschätzt worden: "*The House of the Seven Gables* succeeded in 1851 because it was a sentimental novel". (Tompkins 1985:18)

Äußeren Instanzen kam also ein großes Einflußpotential im Hinblick auf die jeweils herrschende Begriffskonstruktion zu. Was als Literatur galt, wurde nicht von selbst in der Literatur evident, sondern von Verlegern, Rezensenten und Kritikern bestimmt – "the machinery of publishing and reviewing". (Tompkins 1985:23) Tompkins verdeutlichte das am Beispiel von Frederick Crews' *The Sins of the Fathers: Hawthorne's Psychological Themes* von 1966, dessen Thesen sich in der Auswahl bestimmter Hawthornescher Kurzgeschichten in der *Norton Anthology* von 1979 niederschlugen. Ihr Einfluß war daher nicht zu unterschätzen: "The critical strategy that guides Crews' reading in effect constructs a new Hawthorne – the only one that many students will ever know." (1985:198)

Die 'Konstruktion' des Autors Hawthorne, die bereits im 19. Jahrhundert einsetzte, ist eine der interessantesten Darstellungen in Tompkins' Buch.

(1985:6ff) Hawthorne hatte in der oben erwähnten 'Verleger- und Rezen-
sions-Maschinerie' eine vorteilhafte Position: er hatte sich gesellschaftlich
bereits einen Namen gemacht, er schrieb in einer Zeit, da Amerika auf der
Suche nach dem 'großen amerikanischen Schriftsteller' war, und er war der
Elite der Boston Brahmins ("Boston literati", wie Tompkins sie nannte) bekannt, die im Literaturestablishment der Ostküste sehr einflußreich waren.
Nach einigen Jahren des Schattendaseins (auch einige der Kurzgeschichten,
die heute als seine besten gelten, fanden in dieser Zeit keine Beachtung)
erhielt Hawthornes Werk ab Ende der 1830er Jahre wachsende Aufmerksamkeit. Seine ersten Kritiker waren ihm finanziell verpflichtet oder freund-
schaftlich verbunden; ihre lobenden Besprechungen waren tonangebend für
den zukünftigen Rezensionsstil. Einmal in das Licht kritischer Beachtung
getreten, erfuhr er systematische Förderung durch wechselnde einflußreiche
Verleger und Freunde. Diese 'promotion' wurde über seinen Tod hinaus betrieben, zunächst durch Biographien und posthume Veröffentlichung seiner
Werke, später durch seine immer neue Aufnahme in Anthologien, Literaturgeschichten und Lehrbücher.

Es ging Tompkins nicht darum, eine Verschwörungstheorie zu entfachen,
da Hawthornes Förderer offensichtlich wirklich von seinem literarischen
Wert überzeugt waren. Doch auch diese Überzeugung entsprang nicht einer
reinen, unvermittelten Wahrnehmung, sondern dem immer bereits gefilterten
Blick, der jeweiligen Situation der Schauenden, und so stellte Tompkins fest:

> Rather than being the repository of eternal truths, [classic works] embody the
> changing interests and beliefs of those people whose place in the cultural
> hierarchy empowers them to decide which works deserve the name classic and
> which do not. (1985:37)

Tompkins wies damit den Begriff der literarischen Größe als einer inhaltlich
definierbaren, die Zeit überdauernden inhärenten Eigenschaft des Textes als
Illusion zurück.[8] Mit dieser Demontage hoffte sie einen Raum der Relativität

---

8 Cf. zu dem gleichen Thema Richard H. Brodhead (1986), Cees J. van Rees (1984) und John
  Rodden (1989).

zu schaffen, der die Entstehung neuer Werte und die Anerkennung bisher ausgegrenzter Werke, hier des sentimentalen Romans, ermöglichen würde.

4.2.1. Widersprüche

Allerdings brachte Tompkins' Versuch, den traditionellen Wertungsbegriff radikal herauszufordern, auch Widersprüche mit sich. So blieb es unklar, ob Tompkins den Ästhetikbegriff gänzlich oder nur teilweise politisierte. Ersteres schien der Fall zu sein, wenn sie mit der Vorstellung spielte, daß Susan Warner zu ihrer Zeit ein ähnliches sozio-ökonomisches Netzwerk wie Hawthorne genossen haben könnte, und folgerte: "And in that case *The Wide, Wide, World* might have been passed down to us as one of the benchmarks of American literary realism." (1985:32) Andererseits, und hier schien die Politisierung nur teilweise zu sein, gestand sie dem literarischen Text doch eine gewisse Autonomie und Wertinhärenz zu: "[This] is not to assert that no matter what Hawthorne had written, his work would have succeeded because he had the right connections." (1985:35)

Dieser Widerspruch zeigte sich bei Tompkins und anderen feministischen Kritikerinnen in Sätzen wie bspw. dem folgenden: "What the male cultural establishment decides is beautiful is *often more* a function of the dominant cultural values *than* any inherent artistic merit". (Katz-Stoker 1972:322f, m.Herv.) Die Satzkonstruktion 'often more than' ließ die Möglichkeit offen, daß der Wert in einigen Fällen durchaus dem künstlerische Werk inhärent war. Ein gleiches Beispiel lieferte Helen Wilcox mit ihrer Aussage: "The contents of the canon are always, of course, *more* a reflection of contemporary tastes and anxieties *than* a genuine representation of [...] unchanging values of 'greatness.'" (1992:260, m.Herv.)[9] Die Kritikerinnen strebten eine radikale Negierung der Gültigkeit ästhetischer Werte an, formulierten diese aber in einer Weise, die beileibe nicht radikal war.

---

9 Die fehlende rhetorische Abdichtung radikaler Statements findet sich auch im nichtfeministischen Kontext; so ließ John Roddens Satz: "Thus, books and authors [...] possess esteem for many reasons other than endurance or 'literary' value, i.e., reasons of *extrinsic* value" durchaus offen, daß *'some* reasons' schon noch auf intrinsischem literarischen Wert beruhten. (1989:64)

Anthony Easthope kommentierte diese Art der Wertehinterfragung: es war eines, den literarischen Wert als problematisch oder schwer lokalisierbar zu entlarven, aber ein ganz anderes, daraus zu folgern, daß literarische Werte in den Texten nicht existierten. (1991:44) Solche Kritikerinnen machten es sich in ihrer Argumentation zu einfach, indem sie die Gegenposition des *New Criticism* zu starr als 'es-gibt-fixe-Werte-in-fixen-Texten' definierten. Daher konnten sie, wenn einmal klar war, daß literarischer Wert *auch* gesellschaftlich bestimmt war, ungehindert die Verschiebung dahingehend vornehmen, daß literarischer Wert *ausschließlich* gesellschaftlich bestimmt war. (Easthope 1991:44)[10] Wieder hätte der Widerspruch gelöst werden können, wenn sie erkannt hätten, daß die Historisierung der Ästhetik keinen *Bruch* mit der Ästhetik bedeuten mußte – doch diese Möglichkeit entging ihnen.

Brook Thomas hat in seinem Buch über den *New Historicism* Tompkins' Begriff der "cultural work", den sie an der hohen Verkaufszahl der *domestic novels* im 19. Jahrhundert maß, kritisiert. Das Gerücht erwähnend, der Film *Patton* hätte Nixons Entscheidung über die Bombenangriffe auf Kambodscha maßgeblich beeinflußt, fragte er: "Could not this single act of reception be said to have done more cultural work than numerous acts of reception?" (1991:161) Er kritisierte weiterhin den Widerspruch, daß eine sich der gesellschaftlichen Opposition zuordnende Kritikerin die Machtstrukturen des Kanons angriff, aber die *domestic novel* mit ihren gesellschaftstragenden Rollen feierte. (1991:29) Dies war übrigens ein zentraler Konflikt der frühen feministischen Kritik. Die Grundsätze der *Feminist Critique* hätten tatsächlich verlangt, die *domestic novel* aufgrund ihres aus feministischer Sicht unannehmbaren Frauenbildes abzulehnen; die Vertreterinnen der *Gynocritics* waren dagegen an der Aufnahme von Frauen in die Literaturgeschichte interessiert und übergingen daher die frauenbezogenen Problemstellen der Texte (bzw. versuchten zu ihrer Verteidigung ein gewisses feministisches Potential in subtil-subversiven Elementen der Texte zu orten).

---

10 Trotz dieses überzeugenden Einwandes versuchte auch Easthope, eine letztlich verbindliche Definition ästhetischen Wertes festzuschreiben. (1991:56ff)

Am schwerwiegendsten war, daß Tompkins' grundlegender Versuch, sentimentale Literatur nicht nur über den Begriff der 'cultural work', sondern auch über die Herausforderung des Literaturbegriffs gesellschaftsfähig zu machen, ins Leere lief. Letztlich versuchte sie zwei Ziele auf einmal zu verfolgen. Um sentimentale Literatur als Studienobjekt anerkennen zu lassen, führte sie den Gedanken der 'cultural work' als *Alternative* zum 'aesthetic value' ein, was die Gültigkeit des Ästhetikbegriffes durchaus erhalten hätte. Im gleichen Atemzug aber wollte sie die Begriffe künstlerischer Größe und Zeitlosigkeit *dekonstruieren* und durch das Kriterium der "cultural work" *ersetzen*, den Ästhetikbegriff also abschaffen.

In den gleichen Widerspruch hatte sich bereits Baym verstrickt, die (wie im dritten Kapitel gezeigt) im Vorwort ihrer Anthologie *Woman's Fiction* bedauerte, daß es im Amerika des 19. Jahrhundert keine Jane Austen ebenbürtigen Autorinnen gegeben hatte, später aber die literarischen Kriterien für große Klassiker für unbrauchbar erklärte. (1978:14f) Myra Jehlen hatte daraufhin Baym kritisiert:

> She is having it both ways, admitting the artistic limitations of the women's fiction [...] and at the same time denying the validity of the criteria that measure those limitations; disclaiming any ambition to reorder the literary canon, and, on second thought, challenging the canon after all [...]. (1981:592)

Dahinter stand erneut das Problem, daß Tompkins und Baym den oben erläuterten Unterschied zwischen ästhetischer Wahrnehmung als solcher und der historisch spezifischen Ästhetik des Formalismus nicht erkannten oder zumindest nicht genügend herausarbeiteten und daher sowohl den Formalismus als auch die Kategorie des Ästhetischen grundsätzlich angriffen.

Zu diesem Problem gesellte sich ein zweites: Nachdem Tompkins den textinhärent dauerhaften Wert als illusorisch entlarvt hatte, bot sie in ihrer Darstellung der wechselvollen Rezeptionsgeschichte von *The Scarlet Letter* überraschend eine neue Definition literarischer Größe an. Dabei näherte sich Tompkins stilistisch genau den Urteilen an, die sie vorher abgelehnt hatte:

Yet that very description of *The Scarlet Letter* as a text that invited constant re-
definition might be put forward, finally, as *the one true basis* on which to found
its *claim to immortality*. For *the hallmark of the classic work* is precisely that it
rewards the scrutiny of successive generations of readers, *speaking with equal
power* to people of various persuasions. (1985:35, m. Herv.)

Nicht nur ließ Tompkins den Gedanken der literarischen Größe wieder zu,
und dies mit Begriffen, die der *Cultural Radicalism* schon lange diskreditiert
hatte. Sie definierte ihn auch noch auf eine Weise, die den Einwand gegen
den sentimentalen Roman plötzlich bestätigte: "Contrary to what [traditional
critics] believed, great literature does not exert its force over and against
time, but changes with the changing currents of social and political life."
(1985:192) Strategisch gesehen, bot Tompkins damit ihren Gegnern erneut
die Chance, letztlich an den angegriffenen Werten festzuhalten. Wenn Meisterwerke mit der Zeit wandlungsfähig waren, konnte sentimentale Literatur
keine Meisterwerke hervorbringen, weil sie ihre Zeit nicht überlebt hatte.
Man muß sich also fragen, wozu Tompkins das ästhetische Literaturverständnis dekonstruierte, wenn es ihrem Argument für den populären Roman nicht
zugute kam.

Es hätte eine Möglichkeit gegeben, diesem Dilemma zu entkommen, aber
Tompkins erwähnte sie nicht ausdrücklich. Sie hätte argumentieren können,
daß sie mit ihrer Arbeit dazu beizutragen hoffte, den sentimentalen Roman
als faszinierendes Studienobjekt zu etablieren. Je mehr – und je dauerhafter –
Kritiker und Kritikerinnen von diesem Studienbereich fasziniert wären, desto
wahrscheinlicher könnte dem Genre wieder der Anspruch auf literarische
Größe zukommen und desto wahrscheinlicher würde sich eine neue Ästhetik
bilden, die Raum für den sentimentalen Roman bieten würde. Dies war jedoch nur eine implizite Botschaft des Buches; nirgends fand sich die explizite
Aussage, daß das Kriterium der "cultural work" einmal eine neue Ästhetik
begründen könnte. Eben dies, so läßt sich zusammenfassend sagen, gelang
Tompkins nicht – eine neue Ästhetik über den Begriff der "cultural work" zu
begründen. Letztlich führte sie ihre angekündigten radikalen Ideen nicht konsequent durch, sondern griff auf traditionelle Ästhetikbegriffe zurück. Trotz

dieser Probleme bleibt *Sensational Designs* ein wichtiges Werk. Tompkins zählt in jedem Fall zu den KritikerInnen, die den sentimentalen Roman bzw. die *domestic novel* systematisch erfaßt und das Interesse ihres Publikums an einem Genre geweckt haben, das lange Zeit als "ästhetisch unbrauchbar" und der Kritik nicht würdig abgetan wurde. Wenn Tompkins das Problem der ästhetischen Wertung auch nicht befriedigend in Angriff nahm, war sie immerhin eine der wenigen feministischen Kritikerinnen, die sich ernsthaft mit der Problematik auseinandersetzten. Sie nahm damit eine Debatte auf, die bereits in den 1930er Jahren von den *progressive critics* geführt worden war (vgl. u.a. Jehlen 1981; Hohendahl 1982; Finney 1988; L. Howe 1989).[11] Wie Kermode in *Clarendon Lecture* betonte, war die Frage, wie Ästhetik und Gesellschaftskritik miteinander vereinbar waren, ein zentrales Problem sowohl für marxistische als auch für bourgeoise Autoren der Zeit gewesen. (1988b)[12] "The terms were 'art' and 'propaganda,' but the notes of that discussion echo in today's – can artistic form ever be decoupled from the socio-political point of view of the artist?" (L. Howe 1989:513)

---

11 Natürlich war vielen nicht-neukritischen Verteidigern des Kanons bewußt, daß der Kanon nicht eine feste Anzahl von Büchern, sondern das jeweilige Produkt eines Prozesses war: eines *Gentlemen's Agreement* gewissermaßen, dessen Harmlosigkeit die Empörung der Feministinnen nicht zu rechtfertigen schien. Doch genau hier setzte die feministische Kanonkritik ein, deren Vertreterinnen sich im Unterschied zu den Verteidigern nicht mit der Erkenntnis über das *Gentlemen's Agreement* zufrieden gaben, denn dieser Begriff wies auch auf die handelnden Subjekte des *Agreement* hin, die einer bestimmten Schicht und nur dem männlichen Geschlecht angehörten. (Robinson 1983:106)

12 Kermode läßt sich für eine Tompkins' ähnliche (jedoch nicht identische) Position heranziehen. Er versuchte in seinen Vorlesungen zu *History und Value*, vernachlässigte Schriftsteller der 30er Jahre zu rehabilitieren, die er ebenfalls zunächst nur mit scheinbaren Defekten beschreiben konnte. Etwas vage meinte er, daß diesen Romanen "resonance", "richness of dialogue" und "bold delicacy of prose" fehlten. (1988b:13) Die Vernachlässigung dieser Werke schrieb er aber letztlich nicht ihrem Stil, sondern dem hartnäckigen Kunstbegriff der Bourgeoisie zu, der Politik als grundsätzlich unvereinbar mit Kunst sah und deshalb eine gewisse Distanz des Schriftstellers zu seinem proletarischen Subjekt erforderte. (1988b:93) Zum sagenhaften 'Test of Time' schrieb er: "But [...] posterity – or Time – is just as likely to be wrong as anybody else." (1988b:85) Wie Tompkins schlug auch Kermode am Schluß versöhnliche Töne an und verankerte ein gewisses Maß an Wert in den Werken selbst. (1988b:145)

4.3. *Cultural Radicalism* II: *Antifoundationalism*

Die feministische Wertdiskussion fand auch in den 1980er Jahren im Rahmen einer größeren Relativismusdebatte statt. Stanley Fish zählte zu deren VertreterInnen neben sich selbst auch Barbara Herrnstein Smith, Terry Eagleton, Walter B. Michaels, Steven Knapp, Jonathan Culler, Frank Lentricchia und Jane Tompkins. (1989:348) Natürlich ist eine derartige Kategorisierung dieser KritikerInnen angesichts ihrer Unterschiedlichkeit nicht eben sinnvoll; ihr soll hier aber als Orientierungshilfe gefolgt werden. Sie alle besetzten mehr oder weniger und mit unterschiedlichen Konsequenzen die Position des *Antifoundationalism*, dessen Grundgedanken Michael Fischer folgendermaßen definierte: "facts, values, reason, and nature are constructs, not objective unchanging realities." (1990:528)

Der einschränkende Hinweis, daß die feministische Wertediskussion nicht die einzige in Geschichte und Gegenwart war, soll ihre Bedeutung nicht schmälern, sondern zeigen, daß sie keinen so radikalen Bruch in der Literaturkritik darstellte, wie dies die Rhetorik der Kanondebatte suggerierte. Das soll aber nicht heißen, daß die feministische Kritik nicht auch deutliche Unterschiede zu den anderen Relativismusdiskursen aufwies. So war die Relativismusdebatte der 1980er Jahre nicht besonders feministisch interessiert. Die Artikelserie zum Thema "The Politics of Interpretation", die W.J.T. Mitchell 1982 in der *Critical Inquiry* herausgab, ist ein Beispiel dafür; Gayatri Spivak kritisierte, daß die meisten Beitragenden trotz ihrer aufgeklärten Haltung Frauen entweder ignorierten oder die feministische Bewegung für ihre Argumente appropriierten, ohne weiter auf sie einzugehen. (1981:274ff)

4.3.1. Barbara Herrnstein Smith: *Contingencies of Value*

Dennoch machte sich die feministische Kritik die Argumente dieser breiteren Relativismusdebatte zunutze. In ihrer Infragestellung des Ästhetikbegriffes berief sich Jane Tompkins ausdrücklich auf Barbara Herrnstein Smith und Stanley Fish, deren theoretische Schriften ihre eigene kritische Perspektive bestimmt hatten – "so pervasive[ly] that I have not [...] cited their work at any particular point." (Tompkins:1985:xv) Vor allem Smith bot sich ihr an, denn obwohl ihr Buch *Contingencies of Value* theoretisch ausgerichtet war und Frauenliteratur überhaupt nicht erwähnte, unterschied es sich von den Beiträgen anderer *Antifoundationalists* durch vereinzelte Passagen, die auf ihre politischen Sympathien hinwiesen.[13] Smith wollte oppositionelle Gruppen mit einem Analyseinstrument versorgen, mit dem diese diejenigen, die ihre Dominanz scheinbar objektiv begründeten, als eine Gruppe entlarven konnten, die weit davon entfernt war, die Dinge objektiv zu sehen, sondern ihren spezifischen Umständen, Perspektiven und Interessen einen dominanten Status zusichern wollte. (1988:181) Ihre häufige Verwendung weiblicher Pronomina in Verbindung mit meist männlich konnotierten Worten wie "the critic" oder "the relativist" konnte als ein weiterer Hinweis auf ihre Solidarität mit der feministischen Bewegung gelten; dies bestätigte sie an einer einzigen Stelle (und dies auch noch in einer Fußnote):

> Although this account is designed to apply to any sort of oppositional political theory and action, its specific relevance to contemporary feminist theory and politics is intentionally highlighted by the pronouns. (1988:221n)

Barbara Herrnstein Smith begann mit der Geschichte ihrer persönlichen ästhetischen Wahrnehmung und Wertung. Sie beschrieb, wie sich ihr Eindruck von Shakespeares Sonetten über die Jahre hinweg verändert hatte. Was ihr einst profund erschienen war, zeigte sich später als flach, was sie einst kaltgelassen hatte, berührte sie später unmittelbar; sie konnte keine lineare Entwicklung, keinen Fortschritt feststellen. (1988:5ff) Analog dazu, so ihre These, verhielt es sich mit der Geschichte der literaturkritischen Wertung, die sich immer wieder veränderte, so daß Smith folgern konnte: "Evaluation is always compromised because value is always in motion". (1988:8f) So sehr man überzeugt sein mochte, daß die heutige Einschätzung der Shakespeareschen Werke 'die richtige' sei (weil die Entwicklung der Werte zwar eine

---

13 Ich beziehe mich hier und im folgenden auf Smiths 1988 erschienenes Buch, obwohl Tompkins nur der gleichnamige Artikel von 1983 bekannt war.

Entwicklung von *trial and error* sein mochte, aber letztlich immer als eine fortschrittliche Entwicklung erschien), war es letztlich nicht möglich, einen triftigen Beweis für diese Überzeugung zu finden:

> Can it be that we fit at the *end* of it? — that *now, here*, [...] *we*, untrammeled by historical ignorance, intellectual provincialism, or personal eccentricity, are the ones who can finally provide a just assessment of the sonnets' *true* value — as *literature*? (1988:4f)

Die Wechselhaftigkeit des Wertes eines Werks stand in offensichtlichem Widerspruch zu der allgemeinen Überzeugung, daß der literarische Wert und die Größe eines Werkes dauerhaft waren. Hier wies Smith darauf hin, daß diese Spannung zwischen dem Wert als dauerhaft-objektiver Eigenschaft und dem Wert als wechselhaft-dynamischem Prozeß eine historische war und in der Literaturgeschichte schon zwischen dem wissenschaftlich-philologischen Anspruch der 'forschenden' *scholars* und der humanistisch-pädagogischen Mission der 'wertenden' *critics* bestand. (1988:18f) Letztere gerieten zunehmend unter Legitimationsdruck gegenüber der Wissenschaft.[14] So betonte in den 1950er Jahren Frye die Wissenschaftlichkeit der Literaturkritik und verurteilte die wertende Aktivität als "literary chit-chat". (B.H. Smith 1988:21) Er verurteilte sie jedoch nicht aus dem Grund, weil sich Werte zu häufig veränderten und es deshalb müßig wäre, stabile Werte zu identifizieren, sondern im Gegenteil, weil die Werte der Literatur von selbst offenkundig wurden und im Text verankert waren. Er zog T.S. Eliots "ideal order" heran, die die literarischen Werke von sich aus untereinander bildeten. (B.H. Smith 1988: 21; cf. Eliot 1923) Wie Herrnstein Smith zeigte, reichte das Erbe der *scholars* bis in die 1980er Jahre: so sehr auch Probleme der Interpretation hinterfragt worden waren, stand doch das Thema der literarischen Wertung seither nicht mehr zur Debatte. (1988:17, 22)

---

14 Smith suggerierte hier nicht, daß die humanistisch orientierten Kritiker die Frage der Wertungen wirklich problematisiert hätten. Zumindest jedoch wurden in dieser Tradition Wertungen bewußt durchgeführt und debattiert; und niemand suggerierte, daß Werte einfach aus dem Text evident würden.

Die ablehnende Haltung der 'wissenschaftlichen *scholars*' gegenüber der literaturkritischen Wertung setzte sich in der Literaturkritik durch, und Smith kritisierte, daß diese Haltung die Wertedynamik durch zweifelhafte Konzepte wie "transcendent", "objective" und "universal" verschleierte. (1988:31) Die Werte von Texten, so Smith, waren im Gegenteil nie neutral, sondern durchdrungen von politischen und gesellschaftlichen Überzeugungen. Sie waren nicht direktes Resultat werkimmanenter Eigenschaften, sondern immer nur ein Produkt verschiedener Umstände – der Erwartungen, Fähigkeiten und Interessen der Lesenden, die wiederum in Verbindung standen zu ihrer Herkunft, persönlichen Geschichte und Geschlechter- bzw. Rassen- und Klassenzugehörigkeit. (1988:10, 15) Ein Wert stand niemals für sich, sondern immer in bezug auf eine bestimmte Funktion, ein bestimmtes Publikum und bestimmte Umstände. (1988:13)

Daß bestimmte Werte in einer Gesellschaft dominant waren, war kein Beweis für die 'Richtigkeit' dieser Werte, sondern nur dafür, daß eine Mehrheit ähnlich wertender Individuen zusammengetroffen war. Da es aber immer auch anders wertende Menschen gab, waren die dominanten Werte ständig in Gefahr, angegriffen zu werden. Zu ihrem Schutz traten Institutionen mit Wertungsautorität ein, im Falle der Literatur die Literaturkritiker. (1988:40) Diejenigen, die als Verleger, Kritiker und Essayisten kulturelle Macht erlangt hatten, bestimmten durch ihre Empfehlungen den Wert und die Definition von Literatur. (1988:46f) Obwohl die kulturell Einflußreichen gerade in der Moderne sich gern als oppositionell einordneten und Wohlstand, politische Macht und kapitalistische Interessen verdammten (Stichwort *NO! in thunder*), unterminierten sie die etablierten Interessen weder mit radikaler Absicht noch mit effektiver Wirkung, so daß ihre Texte häufig auch "establishment ideologies" widerspiegelten oder stützten. (1988:51) Mit anderen Worten: "here is a politics of personal *taste* as well as a politics of institutional evaluation and explicit evaluative criticism". (1988:25)

Das hieß aber nicht, daß der Wertungsprozeß ein willkürlich-subjektiver war und es deshalb müßig wäre, über Werte überhaupt noch zu sprechen,

oder andersherum, daß der 'objektive' Wertungsprozeß erst noch gefunden
werden mußte. Der literarische Wert war zwar kontingent ("that is, a changing function of multiple variables"), jedoch nicht subjektiv ("that is, personally whimsical, locked into the consciousness of individual subjects and/or
without interest or value for other people"). (Smith 1988:11) Insofern unterschied sich der allgemeine literarische Wertungsprozeß in der Gesellschaft
doch auch von der individuellen Wechselhaftigkeit der Shakespeareschen
Werte in Smiths eigener Biographie.

Wenn aber den Werken kein zeitüberdauernder Wert anhaftete, wie erklärte sich die Tatsache, daß manche von ihnen die Zeit überdauert hatten?
Sobald ein Werk zu einer Zeit einmal eine bestimmte erwünschte Funktion
zur Zufriedenheit ausgeübt hatte, antwortete Smith, erhielt es einen "immediate survival advantage". (1988:48) Es mochte zwar diese Funktion wieder
verlieren, oder die Funktion selbst mochte ihre Bedeutung verlieren, doch das
Risiko, in dem Fall abgewertet zu werden, war aus verschiedenen Gründen
kleiner. Sobald das Werk einmal hochgeschätzt war, hatte es den Vorteil des
'Amtsinhabers'; die Mitglieder einer Wertungsgemeinschaft waren darum bemüht, ihm im Fall des Funktionsverlustes andere Funktionen zuzuschreiben.
Je länger das Werk geschätzt wurde, desto mehr beeinflußte es auch die Kultur und Gesellschaft und erlangte einen historischen Wert. Nichts war erfolgreicher als Erfolg: "In other words, what are commonly taken to be the *signs*
of literary value are, in effect, its *springs*." (1988:52) Sogar Samuel Johnson
hatte die Fetischisierung 'ewiger' Werke abgewehrt: "Some seem to admire
indiscriminately whatever has been long preserved, without considering that
time has sometimes co-operated with chance." (Zit. in Kermode 1988b:85)[15]
Die Alternative zur traditionellen Sichtweise lag für Smith in einem Ansatz,
der den Wertungsprozeß (selbst-)kritisch durchleuchtete:

---

15 Gleichzeitig hatte Johnson durchaus auf diesen 'Test of Time' vertraut, wie Kermode zeigte.
   (1988b:85) Wie bereits im zweiten Kapitel deutlich geworden war, ließen sich Johnsons zahl-
   lose Zitate sowohl für die Verteidigung als auch für den Angriff gegen den Kanon verwenden.

It would seek [...] to clarify the nature of literary [...] 'value'; it would explore the multiple forms and functions of literay evaluation [...]; it would account for the features of literay and aesthetic judgments [...]; it would chronicle 'the history of taste' [...].(1988:28)

War in der traditionellen Wertlehre noch das Überdauern eines Werkes mit seinen immanenten Qualitäten, die Wechselhaftigkeit seiner Bewertung aber mit außerliterarischen Zufällen begründet worden, so lag der Vorteil der Historisierung nun darin, daß sie Dauerhaftigkeit ebenso wie Wandel erklären konnte. (1988:36)

4.3.2. Stanley Fish: *Interpretive Communities*

Smiths Position ähnelte dem *Antifoundationalism* Stanley Fishs. Auch Fish betonte, daß man Interpretationen von Texten nicht 'wertfrei' ihren textimmanenten Eigenschaften entnehmen konnte, sondern daß die Wahrnehmungen der Lesenden von den "interpretive communities" (in Smiths Worten "the dynamics of a system") geleitet wurden, in denen sie sich befanden. Vermochte früher ein Kritiker sein Publikum zu beeindrucken, indem er betonte, zu einem objektiven Ergebnis zu kommen, weil er Texte nicht bewertete, sondern lediglich wertfrei beschrieb, so meinte jetzt Fish, daß es kein unschuldiges, neutrales Lesen gab. Der Leseprozeß bestand nicht aus einem anfänglichen objektiven Lesen und einer nachfolgenden Wertung, sondern beinhaltete die Wertung von vornherein. Etwas salopp schlußfolgerte Fish daher: "like it or not, interpretation is the only game in town." (1980:355) Deshalb konnte man nicht über 'den Text selbst' zur 'richtigen' Interpretation kommen, sondern mußte akzeptieren: "there is no single way of reading that is correct or natural, only 'ways of reading'". (1980:16) Die Tatsache, daß der Wert bestimmter Werke in der Kritikergemeinschaft einmütig akzeptiert war, bewies nicht die Stabilität dieser Werke und ihrer Eigenschaften, sondern nur die Macht und Stabilität der jeweiligen *interpretive community*. (1980:338)

Eine solche Position, die die Möglichkeit eines "literal meaning", d.h. einer wörtlichen, eindeutigen Botschaft des Textes verneinte, implizierte einen fundamentalen Angriff auf die Prinzipien des Formalismus. Sie ließ keinen Raum für Zwischentöne, für Kompromisse beispielsweise, die zumindest noch einen Teil des Wertes im Text verorteten – im Gegenteil, meinte Fish: "once you start down the antiformalist road, there is no place to stop". (1989:2) Es war für ihn also nicht akzeptabel, sich auf der Position des Pluralismus niederzulassen und zu erklären, daß ein Text seine Reichhaltigkeit bewies, weil er mehrere – aber beileibe nicht unendlich viele – Lesarten zuließ. Natürlich, sagte Fish, gab es immer nur eine begrenzte Anzahl von Lesarten, dafür sorgte schon die akademische Kritik; doch wer wollte bestimmen, welche Lesart ausgeschlossen war? Der *Antifoundationalism* Fishs forderte eine radikale Konsequenz: je nach Kontext konnte es unendlich viele Lesarten eines Textes geben – "there is no place to stop". (1989:2)

4.3.3. Feministische Hoffnungen

Zweifellos war diese Position aus verschiedenen Gründen äußerst vielversprechend für feministische Kritikerinnen. Sie enthielt zunächst eine explizite Kritik am Formalismus und lieferte zweitens ein Instrument für die Entlarvung dominanter Denksysteme generell und zur Analyse der Werte einer männerorientierten Gesellschaftshierarchie. (Cf. Meese 1985:88)[16] Eine der zentralen Hoffnungen der feministischen Infragestellung herrschender Ästhetikbegriffe jedoch lag in ihrem Umkehrschluß: wenn es möglich wurde, zu hinterfragen und damit *abzuwerten*, was in der Literaturkritik als wertvoll galt, sollte es auch möglich sein, *aufzuwerten*, was sonst als wertlos gehandelt wurde. Dies war eine deutliche, wenn auch implizite Schlußfolgerung Tompkins' hinsichtlich der sentimentalen Literatur. Meese wollte die Wertverschiebung zur Einführung eines "criticism of advocacy, espousing special values based on gender" nutzen. (1985:95) Doch es ging ihr und anderen im Unterschied zu den Vertreterinnen des *Cultural Feminism* oder der frühen *Gynocritics* ausdrücklich nicht um eine einfache Umkehrung alter Werte-

---

16 Da die Beschäftigung mit literarischen Wertbegriffen eine Auseinandersetzung mit Literaturtheorien darstellte, war die angesichts des hohen Stellenwertes von 'Theorie' in der akademischen Welt zu erwartende Statussteigerung der feministischen Kritik ein nicht unwillkommener Nebeneffekt.

hierarchien, sondern darum, die neuen Werke von der Ideologie des bisherigen Kanons freizuhalten. "As we forge a new criticism, our theories and assumptions must stay clear of a hegemonic role reversal", betonte Meese.
(1985:99; cf. Finke 1992:181) Sie erhofften sich also nicht nur eine Akzentverschiebung, sondern eine grundlegende Veränderung der Literaturkritik,
"[a] paradigm revolution" zugunsten von Frauen. (Meese 1985:99)

Damit verbunden war immer die feministische Hoffnung, daß theoretische
Erkenntnisse zur politischen Aktion motivieren würden: "Theoretical insight
into the ideological basis of value judgments and truth claims thus fuels action against the status quo." (Fischer 1990:529; Smith sprach von "politically
significant actions" 1988:181) Zwei Jahre nach Erscheinen ihres Buches re-
kapitulierte Jane Tompkins ihre Ziele:

> I discovered [...] that the poststructuralist way of understanding language and
> knowledge enabled me to say what I wanted about the world [...] because it
> pointed out that the world I knew was a construct [...]. Truth in fact would
> always be such a construction, and so one could offer another, competing des-
> cription and so help to change the world that was. (1987:175)

Zuletzt versprachen sich einige Feministinnen von diesem Ansatz, die
Wahrheit der feministischen Ideen endlich beweisen zu können. Linda Howe
zeigte diesen Optimismus in einer Rezension von Smiths *Contingencies of
Value*: "If I understand Smith correctly, she is arguing here for a more self-
conscious kind of criticism, one that explicitely defines the criteria upon
which its evaluations are based." (1989:514) Wenn man alle Bedingungen für
die eigene Wertung anerkannte, mutmaßte Howe hoffnungsfroh, könnte man
gar zu einer Objektivität gelangen: "Thus, we might validate an evaluation by
assessing the completeness of the criteria upon which it is explicitly based."
(1989:516) Linda Howe erkannte allerdings nicht, daß sie mit dem Ziel, über
den Relativismus zur 'wahren' Objektivität zu gelangen, wieder auf die Begriffe zurückgriff, die sie hatte hinterfragen wollen.

4.3.4. Kritik aus fundamentalistischer Sicht

Die Kritik, die auf die relativistische Herausforderung der Werte einsetzte, war erwartungsgemäß massiv. Ein großer Teil der Kritik sperrte sich gegen die Analysebegriffe Smiths und Fishs und beruhte auf dem Versuch, die Existenz fester Werte zu beweisen: "I think we all *know* what the *really* important literature is". (Zit. in Aiken 1986:292) Doch gerade der Einwand, daß literarischer Wert offenkundig sei, war ja von Smith und Fish als zweifelhaft abgelehnt worden. Solche Einwände mochten vielleicht begründet sein – aber wenn sie es waren, wurden sie jedenfalls nicht überzeugend vorgebracht. Meist drohten sie sich selbst in Frage zu stellen durch eine gewisse Vagheit der Argumente oder dadurch, daß sie die 'wahren Werte' als selbstevident präsentierten. So meinte ein Kritiker: "we will not have to stand mute before claims that inarticulateness, ignorance, occult mumbling, and loutishness are just as good as fine literature". (Zit. in B.H. Smith 1988:191n) Viele Kritiker waren überzeugt, daß die Meisterwerke sich selbst unter Beweis stellen würden: "Old masters [...] will still be the major presences." (Merrill 1988:261, 264) Ästhetische Standards mochten relativ sein, aber es war dennoch möglich, den Erfolg eines Schriftstellers einzuschätzen, und dieser Erfolg war unveränderlich: "Some works are better than others". (Merrill 1988:268) Elder Olson war überzeugt, daß es feste Werte geben mußte, weil sonst ja kein Künstler seine Kunst ausüben würde, und weil seine Werke sonst nicht bewertet würden. Er räumte zwar ein, daß diese Begründung eine gewisse Zirkularität aufwies, doch er war sich sicher, daß sich das Gute immer durch "proof [...] in evidence of the fact" beweisen ließ. (1976:308, 313, 318)

Doch für jedes Beispiel, das Kritiker als Beweis für die Existenz eindeutiger Werte und verbindlicher Textinterpretationen anführten, lassen sich Gegenbeispiele finden, die die Einwände zu widerlegen drohen. So versuchte E.D. Hirsch mit dem Satz "The air is crisp" seine These zu belegen, daß Aussagen zwar verschiedene Assoziationen wecken könnten, jedoch immer die selbe Grundaussage (hier die der 'Frischluft') hätten. Doch ließ sich gerade dieser Satz in einer Diskussion eines Musikstückes völlig anders verstehen, und so war auch dieser Satz nicht eindeutig. (Zit. in Fish 1980:310) Martin Mueller meinte, daß es doch einige Dinge gäbe, die nicht nur relativ, sondern unstreitig wertvoll waren. Dazu meinte er als schlagende Beispiele die Werke von Bach und "Johan Strauss" [sic] heranziehen zu können. (1990:453) Doch er richtete sich hier implizit an ein bestimmtes 'kanonisiertes' Publikum, und Bach hatte für ein 'nichtkanonisiertes' Publikum ("that is, non-Western, non-academic, nonadult, or non-high-culture" B. H. Smith 1988:35f) diese unumstrittene Bedeutung nicht. Und man könnte hinzufügen, daß selbst innerhalb dieses Publikums, an das sich Mueller implizit richtete, gerade Johann Strauß sicherlich nicht für alle ein überzeugendes Argument für die Selbstevidenz großer Kunst wäre. Auch machte ein Kritiker wie Olson es sich mit der Beweisführung für große Kunst recht einfach, wenn er sie mit folgender Analogie beschrieb: "for example, you doubt my assertion that the object in my hand is a pipe; I exhibit it and prove that I am right." (1976:313) Wieder ist gerade dieses Beispiel besonders unglücklich gewählt, weil die Hinterfragung solcher Evidenzen einst durch ein Bild Magrittes berühmt wurde, das ausgerechnet eine Pfeife darstellt und den Titel trägt: "Ceci n'est pas une pipe".

Solch verunglückte Beispiele gab es auch bei Feministinnen. So war L. Howe überzeugt, daß man zwar Werke verschiedener Genres nicht vergleichen konnte, aber innerhalb eines Genres eine objektive Wertung tatsächlich möglich war. So wie eine bessere Gärtnerin von einer schlechteren anhand der Größe ihrer Tomaten unterschieden werden konnte, meinte sie, war Shakespeare besser als Marlowe – weil die Kriterien dieser Bewertung bekannt waren, nämlich "plotting, imagery, thematic complexity". (1989:516) Nicht nur fiel Howe hier auf die bekannten Kriterien des Formalismus als die einzig angemessenen und objektiv meßbaren Wertmaßstäbe zur Bewertung von Shakespeare zurück; man könnte auch ihr Beispiel der 'besseren Gärtnerin' und der 'größeren Tomaten' gerade in einer Zeit, da Dünge- und Genzuchttechniken zunehmend kritisiert werden, augenzwinkernd hinterfragen.

Die meisten übrigen Einwände gegen den Werterelativismus konnte B. H. Smith in drei Kategorien einordnen. Die erste ließ sich mit dem Schlagwort

"self-refutation" beschreiben: Smiths Behauptung, alles sei relativ, entkräfte-
te sich selbst, denn auch diese konnte nur relativ und deshalb nicht 'wahr'
sein. Hier erwiderte Smith, daß sie tatsächlich keinen Gültigkeitsanspruch auf
ihre These erhob, aber das auch weder wollte noch konnte, weil es für keine
These den Anspruch auf Wahrheit gäbe. "Having designed this verbal/
conceptual construct [...], I exhibit it here for sale, hoping that some of its
readers will, as we say, 'buy it,' but by no means expecting all of them to do
so." (1988:113) Ebenso sagte Fish, daß seine Lesart nicht korrekt oder neutral
sein konnte, er aber dennoch das Recht in Anspruch nahm, "along with
everyone else, to argue for a way of reading, which, if it became accepted,
would be, for a time at least, the true one." (1980:16) Diese Feststellung
mochte viele beunruhigen: hieß das, daß unsere 'richtigen' Werte die gleiche
Basis hatten wie die 'falschen' unserer Gegner, nämlich "the grounds of
force"? (Fish 1989:10) "Does might make right?" Im Prinzip ja, meinte Fish,
fügte aber besänftigend hinzu, daß eine Übereinstimmung ja nicht unbedingt
mit Gewalt oder Einschüchterung durchgesetzt werden mußte, sondern auch
durch verbale Überzeugung erlangt werden konnte.[17]

Ein zweites Bündel von Gegenargumenten ließ sich unter der Frage zusammenfassen, ob moralische Aussagen dann überhaupt noch möglich waren
oder ob man 'böse' Handlungen und Aussagen als 'Geschmackssache' tolerie-
ren müßte. Smith entlarvte diese Fragen als "Egalitarian Fallacy": "Alleged-
ly, the author of this study must look on bad things benignly as simply what
the other fellow prefers and on all things, good and bad, with passive 'egalitarian tolerance.'" (1988:150) Das häufigste Beispiel, das hier zitiert wurde,
war das der Nazis. Deren Schlechtigkeit, meinte Mueller, könnte Smith doch

---

17 Wie Peter Sloterdijk aufgezeigt hat, ist hier das fundamentale Dilemma der Aufklärung begründet. "Da es der Aufklärung wesentlich um freie Zustimmung geht", das heißt um Überzeugung
durch 'die richtigen Argumente' und 'das richtige Bewußtsein', verliert sie ihre Grundlage,
wenn sie Ungläubige mit Macht überzeugen will. (1983:47) "Weil es nirgendwo kampflos zu
besetzende Wahrheiten gibt und weil jede Erkenntnis ihren Ort im Gefüge von Vormächten
und Gegenmächten wählen muß, erscheinen nun die Mittel, Erkenntnissen Geltung zu verschaffen, beinahe wichtiger als die Erkenntnis selbst." (1983:46)

sicherlich nicht abstreiten: "[The Nazi] is always and everywhere an enemy." (1988:442) Mueller folgerte, daß Smiths Position keine Antwort auf Gewalt und ihre leidvollen Folgen ("harm und suffering") bieten konnte. (1990:445)

Mit diesem Argument setzte sie sich mehrfach auseinander (1988:153f; 1990:467) und gab auch mehrere Antworten darauf. Die Erkenntnis, daß Werte relativ waren, war eine *theoretische* Erkenntnis. Dies hieß nicht, daß Menschen Wertungen aus einer neutralen Position betrachten könnten. Im Gegenteil: "No one can *be* a relativist" (Fish 1980:319), und so hatte auch Barbara Herrnstein Smith ihre Überzeugungen von dem, was gut und böse war, und würde versuchen, je nach Situation 'dem Nazi' zu entkommen, ihn zu ignorieren oder zu bekämpfen. Smith wußte aber, daß es immer und überall Menschen geben konnte und gegeben hatte, für die 'der Nazi' *nicht* 'der Feind' war, und es war naiv zu hoffen, diese durch einen Appell an die 'richtigen' Werte vom 'Unwert' des nationalsozialistischen Gedankens überzeugen zu können: "nothing can guarantee that the jackals will be kept at bay, neither axiology nor any specific alternative that replaces ist." (Smith 1988:155) Schließlich wies Smith darauf hin, daß Gewalt immer auch für 'gute' Zwecke eingesetzt worden war; man konnte überzeugt sein, daß der Nazi böse und die Gewalt moralisch schlecht war, doch die Geschichte zeigte, daß das eben nicht "always and everywhere" der Fall war. (1990:467)

Eine dritte Art von Einwänden, von Smith unter dem Titel "anything goes" zusammengefaßt, beruhte auf der Frage, ob die menschliche Realität subjektiv und menschliches Handeln willkürlich waren und zum Chaos führen müßten. (1988:152) Erneut widersprach sie: Die Handlungsfreiheit des Menschen war keine absolute, sondern wurde immer durch individuelle Zwänge, "the recurrent inclinations of the agents themselves" und, nicht trennbar davon, durch soziale Zwänge gesteuert:

> what prevents individual relativists [...] from running amok is the tendency and power of social groups to channel the practices of individual members through various more or less formal and [...] institutionalized 'sanctions,' or rewards and punishments. (1988:162)

Ähnlich beschrieb auch Fish den Einfluß der *interpretive communities*, von dem sich ein Leser nicht befreien konnte. Die Beobachtung "objects are made and not found" verdammte Menschen nicht zur Subjektivität – "the means by which they are made are social and conventional. That is, the 'you' [...] is a communal you and not an isolated individual." (1980:331)[18]

4.3.5. Feministische Enttäuschung

Für Feministinnen stellte sich hinsichtlich von Fishs und Smiths Thesen die Frage, wie umsetzbar sie überhaupt waren. Hatten sie sich vielleicht zu große Hoffnungen auf die Verwertbarkeit des Smithschen Relativismus gemacht? Immerhin hatten sich einige Kritikerinnen von Smiths Werk nicht nur die Möglichkeit versprochen, genauer zu arbeiten, sondern auch den Beweis für ihre feministischen Aussagen vorzubringen. Was veränderte sich also dann mit der Erkenntnis des Relativismus? Wie ließ sich die Position positiv be- schreiben? Welche unmittelbaren Handlungsmöglichkeiten bot sie?

Die Antworten mußten für Feministinnen beunruhigend klingen. Smith und Fish warnten davor, sich zu große Hoffnungen bezüglich des Befreiungs- potentials ihrer Theorien zu machen. Der Relativismus war keine für liberale Zwecke besonders geeignete Theorie – "*no particular moral positions or ty- pes or modes of moral action follow from it at all*", betonte Smith. (1988:161) Dies war die logische Konsequenz des Arguments, daß kein 'Text' im weite- sten Sinne eine inhärente Bedeutung hatte.

---

18 Eine ganz andere Art der Kritik versuchte nicht, die Existenz beständiger Wahrheiten zu be- haupten, sondern hinterfragte mit den Begriffen Smiths, wie radikal ihre Aussagen wirklich waren. Bezüglich Smiths Aussage über die Klassiker: "In other words, what are commonly taken to be the *signs* of literary values are, in effect, also its *springs*" warf J.J.A. Moij ihr vor, mit dem Wort "also" die Radikalität ihres Statements zu mindern, denn daß die Langlebigkeit eines Werkes *auch* zu seinem kulturellen Wert beitrug, wollte ja selbst der konservativste Kriti- ker nicht bestreiten. (1992:249 [Moij bezog sich allerdings hier nur auf Smiths Artikel von 1983; in der Fassung von 1988 fehlt tatsächlich das Wort "also".]) Aber auch Fishs Radikalität wurde in Zweifel gezogen, so von Kermode, der Fishs Aussagen trotz allem "at least a smack of immanence" unterstellte. (1988:135)

> The political effectiveness of theoretical analysis [...] is, however, *limited*. The situations [...] are rarely changed through argument alone and [...] are never changed as a consequence of theoretical analysis alone. (B.H. Smith 1988:181)

Dies war auch die Position, die Walter Michaels und Steven Knapp Anfang der 1980er Jahre in ihrem Artikel "Against Theory" bekannt gemacht hatten, und die Fish in *Doing What Comes Naturally* weiterentwickelte: "that theory has no consequences." (1989:14) Die Entlarvung der *Foundationalists* brachte den *Anti-foundationalists* keine unmittelbaren Vorteile, weil auch ihre eigenen Argumente als 'relativ' entlarvt werden konnten. (Fischer 1990:542)

Daraus folgte auch, daß die Erkenntnis der Werterelativität nicht berechtigte, die eigene Position als 'gültiger', der Wahrheit näher zu reklamieren. Tompkins konnte sich zwar auf Fish berufen, um die Idee des textinhärenten Wertes der kanonisierten Klassiker zu entkräften. Wenn sie aber gleichzeitig dem sentimentalen Roman Anerkennung zukommen lassen wollte und dessen Wert in verbindlichen Begriffen beschrieb und in den textuellen (textinhärenten) Eigenschaften verortete, mußte sie sich im Widerspruch zu Fishs Thesen wiederfinden. (Thomas 1991:28) Daraus resultierte die zentrale, aber auch konstitutive Spannung der feministischen Kritik zwischen dekonstruktivistischen und frauenfördernden Erkenntnisinteressen.

Fish kommentierte in einem Beispiel explizit die feministische Kritik. Er erkannte die rhetorische Kraft des feministischen Arguments an, weigerte sich aber, feministischen Kritikerinnen einen besseren epistemologischen 'Durchblick' zuzugestehen. (1989:17f) Sie konnten zwar dominante Lesarten mit dem Argument kritisieren, daß sie Universalität suggerierten, aber dies berechtigte sie nicht, ihre eigenen Überzeugungen als epistemologisch 'offener' und also 'richtiger' auszuweisen. Natürlich bestand ein Unterschied zwischen den Lesarten, "but it is not a difference between an inflexible point of view and one more generous (less one-sided), but between points of view". (1989:20) Fish brachte es auf den Punkt: "The enemy, in short, is not aperspectivity, but a perspectivity different from [one's own]". (1989:19)

Die Relativismusposition eignete sich nicht, anderen Menschen die Richtigkeit der eigenen Ziele und Wahrnehmungen zu *beweisen*. Keine Theorie konnte das, so Fish: keine Theorie war 'wahrer' als eine andere. Es blieb nichts anderes übrig als zu versuchen, die Mitmenschen zu *überzeugen*. Sein Vorhaben war es deshalb, das formalistische "model of *demonstration*" zu ersetzen durch ein rhetorisches "model of *persuasion*". (1980:365) So überzeugt man von der Richtigkeit und Wahrheit der eigenen Position sein mochte, blieb letztlich keine andere Wahl, als über seine Werte zu *verhandeln*: "You simply have to argue about politics". (Eagleton 1983:209; Meese 1986: 139) Die eigene Theorie war nicht allgemeingültig, sondern wie jede andere "restricted, partial, and local". (B.H. Smith 1988:179)

Diese Einsicht war nur konsequent. Weder Smith noch Fish erhoben den Anspruch, daß ihre Thesen 'wahr' waren. Beide wußten, daß deren Geltung abhängig davon war, ob andere sie akzeptierten. (B.H. Smith 1988:113; Fish 1980:365) Allerdings wies Fischer darauf hin, daß beide sich diese Bescheidenheit leisten konnten. Angesichts ihrer einflußreichen Positionen (so war Smith zum Zeitpunkt der Veröffentlichung Präsidentin der MLA) konnten sie darauf vertrauen, daß ihre Theorien zumindest mit Neugier und Interesse beachtet wurden, was mehr war, als viele andere für sich erhoffen konnten. "While they allow for change, they are not unduly worried about promoting it. Their writing consequently lacks the urgency that I find in a would-be outsider", kommentierte Fischer. (1990:546) "[Fish's] advice 'Not to worry' trivializes [the feminist's] very real concerns about what academic criticism excludes." (1990:547) Tatsächlich mußten die Hoffnungen der feministischen Kritikerinnen, von der genaueren theoretischen Analyse gesellschaftlicher und akademischer Begriffe konkrete Impulse für ihre politischen Ziele zu erhalten, enttäuscht werden. So erkannte auch Tompkins letztlich:

> The catch was that anything I might say or imagine was itself the product of an already existing discourse. [...] Poststructuralism's proposition about the constructed nature of things held good, but that didn't mean the world could be changed by an act of will. (1987:75)

Hier schien ein allgemeines feministisches Dilemma versteckt zu sein: weil sich traditionelle Erklärungsmuster als veränderlich herausgestellt hatten, war die Hoffnung groß, sie auch aktiv verändern zu können. Das war jedoch ein Trugschluß; der Veränderungsprozeß war zu komplex. Ästhetische Werte waren historisch veränderlich, doch das hieß nicht, daß man neue Werte beliebig schaffen und anderen nahebringen oder gar aufzwingen konnte. Kulturelle Macht mochte in der Hand kleiner Gruppen liegen, sie durfte aber nicht mit politischer Macht gleichgesetzt werden und konnte nicht willkürlich ausgeübt oder übernommen werden. Feministinnen hielten die 'politische' Dimension traditioneller Hierarchien oft für bewußt ausgeübte Macht, doch hielt Spivak das Marxsche Wort dagegen: "*Men* make history, but they do not choose their own script." (1981:263)

Angesichts des Zweifels an der feministischen Verwertbarkeit von Fishs Thesen verhehlte Meese ihren Ärger und ihre Enttäuschung nicht. Ihre Hoffnungen hatten sich auf seine Aussage gestützt, daß uns bestimmte Lesarten eines Textes nur aus dem Grund uneinsichtig oder gar absurd erschienen, weil sich noch keine *interpretive community* mit entsprechenden Leseprozessen gebildet hatten. Sie hatte daraus geschlossen: "Fish leads us to believe that if we proceed according to certain conventions, recognition will be granted." (1985:92) Die potentielle Offenheit eines Textes für Interpretationen, die Meese hier erspäht hatte, wurde aber wieder fraglich gemacht, weil nach Fish Interpretationen nur nach erfolgreicher Überzeugungsarbeit gültig wurden. Damit wurden Feministinnen wieder an den Ausgangspunkt ihrer Bemühungen verwiesen, schloß sie desillusioniert: genau dies hatten Feministinnen immer schon versucht, ohne nennenswerten Erfolg. Der Erfolg eines Arguments hing also davon ab, welche Macht die jeweilige *interpretive community* hatte; und Fishs *community* war für Meese unzweifelhaft eine *authoritative community*. (1985:90) "The truth that Fish fails to disclose is that membership is a privilege [...] rather than a right (earned by skill)." (1985:93) Nun muß hier betont werden, daß Fishs Thesen dadurch nicht widerlegt werden. Dennoch war die Erkenntnis wichtig, daß zur Durchsetzung neuer Werte das 'schlagende Argument' allein nicht ausreichte, sondern daß hinter der sprechenden Person immer noch die Kraft der jeweiligen *interpretive community* stehen mußte. Ebenso meinte Edward Said, daß Fish der Frage auswich, warum einige Interpretationen mehr und andere weniger Überzeugungskraft hatten. (1982:9) In *The Content of the Form* schrieb Hayden White:

> the crucial problem from the perspective of political struggle is not whose story
> is the best or truest but who has the power to make his story stick as the one that
> others will choose to live by or in [...]. (1987:167)

4.3.6. Fazit: *Limited Succes, Not To Be Scorned*

War dann die relativistische Analyse für Feministinnen wertlos? Mußte sie abgeschrieben werden? Die Bedeutung der feministischen Theorie veränderte sich mit der Relativismusdebatte, aber sie mußte nicht aufgegeben werden. Denn letztlich war das, was Meese an Fish kritisierte, doch eher eine akkurate Beschreibung dessen, was tatsächlich passiert war: je mehr Einfluß die feministische Bewegung gewann, desto größer wurde die Überzeugungskraft ihrer Argumente und vice versa – was sonst hatte Meese denn erwartet? In der Tatsache, daß die feministische Idee genauso wenig universell 'wahr' war wie andere Ideen, lag die Enttäuschung, aber auch wohl die einzige Chance für die feministische Kritik begründet. Zwar bestätigte Smith, daß ihre Theorie für die feministische Politik nur von begrenztem Wert sein würde, doch sie betonte zu Recht, daß dieser begrenzte Wert, die begrenzte Gültigkeit der feministischen Idee nicht unterschätzt werden dürfte. (1988:177) Ähnlich räumte Fish ein: "There may, however, be a local contingent relationship between your epistemology and your politics [...]. It is a question finally of the political context in which [the feminist] is operating." (1989:22)

Daß alles kontingent war, hieß also nicht, daß keine Unterschiede zwischen verschiedenen Praktiken und Meinungen gemacht werden durften. Der Unterschied war nur kein theoretischer, allgemeingültiger, sondern einer, der nur für eine spezifische historische Situation galt – so wie *langue* immer nur als *parole* in Erscheinung treten kann. So anerkannte Fish durchaus einen Unterschied zwischen frauenverachtenden Äußerungen und ihren feministischen Gegenargumenten; nur lag er nicht in dem Grad der 'Erleuchtungsstufe'. (1989:20) Das Problem war ja, die eigene Meinung gültig werden zu lassen, und da reichte es nicht aus, den Gegner mit einem Argument zu konfrontieren, einen Gegner, der jederzeit achselzuckend bei seiner Meinung bleiben konnte. Was Feministinnen brauchten, war Überzeugungs*kraft*, und die bewies sich nicht im Argument, sondern in der Rhetorik. (Fish 1989:25ff) "'Political justification' [...] is, of course, a form of 'manipulation' – but, by now, that can be no surprise or objection", schrieb Smith. (1988: 177) Das "Beste', was Feministinnen tun konnten, mußte nicht unbedingt 'das einzig Richtige' sein, wohl aber das (dem historischen Moment) 'Angemessene': "the local figuring out/working out, as well as we, heterogeneously, can, of what seems to work better rather than worse." (1988:179) Ebenso schrieb Spivak:

> The most responsible 'choice' seems to be to know [ideology] as best one can, recognize it as best one can, and, through one's necessarily inadequate interpretation, to work to change it, to acknowledge the challenge of: '*Men* make their own history, but they do not choose the script' (italics mine). (1981:263)

Aus diesem Grund konnte Fish eine Theorie zwar nicht als 'Gesetz', wohl aber als 'Daumenregel' wertschätzen – ein effektives Analyseinstrument, das in Situationen *Wahrscheinlichkeiten* einzuschätzen half. (1989:316f) Sicherlich wäre die Gewißheit angenehmer, daß die Macht der feministischen Kritik auf der 'Wahrheit' ihrer Argumente beruhte. Aber wenn auch die historische Entwicklung alles war, was die Feministinnen auf ihrer Seite hatten, gab es doch keinen Grund zur Verzweiflung. Das Argument der Relativistin vermochte Antifeministen nicht umzustimmen, aber es konnte sie davon abhalten, ihre Überzeugungen als die einzig wahren und objektiven zu präsentieren. Dadurch entstand für sie erneut der Zwang zur Verhandlung ihrer Werte. Die Wirkung einer so veränderten Rhetorik darf nicht unterschätzt werden. Es gab demnach zwei Botschaften der Relativismusdebatte: Politische Analysen konnten erstens nur bescheidenen Erfolg haben, weil dieser mehr auf der rhetorischen als auf der epistemologischen Überzeugungskraft beruhte, und zweitens: "[That limited success], however, should not, as such, be scorned." (B.H. Smith 1988:177)

5. *Coming Full Circle*: Gender als feministisch-kritische Kategorie

5.1. *Coming Full Circle*

Die Darstellung des Genderbegriffs[1] bietet sich als Schlußkapitel vor allem deshalb an, weil er verschiedene Stränge und offene Fragen dieser Arbeit zusammenführt. Die Genderstudien lassen sich als eine Fortsetzung der Anfangsphasen der feministischen Kritik verstehen. Sie entwickeln das Motto 'the personal (the literary) is the political' der *Feminist Critique* (2. Kap.) weiter und stellen erneut die Frage der *Gynocritics* (3. Kap.), wie sich Kategorien der Weiblichkeit für die feministische Bewegung und die Literaturkritik positiv einsetzen lassen. Gleichzeitig verbinden sich die Genderstudien mit einer über die feministische Kritik hinausgehenden Theoretisierungsbewegung, wie dies auch für den feministischen 'Antifundamentalismus' am Beispiel der Wertediskussion (4. Kap.) gezeigt werden konnte. Schließlich verknüpfen sich auch die im Frühstadium des politischen *Radicalism* (1. Kap.) skizzierten und über ähnliche theoretische Umwege weiterentwickelten 'Rassen'- und Klassenbegriffe mit dem Genderbegriff.[2] Angesichts dieser Tatsache ergibt sich zunächst die Gelegenheit einer kurzen Rekapitulation der bisher vorgestellten Argumente und Grenzen der Kanondebatte. Diese Rekapitulation soll am Beispiel der verschiedenen Reaktionen auf das Werk Herman Melvilles vorgenommen werden.

Die Vertreter der Neuen Linken wehrten sich gegen Erstarrung und Formelhaftigkeit dominanter literaturkritischer Lesarten; diese entsprachen ihrer Wahrnehmung der hierarchisch-autoritären Strukturen im Universitäts- und

---

1 Ich übernehme das Wort Gender unverändert ins Deutsche, weil es inzwischen zu einem feststehenden Begriff in der akademischen Kritik geworden ist.

2 Im Rahmen dieser Arbeit habe ich die Entwicklung des 'Rassen'- und Klassenbegriffs in der afroamerikanischen bzw. der nach-neulinken Literaturkritik nicht berücksichtigen können. Ein vergleichender Überblick über die Entwicklung der Kategorien 'Rasse' und 'Weiblichkeit' findet sich in meiner Magisterarbeit (1990).

Literaturbetrieb. In der Folge wandten sie sich grundsätzlich von den Werken der 'Hochkultur' ab, weil diese die herrschenden bourgeoisen Werte zu affirmieren schienen. Die Erhaltung kanonisierter Werke war möglich, wenn man sie als Instrumente und ihre Autoren als Kämpfer gegen das Establishment und für die 'Leute auf der Straße' rekrutieren konnte. So wurde Melville als "consciously proletarian writer" verbucht, der über die Arbeiterklasse geschrieben und das Walfangschiff zu seiner Universität erklärt hatte; *Moby-Dick* konnte über die "*physical* power" des Buches legitimiert werden; und "Benito Cereno" überlebte als Literatur zum Thema "The Antislavery Struggle" sowie aufgrund seiner "fantastically brilliant displays of ante-bellum capitalist society". (Franklin 1972:105, 129; Kampf/Lauter 1972:53n) Bewußt wurde Ethik an die Stelle von Ästhetik gesetzt, wobei Franklins Wortwahl "fantastically brilliant" zwar auf eine gewisse ästhetische Wirkung hinwies, aber nicht näher erläutert wurde (werden durfte?) und der politischen Ausrichtung des Werkes untergeordnet war.

Die Entwicklung einer schwarzen Ästhetik sollte die voranschreitende *Black Power*-Bewegung begleiten, die afroamerikanische Kultur gebührend feiern und zum Kampf gegen die weiße Vorherrschaft vorbereiten. Welchen Platz konnte Melville in diesem Kontext einnehmen? Ellison hatte Melvilles *Moby-Dick* außerordentlich geschätzt; das Buch bezeugte ihm dessen tiefes Verständnis der Tatsache, daß 'Rasse' einen zentralen negativen Einfluß auf alle Lebensbereiche der amerikanischen Gesellschaft haben würde, solange die Nation ihre Gründungsideale nicht einlöste. (1987:326) Für die Vertreter der *Black Aesthetic* jedoch war eine Wertschätzung Melvilles nicht annehmbar. Houston Baker zeigte, daß es Neal während seines Engagements in der *Black Aesthetic* unmöglich gewesen war, Ellisons Betonung der schriftstellerischen Kunst bzw. seine Aufmerksamkeit für afroamerikanische *und* eurozentrische Werke zu akzeptieren. "[It made] him, in Neal's estimates, a too glib 'Renaissance' man"; Neal setzte anstatt der Kunstfertigkeit ("craft") die gesellschaftliche Funktionalität des Werkes dominant. (Baker 1988:147) Für John O'Neal konnte ein Werk mit einem vorherrschend weißen Lesepublikum

keinen Wert für das Projekt der *Black Aesthetic* haben: "The canons of
Western art have only incidental significance for Us." (1971:56, sic) Dies galt
auch für Melville.

Im Gegensatz zu den Vertretern der *Black Aesthetic* beschäftigten sich
Feministinnen stärker mit dem akzeptierten Literaturkanon – jedoch als *resisting readers*: Während Robinson *Moby-Dick* kalauernd als "my own bête
noire" bezeichnete und als "one Great Unreadable" ablehnte (1985:111), pro-
testierte Agate Krouse gegen die Abwesenheit von Frauen in dem Werk: "to
take an extreme example, *Moby Dick* can be dismissed automatically since
the most interesting whale is male". (1972:283) Andere Kritikerinnen wie
Tompkins beeilten sich zu versichern: "It is not my purpose [...] to drag Hawthorne and Melville from their pedestal" (1985:84), versuchten aber gleichzeitig, die ästhetische Bedeutung von Meisterwerken grundsätzlich in Frage
zu stellen. Patricia Barber bemerkte, daß die Vorstellung, daß Ahab eine Frau
wäre, nicht mehr als ein "impossible joke" sein konnte. (1977:213) Dies zeigte, daß die klassischen Charaktere und Handlungen der amerikanischen Literatur weit davon entfernt waren, *universal* zu sein – im Gegenteil: "Culture is
male. [...] Our literature [...] is by and about men." (Russ 1972:4f) Barber gab
sich jedoch nicht mit dieser Erkenntnis zufrieden; sie entdeckte, daß die
Frage "What if Bartleby were a woman?" erkenntniskritisch wertvoll war und
einen Schlüssel zu der unerklärlichen Faszination lieferte, die Bartleby für
den Anwalt ausübte. Mit einer "Miss Bartleby" ließ sich die Geschichte völlig neu lesen: die Faszination entpuppte sich in diesem Kontext plötzlich als
eindeutig erotische und entlarvte damit "Bartleby" als komplizierte homoero-
tische Liebesgeschichte.[3] Ein wichtiger Bereich in der *Feminist Critique* war
auch die Entlarvung des *Phallic Criticism*: der Diskriminierung von Autorinnen und weiblichen Charakteren in der Literaturkritik. Ein Beispiel von 1992
zeigt, daß die Diskussion noch nicht abgeschlossen ist. In seinem Artikel
"Melville in the '80s" gab Andrew Delbanco einen Überblick über die Mel-

---

3 Eine Interpretation, die von den Lesarten aus der Perspektive des *homosocial/homosexual*-Ge-
dankens in den Melvillestudien der 1980er Jahre nicht allzuweit entfernt ist.

villestudien anhand von 41 Artikeln, die vor allem im vergangenen Jahrzehnt erschienen waren. Daß er dabei einen Artikel der feministischen Kritikerin Robyn Wiegman zu dem Thema übersah bzw. überhaupt keinen explizit feministischen Beitrag aufnahm, mag angesichts der Fülle des Angebots noch halbwegs verständlich sein. Die Auslassung feministischer Beiträge wirkt jedoch verwunderlich, wenn man bedenkt, daß er sich ausführlich mit zwei Arbeiten zum Thema "gender and sexuality" im Bereich des *gay criticism* beschäftigte, deren Autoren auch noch im Zentrum von Wiegmans Analyse (und Angriff) standen; schließlich vollends fragwürdig, wenn man entdeckt, daß Wiegmans Artikel 1989 in der gleichen renommierten Zeitschrift erschien wie sein eigener. Das Problem ist hier nicht Sexismus im engeren Sinne – sehr wohl aber ein Defizit bezüglich der *Wahrnehmung* feministischer Texte, die sich offenbar an blinden Punkten der Literaturkritik ansiedeln.

In den *Gynocritics* verlagerte sich der Schwerpunkt auf Autorinnen und ihre Werke sowie auf die (mutmaßlichen) Eigenschaften weiblichen Schreibens. In ihrer Analyse der *domestic novels* des 19. Jahrhunderts sprach sich Baym in bewußter Abgrenzung zu Melville dafür aus, "the sewing circle" statt der "whaling ships" als Symbol menschlicher Gemeinschaften zu setzen. (1978:14) In Anlehnung an Woolfs biographische Skizze der fiktiven Schwester Shakespeare stellte sich Fetterley die Frage nach der fiktiven Schwester Melvilles. Dabei entwickelte sie ihre Argumente auf aufschlußreiche Weise: Hatte Fetterley anfangs noch die schriftstellerische Inferiorität von 'Melvilles Schwester' mit der Erklärung akzeptiert, daß keine Frau *Moby-Dick* hätte schreiben können, weil es damals keine Walfängerinnen gab, mußte sie ihre Überzeugung revidieren, weil Historikerinnen zeigten, daß Frauen sehr wohl ihre Männer auf Walfang begleitet hatten. Sie argumentierte daraufhin, daß eine Autorin mit Walfang-Erfahrung *Moby-Dick* nicht geschrieben hätte; ihr Buch hätte vielmehr *ihre* Erfahrungen aus *ihrer* Perspektive widergespiegelt. Zuletzt meinte sie, daß eine weibliche fiktionale Protagonistin sich nie eine so symbolhaft-universale Identität hätte zulegen können, daß sie wie Ahab ihre eigene Identität auf den Wal projiziert hätte. (In Showalter 1993b:114)

In allen Fällen wurde der Kanon – und Melvilles Werk stand hier für den Kanon – als Machtinstrument wahrgenommen, seine Zusammensetzung bemängelt und die Aufnahme der Werke marginalisierter Künstlerinnen im Sinne der Eliotschen *ideal order* gefordert. Andere lehnten den Kanon ganz ab, weil sie seine ästhetischen Werte als Ausdruck falscher politischer Werte betrachteten (sie sahen die Undurchsetzbarkeit seiner Abschaffung als ein praktisches, nicht theoretisches Problem) und forderten den Aufbau eines in Zusammensetzung und Aufbau nichthierarchischen und alternativen Kanons.

Die Probleme der feministischen Einwände können unter dem Stichwort 'Repräsentation' zusammengefaßt werden. Der Ausgangspunkt feministischer Kritik war relativ einfach. Als Aktivistinnen einer politischen Bewegung verlangten Feministinnen ihre effektive Repräsentation im politischen Prozeß und die Abschaffung der rigiden und einseitigen Geschlechterrollen. Als Leserinnen wandten sie sich gegen die zweifelhafte literarische Repräsentation (von der Stereotypisierung bis zum völligen Ausschluß) von Autorinnen, Leserinnen und weiblichen Charakteren. Doch die Probleme begannen spätestens bei dem Versuch, alternative Weiblichkeitsbilder und Lesarten zu entwickeln. Bezüglich der *sozialen Repräsentation* stellten sich Fragen wie: Woher meinte Fetterley zu wissen, wie eine Frau den Walfang erlebt hätte? Warum sagte Krouse stellvertretend für ihre Leserinnen, daß der Wal, da "männlich', als uninteressant abgetan werden kann? Welches Frauenbild stand hinter dem Vorschlag, das Walfangboot durch den Nähzirkel als Symbol menschlicher Interaktion zu ersetzen? Mit welcher Legitimation verfügten feministische Kritikerinnen über ihre *constituency*? Es dachten doch nicht alle Feministinnen (oder gar alle Frauen) gleich in dieser Hinsicht – und was sagte das über die Möglichkeiten von Feministinnen aus, für Frauen zu sprechen, sie also zu repräsentieren? Die Fragen, die die *literarische Repräsentation* betrafen, waren folgende: Wie konnte frau sich dem Werk Melvilles nähern, ohne als einzige Alternative die unkritische Anerkennung des Werkes als Kunst oder die kritische Ablehnung des Werks als Politik zu haben? (Barbers Aussage zur Homoerotik in "Bartleby" deutete doch auf Wege hin,

Werke neu zu lesen, anstatt sie einfach abzulehnen.) Wie konnten Feministinnen sich gegen die Vorwürfe wehren, das Kunstwerk politisch zu mißbrauchen? Wie ließen sich Robinsons ablehnende Haltung gegenüber *Moby-Dick* ebenso wie Ellisons Faszination für das Werk verstehen?

Im weiteren erfolgt eine Darstellung des Genderbegriffs, die sich mit solchen Fragen auseinandersetzt. Es zeigt sich, daß mit dem Genderbegriff eine verstärkte Konvergenz von feministischen mit anderen zeitgenössischen theoretischen Diskursen auftritt. Diese theoretische Diskussion wird zunächst ausführlich und ohne Bezug auf praktische Literaturkritik dargestellt, weil erst dann der Boden für ein Verständnis der Bedeutung des Genderbegriffs für den Literaturbegriff und die Kanondiskussion bereitet sein wird. Damit sich auch in diesem Kapitel der Kreis schließt, wird diese Bedeutung am Ende erneut anhand von Auseinandersetzungen mit dem Werk Melvilles illustriert werden. Das Symbol des Kreises verlangt hier jedoch eine Stellungnahme. Bekanntermaßen ist die Illusion der Geschlossenheit, Wiederholbarkeit und formalen Absolutheit in der Literaturkritik suspekt geworden. Tatsächlich kehren im folgenden zwar Metaphern und Konzepte aus den vorhergehenden Kapiteln wieder, aber sie verändern sich mit dem Genderbegriff. Zur Markierung dieser Entwicklung drängt sich ein Begriff aus der afroamerikanistischen Kritik auf – *repetition, with a difference*. Der Titel dieses Kapitels ist in diesem Sinne zu verstehen, *Coming Full Circle, With a Difference*.

5.2. Gender als Kategorie sozialer Repräsentationen

5.2.1. Begriffserklärung

Um die Mitte der 1980er Jahre gewannen die Genderstudien innerhalb der feministischen Kritik an Bedeutung. 'Gender' bezeichnet zunächst das sogenannte 'soziale Geschlecht' und indiziert, daß die Geschlechterrollen sich nicht notwendig und unabänderlich aus den biologischen Unterschieden zwischen Männern und Frauen ergeben. Der Gedanke ist natürlich nicht neu; der

Genderbegriff fand seit den 1970er Jahren Verwendung (Hof 1992:441f), und
bereits Simone de Beauvoir hatte betont: "Man kommt nicht als Frau zur
Welt, man wird es." (1949:265) Erst im letzten Jahrzehnt jedoch wurde der
Begriff allmählich mit der Konsequenz wahrgenommen und verwendet, die
das Genderkonzept forderte.

Gender als grammatikalische Kategorie

"What do we talk about when we talk about gender?", fragte Showalter in
"The Rise of Gender" und lieferte eine erste Antwort: "all speech is necessarily about gender". (1989b:1) Gender, zu deutsch Geschlecht oder Genus,
ist ein zentraler klassifikatorischer Bestandteil fast aller indogermanischen
Sprachen. Seine Funktion in der Sprache und seine Besonderheiten lassen interessante Schlußfolgerungen auf gesellschaftliche Strukturen zu; daraus ergibt sich auch das feministische Potential des Begriffs. Die Gewichtung der
Genera ist nämlich ungleichmäßig – das männliche Genus ist unmarkiert und
besetzt meist die sprachliche Norm und das Allgemeine eines Begriffspaares,
während das weibliche markiert ist und auf das Besondere, Abweichende
zielt. (Ibid.) So kann das Wort 'Dichter' sowohl Männer als auch Frauen bezeichnen, während 'Dichterinnen' sich nur auf Frauen bezieht. Dem Männlichen wird eine breitere Gültigkeit zugeordnet als dem Weiblichen.

Dazu gesellt sich eine implizite Wertungsverteilung. Das weibliche
Suffix, bezogen auf Männer, ist unverständlich oder abwertend: "We can call
either Sylvia Plath or Robert Lowell a 'poet', but we can not call Lowell a
'poetess' except as an insult." (Showalter 1989b:1) Man kann die Bemerkung
dahingehend ergänzen, daß mit zunehmendem Einfluß der Frauenbewegung
sogar *für eine Dichterin* die Bezeichnung "poetess" meist als abwertend gilt.
Sprache spiegelt soziale Machtverhältnisse wider: das Männliche steht für
das Allgemeingültige, das Weibliche birgt als 'das Andere' eine potentielle
Abwertung in sich. Wie Showalter zeigt, kann Sprache also auch ein Ort se-
miotischer Verteilungs- und Machtkämpfe sein.

Zu den Besonderheiten des grammatikalischen Genus gehört, daß es in manchen Sprachen nicht nur das männliche und das weibliche Geschlecht gibt, sondern auch ein ('geschlechtsloses') sächliches, und daß in anderen Sprachen wiederum die klassifikatorische Grenze zwischen Belebtem und Unbelebtem verläuft. Bezogen auf gesellschaftliche Zuordnungen indiziert dies, daß sich die sprachliche Welt nicht überall und nicht konsequent in männlich-weibliche Binäroppositionen aufteilt. Diesen Schluß läßt auch die Definition des *Collins Dictionary of the English Language* zu, das Gender definiert als

> a set of two or more grammatical categories into which the nouns of certain languages are divided, sometimes *but not necessarily* corresponding to the sex of the referent when animate. (1979:605, m.Herv.)

"Sometimes but not necessarily": es scheint also eine bestimmte, jedoch nicht notwendige und unabänderliche Korrespondenz zwischen grammatikalischem (*gender*) und dem biologischen (*sex*) Geschlecht vorzuliegen. Überträgt man nun Gender von seiner grammatikalischen auf seine gesellschaftliche Bedeutung (Gender als das 'soziale Geschlecht'), zeigt sich das feministische Potential dieses Begriffs: Zum sprachlichen Ausdruck und zur gesellschaftlichen Wahrnehmung sind Klassifikationen notwendig, aber die gesellschaftlichen Klassifikationen (*gender*) müssen mit den biologischen Klassifikationen (*sex*) nicht immer und gleichermaßen korrespondieren.

Gender als gesellschaftliche Kategorie

Die gesellschaftliche Kategorie Gender läßt sich der feministischen Interpretation folgend zunächst definieren als "the social, cultural, and psychological meaning imposed upon biological sexual identity". (Showalter 1989b:1f) Gender, im Deutschen häufig auch als Geschlechterrolle(n) oder Geschlechteridentität übersetzt, ist also nichts *natürlich Vorhandenes*, sondern ein *gesellschaftliches Konstrukt*, ein klassifikatorisches Prinzip der Gesellschaft, das durch seine Konstruiertheit jedoch nichts an Realität und Wirkungskraft einbüßt. Mit dem Genderkonzept wenden sich Feministinnen gegen ein biologisches Determinismusdenken; das Konzept bietet einen Weg, den unermüdlichen und ermüdenden Einwänden gegen Feministinnen zu begegnen, daß die biologischen Unterschiede zwischen Männern und Frauen doch unstreitig vorhanden seien. Der Begriff hinterfragt scheinbar allgemeingültige Wahrheiten über Männer und Frauen und entlarvt ihre Konstruiertheit sowie den ihnen zugrundeliegenden männlichen Blickwinkel.

5.2.2. Gender als ideologische Konstruktion

Allerdings war Gender nie ein unumstrittener Begriff der feministischen Kritik, denn er wurde in verschiedenen Kontexten und Disziplinen und zu unterschiedlichen Zwecken entwickelt – ob in Anthropologie oder Geschichte, in psychoanalytischen oder marxistischen Theorien. (Cf. J. Scott 1986; Showalter 1989b) Jeder Kontext implizierte auch eine andere Entstehungsgeschichte der Genderrollen bzw. eine andere Strategie zu ihrer Veränderung: Gingen die gesellschaftlichen Geschlechterzuordnungen auf anthropologische Gegebenheiten zurück oder auf die klassische ödipale Situation? Ließen sie sich mit neuen Erziehungsmustern lösen oder mit der Umkehrung der ökonomischen Machtverhältnisse?

Ein besonders interessanter Erklärungsansatz begreift Gender als ideologisches Phänomen und soll hier ausführlicher dargestellt werden. Teresa de Lauretis trug in ihrem Buch *Technologies of Gender* (1987) entscheidend zu seiner Entwicklung bei. Sie baute dazu auf Theorien von Michel Foucault und Louis Althusser auf. Foucault bot sich durch seine Untersuchung der Sexualität als diskursivem Produkt an. Er hatte in seinem Werk *Sexualität und Wahrheit* (1976) argumentiert, daß Sexualität nicht etwas Privat-Natürliches war, das gesellschaftlichen Verboten, Verhaltensregeln und mehr oder weniger wissenschaftlichen Erklärungsversuchen ausgesetzt war, sondern im Gegenteil durch diese erst *produziert*, in das Bewußtsein der Menschen gebracht wurde. Mit Foucault konnte de Lauretis auch Gender verstehen als "the product of various social technologies, such as cinema, and of institutionalized discourses [...] as well as practices of daily life." (De Lauretis 1987:2)

Gender ist also wie Sexualität nichts Natürliches, Endgültiges, sondern wird in verschiedenen Diskursen und Institutionen immer neu produziert. De Lauretis ging damit aber schon über Foucault hinaus, weil dessen Darstellung die unterschiedliche Bedeutung der Sexualität für Männer und Frauen nicht berücksichtigt hatte. Es war ihr aber möglich, seine Theorie im feministischen Sinne weiterzuentwickeln: "Foucault's theory, in fact, excludes, [but] does not preclude, the consideration of gender." (1987:3)

Der Ideologiebegriff des Neomarxisten Althusser bot eine weitere wichtige Grundlage für de Lauretis' theoretisches Konzept: nach ihm repräsentierte Ideologie "the imaginary relation of [...] individuals to the real relations in which they live". (Zit. in de Lauretis 1987:6) D.h. Ideologie wies Individuen eine bestimmte Auswahl von Identitäten zu, über die sie sich und ihre Position in der Gesellschaft definieren konnten. Die Bedeutung von Althussers Thesen für die Gendertheorie lag für de Lauretis vor allem in der Erkenntnis, daß Ideologien über das Subjekt funktionierten, sie also Individuen als Subjekte konstituierten. Genauso ließ sich für sie auch die Funktion von Gender beschreiben – Gender bot Kategorien an, in die sich Individuen einordnen und mit denen sie sich anderen zuordnen konnten: "Gender has the function (which defines it) of constituting concrete individuals as men and women." (Ibid). Allerdings hatte Althusser die Kategorie Gender nicht wahrgenommen; zwar war de Lauretis wie schon bei Foucault in der Lage, Gender in Althussers Definition zu integrieren, doch die Gleichsetzung von Gender und Ideologie bedingte eine gewisse Begriffsverschiebung. Statt "subjects" wie bei Althusser hieß es nun "men and women". Genau in dieser Verschiebung lag der konzeptionelle Unterschied zwischen Althusser und de Lauretis.

Die Genderideologie lieferte also gesellschaftliche Repräsentationen der Individuen, und so lag der Ausgangspunkt für Teresa de Lauretis' Ausarbeitung des Begriffs in der Erkenntnis: "Gender is (a) representation". (1987:3) Gender als ein soziokulturelles Konstrukt stellt keine biologisch, anthropologisch oder psychologisch gegebene, sondern eine semiotische Differenz dar – "it assigns meaning [...] to individuals within the society." (1987:5) Es repräsentiert gesellschaftliche Beziehungen und klassifiziert Individuen auf der Basis einer *konzeptuellen* biologischen Geschlechteropposition. Durch die Betonung der konzeptuellen bzw. sprachlichen Eigenschaft von Gender wurde es allerdings nicht zu einem 'unrealen' oder bedeutungslosen Phänomen. Im Gegenteil, so zeigte de Lauretis, *konstruierte* Gender durch seine Repräsentationen erst die Kategorien, die es zu repräsentieren vorgab. Denn es gab keine 'natürlichen', 'ursprünglichen' oder 'wahren' Formen der Geschlechterverhältnisse, sondern immer nur kulturell gewordene; was Gender also repräsentierte, war selbst wiederum 'gendered'. Mit anderen Worten: "The construction of gender is both the product and the process of its representation". (1987:9)

Gender war zugleich Produkt und Produzent, Repräsentant und Repräsentiertes. Damit ließ sich ausdrücken, wie historisch spezifische Formen von Geschlechterbeziehungen zu bestimmten Konzeptionen (Konstruktionen) von Weiblichkeit und Männlichkeit führten, die sich umgekehrt aber auch verselbständigen und die Geschlechterdifferenz beeinflussen konnten. So kann man einerseits argumentieren, daß beispielsweise der steigende prozentuale Anteil der Frauen mit Collegeabschluß und die zunehmende Urbanisierung Ende des 19. Jahrhunderts zu einem veränderten Frauenbild führten – dem der *New Woman* –, oder daß die feministische Bewegung bzw. der bald darauf einsetzende 'Postfeminismus' auch zu einem veränderten Männerbild führte – dem des zunächst scherzhaft-gutmütig, später verächtlich 'Softie' genannten 'weichen Mannes'. Andererseits wird verständlicher, daß bestimmte 'Gendertechnologien' wie Freuds psychoanalytische Konzepte (Penisneid) oder die amerikanischen Medien der 1950er Jahre (die glückliche Hausfrau im Eigenheim) Bilder produzierten, die das gesellschaftliche Verhältnis von Männern und Frauen entscheidend beeinflußten.

Mit der Konzeptionalisierung von Gender als (einer) Repräsentation waren zwei Punkte gewonnen. Zunächst konnte man sich von der Vorstellung lösen, daß das Geschlechterverhältnis durch *unveränderliche* (anthropologische, biologische) Sachverhalte determiniert war. Im Gegenteil war es abhängig von menschlicher Kommunikation, Handlung und Selbstwahrnehmung und erhielt so eine Dynamik, die Veränderungen und Entwicklungen, sprich: seine Historisierung erlaubte. Zum zweiten veränderte der Gedanke von Gender als Produkt und Prozeß zugleich das feministische Selbstverständnis. Es ging nicht mehr nur darum, gesellschaftliche Veränderungen herbeizuführen, die dann eines Tages auch die Frauenbilder verändern würden (selbst wenn dies zum Teil gewiß wichtig war). Sondern es war auch nötig (und möglich!), Frauenbilder zu verändern, um gesellschaftliche (wirtschaftliche, politische) Veränderungen in Gang zu setzen und um Phänomenen, die bisher nur gefühlt worden waren ("The Problem That Has No Name"), Ausdruck zu geben. Dies betraf die Literaturwissenschaft unmittelbar: Feministinnen hatten nun eine theoretische Basis für ihre Kritik an bestimmten, negativen literarischen Darstellungen, denn diese spiegelten nicht nur die Realität der Geschlechterbeziehungen wider, sondern trugen ihrerseits zu deren Verfestigung bei. Wie diese Veränderungen in die Wege geleitet werden sollten bzw. welche Macht man dabei der Literatur nun wirklich zuordnen konnte, stand dabei auf einem anderen Blatt.

5.2.3. Zur Selbstbeteiligung an der Weiblichkeitskonstruktion

Nach Althusser funktionierten Ideologien über ihre Internalisierung, Festschreibung und Verbreitung durch das Subjekt – "ideology needs a subject, a concrete individual or person to work on". (De Lauretis 1987:9) Individuen anerkannten bestimmte Genderkonzeptionen und machten sie sich zu eigen; sie erschienen dadurch für sie real. (1987:12) Ein simples, aber eindrückliches Beispiel waren die Fragebögen, deren Kästchen mit den Symbolen 'w' bzw. 'm' Männer und Frauen kategorisieren. Indem wir eines der beiden Kästchen ankreuzen, akzeptieren wir aber wiederum diese Identitäts-Kategorie und schreiben sie fest. (1987:11) De Lauretis konnte damit Gender weiter definieren als Produkt und Prozeß nicht nur von Repräsentationen, sondern auch von *Selbst*repräsentationen. (1987:9) Dieser Punkt war zentral für das Erklärungspotential von Gender, denn dadurch wurde verständlich, daß Femi-

nistinnen einerseits den Eindruck hatten, von 'außen' repräsentiert zu werden
– ob durch gesellschaftliche Konventionen, durch Stereotypen in den Medien
oder durch elterliche und andere Autoritäten. Andererseits konnten sie sich
nicht der Erkenntnis entziehen, daß sie selbst trotz ihres Protestes gegen bestimmte Ausformungen und Konsequenzen der dominanten Genderideologien
diese internalisiert hatten und weiter festschrieben – durch unzählige alltägli-
che Verhaltensweisen, ob im Bereich der Mode, der Erziehung, im Verhalten
gegenüber Männern, im Haushalt oder der politischen Argumentation. Sogar
ihr Versuch, sich in Opposition zu der Genderideologie zu definieren oder sie
zu ignorieren, nahm an der Genderkonstruktion teil. (1987:3) Jedes Individuum trug zu seiner eigenen Konstruktion (Identität) bei, damals wie heute.

Aber mit der Erkenntnis der eigenen Beteiligung an der Repräsentation
drängte sich die Frage auf, ob man/frau nicht auch die Möglichkeit der Veränderung oder gar Verweigerung hatte – in Judith Butlers Worten: "If gender
is constructed, could it be constructed differently [...]?" (1990:7) Hier half
Althussers Ideologiebegriff nicht, denn er war überzeugt: "ideology has no
outside"; Ideologien verwischten ihre eigenen Spuren, so daß jedes Individuum in sie verstrickt war, ohne es zu merken. (Zit. in de Lauretis 1987:9) De
Lauretis ging hier erneut über Althusser hinaus, denn sie war überzeugt, daß
sich "the subject of feminism", das im Werden befindliche alternative Weiblichkeitsbild der feministischen Bewegung, den dominanten Ideologien teilweise zu entziehen vermochte, also zugleich innerhalb und außerhalb der
Genderideologie stand. (1987:10) Mit letzterer meinte sie immer die *dominante* Genderideologie – und indizierte damit, daß sich Gender auch in alternativen Weiblichkeits- und Männlichkeitsbildern ausdrücken konnte (die
auch Konstrukte waren, wie Ideologien funktionierten und nur deshalb nicht
Ideologien hießen, weil sie nicht dominant waren). Weil also nicht immer nur
ein, sondern mehrere dominante oder alternative Identitätsangebote zur Verfügung standen, hatten Individuen tatsächlich die Möglichkeit, sich auf der
individuellen Ebene den dominanten Angeboten zu verweigern und sich neue
zu suchen: "[This] leaves open a possibility of agency and self-determination

at the subjective and even individual level of micropolitical and everyday practices". (1987:9)

Diese Möglichkeit der Selbstbestimmung versprach Feministinnen, sich raikal von gegebenen Zuschreibungen befreien und Frauen neue, 'bessere' Selbstbilder auf den Leib schneidern zu können. Die Hoffnungen durften jedoch nicht allzu groß werden. Denn die Besetzung einer bestimmten Position mußte schon versprechen, lohnend zu sein. Von daher war die ökonomische Konnotation des englischen Begriffs "investment" sehr treffend:

> what makes one take up a position in a certain discourse rather than another is an 'investment' [...], something between an emotional commitment and a vested interest, in the relative power (satisfaction, reward, payoff) which that position promises (but does not necessarily fulfill). (De Lauretis 1987:16)

Die Entwicklung und Durchsetzung eines alternativen Weiblichkeitsbildes war also nicht uneingeschränkt möglich (diese Erkenntnis konnte Feministinnen auch nicht überraschen). Die Freiheit zur Selbstdefinition war begrenzt; war mehr Handlungs*möglichkeit* als *-freiheit*; *agency* eher als *choice*. (1987:16; cf. Barrett 1980:91f) Der eigenen Konstruktion der Weiblichkeit waren Schranken gesetzt; sie hing davon ab, welchen Einsatz man/frau zu geben bereit war und welcher *pay-off* erwartet werden konnte. Das Ausmaß der Phantasie wurde durch die individuell-psychologische Grundstruktur, die gelebte Realität und die gesellschaftlichen Machtverhältnisse bestimmt. Selbst wenn Phantasien einer alternativen Identität erwachten, konnten sie die Gefährdung der psychologischen Sicherheit und der gesellschaftlichen Position zur Folge haben. Gender bedeutete ja nicht nur Einengung, sondern auch, wie jede Klassifikation, Schutz und Orientierung. (Cf. Hof 1992:447). Der Begriff verlor dadurch nicht an radikalem Potential; er trug jedoch der *Möglichkeit* ebenso wie der *tatsächlichen Schwierigkeit* der aktiven Veränderung der Geschlechterverhältnisse Rechnung. Er erklärte Ungleichheiten in einer Weise, die sie nicht unabänderlich erscheinen ließen.

Um zurück zu den Beispielen der glücklichen Hausfrau der 1950er Jahre zu kommen – nicht alle Hausfrauen empfanden ihr Heim als einengenden

Käfig; ihr gesellschaftlicher und moralischer Status 'belohnten' sie reichlich, selbst wenn das Bild nicht ganz mit ihrer eigenen Wahrnehmung der Realität zur Deckung kam; ihren Aufbruch in die Unabhängigkeit hätten sie mit Unsicherheit und Machtverlust 'bezahlen' müssen. Erst wenn dieser kleine Spalt wuchs, das bisherige Selbstbild zum Fremdbild wurde und es zum offenen Bruch zwischen Weiblichkeitsbild und Realitätswahrnehmung kam, konnte eine Veränderung des Weiblichkeitsbildes lohnend erscheinen, um dieses wieder mit der Realitätswahrnehmung zur Deckung zu bringen. Da die Veränderung immer auch Verluste tiefverwurzelter Werte mit sich brachte, waren es oft erst die Töchter, die sich neue Identitäten suchten.[4]

Selbstrepräsentationen konnten also auf individueller Ebene verändert werden; nicht jede von ihnen fand im hegemonialen Diskurs Anerkennung (und dies trug wesentlich dazu bei, daß eine individuelle 'Selbstfindung' nur in Ausnahmefällen eine kollektive Identitätsverschiebung mit sich brachte). Dieser hegemoniale Diskurs konnte sich aber verändern – wenn die marginalisierte Gruppe gesellschaftliche Macht erlangte, änderte sich auch der gesellschaftliche Wert ihrer alternativen Selbstrepräsentation.

---

4 Natürlich kann man nicht die Identitäten wählen und wechseln wie die Kleider. Aber genau dies – Mode – liefert ein krudes, aber vielsagendes Bild für den Identitätsprozeß. Ein konventionell gekleideter Mensch wird bei der Anprobe seiner ersten Blue jeans (vielleicht auch nur unbewußt) spüren: 'das bin ich doch gar nicht'. Wenn sich diese Wahrnehmung im folgenden durch die Realität (das heißt die Reaktion anderer und die Selbstwahrnehmung) wiederholt, wird die Jeans im Kleiderschrank einstauben. Wenn aber das Tragen dieser Jeans nur einen Teil seiner Selbstwahrnehmung bestätigt, wird ein Prozeß in Gang gesetzt, der damit enden kann, daß genannter Mensch bei einem weiteren Jeanskauf sich vor dem Spiegel zumindest für einen seiner Lebensbereiche mit der Ideologie der Jeans identifiziert und sich als sportlich, jugendlich etc. wahrnimmt. Dieses Beispiel ist verkürzend; das Leben ist komplizierter, bietet weniger gut abgesteckte Alternativen, und die wenigsten werden sich je ihrer 'Wahl' bewußt. Auch sind die Konsequenzen der Identitäts'findung' auf der Ebene von Gender langfristiger, bedeutsamer, und die wichtigsten Koordinaten für die eigene Identität sind wahrscheinlich bereits im Kindesalter festgelegt (wie Judith Butler sagte: "the subject is formed by assuming a sex" [1993:o.S.]). Aber das Beispiel zeigt die Bedeutung von Symbolen für die eigene Identität; es erinnert an die Pubertät, die in der Stilsuche tatsächlich eng mit der Identitätssuche von Jugendlichen verbunden ist, und es spiegelt den Prozeß des Sich-zu-eigen-Machens des Fremden wider und die Tatsache, daß die Macht bestimmter Konstrukte auf ihren Wiederholungen gründet.

Das Genderkonzept, wie es sich in der feministischen Kritik entwickelt
hatte und am klarsten durch de Lauretis formuliert worden war, hatte im Vergleich zu der rigiden Ablehnung der dominanten Weiblichkeitskonzepte in
der *Feminist Critique* und der Hoffnung der *Gynocritics*, zu 'richtigen' Weib-
lichkeitsbildern zu gelangen, ein enormes Erklärungspotential gewonnen. Es
ließ sich mit ihm zeigen, wie in einem dominanten Diskurs Weiblichkeit dargestellt worden war und wie sich die Darstellungen im Laufe der Zeit verändert hatten. Erklärbar wurde, daß Frauen bestimmte Konstrukte geschaffen,
anerkannt oder verstärkt hatten, die aus feministischer Sicht 'frauenfeindlich'
waren. Es waren nicht nur und nicht alle Männer an der negativen Festschreibung der Weiblichkeit beteiligt; die Machtpositionen waren weniger einfach
zu bestimmen als anfangs gedacht, und die als unrealistisch kritisierten weiblichen Stereotypen entsprachen teilweise durchaus der gesellschaftlichen
Realität. (Cf. Hof 1990:213). Ebenso ließ sich mit Gender erklären, daß (feministische) Alternativkonzepte von Weiblichkeit entstanden. Es setzte sie in
ihren historischen Zusammenhang und zeigte, warum zu einem bestimmten
Zeitpunkt dominante Weiblichkeitskonzepte für bestimmte Frauen negativ
und einengend wirkten, alternative Konzepte dagegen angemessen und befreiend, ohne daß letztere grundsätzlich als 'objektiv bessere, richtige' Konzepte gefeiert noch als 'illusorische Konstrukte' entwertet werden mußten.

Damit löste sich auch der Widerspruch auf zwischen der *Feminist Critique* und den *Gynocritics*, zwischen der Negativität und der Positivität und
zwischen der Kritik an Bildern und der Konstruktion eigener Bilder. Zurück
blieb eine konstruktive Spannung, die als konstitutiv für die feministische
Kritik gelten konnte. Dies betraf auch den Widerspruch, der im vierten Kapitel zwischen der Kritik an dominanten Werten und der Setzung eigener Werte
deutlich geworden war, bzw. die Frage, ob Feministinnen der Werterelativität
jemals entkommen könnten. Die Antwort hieß erneut 'nein'; doch konnte am
Beispiel von Gender durchaus der historische Unterschied zwischen dominanten und alternativen Werten bzw. Genderkonstrukten anerkannt werden.

5.2.4. Beziehungsaspekte von Gender: *'Race', Class, Masculinity*
Ein weiterer zentraler Punkt für die Bedeutung des Genderkonzeptes war der
konsequente Beziehungsaspekt von Gender, und zwar in doppelter Hinsicht.
Erstens war Gender nicht auf Frauen und Konzepte von Weiblichkeit
beschränkt: "information about women is necessarily information about men"
(J. Scott 1986:1056) Über Gender zu sprechen, hieß Frauen wie Männer mit
einzuschließen. (Showalter 1989b:2) Als Klassifikations-Mittel standen Konzepte von Weiblichkeit in direkter Beziehung zu Konzepten von Männlichkeit; sie konnten nicht betrachtet werden, als bestünden sie isoliert
voneinander in getrennten Sphären. 'Männlichkeit', ein Begriff, der in der
feministischen Kritik häufig kritisiert, aber als gegebene, unanfechtbare Tatsache hingenommen wurde, konnte also ebenso hinterfragt werden wie Weiblichkeit; zudem gab es in einer Kultur immer mehrere Männlichkeitskonzepte. Die konsequente Anwendung des Genderbegriffs konnte also zeigen, daß
auch Männer sich von Männerbildern eingeengt fühlten und nach Alternativen suchten.[5]

Gender erklärte nicht nur, daß bestimmte Weiblichkeitsbilder auf manche
Frauen nicht zutrafen, sondern auch daß sie im Gegenteil auf manche Männer
passen konnten. Umgekehrt galt dasselbe für Männerbilder. Daß die Konzepte nicht völlig miteinander verschmolzen, lag an der gesellschaftlich tief-
verwurzelten Binäropposition von Männlichkeit und Weiblichkeit, die sich in
festen stereotypischen Begriffen ausdrückte, so daß Abweichungen als
Grenzüberschreitungen wahrgenommen und entsprechend negativ sanktio-
niert wurden. Der Volksmund bestätigte das; Aussagen wie "Das sind keine
Frauen" (de Beauvoir 1949:8) oder 'er ist kein richtiger/ein weibischer Mann'
waren immer abwertend zu verstehen.

Der zweite Beziehungsaspekt stellte Gender in Beziehung zu anderen
Machtdiskursen: "We need a theory which places gender difference within a

---

5 Das Argument, daß Männer häufig ebenfalls unter Stereotypen litten, enthob die feministische
   Kritik übrigens nicht ihrer Protestberechtigung, denn die gesellschaftliche Machtkonstellation,
   in der sich die Stereotypen bildeten, war nicht symmetrisch; Stereotypen wiesen Männern und
   Frauen unterschiedliche Machtpositionen zu.

larger context of difference". (Zit. in Hof 1990:216) Die wichtigsten Kategorien waren hier natürlich 'Rasse' und Klasse[6], doch veränderten – je nach
Kontext – auch Unterschiede in Alter, Religion, Ethnizität, Region, sexueller
Präferenz, Gesundheit, etc. die Genderbeziehungen.[7] Interessanterweise bestätigt die Semantik den Zusammenhang der Kategorien Gender, 'Rasse' und
Klasse; das deutsche Wort 'Geschlecht' zeigt an, "was in dieselbe Richtung
schlägt" (*Meyers* 1981/VIII:144) und läßt sich (neben seinen biologischen
und grammatikalischen Bedeutungen) als 'das weibliche', 'menschliche' oder
'adlige Geschlecht' konkretisieren.

Dadurch wurde einsichtig, warum feministische Alternativkonzepte nicht
nur aus individualpsychologischen, sondern aus materiell-strukturellen Gründen nicht für alle Frauen befreiend wirkten. Die Befreiung der unselbständigen Hausfrau aus dem goldenen Käfig des Mittelklasseheims (um das Beispiel wieder aufzunehmen) war für die meisten schwarzen Frauen Ende der
1960er Jahre aus ganz anderen Gründen ein irrelevantes Thema. Dieser strukturelle Unterschied hatte weiße Feministinnen lange in Verwirrung gestürzt;
sie mußten die Rassismus-Vorwürfe schwarzer Kritikerinnen ignorieren (was
diese Vorwürfe natürlich verstärkte), weil sie den Blick auf die Opposition
'Männer-Frauen' nicht durch den Hinweis auf querlaufende Oppositionen ablenken lassen wollten. Sexismus stellte für viele Feministinnen die fundamentale, das heißt die einzig relevante 'Ur-Unterdrückung' dar (Millett
1970:39; Firestone 1970:122; Burris 1973:352; Howe/Lauter 1970:288), und

---

6 Damit kehren auch die Themen aus dem ersten Kapitel wieder; ich möchte aber erneut betonen,
daß sich gerade der 'Rassen'begriff ähnlich weiter entwickelt hat wie Gender, und ebenfalls als
Repräsentation (bzw. Metapher, cf. Gates 1984 et al.) verstanden wird. Die Anführungszeichen
markieren diese begriffliche Entwicklung. Ein Beispiel für die Verzahnung von 'Rasse' und
Gender ist der Mythos des 'Black Rapist', der schwarzen Frauen und Männern und weißen
Frauen und Männern jeweils spezifische Rollen zuweist und im Kontext des Geschlechterkampfes allein ebensowenig verständlich werden kann wie im reinen Kontext des Rassenkonflikts.

7 Judith Butler hat dieses "etc.", das fast alle derartige Auflistungen begleitete, als ein 'Verlegenheitswort' bezeichnet, das aber durchaus politisch wirksam war, weil es die Unmöglichkeit
endgültiger Identitätszuweisungen ausdrückte: "the exasperated 'etc.' [...] is a sign of exhaustion
as well as of the illimitable process of signification itself. It is the *supplément*, the excess that
necessarily accompanies any effort to posit identity once and for all." (1990:143)

die Position der Unterdrücker war mit der der Männer identisch. Insofern waren Feministinnen lange blind für die Möglichkeit gewesen, daß Frauen auch Unterdrückende sein konnten; dies paßte nicht in ihr Weltbild und bedrohte ihre moralische Legitimation.

Mit dem Genderbegriff wurde deutlicher, daß sich jeder Mensch in mehreren Diskursen und Machtkontexten bewegte. Es war dadurch nicht mehr möglich, pauschal von 'Unterdrückten' und 'Marginalisierten' zu sprechen; sie ließen sich höchstens noch *in spezifischen Situationen* identifizieren. Damit akzeptierten Feministinnen die Notwendigkeit (und Möglichkeit!), verschiedene Dimensionen der Unterdrückung zu unterscheiden; Harvey differenzierte z.B. zwischen Ausbeutung, Marginalisierung, Entrechtung und Gewaltausübung. (1992:o.S.) *Gender difference* zwischen den Geschlechtern ließ sich trotzdem noch anerkennen, ohne aber eine starre Opposition zu suggerieren und ohne *the difference within* zu ignorieren. Gender war daher ein effektives Instrument des Dekonstruktivismus; es machte eindeutige, auf Binäroppositionen aufbauende Identitäten und Positionen unmöglich. Dies bezeichnete de Lauretis als "the radical epistemological potential of feminist thought":

> the possibility [...] to conceive of the social subject [...] in another way: [...] not unified but rather multiple, and not so much divided as contradicted. (1987:2)

Neben den bereits dargestellten Differenzierungen und komplexen Sachverhalten, für deren Erklärung Gender eine tragfähige Basis bildete, versprach der Begriff auch, das Marginale *und* das Dominante zu thematisieren; Männlichkeit wurde zum Forschungsthema, Männer fanden als Forscher und Studenten Raum im Feld der Genderstudien. Gender rückte die feministische Kritik in das Zentrum der Wissenschaft. (Showalter 1989a:367) Ein weiterer Vorteil lag darin, daß mit Gender nicht die Geschlechterunterschiede selbst, sondern "der Prozeß des Unterscheidens" zum Forschungsobjekt wurde (Hof 1992:43); *wie* also bestimmte Versionen von Gender festgeschrieben und impliziert wurden. (Cf. J. Scott 1986:1074) Der Genderbegriff wurde daher in den 1980er Jahren zum großen Hoffnungsträger der feministischen Kritik und ist es mit einigen Einschränkungen heute noch; doch auch er ist nicht ganz unproblematisch, wie sich im folgenden zeigen wird.

5.2.5. Problematik

Ein erstes Problem ergab sich durch die Erkenntnis, daß alternative, feministische Weiblichkeitsbilder nicht die 'wahren', 'richtigen' Bilder, sondern ebenfalls Konstrukte waren, die sich von den dominanten Bildern vor allem dadurch unterschieden, daß sie (noch) nicht zur Ideologie geworden, also nicht Teil des hegemonialen Diskurses waren. Hier war ein heikler Punkt für die feministische Kritik erreicht; denn grundsätzlich erschien ihr wünschenswert, daß die oppositionellen Männlichkeits- und Weiblichkeitsbilder die dominanten Bilder ablösten:

> does it follow that these oppositional discourses [...] can become dominant or hegemonic? And if so, how? Or need they not become dominant in order for social relations to change? And if not, how will the social relations of gender change? (De Lauretis 1987:17)

Aus diesen Überlegungen ergab sich zunächst die Frage, ob gesellschaftliche Veränderungen nur aus einer dominanten Position heraus zu erzielen waren. Diese Frage kann natürlich nicht grundsätzlich beantwortet werden, dazu müßten zunächst einmal die Art der Veränderungen und die Dominanz einer Position definiert werden, und selbst dann wäre eine in die Zukunft gerichtete Antwort immer spekulativ. Wenn man die Frage, ob Macht nötig sei, mit Ja beantwortete, ließ sich eine gewisse Ironie in der Tatsache, daß Feministinnen Machtpositionen anstrebten, die sie vorher als maskulinistisch kritisiert hatten, nicht verleugnen. Die gleichen Ereignisse, die seit den 1960er Jahren zur Schwächung des dominanten Diskurses geführt hatten (z.B. Vietnamprotest und Studentenunruhen), brachten Gruppen hervor, die ihrerseits nach Macht strebten. Doch die (potentielle) Macht der Marginalisierten mit der Macht der dominanten Gruppen gleichzusetzen, wäre historisch ungenau. Es blieb ein Unterschied zwischen hegemonialem Willen zur Macht und dem Machtanspruch der Marginalisierten, selbst wenn man dies in der Praxis nicht immer klar trennen konnte. So wäre es zu diesem historischen Zeitpunkt un-

zulässig, die marginalen Diskurse durch Verweis auf ihr Machtstreben auszuschalten. Das Machtproblem war dadurch jedoch bei weitem nicht gelöst.
Wie würde die feministische Kritik mit der Macht umgehen?[8] Stellte sich
weibliche/feministische Macht anders dar? Wann war ein marginalisierter
Diskurs als dominant einzuschätzen? Trotz aller Problematik ist es hier wichtig hervorzuheben, daß die Wahl des Weiblichkeitskonzeptes *keine* reine
Machtfrage war; man kann durchaus (wie bei der Wertefrage im 4. Kapitel)
argumentieren, daß es sich bei den neuen Konstrukten zwar nicht um 'die
richtigen, wahren', aber doch sehr wohl um die den demokratischen Werten
und der Geschlechteremanzipation *angemesseneren* Bilder handelte. Auch
diese Überzeugung muß verteidigt und begründet werden, auch in diesem
Fall stellt sich das Problem der Überzeugungskraft (-macht?) der neuen Konstrukte bzw. die Frage, ob die Konstrukte nur durch gesellschaftlichen
Machtgewinn einer Gruppe 'überzeugend' erscheinen. Beide Argumente – der
demokratischen Angemessenheit und der Überzeugungsmacht der Konstrukte
– waren nicht voneinander zu trennen und dennoch nicht völlig deckungsgleich. An dieser Bruchstelle lag die Herausforderung der feministischen
Kritik – die Gratwanderung, die sich daraus ergab, neue Bilder durchzusetzen
und gleichzeitig Totalität zu vermeiden.

Ein theoretisches, nicht weniger grundsätzliches Problem stellte sich mit
der Definition von Gender als sozio-kultureller Repräsentation des biologischen Unterschieds. Der Schwachpunkt dieser Definition war, daß sie sich

---

8 Die ähnlich gelagerte Ironie, daß Macht in dem Augenblick in Verruf geriet, als Feministinnen
begannen, in den Universitäten Fuß zu fassen, oder allgemeiner gesagt, als die bisher Marginalisierten begannen, die Teilhabe an der Macht einzufordern, ist von einigen Kritikerinnen als kon-
spirativer Prozeß gedeutet worden. Doch die Aussage, daß der Machtbegriff in Verruf geraten
war, ist historisch ungenau. Es handelte sich dabei um die Macht *spezifischer Gruppen*, nämlich
der dominanten. Die Geschehnisse der 1960er Jahre (die Bürgerrechtsaktivitäten und die Kata-
strophe des Vietnamkriegs) führten gleichzeitig und *einander bedingend* zu einer Schwächung
der dominanten und einer Stärkung der marginalisierten Identität. Daß sich dieser Niedergang
des dominanten Machtbegriffs als *genereller* Verfall des Machtbegriffs darstellte, lag zwar auch
am feministischen Diskurs (weil viele Feministinnen Macht allgemein als männlich verdammten, obwohl sie selbst danach strebten), aber vor allem am Einfluß des dominanten Diskurses.

zwar vom biologistischen Determinismusdenken entfernte, aber wiederum auf der Dichotomie Natur-Kultur beruhte und wiederholte, was sie selbst kritisiert hatte. (Hof 1990:446) Mit dieser Definition lud Gender praktisch zu seiner Dekonstruktion ein. Außerdem suggerierte die Definition, daß es für Feministinnen darum gehen konnte, für den 'real vorhandenen' biologischen Unterschied auch die 'richtige' Repräsentation zu finden und von den 'falschen' zu unterscheiden; ein Trugschluß in mehrfacher Hinsicht, wie sich gezeigt hat. (Hof 1990:446)

De Lauretis war diesen Trugschlüssen entkommen, indem sie gezeigt hatte, daß alles, was Gender repräsentierte, immer nur wieder Gender war: "the *conceptual* [...] opposition of two biological sexes." (1987:5) In diesem Sinne überlegte auch Judith Butler: "perhaps this construct called 'sex' is as culturally constructed as gender; indeed, perhaps it was always already gender". (1990:7) Biologie war also nicht das 'Rohmaterial' für Gender, sondern ebenfalls ein diskursives Produkt. Die biologischen Unterschiede waren zwar durchaus vorhanden, aber erst durch den (kulturellen, diskursiven) Prozeß des Unterscheidens wahrnehmbar gemacht worden; es gab in der Welt unzählige Unterschiede, die nicht als solche gesehen wurden, die aber unter bestimmten Umständen jederzeit sinnkonstituierend sein konnten.

Hieraus ergab sich aber ein wesentliches Problem für den Genderbegriff: "the consequence [is] that the distinction between sex and gender turns out to be no distinction at all." (Butler 1990:7) Wozu, wenn nicht zu der Erklärung dieses Unterschieds, war Gender gut? Wenn Gender 'immer schon' ein Konstrukt war, wie war das ohne eine konstruierende Instanz vorstellbar? "In such a case, not biology, but culture, becomes destiny." (1990:8) Löste Gender dann nicht sein eigenes radikales (Veränderungs-)Potential auf? Gender drohte sich also in seiner Konsequenz selbst aufzuheben.

Eine Antwort auf diese Fragen lag darin, daß es für die feministische Kritik unerheblich war, ob der Geschlechterunterschied letztlich auch ein Konstrukt war oder nicht, er war nichtsdestotrotz vorhanden und äußerst wirksam:

> We do not need to talk of sexual division as 'always already' there; we can
> explore the historical construction of the categories of masculinity and
> femininity without being obliged to deny that, historically specific as they are,
> they nevertheless exist today in systematic and even predictable terms. (Barrett
> 1980:93; de Lauretis schloß sich diesem Gedanken an, 1987:7f)

Trotz ihrer unklaren Herkunft gibt es heute identifizierbare Kategorien sexueller Differenz, die man untersuchen, hinterfragen, weiterentwickeln kann; und auf dieser Basis behält Gender seine Bedeutung als Analysekategorie. "Motion, said Zeno while out for a walk, is impossible" – dieses paradoxe Zitat drückt die Gleichzeitigkeit einer theoretischen Unmöglichkeit und einer historischen Realität aus. (Zit. in Hof 1992:448)[9]

5.3. Gender und der literarische Kanon

Der Genderbegriff ist im vorangehenden Teilkapitel ausführlich beschrieben worden, nicht nur weil er so zentral für die feministische Kritik wurde, sondern weil er auch den Literaturbegriff veränderte und überraschende Parallelen zwischen Gender und Literaturbegriff sichtbar werden ließ. Die Parallelität wird bereits durch den Begriff der Repräsentation deutlich, der beide Bereiche umfaßt. Die Geschichte der Frauenbewegung begann mit der Forde-

---

9 Judith Butler präsentierte 1993 eine andere Antwort. Sie ging von der Frage aus: "if everything is discourse, what about the body?" Natürlich war der Geschlechterunterschied nicht allein eine Funktion materieller (körperlicher) Unterschiede, sondern konstituierte sich diskursiv. Doch der Diskurs, so Butler, *verursachte* nicht die sexuelle Differenz, sondern machte sie nur wahrnehmbar. Wenn Butler davon ausging, daß die diskursive Konstruktion unserer Wahrnehmung durch Ausschluß funktionierte und daß also nicht *alles* diskursiv konstruiert wurde, konnte man daraus folgern, daß bei jeder Konstruktion etwas ausgelassen wurde, unkonstruiert blieb: "There is something outside construction". Dieses immaterielle 'Außerhalb' hatte Butler im Blick, wenn sie von der "gendered matrix" als Vorbedingung des Subjekts sprach. Dieses 'Außerhalb' war Individuen nicht zugänglich, sondern verschwand vor der Entstehung des menschlichen Subjekts (das Subjekt entstand ja erst mit der Konstruktion seiner Identität, mit dem Ausschluß). So verweigerte sich Butler sowohl dem Essentialismus, der die Existenz des Körpers (und des Geschlechterunterschieds) *vor* jede Konstruktion setzte, als auch dem Konstruktivismus, der *alles* diskursiv konstruiert sah. (1993:o.S.)

rung nach *politischer Repräsentation*, die es mit der Entsendung einer anteilsmäßig angemessenen Zahl von Vertreterinnen ihres Geschlechtes in die politischen und gesellschaftlichen Entscheidungszirkel sicherzustellen galt. Es zeigte sich aber auch die Notwendigkeit, die *kulturelle Repräsentation* von Frauen – das Frauenbild in der Gesellschaft – entscheidend zu verändern, und diese stand in einem deutlichen, näher zu untersuchenden Zusammenhang zu ihrer *literarischen und bildlichen Repräsentation*.

Viele Verteidiger des Kanons warnten davor, politische und kulturelle Repräsentation gleichzusetzen; man könnte Erwartungen bezüglich der angemessenen 'Repräsentativität' des Kanons nicht auf demographische Daten stützen; der literarische Kanon sei kein politisches Plenum, in dem ethnische und Gender-Gruppen proportional repräsentiert wären. (Guillory 1987:485; Wolf 1991:707) Doch der berechtigte Hinweis auf Unterschiede zwischen den Repräsentationskonzepten war wenig hilfreich, wenn er suggerierte, daß damit alles gesagt sei und dazu führte, die unzweifelhaft vorhandenen Parallelen zu übersehen. Auch die Frage nach der Repräsentativität war sowohl bezüglich eines politischen Plenums als auch bezüglich des literarischen Kanons problematisch. Ebenso wie Feministinnen gegen die Überzeugung protestierten, daß große Kunst universal gültig war und den Menschen schlechthin repräsentierte, wuchs der Zweifel, ob der Idealfall, daß ein politischer Repräsentant die Belange seiner Wählerschaft ungeachtet der Hautfarbe und des Geschlechts vertrat, in Amerika jemals Wirklichkeit geworden war. In beiden Bereichen standen die Herausforderer vor dem Dilemma, daß die literarische und politische Repräsentation der weiblichen (und) schwarzen Leser- bzw. Wählerschaft durch Schwarze (und) Frauen nicht *grundsätzlich* befriedigender und wirklichkeitsnäher sein würde.[10] Schon die Vision der

---

10 Im Unterschied dazu warf Jehlen den Kanonrevisionisten zwar ebenfalls vor, politische mit kultureller Repräsentation zu verwechseln, folgerte aber daraus die Notwendigkeit, beide Begriffe in ihrer Verbindung zueinander genauer auszuleuchten. (1991:729f) Doch selbst Jehlen definierte politische Repräsentation, als sei der Begriff unproblematisch: "political representation [...] requires abstraction from the qualities that denote otherness so that individuals and

Progressives hatte einst die Gemeinsamkeit der kulturellen und politischen Repräsentation umfaßt: "[...] not only that the body politic spoke through representative elected officials but also that the body social generated representative works and critics". (Thomas 1991:xiv) Die Zerstörung dieser Vision hatte denn auch eine umfassende 'Krise der Repräsentation' zur Folge. (Ibid.)

Die Parallelität zwischen Gender (als Modus gesellschaftlicher Repräsentation) und dem Kanon (als Institution für literarische Repräsentationen) setzte sich mit ihren Funktionen fort. Sowohl Gender als auch der literarische Kanon ließen sich als klassifikatorische Konzepte anerkennen. Sie ordneten die Wahrnehmung, lieferten Orientierungsmöglichkeiten und Richtlinien und eine gemeinsame referentielle Basis, ob für die spezifische Kommunikation professioneller LeserInnen oder zwischenmenschliche Interaktion im allgemeinen. Daneben war der literarische Kanon wie Gender in seinen jeweiligen Inhalten Ausdruck eines (ästhetischen bzw. gesellschaftlichen) Wertesystems und trug zur Selbstdefinition der Kultur und Gesellschaft bei. Die implizite Wertehierarchie war gleichzeitig deskriptiver und normativer Art. Sie repräsentierte eine gesellschaftliche bzw. kulturelle Realität, war aber auch immer Ausdruck einer Wunschvorstellung (Ausdruck des Wunsches, das 'Beste' einer Kultur zu identifizieren und zu bewahren, gemeinsame Werte sicherzustellen und eine ideale Gesellschaft aufzubauen).

Beide Instanzen schließlich wurden (nicht nur) von der feministischen Bewegung hinterfragt: Klassifikationen mochten notwendig sein, um die (literarische) Welt überhaupt wahrzunehmen, doch wer bestimmte, welches Werk kanonisiert wurde? Wessen Vorstellung dessen, was als 'weiblich' galt und welche Eigenschaften 'männliche' waren, setzte sich durch? Deutlich wurde, daß die verschiedenen Funktionen des Kanons und des Genderbegriffs von den dahinterstehenden Interessen nicht zu trennen waren. Der Kanon wurde wie Gender als Hierarchisierungsinstanz im negativen Sinne, als Macht- und Legitimationsinstrument erkannt. Diese Erkenntnis galt nicht nur im politi-

---

groups can function as equivalent units, wielding equivalent amounts of political power [...]." (1991:729)

schen, sondern auch im epistemologischen Sinne: Sowohl der hinter den Konzepten stehende Textbegriff als auch der Identitätsbegriff wurden fragwürdig; sie waren nicht mehr einfach 'da', eindeutig definierbar, und konnten sich nicht mehr über den Hinweis auf transzendentale Werte legitimieren.

Diese Erkenntnisse fanden sich nicht nur in feministischen Beiträgen, sondern schlugen sich auch in den Inhalten der amerikanischen Anthologien und Literaturgeschichten (die neben den Lehrplänen und Verlagen als wichtige Kanonisierungsinstanzen gelten können) der 1980er Jahre nieder. Im Licht dieses paradigmatischen Wandels ist es kein Wunder, daß in den 1980er Jahren eine ganze Reihe entsprechender Projekte in Angriff genommen wurde. Nachdem die 1948 erschienene *Literary History of the United States*, herausgegeben von Robert Spiller et al., vier Jahrzehnte die einzige umfassende Literaturgeschichte geblieben war, erschienen 1988 die einbändige *Columbia Literary History of The United States* (Hg. Emory Elliott) und 1993 die fünfbändige *Cambridge History of American Literature* unter der Herausgeberschaft von Sacvan Bercovitch. 1985 wurde die *Norton Anthology of American Literature* von 1979 unter der Regie Nina Bayms überarbeitet, und 1990 erschien Paul Lauters *Heath Anthology of American Literature*.

5.3.1. Rassen- und Männlichkeitsideologien im Text: *Radical comparativism*

Mit der Entwicklung des Genderbegriffs hatte sich gezeigt, daß Gender als Kategorie immer ein *Verhältnis* ausdrückte, also Weiblichkeitskonzepte ebenso wie Männlichkeitskonzepte betraf: "talking about gender means talking about both women and men." (Showalter 1989b:2) Analog dazu weitete sich in der feministisch-literaturkritischen Praxis die Textauswahl auch wieder auf Werke männlicher Autoren aus, was seit der *Feminist Critique* der 1970er Jahre selten geworden war. (Cf. N. Miller 1986:42) Die feministische Kritik nahm also einen Impuls ihrer Anfangszeit auf. Sie suchte jedoch nicht nach 'Sexismus' im Text, sondern untersuchte die Art und Weise, wie sich *'Gender-arrangements'* im Text niederschlugen. Dies konnte heißen, wie ein Text eines Autors Weiblichkeit darstellte; ebenso wichtig und aufschlußreich

aber wurde die Konstruktion von Männlichkeit in seinem Text. Die Öffnung
des textlichen Repertoires für die Genderstudien galt auch in bezug auf andere Differenzkategorien – quer zu Gender waren im Text auch Metaphern der
'Rasse' zu finden. Showalter konnte so die Ausgangssituation der feministischen Kritik neu formulieren: "To define the objective of feminist criticism
as an analysis of gender in literary discourse completely opens the textual
field." (1989a:367)

Dieser Ansatz entsprach Jehlens bereits 1981 erfolgtem Ruf nach einem
"radical comparativism" (1981:585) und Sollors' Kritik an einem literaturkritischen "group-by-group approach". (1986a:256) Dessen Kritik bezog sich
zwar auf die Problematik ethnischer Kategorisierungsversuche, seine Argumente ließen sich aber ebenso auf Frauenstudien anwenden: Der *group-by-
group approach* war ahistorisch, weil er übergreifende literarische Bewegungen und Verbindungen nicht berücksichtigen konnte; er essentialisierte Autorinnen, die außer ihrem Geschlecht wenig miteinander zu tun hatten; er erhob
dieselben Kategorien, die einst zu ihrem Ausschluß geführt hatten, zum positiven Ordnungsprinzip. (1986:255f) Auch unter Feministinnen wurde Kritik
an einem separaten Frauenkanon laut – "studies of women [...] too easily
could be ghettoized, leaving disciplinary structures and practices intact."
(Showalter 1989b:2) Lillian Robinson warnte: "the longer we wait, the more
comfortable the women's literature ghetto – separate, apparently autonomous,
and far from equal – may begin to feel." (1983:118)

5.3.2. Erweiterung und Fragmentierung des Literaturbegriffs

Die Ausweitung der Textauswahl betraf Autoren und Autorinnen ebenso wie
die Art der Texte bzw. den Textbegriff an sich. Während sich unter dem Einfluß des Genderbegriffs ein neues, feministisches Bild weiblicher Identität
entwickelte, das sich prozeßhaft und fragmentiert verstand – "not unified but
rather multiple, and not so much divided as contradicted", wie de Lauretis
sagte (1987:2) –, schälte sich in den literaturkritischen Werken ein entspre-

chender Literaturbegriff heraus, der sich ebenfalls durch seine Dynamisierung und Fragmentierung auszeichnete.[11]

Der Kunstbegriff, zunehmend als unrettbar elitär-maskulinistisch empfunden, wurde von vielen zugunsten des Kreativitätsbegriffs aufgegeben. Folge war eine Ausweitung und Enthierarchisierung des Forschungsfeldes, das nun auch bisher nicht 'kunstwürdige' Bereiche umschloß, z.B. das Kunsthandwerk oder die Gartenkunst. Mit dieser Ausweitung konnten nun auch Frauen gewürdigt werden, denen der Status der 'Künstlerinnen' nicht vergönnt gewesen war. Typische Beispiele dafür fanden sich bei Alice Walker, die sich mit ihren Romanen am feministischen Diskurs beteiligte, indem sie selbstgeschneiderte Kleidung (in *The Color Purple*), kunstvoll angelegte Küchengärten (in *Search of Our Mothers' Gardens*) und Quilts ("Everyday Use") zu 'Kunstwerken' emporhob, ja sogar als 'Lebenskunst' implizit moralisch höher bewertete als die klassischen 'Meisterwerke'.[12] Auch in Toni Morrison Erstlingsroman *The Bluest Eye* zeigte sich die Sympathie für den dynamischen, immer im Fluß begriffenen Kreativitätsprozeß, der nie in der Endgültigkeit des 'Werkes' erstarrte, und der die Einsamkeit 'des Künstlers' nicht kannte:

> She liked, most of all, to arrange things. To line things up in rows — jars on shelves at canning, peach pits on the step, sticks, stones, leaves — and the members of her family let these arrangements be. When by some accident somebody scattered her rows, they always stopped to retrieve them for her, and she was never angry, for it gave her a chance to rearrange them again. Whatever portable plurality she found, she organized into neat lines, according to their size, shape, or gradations of color. (Morrison 1970:88f)[13]

Die Ausweitung des Kunstbegriffs führte auch zur Aufweichung der Grenzen zwischen Literatur und anderen Kunstformen. In der vielbeachteten

---

11 Der Terminus 'fragmentiert' erlangte in diesem Zusammenhang eine positive Bedeutung, weil das Konzept einer geschlossenen Identität bzw. des geschlossenen Kunstwerks hinterfragbar geworden war.

12 Als Beispiel für diesen Kreativitätsbegriff außerhalb der Literatur cf. Gubar 1981:306.

13 Allerdings verriet der abschließende Satz, daß Morrison diesen Kunstbegriff letztlich nur als notdürftigen, zweitrangigen verstand: "She missed — without knowing what she missed — paints and crayons". (1970:89)

Anthologie *The Gender of Modernism* (1990) hob die Herausgeberin Bonnie Kime Scott die Grenzüberschreitungen hervor – H.D. war auch Filmkritikerin gewesen; Musik und Tanz waren von zentraler Bedeutung für Zora Neale Hurston; Djuna Barnes hatte Illustrationen zu ihren Schriften geliefert, die auch in der Anthologie erschienen. (1990:13) Noch konsequenter war der Entschluß Henry Louis Gates', mit der *Norton Anthology of African-American Literature* eine Cassette mitzuliefern, die die mündliche und musikalische Tradition der schwarzen Kultur vermitteln sollte. (1990:109)[14]

Das gesteigerte Interesse der feministischen Kritik an den möglichen (historischen, psychosozialen) Verbindungen von Weiblichkeit und literarischen Genres ist bereits im dritten Kapitel dargestellt worden. In Scotts Anthologie äußerte es sich in der Privilegierung der "marginal genres" (1990:8), die eine ungewöhnliche Mischung zur Folge hatte: "essays, book reviews, interviews, letters, diaries, sketches, even notebooks" (1990:9) bzw. "travel literature, psychobiography, crime reportage". (1990:12) Solche Aufzählungen fanden sich immer häufiger in feministischen literaturgeschichtlichen Darstellungen. Weitere Genres, die im feministischen Kontext plötzlich interessant wurden, waren "fragments of autobiographies" (Kaplan/Rose 1990:39); die 'Confessio' und der feministische Bildungsroman (Felski 1989); die 'domestic novel' (Cf. Tompkins 1985), Science-fiction (Haraway 1985:220) oder auch folgende Untersuchungsobjekte: "a book based on unpublished women's letters, an experimental theater performance based on the book, and the documentation of the theatrical production, also published in the book". (De Lauretis 1987:x)

---

14 Diese Veränderungen entsprachen auch der Verschiebung des Nationalbegriffs, wie sie Elliott und Bercovitch in ihren Literaturgeschichten vorgenommen hatten. Mit dem Begriff "United States" im Titel wollte Elliott den sprachlichen Kolonialismus vermeiden, denn Amerika umfaßte ja schließlich mehr als nur die US-amerikanische Nation; andererseits fand er sich damit im Dilemma, daß der Begriff das Vorhandensein einer englischen, spanischen und *Native American*-Literatur vor 1776 unberücksichtigt ließ. Als 'Ausgleich' nahm er dann auch nicht-englische Texte in die Literaturgeschichte auf und definierte das Forschungsfeld titelunfreundlich als "that part of the world that has become the United States of America". (1988:xix) Sacvan Bercovitch löste das Problem, indem er 'Amerika' nicht als neutral-geographischen Ort, sondern bewußt als Ideologie und Metapher verstanden wissen wollte. (1986a:102f)

Diese Schwerpunktverschiebung im Literaturbegriff bedeutete für Bonnie Kime Scott auch eine bewußte Zurückstellung des Romans und der Lyrik: "The volume thus offers a shift in emphasis from the privileged genres of the novel and – particularly in modernist definition – poetry." (1990:8)[15] Eine erste kritische Frage drängt sich sofort angesichts der erschlagenden Vielzahl der aufgezählten Genres und Texte auf: wie weit kann sich der Kunstbegriff ausdehnen? Was heißt das für literarische Anthologien? Ein Blick auf die 1990 erschienene *Heath Anthology* vermittelt eine Ahnung von dem, was die Ausweitung des Textbegriffs zur Folge haben kann: in ihr findet sich auf beinahe 6.000 Seiten eine Auswahl von 300 AutorInnen. (Ruland 1991:341) Sollors kommentierte ironisch: "The remedy 'Space' is seen in what might appear a very American way; [...] as a flexibly limitless and ultimately all-inclusive thing." (1986:254f) Es zeigen sich also die Grenzen der Lösung 'Raum'. Die Herausgeber der neuen Literaturgeschichten und -anthologien vermieden die Auswahl weniger 'repräsentativer Meisterwerke', die im Fall ihrer Vorgänger als willkürlich, elitär und unrepräsentativ kritisiert worden war, und handelten sich statt dessen das Problem der Unübersichtlichkeit und verwirrenden Vielzahl der Angebote ein; die Suche nach geeigneten Auswahlkriterien war damit dem Lesepublikum zugespielt worden. Die Demokratisierung des Leseprozesses konnte sich dem Individuum zunächst als literarische Nivellierung präsentieren.

Wenn der Kanon sich nicht ins Unendliche ausdehnen sollte, stellte sich also erneut das Problem der Auswahl und Bewertung der Werke. Ein Angebot von 300 Autoren und Autorinnen verlangte von sich aus nach Ordnungs- und Selektionsmöglichkeiten – nicht nur für die Zusammenstellung eines Syllabus. Das hierarchische Auswahlkriterium des transzendenten 'literarischen Wertes' an sich war philosophisch als illusorisch und politisch als diskriminierend entlarvt worden. Das Kriterium der 'realistischen Frauengestalten'

---

15 Die feministische Entprivilegierung der Lyrik mochte zwar im Kontext der Moderne einleuchten; in einem ganz anderen Kontext wurde allerdings gerade sie im Namen der in bezug auf Zeit und Material benachteiligten Künstlerinnen als 'feministisch korrektes' Genre bevorzugt. Ähnliche Widersprüche finden sich auch zum Roman; cf. 3. Kapitel.

hatte ganz andere Probleme mit sich gebracht. Welches Auswahlkriterium
bot sich dann noch an? Eine Antwort soll im folgenden entwickelt werden.

5.3.3. Funktionalisierung des Kanons

Erneut kann der Blick auf ein paralleles Problem des Genderbegriffs weiter-
helfen. Feministinnen hatten die dominanten Weiblichkeitsbilder in Literatur
und Gesellschaft entlarvt, waren aber bei dem Versuch in Schwierigkeiten
geraten, 'das richtige' Bild dagegenzusetzen. Nach welchen Kriterien ließ sich
das 'beste' Weiblichkeitsbild bestimmen? Offensichtlich war das von Kontext
zu Kontext verschieden. Jedes neue Weiblichkeitsbild konnte höchstens einer
spezifischen historischen Situation mehr oder weniger angemessen sein.

Die Parallele zum Kanon ist unübersehbar: ebenso wie die feministische
Kritik die Suche nach dem 'richtigen' Frauenbild aufgegeben hat, kann für sie
eine ahistorisch gedachte Qualität des 'literarischen Wertes' im Sinne von
Matthew Arnolds Charakterisierung des Kanons als 'the best that has been
said and thought' nicht mehr denkbar sein; das 'beste Werk' ist offensichtlich
je nach Kontext ein anderes. Der Maßstab für die Zusammenstellung eines
Kanons muß also funktionalisiert werden; die Frage muß heißen: *Maßstab für
was?* Die unvermeidliche Folge dieser Frage ist die Aufsplitterung des Kanons und des literarischen Wertes. Dies ist nicht nur eine Folge der feministischen Kanonkritik, sondern entspricht der zunehmenden Spezialisierung und
der Ausbreitung des Veröffentlichungsmarktes bzw. der literaturkritischen
Kommunikation. Damit gehe ich zum Teil über die feministische Kritik hinaus, in der sich die funktionelle Aufteilung des Kanons nicht ausdrücklich,
sondern höchstens implizit findet. M.E. ist dies jedoch eine Konsequenz, die
der Genderbegriff erlaubt und fordert.

Die Funktionalisierung des Kanons entspricht auch der Tatsache, daß dem
Kanon schon immer unterschiedliche implizite Aufgaben angetragen wurden:
Viele sahen seine Aufgabe in der Bewahrung der kulturellen Tradition und

der Vermittlung literarischer Meisterwerke.[16] Andere hofften, mit Hilfe des Kanons den eklatanten Lese-, Schreib- und Stilschwächen amerikanischer SchülerInnen zu begegnen, was Henry Gates als die Sorge zusammenfaßte: "We're worried when Johnny can't read. We're worried when Johnny can't add." (1991a:713) Wiederum andere sahen die klassische Aufgabe des Kanons in amerikanischen Colleges darin, künftige Staatsbürger auf die Demokratie vorzubereiten: *to make good citizens*. Auch das konnte je nachdem, wie man den 'guten Staatsbürger' für sich definierte, verschieden konkretisiert werden. Für Gates hieß es, daß der Kanon multikulturelles Wissen vermitteln und damit seiner eigenen Sorge begegnen sollte: "But shouldn't we be worried, too, when Johnny tramples gravestones in a Jewish cemetery or scrawls racial epithets on a dormitory wall?" (Ibid.) Die Aufgaben überlappten sich natürlich teilweise, waren aber grundsätzlich nicht deckungsgleich. Es wird deutlich, daß *ein* Kanon die Gesamtheit der Aufgaben gar nicht erfüllen kann, so daß die Idee eines Kanons ein starkes Widerspruchspotential in sich birgt.

Das heißt, daß jede dieser Funktionen einen eigenen 'Kanon' erforderlich macht, der mit anderen mehr oder weniger überlappt (wobei hier der Begriff in Anführungszeichen gesetzt wird, weil er mit der Reduzierung auf einzelne Funktionen sein zentrales Attribut, nämlich den Anspruch auf Allgemeingültigkeit, bereits verloren hat). Gender spielt in allen Bereichen eine Rolle, je nach Funktion des 'Kanons' aber eine andere. Auch innerhalb der feministischen Kritik hatten sich verschiedene 'Kanons' gebildet, wie diese Arbeit belegt hat: einige Feministinnen erkannten den traditionellen Kanon als *the best that has been said and thought* an und hofften, unter diesem Motto einige Autorinnen wie Edith Wharton, Kate Chopin oder Virginia Woolf zu integrieren. Andere Kritikerinnen bevorzugten einen reinen Frauenkanon: Autorinnen wie Adrienne Rich oder Alice Walker wurden zur Illustration spezifisch weiblicher Schreibweisen herangezogen, und Mary McCarthy, Marilyn

---

16 Wie diese Vermittlung zu sichern wäre, blieb dabei allerdings oft unklar; so begnügte sich einer der artikuliertesten Verteidiger des Kanons, Falle E.D. Hirsch, mit einer Strategie der *Trivial Pursuit*-artigen Memorisierung kultureller Stichworte. (1987)

French und wiederum Chopin und Walker eigneten sich dazu, spezifische Frauenschicksale zu beleuchten. Eine ganz andere Literaturauswahl zeigte sich in Bonnie Kime Scotts Anthologie *Gender and Modernism*, die den Kanon der Moderne unter der Frage neu ordnete, welche Rolle Gender in der Formierung und Definition der Moderne gespielt hatte. Mit dieser Frage entstand kein reiner Frauenkanon; im Gegenteil blieben die großen Modernisten wie James Joyce, Ezra Pound, T.S. Eliot und D.H. Lawrence in Scotts Anthologie erhalten. Sie zeigten dennoch ein völlig neues Gesicht, weil aus ihrem Werk relativ unbekannte, in bezug auf Gender aufschlußreiche Texte gewählt wurden, und weil ihr Werk dem von 21 mehr oder weniger bekannten Autorinnen gegenübergestellt wurde (z.B. Gertrude Stein, Marianne Moore, aber auch Anna Wickham). Die Funktion dieser Zusammenstellung war es nicht, die 'besseren' oder 'wahren' Werke der Moderne zu präsentieren, sondern über diese Texte, die Überlegungen zum Thema Ehe, zum Mutter-Kind-Verhältnis, zum Matriarchat oder Meinungsäußerungen über bestimmte Männer oder Frauen enthielten, auch einen anderen Zugang zu den alten Texten der Moderne zu ermöglichen. Letztere ließen sich damit ebenfalls in ein Gendersystem einordnen, obwohl sie für eine diesbezügliche Analyse auf den ersten Blick gar nicht vielversprechend gewesen sein mochten.

Eine Funktionalisierung des Kanons löste natürlich nicht alle Probleme. Zwar entfiel bei der Zusammenstellung spezifischer 'Kanons' der Zwang, kaum vergleichbare literarische Texte über einen Kamm zu scheren und sie mit *einem* literarischen Wertmaßstab zu messen. Aber die Auswahl selbst blieb einem weiterhin nicht erspart; auch in bezug auf seine spezifische Funktion mußte die 'Angemessenheit', der Wert dieses oder jenes literarischen Werkes erklärt und verteidigt werden. Die Frage 'Maßstab für *was*?' mochte durch die Funktionalisierung gelöst werden, doch die Frage 'Maßstab für *wen*?' blieb bestehen.

Ein anderes Problem war durch die Ausweitung des Kunstbegriffs entstanden und durch seine Funktionalisierung noch nicht gelöst worden: Wenn in den Anthologien Essays und Tagebücher gleichwertig mit fiktionalen Texten gehandelt wurden, verschwand dann auch die Trennlinie zwischen ihnen? Oder blieb nicht doch noch ein Unterschied zwischen fiktionalen und nicht-fiktionalen Texten bestehen? Und wenn ja, wie konnte man die spezifische Definition der Literatur formulieren und anerkennen? Diese Frage soll später erneut aufgegriffen werden.

5.3.4. Gender und Literatur: Verbindungen

In den Teilen 3.1. bis 3.3. dieses Kapitels sind anhand bestimmter Parallelen zwischen dem Gender-/Identitätsbegriff und dem Textbegriff die definitorischen Grenzen des literaturkritischen Forschungsbereichs ausgeleuchtet worden; durch die Funktionalisierung und Historisierung des Kanons ergaben sich neue Möglichkeiten, den Wert eines Werkes zu formulieren. Was bisher ausgeklammert blieb, war die Frage nach der Herangehensweise an den Text selbst, die sich mit dem Genderbegriff neu ergab. Konnten mit Gender die interpretatorischen Schwächen der *Feminist Critique* und der *Gynocritics* vermieden werden? Im folgenden sollen daher weniger die Parallelen als die direkten Verbindungen zwischen Gender und Literatur untersucht werden.

Gender of authors and readers
Die erste Verbindung zwischen Gender und Literatur ergab sich über die Lesenden und die AutorInnen: "all reading and writing [...] is marked by gender". (Showalter 1989b:2) Der Blick auf AutorIn oder LeserIn bot also *eine* Möglichkeit, sich dem Text zu nähern. Dies war natürlich bereits in der frühen feministischen Kritik Usus, ja sogar der primäre Ansatzpunkt für die Interpretation gewesen. Der Unterschied, der mit Gender eingeführt wurde, war, daß nicht mehr das Geschlecht der Leserin oder des Autors im Zentrum des Interesses stand und die Interpretation des Textes beeinflußte, sondern ihr Gender – ihre Selbstrepräsentationen, wechselnden Haltungen und Konstruktionen bezüglich des Geschlechterunterschieds. Damit verlor auch der Bezug vom Geschlecht der Autorin zum Text seine notwendige, deterministische Verbindung und wurde zur *Möglichkeit*, die als jeweils historisch spezifische Verbindung in Erscheinung treten mußte. Damit läßt sich nun auch der im

dritten Kapitel zitierte Versuch Cheryl Walkers einordnen, die Autorin vor
dem 'Tod des Autors' zu retten, ohne sie aber als sinnstiftende Präsenz zu es-
sentialisieren. Walkers Definition von Autoren und Autorinnen als "possible
subjectivities whom we may consider as contradictory, fluctuating presences
in the text" wäre ohne den Genderbegriff nicht denkbar. (1990:568)

Ein Beispiel findet sich in der Darstellung Ezra Pounds in der bereits
erwähnten Anthologie *The Gender of Modernism*: während seine Cantos für
Vertreterinnen der *Feminist Critique* nur Pounds bewußten Versuch, patriarchalische Machtstrukturen in der Sprache zu verankern, darstellen konnten,
ließen sich mit einem komplexeren Genderkonzept auch Pounds Glaube an
die anarchische Macht sexueller Energie berücksichtigen. So schloß der Beitrag zu Pound: "Existing in tandem, these opposing impulses fuel the contra-
dictions of Pound's sexual ideology and of his literary procedures." (In B.
Scott 1990:357) Das Vokabular dieser Feststellung ähnelt nicht zufällig dem
Cheryl Walkers; es ist charakteristisch für neuere genderorientierte Beiträge.

Auch die Verbindung von Text und lesender Person konnte mit Gender
neu entworfen werden. Einige feministische Kritikerinnen versuchten, diese
Verbindung in der *Reader-Response*-Kritik zu verankern. Jedoch störten sie
sich daran, daß die Vertreter der diesbezüglich tonangebenden Theorien den
Lesenden entweder alleinige Interpretationsmacht zugestanden oder daran
festhielten, daß der Text letztlich die Reaktion der Lesenden kontrollierte,
und dabei ignorierten, daß Texte Lesenden verschiedene Standorte zuwiesen.
Die feministische Kritik mußte, so meinte Schweickart, die Wirkungsstruktur
der Texte *und* die Lesart der Leserin berücksichtigen. (1985:3f) Aufmerksamkeit für den Text war wichtig, um ihre positive wie negative Sozialisierungsfunktion weiterhin anzuerkennen; das Interesse an den Lesenden war
wichtig, weil Texte Männern und Frauen verschiedene Identifikationsangebote machten, und weil es darum ging, vor allem der Leserin noch einen Rest
an Handlungsmöglichkeit zu sichern.[17]

---

17 Ähnliches versuchte de Lauretis in ihrer Filmtheorie, die nicht nur die Mechanismen der
Genderkonstruktion, sondern auch das subjektive Aufnehmen von Gender in Rechnung stellte.

Für die Frage, wie ein Text seine Wirkung auf die Leserin erzielte, nahm Schweickart Bezug auf Wolfgang Iser, nach dem der Text über die Aktivität des Lesens immer neu aktualisiert wurde; insofern, so schloß Schweickart, trug eine Leserin auch im Falle einer textlichen Negativwirkung aktiv zu dieser bei. Sie beteiligte sich also an ihrer eigenen 'Manipulation'. (Flynn/ Schweickart 1986:49) Wieder zeigt sich hier eine Parallele zum Genderbegriff: jedes Individuum nahm an der Konstruktion von Gender teil, auch an der eigenen. Und so wie de Lauretis in dieser Selbstbeteiligung den Schlüssel zur gesellschaftlichen Veränderung sah, so hoffte Schweickart, daß in der zentralen Rolle der Lesenden im Leseprozeß die Möglichkeit der Emanzipation von einem als negativ empfundenen Text lag: "The reader [...] can take control of the reading experience." (Ibid.) Genauer gesagt, die Leserin konnte den Text gegebenenfalls gegen seine Absichten lesen.

Zu einer gänzlich entgegengesetzten Aussage kam im gleichen Band Jean Kennard, die vorschlug, daß die Leserin sich bewußt 'in' den Text hineinbegeben sollte: "She 'leans into' the [text], identifies with [it] as fully as possible, in a sort of willing suspension of disbelief." (1986:70) Der therapeutische Effekt wäre, daß die Leserin einen Teil von sich kennenlernte, der vorher unentdeckt geblieben war, und sich daher ganzheitlicher definieren konnte. Wie Schweickart wandelte Kennard hier wichtige Erkenntnisse Wolfgang Isers für ihre empirischen, leser(innen)orientierten Zwecke ab.

Auch in seinen übrigen Artikeln zeigte der Band *Gender and Reading*, dem die oben genannten Beiträge entstammen, den interessanten Versuch, *Reader-Response*-Theorien mit dem Genderbegriff zu unterlegen. Letztlich aber blieb dieser Versuch unbefriedigend, weil der an sich vielversprechende Ansatz seinen Anspruch nicht einlöste. Der Schwerpunkt verlagerte sich auf die empirische Beobachtung von Lesern und Leserinnen. Schließlich endete der Band mit dem Ergebnis, daß Frauen Texte anders lasen als Männer. Wie

---

Dafür hatte die feministische Filmtheorie das Konzept der "spectatorship" entwickelt: "that is to say the ways in which each individual spectator is addressed by the film, the ways in which his/her identification is solicited and structured in the single film [...] are intimately and intentionally, if not usually explicitly, connected to the spectator's gender." (1987:13)

schon Carol Gilligans *In a Different Voice* legte auch Flynn und Schweickarts
Gender and Reading nahe, daß Frauen weniger zu Extremreaktionen neigten,
besseren 'Kontakt' mit dem Text und seinen Charakteren aufnahmen, letztlich
also die besseren Leserinnen waren. Eine solche Generalisierung widersprach
aber dem Ansatz des Genderbegriffs, der genau diese Aufteilungen in 'Männer' und 'Frauen' zu vermeiden suchte. Das Erscheinungsdatum von *Gender
und Reading*, 1986, erklärt vielleicht einiges, weil es am Anfang der Genderstudien steht; Flynn und Schweickart waren noch zu sehr orientiert an den
Gynocritics, und der Genderbegriff war in seiner Konsequenz noch nicht erfaßt worden. Vielleicht aber zeigt sich hier auch ein unlösbarer Konflikt zwischen dem feministischen Anspruch, Frauen generalisierend als eine Gruppe
zu fassen, und dem Genderbegriff, der sich dem entgegenstellt.

In jedem Fall bleibt festzuhalten, daß bezüglich des Verhältnisses von
Text und LeserIn zunächst die Überzeugungen der *Feminist Critique* implizit
erhalten blieben, nach der Texte den Lesenden kognitive Erkenntnisse über
die Gesellschaft verschafften und eine starke sozialisierende Funktion ausübten. Letztere zeigte sich vor allem in der Zuweisung eines bestimmten Rol-
lenangebots an die Lesenden. Diese Zuweisung mußte nicht mehr als aktive
'Überwältigung' durch den Text aufgefaßt werden, sondern verwirklichte sich
mit der Aktualisierung und Aktivierung der Textaussagen durch die Leserin;
hier lag dann unter Umständen auch der Schlüssel dafür, daß eine Leserin ihre Optionen zurückweisen oder verändern konnte. Dieser Prozeß jedoch ist in
den Genderstudien letztlich nicht systematisch weiterentwickelt worden.

Genderideologie und Literatur
Tatsächlich lag der Hauptakzent der Genderstudien auf dem Text. So konnte
Literatur mit dem Gedanken, daß die Genderbeziehungen Produkte einer
Ideologie waren, im Sinne von Teresa de Lauretis als *technology of gender*
betrachtet werden oder, wie es Michèle Barrett formulierte, als "a paradigm
case of ideology". (1980:97) Ein Vorbild lieferte in diesem Zusammenhang
Richard Slotkins dreibändige Untersuchung eines der zentralen Mythen der

amerikanischen Ideologiegeschichte, dem Mythos der *Frontier*, die er anhand von Werken amerikanischer Schriftsteller sowie anhand der Massenmedien des 19. Jahrhunderts vornahm.[18] Hilfreich für diese Analyse war seine Unterscheidung zwischen Ideologie und Mythos. Mit Ideologie bezeichnete Slotkin "the system of belief, values, and relationships that constitute a culture or society." (1985:22) Mythen dagegen sind die Geschichten, die diese Ideologie implizit stützen: "Myth does not argue ideology, it exemplifies it." (1985:19)

> Myths are stories, drawn from history, that have acquired through usage over
> many generations a symbolizing function that is central to the cultural
> functioning of the society that produces them. (Slotkin 1985:16)

Durch die Wiederholung dieser Geschichten werden sie im Laufe der Zeit zur Tradition bzw. Konvention, bis sie, reduziert auf ein Set von Stichwörtern bzw. Metaphern, Teil unserer Sprache geworden sind. Sie sind dann auf viele Kontexte anwendbar, weil sie abstrakt und ahistorisch geworden sind.[19]

Dieser Prozeß wurde am Beispiel *Frontier*-Mythos deutlich: seine Bedeutung wird bis heute mit dem Stichwort 'Cowboy and Indian' vergegenwärtigt. So genügte im Kontext des Vietnamkriegs der Einsatz dieses Stichworts, um dessen Spielregeln zu identifizieren, auch wenn keine Logik, sondern nur die Kraft der Evokation hinter der Verbindung stand. Das Aufrufen des Stichwortes sichert den gemeinsamen Bezugspunkt zwischen Sender und Empfänger, lenkt ihre Wahrnehmung in geordnete Bahnen, weist ihnen eine feste Auswahl an Identifikations- und Handlungsmöglichkeiten zu. "When we play the Cowboy and Indian game only two or three human roles exist – aggressor, victim, avenger – and there are few options for moral choice: A man's got to do what a man's got to do." (1985:19) Diese Zuweisungen bedeuten Sicher-

---

18 Slotkin bezog sich in dem Hauptstück seiner Trilogie, *The Fatal Environment* (1985), auf männliche Schriftsteller wie Mark Twain, James Fenimore Cooper und Horatio Alger. Jedoch berücksichtigte er in dieser Untersuchung amerikanischer Mythen und Ideologien ausdrücklich deren Gender-Bezogenheit; sie ist daher nicht nur im übertragenen Sinne für die feministische Kritik interessant.

19 Slotkin unterschied grundsätzlich zwischen dem Mythos des modernen (Industrie-)Zeitalters und folkloristischen bzw. christlichen Mythen. (29) Doch auch letztere lassen sich auf Stichworte reduzieren, die den Kontext einer Aussage sicherstellen (Bsp. 'Paradies', 'Schlange').

heit, aber auch Einengung des Rollenangebotes. Für Frauen gibt es in diesem Spiel nur noch eine angemessene Rolle, nämlich die des Opfers. Auch diese kann vielfältig ausgestaltet werden, wie der *Captivity*-Mythos zeigte, der in Grundzügen dem Pionier-Mythos der *Frontier* ähnelte; und dennoch war letzterer Männern vorbehalten und bot ihnen andere Handlungsmöglichkeiten (der Unterschied zeigte sich schon darin, daß der Pionier freiwillig in die Wildnis zog, die Gefangene hingegen schreiend oder ohnmächtig dorthin getragen wurde). (1985:63)

Ideologien sind Produkte der Geschichte; sie halten nur solang, wie Mythen in der Lage sind, Ideologie und soziale Realität zu verklammern. Wenn der Bruch zwischen ihnen offenkundig wird, muß die Ideologie sich entsprechend verändern und braucht neue Mythen, um den Zusammenhalt, den Konsens wiederherzustellen. Am effektivsten ist eine neue Ideologie, wenn sie auf alte Mythen zurückgreifen kann. Slotkin zeigte, wie wirksam der Mythos der *Frontier* war, daß er sich bis ins 20. Jahrhundert hinein dem Druck der jeweiligen Ideologie immer neu anpassen konnte und daß sogar die Gegner der herrschenden Ideologie auf ihn zurückgriffen. Dies war der Fall, wenn Vietnamgegner indianische Stirnbänder trugen; Gegner von Reagans Wirtschaftspolitik diese als "Cowboy economics" kritisierten und damit die traditionellen Identifikationszuweisungen von Cowboy (+) und Indianer (-) umkehrten. (1985:17, 18) Feministinnen übernahmen vor allem anfänglich indianische Symbole, um ihre kulturelle Positionierung zu markieren; Griffin zog bereits im Prolog von *Woman and Nature* die Verbindung von Frauen zu Navahos, die beide der Natur näherzustehen schienen als der 'weiße Mann'. (1978:1)[20]

Durch die Verkettung des Ideologiebegriffs mit den Mythen und das Interesse an ihren Metaphern und Widersprüchen in der Literatur ergab sich eine bemerkenswerte Nähe zur *Myth and Symbol School* der *American Studies*. Schon Northrop Frye hatte darauf hingewiesen, daß die Ideologie einer

---

20 So erklärt sich auch, warum Feministinnen trotz aller Kritik an der Kirche und den christlichen Mythen ihre Gegenmythen wiederum in der jüdisch-christlichen Mythologie verankerten, beispielsweise mit Lilith, der ersten Frau Adams in der altisraelischen Tradition, die als 'erste Feministin' galt, weil sie Adam verlassen hatte und fortan als Dämon wirkte.

Kultur mit allen ihren Gegensätzlichkeiten und Widersprüchen in Mythen eingebunden war. (In Slotkin 1985:23) Allerdings distanzierte sich Slotkin ausdrücklich von dem Mythosbegriff Fryes, dessen Problematik in seiner Ahistorizität lag: für Frye spiegelten die Mythen archetypische menschliche Motive und Symbole, gewissermaßen also menschliche 'Natur' wider. Er wiederholte also die Verschleierung der "human authors", die in den Mythen selbst schon angelegt war. (Slotkin 1985:26) Dem hielt Slotkin entgegen: "Archetypes do not exist 'in nature.'" (1985:27)

Daraus ergab sich ein entscheidender Unterschied zur *Myth and Symbol School*: er lag im Befreiungsmoment, das die Geschichtlichkeit von Slotkins Mythosbegriff bereithielt. Der mehrdeutige Titel *The Fatal Environment* bezog sich letztlich auf den mythischen Erwartungs- und Bezugshorizont, der für Individuen ebenso wie für eine politische Kultur 'fatal' werden konnte, weil er den Handelnden zu wenig Optionen bot. Dieser Erwartungshorizont mußte verändert werden: "One way of escaping the fatality of that environment [of expectations] is through the demystifying of specific myths and of the mythmaking process itself." (1985:11, 20) Die Entmystifizierung des scheinbar Ahistorischen konnte durch seine Rehistorisierung vollzogen werden. Es ging Slotkin darum, sichtbar zu machen, wer die Ideologien produzierte und wo die Brüche, Risse und Krisen waren, die zu ihrer Veränderung führten, aber auch darum, den historischen Kern der Ideologie aufzudecken.

Auch Feministinnen arbeiteten an der Rehistorisierung des *Frontier*-mythos. Nina Baym (1981) hatte dargestellt, wie der Mythos des einsamen *Frontiersman* gängige Theorien des Schreibprozesses strukturierte, und Historikerinnen wie Sara Evans (1989) untersuchten das Leben von Frauen (Einwanderinnen und *Native Americans*) an der *Frontier*.

5.3.5. Bestandsaufnahme: Literaturbegriff

Wie bereits angedeutet worden ist, verlagerte sich in den Genderstudien der Schwerpunkt des Forschungsinteresses von der Leserin bzw. von der Autorin/ dem Autor zum Text. Als zentrale Prämisse diente dabei der Gedanke, daß sich in der Literatur die Ideologien einer Gesellschaft und ihre Widersprüche zeigten. Diese Prämisse soll im folgenden weiter ausgearbeitet werden.

Zunächst ist zu beobachten, daß das Stichwort 'Ideologie' nicht zu einer 'Ideologiekritik' im klassischen Sinne führte, wie sie noch in der *Feminist Critique* vorgenommen worden war, und die sich dadurch definiert, daß Ideologien "als (bewußte oder unbewußte) Fälschung kritisiert" werden. (*Meyers* 1981/X:163) Wenn in den Genderstudien untersucht wird, wie ein Text Gender konstruiert, lassen sich in diesem Text widersprüchlichere und subtilere Weiblichkeits- und Männlichkeitsbilder fassen, als dies in der feministischen Anfangszeit, die nur 'richtige' oder 'falsche' Frauenbilder kannte, möglich war. Ideologie war also nicht 'das falsche Bewußtsein', sondern das Überzeugungs-, Werte- und Beziehungssystem einer Kultur (Slotkin 1985:22); im feministischen Fall das einer patriarchalischen Gesellschaft. Wenn '*Gender-arrangements*' mit de Lauretis als *investments* betrachtet werden, die Resultate von Abwägungen bestimmter Werte und Beziehungen sind, und wenn die eigene Beteiligung an diesen *arrangements* erkannt wird, können diese nicht mehr als 'Fälschungen' oder 'Wahrheiten' gelten. Tatsächlich ergab sich in den Genderstudien eine grundsätzliche Verschiebung in der Haltung zum Text – feministisches 'Anprangern' oder feministisches 'Lob' verschwanden zunehmend aus den Textinterpretationen und wurden abgelöst durch ein Interesse an den Strategien, *wie* sich diese *Gender-arrangements* als Produkte von Ideologien im Text niederschlugen.

Daneben ließ sich aus der Erkenntnis, daß Ideologie diskursiv vermittelt wurde, folgern, daß Ideologien auch in der Sprache des Textes verankert waren. Gayle Greene und Coppélia Kahn erkannten sowohl Literatur als auch Ideologie mit Foucault als "discursive practice" an und konnten dann feststellen: "The ideology of gender is inscribed in discourse – in our ways of talking and writing". (1985:4) Fiktion und Ideologie waren miteinander verwandt; nicht identisch mit materieller Realität und doch in ihr verankert, konstruierten sie beide Bedeutungsstrukturen – "ways of making sense of the world". (Gallagher 1988:268) SchriftstellerInnen griffen zu den gleichen Bedeutungscodes, die auch gesellschaftliche Beziehungen strukturierten. (Greene/Kahn 1985:4f) Die Aufgabe der feministischen Kritik war damit folgende:

> Feminist literary critics attend to the collusion between literature and ideology, focusing on the ways ideology is inscribed within literary forms, styles, conventions, genres and the institutions of literary production. (Greene/Kahn 1988:5)

Dies galt nicht nur für die Übermittlung der dominanten Genderideologie, sondern auch für Alternativkonzepte; wie de Lauretis gezeigt hatte, nahmen auch Versuche, Gender zu dekonstruieren oder zu ignorieren, an der Konstruktion von Gender teil. So ließ sich fragen: "To what extent has literature helped to inscribe, justify, *or criticize* gender difference?" (Hof 1990:220, m.H.) Auch damit schwand das Dilemma, sich zwischen 'affirmativen' und 'entlarvenden' Lesarten entscheiden zu müssen. Es ging nicht mehr darum, den Text nur als Träger ideologischer im Sinne sexistischer Aussagen zu betrachten; Texte spiegelten vielmehr meist ideologische *Konflikte* wider.

Eine Foucaultsche Definition der Literatur als "discursive practice" führte jedoch zu einer Grenzverwischung zwischen literarischen und anderen Texten. Dieses Phänomen setzte eine Bewegung fort, die von Anfang an in der Kanondiskussion stattgefunden hatte; die Literaturwissenschaft verlor ihre Eigenständigkeit und näherte sich den *Cultural Studies* an. Die Grenzüberschreitung von Genres und Disziplinen war sinnvoll und unter mancher Fragestellung sogar notwendig gewesen. Aber sie machte die Genderstudien auch angreifbar; einer der häufigsten Vorwürfe an die Kanonkritik hatte gelautet, daß sie die Funktion von Texten als *Literatur* vernachlässigte und sie auf ein historisch-ideologisches 'Dokument' reduzierte. So mahnte Richard Ruland beispielsweise: "As students of literature we must eventually return to the vexed questions of art or abandon our discipline to [...] the social studies." (1991:354) Der Einwand muß zunächst mit Vorsicht aufgenommen werden, denn eine solche Frage im Sinne von 'But what about art?' impliziert, daß der Wert und die Eigenschaft von 'Kunst' als bekannt und unstrittig vorausgesetzt werden könnten. (Cf. 4. Kap.) Bezeichnenderweise machte Ruland hier keine näheren Angaben darüber, welche diese "vexed questions of art" eigentlich waren; eine Antwort auf sie blieb folgerichtig auch aus.[21] Rulands Einwand hat dennoch seine Berechtigung insofern, als eine Foucaultsche Definition der Literatur als 'diskursive Praxis' nicht ausreichen kann, weil damit die Unterscheidung zwischen literarischen und nichtliterarischen Texten gänzlich zu verschwinden droht – und warum sollte man dann Ideologien noch in der Literatur suchen, wenn man sie in politischen Pamphleten und sexistischen Stammtischreden unverblümter findet? (Die Frage hatte sich schon bei den *Radicals* der späten 1960er Jahre gestellt; dort aber hatte die Antwort darin gelegen, daß Literatur ihre Existenzberechtigung überhaupt nur über die Grenzauflösung erhielt. Das war in der feministischen Kritik, die sich von Anfang an als Literaturwissenschaft verstand, nicht denkbar.)

Die Frage nach der spezifischen Leistung der Fiktion im Vergleich zu anderen Texten wurde in den Genderstudien mit wenigen Ausnahmen nicht explizit beantwortet. Eine dieser Ausnahmen bildete Renate Hof, die darauf hinwies, daß Fiktion besonders geeignet dafür war, ideologische Konflikte zu registrieren, weil in ihr Widersprüche "*inszeniert*, d.h. vorgeführt und zugleich entschärft werden konnten." (1992:438) Zur Verdeutlichung zog Hof den Vergleich zu den Wissenschafts- und Philosophiediskursen heran, die sich vor allem durch ihre Bemühungen auszeichneten, solche Widersprüche auszuschalten. Ebenso differenzierte Slotkin zwischen fiktionalen und nichtfiktionalen Texten hinsichtlich ihrer unterschiedlichen Funktionen und Möglichkeiten und wählte als Kontrastbeispiel den politische Diskurs: Ein Politiker muß Widersprüche verharmlosen, um unterschiedlichste Wählerschaften zu vereinen; ein Autor dagegen lebt geradezu von Widersprüchen. "What is contradiction to the ideologist is merely the germ of a useful and significant plot conflict to the fiction writer." (Slotkin 1985:499) Ein Autor kann ungestraft Welten entwerfen, die als explizite politische Utopien unter Beschuß geraten würden.

---

21 Auch Michèle Barrett, die unermüdlich davor warnte, Literatur buchstäblich zu lesen, endete letztlich nur mit der vagen und nicht näher erläuterten Auskunft, daß Literatur uns höchstens "an indication of the bounds within which particular meanings are constructed and negotiated in a given social formation" bieten konnte. (1980:107)

Eine spezifische Funktion der Literatur bestand für die Genderstudien (entgegen den Vorwürfen ihrer Kritiker) demnach gerade nicht darin, ideologische Botschaften oder deren Kritik direkt zu vermitteln. Dazu eigneten sich andere Texte besser, zum Beispiel solche in Form eines Glaubensbekenntnisses, eines Manifestes, einer Polemik oder einer Predigt. (Slotkin 1985:22) Vielmehr wurde die Leistung der Literatur darin gesehen, daß sie ideologische Spannungen inszenieren, hinterfragen, ausprobieren, oder auch festschreiben konnte. Diese Spannungen mochten sich in der Konstellation der fiktionalen Charaktere und in ihren Handlungen ausdrücken, ließen sich aber auch außerhalb der Handlungsebene nachweisen und zeigten sich z.B. in der Wahl der Genres oder in der Verwendung bestimmter Symbole und Metaphern. Die spezifische Funktion der Literatur, wie sie in den Genderstudien anerkannt wurde, ließ sich auch in der poetischen Sprache verankern. Hier kam Slotkins Unterscheidung zwischen Ideologie und Mythos zum Tragen, mit der sich de Lauretis' Darstellung von Gender als Ideologie noch weiter aufschließen ließ. Slotkin wies der Ideologie und den Mythen nämlich unterschiedliche Sprachen zu: Die Sprache der "ideology proper" hat eine diskursive, argumentative Form und tendiert dazu, soziale und kulturelle Konflikte zu *vereinfachen*. Die indirektere, erzählerische Sprache der Mythen dagegen kann diese Konflikte *veranstalten*, sie in ihrer Komplexität präsentieren und verhandeln:

> The language of myth is indirect, metaphorical, and narrative in structure. It renders ideology in the form of symbol, exemplum, and fable, and poetically evokes fantasy, memory, and sentiment. The logic of myth is the logic of metaphor and narrative. (1985:22)

Die Verwandtschaft von mythologischer und poetischer Sprache war unübersehbar; Slotkin sah in der Literatur daher auch eine ideale Form für seine Untersuchungen:

> its formal and generic structures have been developed for just such a reflective, world-model-making function. Its language is not logical and selective, as ideological polemic must be, but (relatively) cumulative and evocative. (1985:499)

Slotkins Interesse an literarischer Metaphorik und Symbolik ist interessant, weil es ihn in die Nähe des *New Criticism* zu rücken scheint. Natürlich war seine Distanz zum *New Criticism* immer noch groß, doch zeigte sein Bekenntnis zur Bedeutung der Sprache auch seine Distanzierung vom politischen Radikalismus, in dem die Beschäftigung mit Metaphern und anderen sprachlichen Ausdrucksmitteln als Zeichen der Lebensfremdheit galt. Dem hielt er entgegen: "Such acts [of making metaphors] are not merely playful or ornamental, but are essential processes of human learning." (Slotkin 1985:22)

Doch ideologische Spannungen eines literarischen Textes zeigten sich nicht nur in dem, was der Text präsentierte. Genderbeziehungen ließen sich auch dort nachweisen, wo sie ignoriert oder unterdrückt wurden; ihre ideologische Verhandlung fand sich auch dann im Text, wenn sie auf der Oberfläche nicht zu sehen war. Toni Morrison lieferte in diesem Zusammenhang ein Modell für den Gedanken, daß ideologische Konflikte sich auch als Absenzen und Repression des Marginalen im Text niederschlagen können.[22] Tatsächlich sah sie in der Vermeidung von Marginalität ein zentrales Organisationsprinzip eines Textes. Denn auch mit einer Flucht, so Morrison, beteiligten sich Autoren und Kritiker an den Ideologien, die diese Marginalität generierten; sie hinterließen Schatten, Spuren, Negativabdrücke: "invisible things are not necessarily 'not-there'; [...] a void may be empty, but is not a vacuum." (1989:11) Mehr noch, Abwesenheiten konnten sogar so geschaffen sein, daß sie die Aufmerksamkeit direkt auf sich lenkten:

> certain absences are so stressed, so ornate, so planned, they call attention to themselves; arrest us with intentionality and purpose, like neighborhoods that are defined by the population held away from them. (1989:11)

Wenn sich über diesen Ausschluß die Möglichkeit ergab, bestimmte Dinge darzustellen und plausibel zu machen, wenn also in bestimmten Fällen Ausschluß Repräsentation erst möglich machte, waren ganz andere Fragen an den Text vonnöten. Diese Fragen richteten sich nicht mehr danach, was im Text

---

22 Morrison bezog sich in ihrem Beitrag auf Rassenideologien; ihr 'Rassen'begriff steht aber in starker Analogie zum Genderbegriff.

vorhanden war, und es ging Morrison nicht mehr darum zu fragen, warum Marginalität im Text unsichtbar war, sondern darum, mittels welcher Strategien diese Unsichtbarkeit herbeigeführt worden war. Dies drückte eine neue Herangehensweise an den Text aus, die Morrison prägnant zusammenfaßte: "Not why. How?" (1989:12)

Es läßt sich festhalten, daß Literatur aus der Perspektive der Genderstudien ideologische Konflikte verbirgt und entbirgt, die sich nicht nur auf der Textoberfläche niederschlagen, sondern auch in der Sprache, in der Verhandlung der Genres und in Absenzen und ihren Spuren sichtbar werden.[23] Dies ist aber ein Literaturbegriff, der sich nur implizit aus der Herangehensweise der Genderstudien an die Literatur ergibt. Es ist bezeichnend, daß zu seiner Darstellung vor allem Richard Slotkin, Renate Hof und Toni Morrison herangezogen worden sind – niemand von ihnen 'repräsentiert' die amerikanischen Genderstudien im eigentlichen Sinne.

Mit dieser veränderten Haltung zum Text, wie sie auf den letzten Seiten beschrieben worden ist, wird deutlich, daß die Frage nach der Wertung literarischer Texte in den Genderstudien ihre Bedeutung verloren hat. Der einst übermächtig erscheinende Einfluß des *New Criticism* ist seit den späten 80er Jahren kaum mehr zu spüren. Der Impuls, die Werke des Kanons 'anzuprangern' (oder andersherum ihren ästhetischen Wert als unhinterfragbar zuzusichern), hat sich ebenso abgeschwächt wie der Impuls, einen neuen, 'besseren' Kanon (besser, weil von Frauen geschrieben oder feministische Botschaften vermittelnd) an seine Stelle zu setzen. Anstelle des Versuchs, literarische Texte systematisch und verbindlich zu bewerten, erfolgt meist der Verweis auf die Wertedebatte um Barbara Herrnstein Smith und Stanley Fish. Mit der

---

23 Die Definition von Literatur als einem Ort, der kulturelle Konflikte in sich birgt, erinnert unvermeidlich an Lionel Trillings Ausspruch: "certain artists [...] contain a large part of the dialectic [of a culture] within themselves". (1951:9) Erneut zeigt sich hier eine Annäherung der Genderstudien zu den Literaturtheoretikern, von denen sich die feministische Kritik ursprünglich distanziert hatte. Doch die Distanz zu Trilling bleibt natürlich bestehen – sie liegt in dem verbindlichen Wert, den Trillings Kriterium bestimmten Werken zugestand, in der Natur der Konflikte, die Trilling antizipierte, und damit auch in den Werken, die für seine Untersuchungen überhaupt in Frage kamen.

aufgegebenen Suche nach verbindlichen, dauerhaften ästhetischen Werten eines Textes ist auch der zwar problematische, aber doch verständlich erscheinende Versuch herauszufinden, ob, wann und wie manche Texte bestimmte
Funktionen besser erfüllen als andere (d.h. die Frage, ob diese Leistung nicht
wenigstens zum Teil auch im Text verankert ist), zumindest zeitweise ausgesetzt worden.[24] Dies mag als Verlust angesehen werden, impliziert es doch
auch den Verzicht auf 'Verständigungstexte' einer Kultur (diese zu liefern,
war eine Funktion des literarischen Kanons gewesen). Doch selbst innerhalb
der feministischen Kritik oder innerhalb der Genderstudien ist die *interpretive community* nicht homogen genug, um Wertungen Gültigkeit zu verleihen.
Die Bereitschaft und das Interesse, irgendwelchen Texten oder Kritikerinnen
eine diesbezügliche Autorität zuzugestehen, sind geschwunden.

Es haben sich bereits Texte und Textfelder gezeigt, die hinsichtlich ihrer
Gender-arrangements besonders interessant erscheinen – so bildet das Fin de
siècle ein ideales 'Textmilieu' für die Genderstudien: "a period described by
historians and writers as both a crisis in masculinity and an age of sexual an-
archy." (Showalter 1989b:9) Damit stellt sich die Frage, ob es in den Genderstudien nicht auch bestimmte Texte gibt, die aus feministischer Perspektive
her uninteressant erscheinen und deshalb vernachlässigt werden? Verbindet
sich mit einem solchen 'Nicht-Interessant-Sein' nicht doch eine implizite
Wertung? Dies ist ganz gewiß der Fall. Allerdings scheint diese damit durchaus stattfindende Wertung (und keine Literaturkritik wird jemals wertfrei
sein) sich nicht zum Maßstab aller Dinge anmaßen zu wollen. Welche Texte
nun aber herausfallen werden, muß zunächst noch offen bleiben. Denn vor-
erst überwiegt ein anderer Eindruck – daß nämlich die Bewegung der Genderstudien weniger konzentrisch als im Gegenteil in alle Richtungen verläuft,
weil sich das Textfeld für sie so entscheidend geöffnet hat.

---

24 Diese Überlegung impliziert keine Mahnung, zu einem textimmanenten Wertbegriff zurückzu-
kehren; kritisiert wird lediglich, daß auch in den Genderstudien die aktive Auseinandersetzung
mit dieser Frage ausgeblieben ist.

Die Folge dieser Ausweitung des 'Textpools' ist, wie bereits dargestellt, eine wachsende Unübersichtlichkeit der Texte. Zwar lassen sich die unterschiedlichen Funktionen verschiedener Texte und Textsorten durchaus differenziert betrachten, doch scheint auch innerhalb dieser Differenzierung die jeweilige Textauswahl einer Kritikerin einer gewissen Willkürlichkeit zu unterliegen. Das Analysekriterium Gender ordnet keine Texte, bietet keine normativen Kriterien für die Auswahl bestimmter Werke. Dies mag problematisch sein, ist aber letztlich die Konsequenz der feministischen Kanonkritik.

Angesichts des Eindrucks, daß die Gender-Perspektive die Betrachtung nahezu aller Texte erlaubt, erhebt sich dann aber eine ganz andere Frage: Kann die Feststellung, daß alle literarischen Texte ideologisch-gesellschaftliche Spannungen einfangen, inszenieren oder erneut ausstreuen, tatsächlich für alle Texte gelten? Wird man damit wirklich allen Texten gerecht? Was sagt es über den eigenen Ansatz aus, wenn man die Funktion der Literatur derart festlegt – und dann noch wie selbstverständlich voraussetzt, daß diese Funktion just durch das Genderprinzip entschlüsselbar sein wird? Droht man/ frau damit nicht, die Literatur ebenso rigide in die Position einer gesellschaftlichen Handlungsträgerin zu rücken, wie sie im *New Criticism* einst von dieser Position ferngehalten wurde?

Diese Überlegungen zum Literaturbegriff müssen zur Vorsicht mahnen und daran erinnern, daß die selbstkritische Bestandsaufnahme, die doch zu den Stärken der feministischen Kritik zählt, auch in den Genderstudien einen zentralen Platz einnehmen muß, so vielversprechend dieser neue Ansatz auch zu sein scheint.

5.3.6. Ausblick: Gender als *feministische* Kategorie

Aus der Bewegung der Genderstudien in den akademischen *mainstream* ergibt sich erneut die Gefahr der Nivellierung für die feministische Kritik; diesmal jedoch im politischen Sinne. So beobachtete Showalter etwas mißtrauisch: "there is more than a hint in some recent critical writing that it's time for men to step in and show the girls how to do it". (1983:119) Bekanntestes

Beispiel dafür war der australische Kritiker K.K. Ruthven – "sometimes called the Crocodile Dundee of male feminism" – der in seinem Buch zur feministischen Kritik schrieb: "the female 'problematic' [...] is too important to be
left in the hands of anti-intellectual feminists". (Zit. in Showalter 1989a:366)
Drohte Gender die feministische Kritik zu neutralisieren? War nicht die Empörung über die Diskriminierung der Arbeit von Frauen in der Literaturkritik
ein ursprünglicher Impuls für die Entstehung der feministischen Kritik – und
damit auch für die Genderstudien – gewesen?

In der Frage nach der politischen Relevanz des Genderbegriffs für die Literaturkritik zeigt sich ein verändertes Verständnis von Gender. Der Begriff
deutet einerseits auf ein theoretisch-politisches Ideal hin – die Zusammenar-
beit von Männern und Frauen in den Genderstudien, die gemeinsame Hinterfragung und Dekonstruktion der Geschlechteropposition, die Etablierung des
Genderbegriffs als neutrales und unverzichtbares Instrument der Literaturkritik. Andererseits ist Gender eine historische Kategorie, mit der sich noch
bestehende Ungleichheiten registrieren lassen müssen. Ohne *feministisches*
Interesse ist der Einsatz der Analysekategorie Gender daher problematisch,
wenn nicht gar kontraproduktiv. "Even Ronald Reagan and Sylvester Stallo-
ne, after all, are interested in gender and power", stellte Showalter ironisch
fest und betonte: "talking about gender without a commitment to dismantling
sexism, racism, and homophobia, can degenerate into nothing more than a
talk show". (1989a:368; 1989b:10)

Der Gültigkeitsanspruch der feministischen Kritik insgesamt stößt sicherlich dort an seine Grenzen, wo er sich ausschließlich über die Interessen der
feministischen Bewegung definiert. Die feministische Kritik, aus einer historischen Notwendigkeit heraus entstanden, kann ihrer Grundlage beraubt werden, sobald sich die historische Situation und die Machtverhältnisse gewan-
delt haben und Frauen nicht mehr den Marginalstatus für sich beanspruchen
können. Dieser Gedanke wird von Jehlen bestätigt; die Betonung der Marginalität und 'otherness' mag allmählich ihr epistemologisches Potential verlieren. Allerdings unterstreicht Jehlen die Tatsache, daß man zu diesem Schluß

erst kommen kann, nachdem man sich lang genug mit Marginalität ausein-
andergesetzt hat – "*via, having traveled through*, the arguments and the
achievements of otherness." Und dies, so faßt Jehlen zusammen, ist entscheidend – "with apologies for the pun, it makes all the difference." (1991:730)

Es ist schwierig zu entscheiden, wann die feministische Kritik und die
Privilegierung der Weiblichkeitskategorien und von Marginalität ihre Bedeutung verlieren und in ahistorische Selbstgerechtigkeit umschlagen. Doch solange Sexismus (und Rassismus) in den Universitäten fortbestehen, wird die
Arbeit mit dem Konzept Gender weiterhin notwendig sein, auch wenn die
über das Konzept entstandenen Fragestellungen eine Reihe bisher ungelöster
Probleme mit sich gebracht haben.

Exemplum: Absenz des Marginalen im literarischen Text

Als Exemplum für die veränderte Herangehensweise an den Text und als
Ausblick für dieses Kapitel sollen im folgenden zwei weitere, zeitgleich erschienene Lesarten von Herman Melvilles Werk vorgestellt werden, die mit
den Analysekategorien Gender und 'Rasse' nicht mehr auf explizite politische
Aussagen im Text oder auf die Anwesenheit männlicher und weiblicher bzw.
schwarzer und weißer Protagonisten angewiesen sind, um zu einer Interpretation im Sinne dieser Kategorien zu kommen.

Toni Morrison beschäftigte sich in ihrem Artikel "Unspeakable Things
Unspoken" mit der Kanondiskussion und stellte fest, daß Veränderungen des
Kanons zwar schon immer heiß umstritten waren, daß aber die heutigen Verteidiger des Kanons die Debatte mit ungleich schärferen Worten und Waffen
führten. Morrison sah eine Gefahr in dieser Entwicklung (und beschrieb sie
ausgerechnet mit den Metaphern der *Frontier*!): "the hands of the gun-sling-
ing cowboy-scholars [may] be blown off, [...] the target be missed". (1989:5)
Die Verteidiger des Kanons drohten den Kanon selbst zu entwerten und damit genau das zu tun, was sie seinen Kritikern vorwarfen. Eine afroamerikanistische Literaturkritik hatte daher nicht nur die Aufgabe, ihre Theorien auf
der afroamerikanischen Kultur aufzubauen und die Präsenz des Afroameri-

kanischen in ihren Texten zu untersuchen, sondern auch neue Wege zu den
kanonisierten Texten zu finden; sie zu lesen, ohne gleich wieder zu fetischisieren – "ways [...] that require neither slaughter nor reification". (1989:1, 11)
Diesen Weg sah Morrison in der Revision des Kanons mit Blick auf seine
afroamerikanischen Einflüsse. Jedoch stellte sich dann die Frage nach möglichen Lesarten für Werke des Kanons, in denen 'Rasse' und Gender nicht oder
nicht adäquat thematisiert wurden. 'Rasse' war im Kanon eigentlich unsichtbar und außerdem Ende der 1980er Jahre immer noch 'unaussprechbar' – "a
virtually unspeakable thing". (1989:3) Gab es für eine feministische oder
afroamerikanistische Kritikerin noch anderes zu tun als nur zu fragen: "Why
am I, an AfroAmerican [resp. a woman] absent from it?" (1989:11) und sich
vom Text abzuwenden? Eine vielversprechende Möglichkeit, sich dem Text
zu nähern, war in der Beobachtung angelegt, daß sogar der Versuch, Gender
bzw. 'Rasse' zu *ignorieren*, zu deren Konstruktion beitrug, daß also auch die
scheinbare Absenz von Gender und 'Rasse' ihre ideologische Repräsentation
ermöglichte.

Selbst wenn der traditionelle Kanon sich aus Texten zusammensetzte,
deren Beteiligung an Rassen- und Genderideologien sich nicht auf den ersten
Blick erkennen ließ, war der Kanon nicht 'natürlich' oder 'unvermeidlich'
weiß, sondern war es nur als Resultat harter Arbeit von seiten der Autoren
oder Kritiker, die mit Mitteln des *New Criticism* und Schlagworten wie *Ro-
manticism, modernist evasion, literary language* etc. vor der Präsenz des
Afroamerikanischen im Text geflohen waren. (1989:12, 14) Doch auch mit
dieser Flucht beteiligten sie und ihre Texte sich an den Ideologien von 'Rasse'
und Gender; sie hinterließen Schatten, Spuren, Negativabdrücke. Und mit
dieser Erkenntnis ausgestattet, mußte Morrison sich nicht fragen, warum sie
aus dem Werk (dem Kanon) ausgeschlossen war, sondern mittels welcher
Strategien sie unsichtbar gemacht worden war:[25]

---

25 Dieser Gedanke bildet das Fundament für Morrisons 1992 erschienenes Buch *Playing in the
Dark*.

'What intellectual feats had to be performed by the author or his critic to erase
me from a society seething with my presence, and what effect has that performance had on the work?' What are the strategies of escape from knowledge? Of
willful oblivion? (1989:12)

Mit diesen Fragen – "Not why. How?" – näherte sich Morrison dem Werk
Moby-Dick. (1989:12) Sicherlich war das Thema 'Rasse' in Melvilles Werk
bereits bekannt; die Neuen Linken hatten Melville in ihre Liste der Literatur
zum Abolitionismus aufgenommen, und Kritiker hatten Melvilles soziales
Denken in seinen Texten hervorgehoben und seinen Kampf gegen die Sklaverei als Ausdruck und Grund seiner gesellschaftlichen Isolierung identifiziert.
(Morrison 1989:14) Dennoch spielte die zentrale 'Figur' und Metapher des
Textes, der Wal, in diesem Kontext keine Rolle. Der Wal stand für Staat, Kapitalismus und Korruption, Individuum und Schicksal oder galt als Allegorie
der nichtdenkenden Natur. Morrison dagegen sah, nachdem sie zentrale Kapitel des Buches aus ihrer Perspektive neu gelesen hatte, im weißen Wal die
Metapher für "whiteness idealized" – mit anderen Worten: "the white whale
is the ideology of race." (1989:15, 17) Daß Melvilles Haltung zur Sklaverei
allein zu seiner Isolierung geführt haben sollte, bezweifelte Morrison – er
hätte genug Mitstreiter gefunden, die ihm Gesellschaft geleistet hätten. Es
war erst seine fundamentale Kritik an dem Gedanken weißer rassischer Über-
legenheit, die ihn sogar unter Abolitionisten zum Außenseiter gemacht hatte.
"But to question the very notion of white progress, the very idea of racial
superiority, of whiteness as privileged place [...] – that was dangerous, soli-
tary, radical work." (1989:18) Diese Lesart des Wals als weiße Rassenideolo-
gie war nur eine unter vielen möglichen und doch die eine, die im kritischen
Kanon unsichtbar geblieben war:

it seems to me this 'unspeakable' one has remained the 'hidden course,' [...]. To
this day no novelist has so wrestled with its subject. To this day literary analyses
of canonical texts have shied away from that perspective [...]. (1989:18)

Diese Lesart – die Suche nach "the informing and determining Afro-
American presence in traditional American literature" – versprach nicht nur
bei Melville erfolgreich zu sein. Jedes Werk, das Morrison aus dieser Per-

spektive betrachtete, verdoppelte seine Faszination und Reichhaltigkeit für
sie. Auch Werke von Poe, Hawthorne, Faulkner und Hemingway, alle Teil
des traditionellen Kanons, konnten so gelesen werden: "Canonical American
literature is begging for such attention." (1989:18)

Morrisons Frage, welche Strategien ein Autor oder Kritiker einsetzte, um
Melvilles Text 'weiß' und frei von 'Rasse' erscheinen zu lassen, fand sich, auf
Gender (*und* 'Rasse' und Klasse) angewandt, in Robyn Wiegmans Artikel
"Melville's Geography of Gender" (1989) wieder. Auch hier folgte Wiegman
der Erkenntnis, daß Gender (wie 'Rasse') eine Kategorie war und damit ein
Verhältnis ausdrückte – es war ihr daher möglich, sich der Präsenz des Weib-
lichen in Melvilles Text zu nähern, indem sie zunächst die andere Seite, die
Männlichkeit, betrachtete. Und wie Morrison fragte sie: "Not why. How?"
(Morrison 1989:12) und verwies damit auf die Frage nach Sprache, Strategie
und Rhetorik – und auf eine gänzlich andere Haltung zum Text als die anklä-
gerische, in der Feministinnen lange gefangen gewesen waren. Interesse und
Neugier ersetzten fragwürdige Anklage oder schwesterliche 'Kontaktsuche'.

Wiegman näherte sich *Moby-Dick* über den Umweg eines weniger bekannten Melvilleschen Werkes, einer Doppelgeschichte mit dem Titel "The
Paradise of Bachelors and the Tartarus of Maids" (1855). 'Paradise' ist das
Paradies der Männer; "the very perfection of quiet absorption of good living,
good drinking, good feeling, and good talk. We were a band of brothers".
(Zit. in Wiegman 1989:740) Der Erzähler berichtet zwar von einem Vorfall
moralischer Korruption in 'Paradise', versichert aber, daß dieser der Vergangenheit angehört. (1989:739) Doch die Wahrnehmung des Erzählers ist eine
*Miß*wahrnehmung; der Erzähler ist unzuverlässig. Wo er Gleichheit unter
Männern sieht, zeigt der Text Hierarchie und Differenz. Am deutlichsten
wird das in seiner Wahrnehmung eines Mannes, der namenlos bleibt. Dieser
beobachtet stumm die Tafel und scheint autoritär-humorlos etwaige Etikette-
brüche zu antizipieren, um sie durch Verlassen der Runde zu strafen – ein
Spielverderber also, der sich von der guten Laune des Abends nicht an-
stecken läßt, wie der Erzähler suggeriert.

Der Erzähler will jedoch nicht wahrnehmen und entbirgt doch in einem harmlos erscheinenden kurzen Satz, daß der Namenlose ein Kellner ist. (Wiegman 1989:39) Tatsächlich also stünde es gar nicht in der Macht des Namenlosen, als Spielverderber den Saal zu verlassen; er ist hierarchisch untergeordnet und unfrei. Seine Stummheit ist Folge seines Ausgeschlossenseins von der Herrenrunde. Doch der Erzähler bringt es nicht über sich, diesen Klassenunterschied anzuerkennen; er verschleiert ihn vielmehr, indem er den Mann mit dem Titel des "field marshall" adelt.

Der Text verbirgt und entbirgt ebenso die Differenzkategorie der 'Rasse'. Der Erzähler stößt angesichts der Tafelfreuden den sehnsüchtigen Seufzer aus: "Carry me back to old Virginny!" (Zit. in Wiegman 1989:740) und erinnert sich dabei an ein ähnliches 'Paradies' in den Baumwollplantagen in den Südstaaten. Ein solcher Seufzer evoziert unvermeidlich die Rassenunterdrückung, die die Grundlage des 'paradiesischen' Südstaatenlebens bildet; der Erzähler stellt diese Verbindung aber nicht bewußt her. Entgegen der Darstellung zeigt der Text keineswegs brüderliche Gleichheit der Junggesellen im 'Paradies', sondern weist auf die Ungleichheit der Klassen- und 'rassischen' Hierarchien hin, durch welche das 'Paradies' sich strukturiert.

Die Unzuverlässigkeit des Erzählers kam in der Melville-Kritik schon früher zur Sprache; die Ironie des Textes ist tatsächlich unübersehbar. Es ging Wiegman vor allem darum zu zeigen, daß die machtpolitischen Implikationen von 'Paradise' mit Hilfe einer bestimmten Strategie verdeckt werden, die bisher noch nicht erkannt worden war. Diese liegt in der Idealisierung des Männerbundes, in der "romance of men without women". (1989:737, 751n) Der Männerbund erscheint als natürlich-demokratische Gesellschaftsform, die keine Differenzen unter den Männern kennt und ihnen ein Gefühl der Ganzheit und Gemeinsamkeit verschafft; ihre Freiheit und Gleichheit sind nicht durch die Anwesenheit von Frauen oder Kindern gefährdet. Diese idealisierte Männlichkeit entspricht genau dem Begriff von "whiteness idealized", den Morrison in ihrer Interpretation identifiziert hat. Das heißt, daß dieser

Text, in dem Frauen gar nicht vorkommen, die Genderideologie in ihrer hartnäckigsten Form wieder durchscheinen läßt.

Insofern strukturiert sich das 'Paradies' der Männer, in dem Frauen abwesend sind, eben doch wieder über sie: ihr Ausschluß, ihre Unsichtbarkeit
werden zum unterliegenden, *notwendigen* Strukturprinzip von 'Paradise'. Der
Text macht die Abhängigkeit der homosozialen 'Ganzheit' und 'Gleichheit'
dieser paradiesischen Männergesellschaft vom Ausschluß der Frauen schließlich doch explizit, indem er in der zweiten Geschichte als Gegenwelt 'Tartarus', die Welt der Frauen, präsentiert. Tartarus ist das Gegenstück zu Paradise
– "the industrial nightmare" unterdrückter, ausgebeuteter Frauen in kahlen
Fabrikgebäuden und unwirtlicher Landschaft. Doch der entsetzte Erzähler
kann die Welten nur als getrennte wahrnehmen und sie nicht als *einander be-
dingende* Welten erkennen; die Frauen bleiben blaß für ihn. Morrisons Frage,
was ein Autor oder Kritiker alles tun muß, um die Anwesenheit der *blackness*
im Text zu ignorieren, ist hier abgewandelt: Was muß ein Erzähler alles tun,
um die Bedeutung dieser Frauenwelt nicht wahrzunehmen? Sein Blick auf
die Frauen wird immer abgelenkt durch die eindrucksvolle Maschinerie der
Fabrik, deren Beschreibung an phallischer Bildlichkeit nichts zu wünschen
übrig läßt. Auch hier also strukturiert ein Symbol der idealisierten Männlichkeit, "the representation of woman's lack" (Wiegman 1989:742), die Welt,
diesmal die der Frauen. Daß der Erzähler dies nicht erkennt, ist nicht allein
sein Fehler, wie Wiegman betonte, sondern ein zentrales Problem der traditionellen Genderkategorien, in denen das Männliche immer auf sich als das
Allgemeine, Grundsätzliche, "the space of 'origin'" verweist. (1989:737)

Mit diesem Umweg über einen in der Melville-Sekundärliteratur marginalen Text konnte Wiegman zeigen, in welcher Form der Ausschluß von Frauen
als Strukturprinzip für demokratische Gleichheit unter Männern konstitutiv
ist. Sie konnte dann umso deutlicher sehen, was in *Moby-Dick* implizit zu
entdecken war. Auch hier schien das Ideal der demokratischen, unterschieds-
losen Gleichheit unter Männern den Erzähler – und die Melville-Kritik – zu
beeindrucken. Kritiker hatten im Bild des männlichen Paares Ishmael und

Queequeg die Möglichkeit einer nichthierarchischen, unaggressiven Liebe und das Potential zur Veränderung patriarchalisch-autoritärer Machtstrukturen gesehen. (Wiegman 1989:747) Das Problem war, daß sie den Ausschluß der Frauen zwar sahen und kritisierten, aber nicht als eine *notwendige* Voraussetzung für das Gleichheitsideal einer demokratischen Gesellschaft erkannten. Sie sahen, daß *Frauen im Text fehlten*, und folgerten daraus, daß mit dieser Abwesenheit von Frauen der Männerbund gänzlich *außerhalb* des Gendersystems stand. Es stand ihnen damit frei, den Bund als autonom, frei von den Hierarchien der Gesellschaft und des Gendersystems zu imaginieren: "the male bond can be elevated to the epitome of equality". (1989:747)

Erneut stellte sich die Frage, was ein Kritiker, Erzähler oder Autor alles tun mußte, um im Männerbund das Ideal einer genderfreien Demokratie zu sehen und dem Gendersystem zu entfliehen. Die Antwort war aus der Literatur bekannt – die Protagonisten mußten sich in die Wildnis oder aufs Meer zurückziehen. "But no matter how far the fraternity goes", schloß Wiegman, "it cannot escape, because it depends ideologically upon the hierarchy within all patriarchal relations, sexual difference." (1989:735) Der hierarchische Ausschluß von Frauen aus dem Männerbund war für seine innere Gleichheit und Geschlossenheit notwendig. Er erlaubte Männern, einander anzuerkennen und die verbleibenden Hierarchien zu ignorieren. (1989:746) Insofern verschleierte die Rhetorik, mit der die ausschließlich männlich strukturierte Gesellschaft als Universum dargestellt wurde, nicht nur den Ausschluß von Frauen, sondern auch andere strukturelle Unterschiede innerhalb ihrer Gesellschaft (z.B. die von 'Rasse' und Klasse).

Wiegman kam also zu einem radikal anderen Ergebnis als die Kritiker, die im Männerbund ein antipatriarchalisches Potential sahen, weil sie die Hierarchien des Gendersystems, die der Text ver/entbarg, übersahen. Diese Lesart wäre ohne den Begriff von Gender und 'Rasse', wie sie hier am Beispiel von Gender entwickelt wurden, nicht möglich gewesen. Weder Wiegman noch Morrison ging es darum, ihre als die 'richtigen' oder 'besseren'

Lesarten von Melvilles Werken zu präsentieren.[26] Gender versteht sich also ebensowenig wie 'Rasse' als Analysekategorie im Sinne einer Methode, die es ermöglicht, Texte 'besser' zu lesen.

Die Bedeutung dieser Analysekategorie liegt vielmehr darin, daß sich die Fragen an den Text ändern müssen. Mit Gender wird deutlich, daß Repräsentationen von Weiblichkeit und Männlichkeit, und auch der Ausschluß von Weiblichkeit, die Organisation von Texten bestimmen; letztlich zwingt Gender zu der Erkenntnis, daß der Ausschluß von Weiblichkeit *bestimmte Repräsentationen erst ermöglicht.*

Beide Essays dienen hier als Beispiele dafür, daß die Konzentration auf den Begriff Gender Fragestellungen hervorbringt, die weit über die im Text dargestellten Geschlechterverhältnisse hinausgehen.

---

26 Und so sollen ihre Artikel auch in dieser Arbeit nicht als die 'richtigen' Interpretationen, sondern exemplarisch für eine neue Lesart vorgestellt werden. Tatsächlich sind die beiden Interpretationen auch nicht ganz unproblematisch, weil sie den Schluß zulassen, daß die kanonisierten Texte 'schon immer' mit feministischem bzw. antirassistischem Wissen ausgestattet seien.

Schlußwort

Die feministische Kanondiskussion begann mit der Konfrontation von Leserinnen mit einem Literaturkanon, in dem sie sich und ihre Erfahrungen nicht wiederfanden, und mit einer Literaturkritik, die Frauen allzu häufig mißachtete. Die verschiedenen Stationen der Verhandlung gesellschaftspolitischer Interessen mit literarischen Texten, deren Ausgangshypothese mit dem Slogan *The Literary is the Political* formuliert wurde, sind in dieser Arbeit nachgezeichnet worden.

Zwei Problemkreise tauchten hierbei immer wieder auf, in deren Zentren die Konzeptualisierung der Leserin durch die feministische Kritik und ihre Herangehensweise an den literarischen Text standen. Während es in der politischen Frauenbewegung darum ging, die Präsenz von Frauen spürbar werden zu lassen (durch Demonstrationen, öffentliche Bekenntnisse, *affirmative action*), war es in der *Feminist Critique* zunächst schwierig, Frauen überhaupt wahrzunehmen; sie tauchten vor allem als unterdrückte oder ohnmächtige fiktionale Heldinnen, als verhinderte Autorinnen oder deprimierte Leserinnen auf. Zwar machte sich die Leserin bald als *resisting reader* geltend, doch definierte sie sich nur negativ über ihren Widerstand gegen den Einfluß des Textes; sie blieb weiterhin orientiert an diskriminierenden Kritikern, Autoren, Protagonisten. Der Ansatz der *Gynocritics* stellte Frauen in den Vordergrund; der Blick auf die Unterdrückung wurde abgelöst durch den Blick auf Leben und Erfahrungen von Autorinnen und Leserinnen. Diese wurden lange unter dem Singular *Woman reader* oder *Woman writer* gehandelt; erst allmählich verstärkte sich das Bemühen, die Vielfalt von Frauen – *the difference within* – darzustellen. Doch der Versuch, eine weibliche Ästhetik in der Literatur auszuarbeiten, drohte immer wieder zu Verallgemeinerungen zu führen, die die Unterschiedlichkeit von Frauen unberücksichtigt ließen. Das Konzept von Gender als Ausdruck eines Werte- und Beziehungssystems lieferte ein feineres Analyseinstrument für die feministische Kritik. Allerdings ging es dabei wieder weniger um reale, präsente Frauen als um

Haltungen, Auffassungen, Ideologien; auch ging die Aufmerksamkeit über die Konzepte der Weiblichkeit hinaus und richtete sich gleichermaßen auf das Verhältnis zu Männlichkeitskonzepten und die Verwobenheit mit anderen Differenzkategorien.

Der literarische Text wurde in der *Feminist Critique* aus seiner neukritisch zugesicherten Weltabgeschlossenheit geholt und zur Verantwortung gezogen. Seine gesellschaftliche 'Botschaft' wurde entdeckt und sehr ernst, sehr wörtlich genommen, dennoch war das Werk nie ganz sichtbar. Erstens wurde es als einer unter vielen anderen nichtliterarischen Texten betrachtet und gleichbehandelt. Zweitens wurde der literarische Text mehr oder weniger gleichgesetzt mit 'Männern' – entweder wurde er als Handlungseinheit mit dem Autor betrachtet oder personifiziert als ein weiterer Handelnder in einer patriarchalen Gesellschaft: "American literature is male". (Fetterley 1978:xii) Der Spruch *The Literary is the Political* signalisierte eben dies: daß Literatur sich aktiv an der Unterdrückung von Frauen beteiligte. In jedem Fall war das Ergebnis dasselbe: frau wandte sich nach einer Zeit der kritischen Aufmerksamkeit und des Protestes vom als männlich-autoritär empfundenen Kanon ab. Der literarische Wert, der dem Kanon noch eine Weile lang als immanent zugestanden wurde, wurde als zeit- und personengebunden entlarvt und verlor seine Bedeutung. Die *Gynocritics* zeichneten sich durch eine Rückkehr zum Text aus; die literarische Sprache und Symbolik, Themen und Genres wurden aufmerksam betrachtet. Allerdings handelte es sich dabei nur um Texte von Frauen, und ihr Werk drohte teilweise wieder unsichtbar zu werden, weil es häufig nur als Funktion der Weiblichkeit seiner Autorin gehandelt wurde. Mit Gender traten das literarische Werk und seine poetische Sprache unabhängig von Autor oder Autorin wieder in den Vordergrund, auch Werke des literarischen Kanons wurden wieder interessant.

Jede dieser Stationen der Kanondiskussion implizierte den Versuch, die Probleme, die mit der Verhandlung von literarischem Text und politischem Interesse entstanden, zu lösen. Doch diese Stationen müssen eher als 'Positionen' denn als (Fortschritt signalisierende) 'Stufen' gedacht werden, denn jeder neue Ansatz mochte Vorteile für die Formulierung dieses Verhältnisses bringen, aber brachte auch eigene Probleme mit sich. Diese Gewinn- und Verlustrechnung setzte sich auch in den Genderstudien fort. Der Begriff Gender machte ein vorurteilsloseres Herangehen an den Text möglich, führte aber auch eine neue Unübersichtlichkeit mit sich; die eindeutigen Zuordnungsmöglichkeiten verschwammen, Unentscheidbarkeiten und Widersprüche tauchten auf. Die Rückkehr zum literarischen Kanon und zum akademischen *mainstream* führte dazu, daß zuletzt das feministische Potential der Genderstudien zu verschwinden drohte. So erfolgte schließlich mit dem Ruf nach dem feministischen Forschungsinteresse die Rückbesinnung auf den Ausgangspunkt der Kanondiskussion: die feministische Bewegung. Auch aus diesem Grund hat das letzte Kapitel den Titel "Coming Full Circle" erhalten; doch ebensowenig wie diese Arbeit eine teleologische Fortschrittsbewegung darstellen will, soll der Titel des Schlußkapitels die gänzliche Rückkehr zum Ausgangspunkt – einen Stillstand der Bewegung – suggerieren. Die Formulierung des Verhältnisses von Literatur und Gesellschaft wird immer wieder neu erfolgen; es ist keine Entwicklung, die ein Ende sucht: die Verhandlung wird fortgesetzt.

Literaturverzeichnis

Abel, Elizabeth, ed. (1982): *Writing and Sexual Difference*. Chicago: University of Chicago Press.

Adams, Hazard (1988): "Canons: Literary Criteria/Power Criteria". *Critical Inquiry* 14;4, 748-764.

Aiken, Susan (1986): "Women and the Question of Canonicity". *College English* 48;3, 288-301.

Alter, Robert (1988): "The Difference of Literature". *Poetics Today* 9;3, 573-591.

Altieri, Charles (1983): "An Idea and Ideal of a Literary Canon". *Critical Inquiry* 10, 37-60.

Anderegg, Johannes (1983): "Das Fiktionale und das Ästhetische". *Funktionen des Fiktiven*, ed. Dieter Henrich, Wolfgang Iser. München: Fink, 153-172.

Andersen, Margret (1975): "Feminism As A Criterion of the Literary Critic." *Feminist Criticism. Essays on Theory, Poetry and Prose*, ed. Cheryl Brown and Karen Olsen. London et al.: The Scarecrow Press, 1978, 1-10.

Arnold, Matthew (1865): "The Function of Criticism at the Present Time". *Lectures and Essays in Criticism*, ed. R.H. Super and Sister Thomas Marion Hoctor. Ann Arbor: The University of Michigan Press, 1962, 258-285.

Arnold, Matthew (1880): "The Study of Poetry". *English Literature and Irish Politics*, ed. R.H. Super. Ann Arbor: The University of Michigan Press, 1973, 161-188.

Atwood, Margaret (1976): "On Being a 'Woman Writer': Paradoxes and Dilemmas". *Second Words*. Boston: Beacon Press, 1984, 190-204.

Bagwell, Timothy (1986): *American Formalism and the Problem of Interpretation*. Houston, Tx: Rice University Press.

Baker, Houston A., Jr. (1980) *Afro-American Poetics: Revisions of Harlem and the Black Aesthetic*. Madison: University of Wisconsin Press, 1988.

Baker, Houston A., Jr. (1981) "Generational Shifts and the Recent Criticism of Afro-American Literature". *Black American Literature Forum* 15;1, 3-21.

Baker, Houston A., Jr. et al., eds. (1989): *Afro-American Literary Studies in the 1990s*. University of Chicago Press.

Baker, Houston A., Jr.; Fiedler, Leslie, eds. (1981): *English Literature: Opening Up the Canon. Selected Papers From the English Institute 1979*. Baltimore: The Johns Hopkins University Press.

Baraka, Amiri (LeRoi Jones) (1970): *A Black Value System*. Newark, NJ: Jihad.

Baraka, Amiri (LeRoi Jones) (1983): *Confirmation. An Anthology of African-American Women*. New York: William Morrow & Co.

Barber, Patricia (1977): "What if Bartleby Were a Woman?" *The Authority of Experience. Essays in Feminist Criticism*, ed. Arlyn Diamond et al. Amherst: The University of Massachusetts Press, 212-223.

Barnes, Annette (1977): "Female Criticism: A Prologue". *The Authority of Experience. Essays in Feminist Criticism*, ed. Arlyn Diamond et al. Amherst: The University of Massachusetts Press, 1-15.

Barrett, Michèle (1980): "Ideology and the Cultural Production of Gender". *Women's Oppression Today: Problems in Marxist Feminist Analysis*. Rev. Edition London: Verso, 1988, 84-113.

Baym, Nina (1978): *Woman's Fiction. A Guide to Novels by and about Women in America, 1820-1870*. Ithaca/London: Cornell University Press.

Baym, Nina (1981): "Melodramas of Beset Manhood: How Theories of American Fiction exclude Women Authors". *The New Feminist Criticism. Essays on Women, Literature, and Theory*, ed. Elaine Showalter. New York: Pantheon 1985, 63-80.

Baym, Nina (1987): "The Madwoman and Her Languages. Why I Don't Do Feminist Literary Theory". *Feminist Issues in Literary Scholarship*, ed. Shari Benstock. Bloomington: Indiana University Press, 45-61.

Baym, Nina (1992): "Matters for Interpretation. Feminism and the Teaching of Literature". *Feminism and American Literary History*. New Brunswick, N.J.: Rutgers University Press, 214-231.

Beauvoir, Simone de (1949): *Das andere Geschlecht. Sitte und Sexus der Frau*. Übers. Eva Rechel-Mertens. Reinbek bei Hamburg: 1968.

Beauvoir, Simone de (1966): "Women and Creativity". *French Feminist Thought*, ed. Toril Moi. Oxford et al.: Blackwell, 1987, 17-32.

Bell, Barbara Currier; Ohmann, Carol (1975): "Virginia Woolf's Criticism: A Polemical Preface". *Feminist Literary Criticism. Explorations in Theory*, ed. Josephine Donovan. Lexington: The University Press of Kentucky, 48-60.

Bennett, Lerone, Jr. (1962): *Before the Mayflower. A History of Black America*. New York: Penguin, 1984.

Bennett, William (1984): "To Reclaim a Legacy". *Chronicle of Higher Education* 19;14, 18.

Bercovitch, Sacvan (1986a): "America as Canon and Context: Literary History in a Time of Dissensus". *American Literature* 58;1, 99-108.

Bercovitch, Sacvan, ed. (1986b): *Reconstructing American Literary History*. Harvard University Press.

Bercovitch, Sacvan (1991): *Discovering 'America': A Cross-Cultural Perspective*. Working Paper No. 36. John F. Kennedy-Institut für Nordamerikastudien, Abt. für Kultur; Freie Universität Berlin.

Bercovitch, Sacvan, gen. ed. (1993): *The Cambridge History of American Literature*. Cambridge: Harvard University Press.

Bericht des Zweiwochendienstes Frauen und Politik 62/1991, 6. Jahrg.

Berman, Paul, ed. (1992): *Debating P.C. The Controversy Over Political Correctness on College Campuses*. New York: Laurel.

Bloom, Allan (1987): *The Closing of the American Mind*. New York: Touchstone, 1988.

Bloom, Lynn Z. (1975): "Promises Fulfilled: Positive Images of Women in Twentieth-Century Autobiography". *Feminist Criticism. Essays on Theory, Poetry and Prose*, ed. Cheryl Brown and Karen Olsen. London et al.: The Scarecrow Press, 1978, 324-334.

Booth, Wayne C. (1982): "Freedom of Interpretation: Bakhtin and the Challenge of Feminist Criticism." *Critical Inquiry* 9;1, 45-76.

Bovenschen, Silvia (1976): "Über die Frage: Gibt es eine weibliche Ästhetik?" *Die Überwindung von Sprachlosigkeit. Texte aus der neuen Frauenbewegung*, ed. Gabriele Dietze. Darmstadt: Luchterhand, 1979, 82-115.

Bovenschen, Silvia et al. (1987): "Weiblichkeitsbilder." *Gespräche mit Herbert Marcuse*, ed. Jürgen Habermas, Silvia Bovenschen et al. Frankfurt/M, 65-87.

Brodhead, Richard (1986): *The School of Hawthorne*. New York: Oxford University Press, 1986.

Brooks, Cleanth (1949): "Irony as a Principle of Structure". *Contexts for Criticism*, ed. Donald Keesey. Palo Alto: Mayfield, 1987, 82-90.

Brooks, Cleanth, Jr.; Warren, Robert Penn (1938): *Understanding Poetry. An Anthology for College Students*. New York: Henry Holt & Co.

Brooks, Cleanth, Jr.; Warren, Robert Penn (1943): *Understanding Fiction*. New York: Appleton-Century-Crofts, Inc.

Brown, Cheryl L.; Olson, Karen, eds. (1978): *Feminist Criticism: Essays on Theory, Poetry and Prose*. London et al.: The Scarecrow Press.

Brown, Sterling A.; Davis, Arthur P., eds. (1941): *The Negro Caravan*. New York: Dryden Press.

Budick, Emily (1991): *The Holocaust and the Construction of Modern American Literary Criticism: The Case of Lionel Trilling*. Berlin: John F. Kennedy-Institut für Nordamerikastudien. Working Paper No. 61.

Buell, Lawrence (1987): "Literary History Without Sexism? Feminist Studies and Canonical Reconception." *American Literature* 59;1, 102-114.

Bürger, Peter (1983): "Institution Literatur und Modernisierungsprozeß". *Zum Funktionswandel in der Literatur*, ed. Peter Bürger. Frankfurt/M: Suhrkamp, 3-32.

Bürger, Peter (1990): "The Problem of Aesthetic Value" (Transl. Shaun Whiteside). *Literary Theory today*, ed. Peter Collier et al. New York: Cornell University Press, 23-44.

Burris, Barbara (1973): "The Fourth World Manifesto". *Radical Feminism*, ed. Anne Koedt et al. New York: Quadrangle Books, 322-357.

Butler, Judith (1990): *Gender Trouble. Feminism and the Subversion of Identity*. New York and London: Routledge.

Butler, Judith (1993): "Bodies that Matter". Vortrag Freie Universität Berlin (Mitschrift).

Butler, Judith; Scott, Joan, eds. (1992): *Feminists Theorize the Political*. New York and London: Routledge.

Cain, William E. (1988): *F.O. Matthiessen and the Politics of Criticism*. Madison: The University of Madison Press.

Cain, William E. (1990): "Criticism and the Complexities of the Canon". *The Centennial Review* 34;1, 6-16.

Cantarow, Ellen (1972): "Why Teach Literature?" *The Politics of Literature. Dissenting Essays on the Teaching of Literature*, ed. Louis Kampf and Paul Lauter. New York: Random House, 157-100.

Carafiol, Peter (1987): "The New Orthodoxy: Ideology and the Institution of American Literary History". *American Literature* 59;4, 626-638.

Carby, Hazel V. (1987): *Reconstructing Womanhood. The Emergence of the Afro-American Woman Novelist*. New York: Oxford University Press.

Chapman, Abraham (1968): *Black Voices*. New York: Mentor.

Chase, Richard (1957): *The American Novel and Its Tradition*. New York: Doubleday Anchor.

Christian, Barbara (1987): "The Race for Theory". *Cultural Critique* 6, 51-63.

Clark, Beverly Lyon (1988): "Feminism and Literature". *Contemporary Literature* 29;2, 318-328.

Cleaver, Eldridge (1968): *Soul on Ice*. New York: Delta.

Colacureto, Michael (1978): "Does American Literature Have a History?" *Early American Literature* 13, 110-131.

Collins Dictionary of the English Language (1979): London et al.: Collins, rpt. 1984.

Cornillon, Susan Koppelman (1972a): "The Fiction of Fiction". *Images of Women in Fiction. Feminist Perspectives*, ed. Susan Koppelmann Cornillon. Bowling Green, Oh: The Bowling Green University Popular Press, 112-130.

Cornillon, Susan Koppelman, ed. (1972b): *Images of Women in Fiction. Feminist Perspectives*. Bowling Green, Oh: The Bowling Green University Popular Press.

Coward, Rosalind (1980): "Are Women's Novels Feminist Novels?" *The New Feminist Criticism. Essays on Women, Literature, and Theory*, ed. Elaine Showalter. New York: Pantheon 1985, 225-241.

Craige, Betty Jean, ed. (1988): *Literature, Language, and Politics*. Athens: University of Georgia Press.

Culler, Jonathan (1982): *On Deconstruction. Theory and Criticism After Structuralism*. Ithaca, New York: Cornell University Press.

Davidson, Cathy (1986): *Revolution and the Word: The Rise of the Novel in America*. New York: Oxford University Press.

Davis, Angela (1981): *Women, Race & Class*. New York: Random House.

Davis, Arthur P.; Redding, Saunders, eds. (1981): *Calvacade. Negro American Writing from 1760 to the Present*. Boston et al.: Houghton Mifflin.

Davis, Lennard J.; Mirabella, M. Bella, eds. (1990): *Left Politics and the Literary Profession*. New York: Columbia University Press.

De Lauretis, Teresa (1987): *Technologies of Gender. Essays on Theory, Film, and Fiction*. Bloomington and Indianapolis: Indianapolis University Press.

Delaney, Sheila (1972): "Up Against the Great Tradition". *The Politics of Literature. Dissenting Essays on the Teaching of Literature*, ed. Louis Kampf and Paul Lauter. New York: Random House, 308-321.

Delbanco, Andrew (1992): "Melville in the '80s". *American Literary History* 4;4, 709-725.

Diamond, Arlyn; Edwards, Lee R., eds. (1977): *The Authority of Experience. Essays in Feminist Criticism*. Amherst: The University of Massachusetts Press.

Donovan, Josephine (1972): "Feminist Style Criticism". *Images of Women in Fiction. Feminist Perspectives*, ed. Susan Koppelmann Cornillon. Bowling Green, Oh: The Bowling Green University Popular Press, 339-352.

Donovan, Josephine (1975a): "Afterword: Critical Re-vision". *Feminist Literary Criticism. Explorations in Theory*, ed. Josephine Donovan. Lexington: The University Press of Kentucky, 74-81.

Donovan, Josephine, ed. (1975b): *Feminist Literary Criticism. Explorations in Theory*. Lexington: The University Press of Kentucky.

Doyno, Victor (1984): "Teaching the New, Ideal Anthology". *Melus* 11;1, 65-69.

Duden (1982): *Das Fremdwörterbuch*. Mannheim et al.: Bibliographisches Institut (4. neu bearb. Auflage).

Eagleton, Terry (1983): *Literary Theory: An Introduction*. Minneapolis: University of Minnesota Press.

Eagleton, Terry (1985): "Ideology and Scholarship". *Historical Studies and Literary Criticism*, ed. Jerome J. McGann. Madison: University of Wisconsin Press, 114-125.

Eagleton, Terry (1987): "Response". *Men in Feminism*, ed. Alice Jardine and Paul Smith. New York and London: Routledge, 1989, 133-135.

Easthope, Anthony (1991): *Literary Into Cultural Studies*. London/New York: Routledge.

Eliot, T.S. (1917): "Tradition and the Individual Talent". *Selected Essays*. London: Faber & Faber, 1958, 13-22.

Eliot, T.S. (1923) "The Function of Criticism". *Selected Essays*. London: Faber & Faber, 1958, 23-34.

Elliott, Emory (1985): "New Literary History: Past and Present". *American Literature* 57;4, 611-621.

Elliott, Emory (1987): "The Politics of Literary History". *American Literature* 59;2, 268-276.

Elliott, Emory, gen. ed. (1988): *Columbia Literary History of the United States*. Columbia University Press.

Ellis, Katherine (1972): "Arnold's Other Axiom". *The Politics of Literature. Dissenting Essays on the Teaching of Literature*, ed. Louis Kampf and Paul Lauter. New York: Random House, 160-173.

Ellison, Ralph (1953): *Shadow and Act*. New York: Vintage, 1972.

Ellison, Ralph (1986): *Going to the Territory*. New York: Vintage, 1987.

Ellmann, Mary (1968): *Thinking About Women*. New York: Harcourt Brace Jovanovich.

Elsthain, Jean Bethke (1981): "Against Androgyny". *Telos* 47, 5-21.

Emanuel, James A. (1968): *Dark Symphony. Negro Literature in America*. New York: The Free Press.

Emanuel, James A. (1971): "Blackness Can: A Quest for Aesthetics". *The Black Aesthetic*, ed. Addison Gayle, Jr. Garden City, NY: Doubleday, 192-223.

Ericson, Edward E., Jr. (1975): *Radicals in the University*. Stanford, Cal.: Hoover Institution Press.

Evans, Nancy Burr (1972): "The Value and Peril for Women of Reading Women Writers". *Images of Women in Fiction. Feminist Perspectives*, ed. Susan Koppelmann Cornillon. Bowling Green, Oh: The Bowling Green University Popular Press, 306-312.

Evans, Sara M. (1977): *Personal Politics. The Roots of Women's Liberation in the Civil Rights Movement*. New York: Alfred A. Knopf.

Evans, Sara M. (1989): *Born for Liberty. A History of Women in America*. New York: The Free Press.

Felski, Rita (1989): *Beyond Feminist Aesthetics. Feminist Literature and Social Change*. Cambridge, MA: Harvard University Press.

Feminists on Children's Media (1971): "A Feminist Look at Children's Books". *Radical Feminism*, ed. Anne Koedt et al. New York: Quadrangle Books, 1973, 94-106.

Ferguson, Cathy E. (1991): "Interpretation and Genealogy in Feminism". *Signs* 16;2, 322-339.

Ferguson, Mary Anne (1972): "Sexist Images of Women in Literature". *Female Studies V*, ed. Rae Lee Siporin. Pittsburgh: KNOW, 77-83.

Fetterley, Judith (1978): *The Resisting Reader. A Feminist Approach to American Fiction*. Bloomington and London: Indiana University Press, xi-xxvi.

Fiedler, Leslie (1960): *Love and Death in the American Novel*. New York: Criterion.

Fiedler, Leslie (1993): "The Canon and the Classroom: A Caveat". *English Inside and Out. The Places of Literary Criticism*, ed. and with an introduction by Susan Gubar and Jonathan Kamholtz. New York and London: Routledge, 29-36.

Finke, Laurie A. (1992): Feminist Theory, Women's Writing. Ithaca/London: Cornell University Press.

Finney, Brian (1988): "Debaucheries of Judiciousness" (Book Review). *Modern Language Quarterly* 49;4, 378-385.

Firestone, Shulamith (1970): *The Dialectic of Sex*. New York: William Morrow.

Fischer, Michael (1990): "Perspectivism and Literary Theory Today". *American Literary History* 2;3, 528-549.

Fish, Stanley (1980): *Is There A Text In This Classroom? The Authority of Interpretive Communities*. Cambridge: Harvard University Press.

Fish, Stanley (1989): *Doing What Comes Naturally: Change, Rhetoric, and the Practics of Theory in Literary and Legal Studies*. Durham, NC: Duke University Press.

Fisher, Philip (1990): *The New American Studies*. John F. Kennedy-Institut für Nordamerikastudien. Working Paper No. 28.

Fleischmann, Fritz (1986): "On Shifting Grounds: Feminist Criticism and the Changing Canon of American Literature". *Works & Days* 4;1, 43-56.

Fluck, Winfried (1975): *Ästhetische Theorie und Literaturwissenschaftliche Methode. Eine Untersuchung ihres Zusammenhangs am Beispiel der amerikanischen Huck-Finn-Kritik*. Stuttgart: Metzler.

Fluck, Winfried (1992): "Surface Knowledge and 'Deep' Knowledge: The New Realism in American Fiction". *Neo-Realism in Contemporary American Fiction*, ed. Kristiaan Versluys. Amsterdam et al.: Rodopi, 65-85.

Flynn, Elizabeth A.; Schweickart, Patrocinio P., eds. (1986): *Gender and Reading. Essays on Readers, Texts, and Contexts*. Baltimore and London: The Johns Hopkins University Press.

Fox-Genovese, Elizabeth (1980): "The New Female Literary Culture". *The antioch review* 2, 195-17.

Fox-Genovese, Elizabeth (1986): "The Claims of a Common Culture: Gender, Race, Class, and the Canon (Response to Robert Scholes)". *Samalgundi* 72, 131-143.

Franklin, Bruce (1972): "The Teaching of Literature in the Highest Academics of the Empire". *The Politics of Literature. Dissenting Essays on the Teaching of Literature*, ed. Louis Kampf and Paul Lauter. New York: Random House, 101-129.

Friedan, Betty (1963): *The Feminine Mystique*. New York: Laurel, 1983.

Fromm, Harold (1991): *Academic Capitalism and Literary Value*. Athens/London: The University of Georgia Press.

Frye, Marilyn (1992): "Getting It Right". *Signs* 17;4, 781-793.

Fuller, Hoyt W. (1971a): "The New Black Literature: Protest or Affirmation". *The Black Aesthetic*, ed. Addison Gayle, Jr. Garden City, NY: Doubleday, 346-369.

Fuller, Hoyt W. (1971b): "Towards a Black Aesthetic". *The Black Aesthetic*, ed. Addison Gayle, Jr. Garden City, NY: Doubleday, 3-12.

Fuss, Diane (1989): *Essentially Speaking. Feminism, Nature & Difference*. New York: Routledge.

Gaines, Jane (1986): "Race and Gender in Feminist Film Theory". *Cultural Critique* 4, 59-79.

Gallagher, Susan Van Zanth (1988): "Feminist Literary Criticism: An Ethical Approach to Literature". *Christian Scholar's Review* 17;3, 254-271.

Gallop, Jane (1989): "Heroic Images: Feminist Criticism, 1972". *American Literary History* 1;3, 612-636.

Gallop, Jane (1993): "The Institutionalization of Feminist Criticism. *English Inside and Out. The Places of Literary Criticism*, ed. Susan Gubar and Jonathan Kamholtz. New York and London: Routledge, 61-67.

Gane, Gill et al. (1972): "Bibliography". *Images of Women in Fiction. Feminist Perspectives*, ed. Susan Koppelmann Cornillon. Bowling Green, Oh: The Bowling Green University Popular Press, 353-389.

Gates, Henry Louis, Jr. (1984): *Black Literature and Literary Theory*. New York: Methuen.

Gates, Henry Louis, Jr., ed. (1987a): "The Black Person in Art: How Should S/he be portrayed?" *Black American Literature Forum* 21;1-3, 1-24 and 317-332.

Gates, Henry Louis, Jr. (1987b): "'What's Love Got To Do With It?' Critical Theory, Integrity, and the Black Idiom". *New Literary History* 18;2, 345-362.

Gates, Henry Louis, Jr. (1988): "On the Rhetoric of Racism in the Profession". *Literature, Language, and Politics*, ed. Betty Jean Craige. Athens: University of Georgia Press, 20-26.

Gates, Henry Louis, Jr. (1989): "Canon-Formation, Literary History, and the Afro-American Tradition: From the Seen to the Told". *Afro-American Literary Study in the 1990s*, ed. Houston A. Baker, Jr. Chicago: University of Chicago Press, 14-50.

Gates, Henry Louis, Jr. (1990): "The Master's Pieces: On Canon-Formation and the African-American Tradition". *The Politics of Liberal Education*, eds. Darryl J. Gless and Barbara Herrnstein Smith. Durham/London: Duke University Press, 1992, 95-117.

Gates, Henry Louis, Jr. (1991a): "Good-Bye Columbus? Notes on the Culture of Criticism". *American Literary History* 3;4, 711-727.

Gates, Henry Louis, Jr. (1991b): "Reply". *American Literary History* 3;4, 747-752.

Gates, Henry Louis, Jr. (1992): *Loose Cannons. Notes on the Culture Wars*. New York/Oxford: Oxford University Press.

Gates, Henry Louis, Jr. (1993): "The Welcome Table". *English Inside and Out. The Places of Literary Criticism*, ed. and with an introduction by Susan Gubar and Jonathan Kamholtz. New York and London: Routledge, 1993, 47-70.

Gayle, Addison (1971a): "Introduction". *The Black Aesthetic*, ed. Addison Gayle, Jr. Garden City, NY: Doubleday, xv-xxiv.

Gayle, Addison, Jr. (1971b): "Cultural Strangulation: Black Literature and the White Aesthetic". *The Black Aesthetic*, ed. Addison Gayle, Jr. Garden City, NY: Doubleday, 39-46.

Gayle, Addison, Jr. (1971c): "The Function of Black Literature at the Present Time". *The Black Aesthetic*, ed. Addison Gayle, Jr. Garden City, NY: Doubleday, 407-419.

Gayle, Addison, Jr. (1975): *The Way of the New World. The Black Novel in America.* Garden City, NY: Anchor Press/Doubleday.

Gayle, Addison, Jr., ed. (1971d): *The Black Aesthetic.* Garden City, NY: Doubleday.

Gerald, Carolyn F. (1971): "The Black Writer and His Role". *The Black Aesthetic,* ed. Addison Gayle, Jr. Garden City, NY: Doubleday, 370-378.

Giddings, Paula (1984): *When and Where I Enter. The Impact of Black Women On Race and Sex in America.* New York et al.: Bantam, 1988.

Gilbert, Sandra M. (1980): "What Do Feminists Want? A Postcard from the Volcano". *The New Feminist Criticism. Essays on Women, Literature, and Theory,* ed. Elaine Showalter. New York: Pantheon 1985, 29-45.

Gilbert, Sandra M. (1990): "Reflections on a (Feminist) Discourse of Discourse, or, Look, Ma, I'm Talking!" *The State of Language,* ed. Christopher Ricks and Leonard Michaels. Berkeley: University of California Press, 130-137.

Gilbert, Sandra S.; Gubar, Susan (1980): *The Madwoman in the Attic.* New Haven and London: Yale University Press.

Gilbert, Sandra S.; Gubar, Susan, eds. (1985): *The Norton Anthology of Literature By Women: The Tradition in English.* New York et al.: Norton.

Gilligan, Carol (1982): *In A Different Voice. Psychological Theory and Women's Development.* Cambridge, Mass. et al.: Harvard University Press.

Gless, Darryl J.; Smith, Barbara Herrnstein, eds. (1992): *The Politics of Liberal Education.* Durham/London: Duke University Press.

Gorak, Jan (1991): *The Making of the Modern Canon. Genesis and Crisis of a Literary Idea.* London et al.: Athlone.

Gottesman, Ronald (1984): "New American Literary History". *Melus* 11;1, 69-74.

Graff, Gerald (1979): *Literature Against Itself. Literary Ideas in Modern Society.* Chicago: University of Chicago Press.

Graff, Gerald (1983): "The Pseudo-Politics of Interpretation". *Critical Inquiry* 9, 597-610.

Graff, Gerald (1988a): "Teach the Conflicts. An Alternative to Educational Fundamentalism". *Literature, Language, and Politics,* ed. Betty Jean Craige. Athens: University of Georgia Press, 99-110.

Greene, Gayle; Kahn, Coppélia (1985): "Feminist Scholarship and the Social Construction of Woman". *Making a Difference: Feminist Literary Criticism,* ed. Gayle Greene and Coppélia Kahn. London et al.: Methuen, 1-36.

Griffin, Susan (1978): *Woman and Nature. The Roaring Inside Her.* New York et al.: Harper & Row.

Gross, Seymour Lee (1966): "Stereotype to Archetype: The Negro in American Literary Criticism". *Images of the Negro in American Literature,* ed. Seymour Lee Gross and John Edward Hardy. Chicago: University of Chicago Press, 1-26.

Gubar, Susan (1981): "'The Blank Page' and the Issues of Female Creativity". *The New Feminist Criticism. Essays on Women, Literature, and Theory*, ed. Elaine Showalter. New York: Pantheon 1985, 292-313.

Gubar, Susan; Kamholtz, Jonathan (1993): *English Inside and Out. The Places of Literary Criticism*. New York and London: Routledge.

Guillory, John (1983): "The Ideology of Canon-Formation: T.S. Eliot and Cleanth Brooks". *Canons*, ed. Robert von Hallberg. Chicago: University of Chicago Press, 1984, 337-362.

Guillory, John (1987): "Canonical and Non-Canonical: A Critique of the Current Debate". *ELH* 54;3, 483-527.

Halfmann, Ulrich (1971): *Der amerikanische 'New Criticism'*. Frankfurt/M: Athenäum.

Hallberg, Robert von, ed. (1983): *Canons*. Chicago: University of Chicago Press, 1984.

Haraway, Donna (1985): "A Manifesto for Cyborgs: Science, Technology, and Socialist Feminism in the 1980s". *Feminism/Postmodernism*, ed. Linda J. Nicholson. New York/London: Routledge, 1990, 190-233.

Haraway, Donna (1988): "Situated Knowledge: The Science Question in Feminism and the Privilege of Partial Perspective". *Feminist Studies* 14;3, 575-599.

Harpham, Geoffrey Galt (1989): "Valuemania". (Book Review). *Raritan* 9;1, 134-150.

Hartman, Joan E. (1987): "Reflections on 'The Philosophical Bases of Feminist Literary Criticism." *New Literary History* 19;1, 105-115.

Harvey, David (1992): Vortrag während der DGfA-Tagung in Berlin (Mitschrift).

Heilbrun, Carolyn (1979a): "Bringing the Spirit Back to English Studies". *The New Feminist Criticism. Essays on Women, Literature, and Theory*, ed. Elaine Showalter. New York: Pantheon 1985, 21-29.

Heilbrun, Carolyn (1979b): *Reinventing Womanhood*. New York: Norton.

Heilbrun, Carolyn G. (1987): "Women, Men, Theories, and Literature". *The Impact of Feminist Research in the Academy*, ed. Christine Farnham. Bloomington: Indiana University Press, 217-225.

Heilbrun, Carolyn; Stimpson, Catharine (1975): "Theories of Feminist Criticism: A Dialogue". *Feminist Literary Criticism. Explorations in Theory*, ed. Josephine Donovan. Lexington: The University Press of Kentucky, 61-73.

Hesse, Eva (1992): *Die Achse Avantgarde-Faschismus. Reflexionen über Filippo Tommaso Marinetti und Ezra Pound*. Zürich: Arche.

Higham, John (1989): "Finding Centers Among the Margins". *American Literary History* 3;4, 743-746.

Hill, Herbert, ed. (1963): *Soon, One Morning. New Writing By American Negroes*. New York: Alfred A. Knopf.

Hirsch, E.D. (1982): "The Politics of Theories of Interpretation". *Critical Inquiry* 9;1, 235-247.

Hirsch, E.D. (1987): *Cultural Literacy. What Every American Needs To Know.* (With an Appendix "What Literate Americans Know"): Boston: Houghton Mifflin Co.

Hirsch, Marianne; Keller, Evelyn Fox (1990a): "Conclusion: Practicing Conflict in Feminist Theory". *Conflicts in Feminism*, ed. Marianne Hirsch and Evelyn Fox Keller. New York and London: Routledge, 370-385.

Hirsch, Marianne; Keller, Evelyn Fox, eds. (1990b): *Conflicts in Feminism.* New York and London: Routledge.

Hof, Renate (1987-1993): Gespräche mit der Verfasserin; Seminarveranstaltungen. München und Berlin.

Hof, Renate (1990): "Writing Women into (Literary) History: Toward a Poetics of Gender?" *Reconstructing American Literary and Historical Studies*, ed. Günther Lenz. Frankfurt/M: Campus, 211-224.

Hof, Renate (1992): *"Gender and Difference.* Paradoxieprobleme des Unterscheidens". *Amerikastudien/American Studies* 37;3, 437-450.

Hoffman, Nancy, et al., eds. (1972): *Female Studies VI. Closer to the Ground.* Old Westbury: The Feminist Press.

Hohendahl, Peter Uwe (1982): *The Institution of Criticism.* Ithaca et al.: Cornell University Press.

Holly, Marcia (1975): "Consciousness and Authenticity: Toward a Feminist Aesthetic". *Feminist Literary Criticism. Explorations in Theory*, ed. Josephine Donovan. Lexington: The University Press of Kentucky, 38-47.

Hooks, Bell (1981): *Ain't I a Woman. Black Women and Feminism.* Boston: South End Press.

Howe, Florence (1971): "A Report on Women and the Profession". *College English* 32;8, 847-854.

Howe, Florence (1972): "Feminism and Literature". *Images of Women in Fiction. Feminist Perspectives*, ed. Susan Koppelmann Cornillon. Bowling Green, Oh: The Bowling Green University Popular Press, 1972, 253-277.

Howe, Florence (1976): "Feminism and the Study of Literature". *Myths of Coeducation. Selected Essays 1964-1983.* Bloomington: Indiana University Press, 1984, 188-205.

Howe, Florence (1979): "The Past Ten Years. A Critical Retrospective". *Myths of Coeducation. Selected Essays 1964-1983.* Bloomington: Indiana University Press, 1984, 231-245.

Howe, Florence (1983): "American Literature and Women's Lives". *Myths of Coeducation. Selected Essays 1964-1983.* Bloomington: Indiana University Press, 1984, 285-306.

Howe, Florence, ed. (1991): *Tradition and the Talents of Women.* Urbana and Chicago: University of Illinois Press.

Howe, Florence et al., eds. (1970): *Female Studies II.* Pittsburgh: KNOW.

Howe, Florence; Ahlum, Carol, eds. (1971): *Female Studies III.* Pittsburgh: KNOW.

Howe, Florence; Ahlum, Carol et al. (1972) "Why Teach Poetry? - An Experiment". *The Politics of Literature. Dissenting Essays on the Teaching of Literature*, ed. Louis Kampf and Paul Lauter. New York: Random House, 259-357.

Howe, Florence; Ahlum, Carol (1973): "Women's Studies and Social Change". *Academic Women on the Move*, ed. Alice S. Rosse; Ann Calderwood. New York: Russell Sage Foundation, 393-423.

Howe, Florence; Bass, Ellen, eds. (1973): *No More Masks! An Anthology of Poems by Women*. Garden City: Anchor Press.

Howe, Florence; Cantarow, Ellen (1969): "What Happened at MLA: The Radical Perspective". *College English* 30 (1968/9), 484-487.

Howe, Florence; Lauter, Paul (1970): *The Conspiracy of the Young*. New York/Cleveland: The World Publishing Company.

Howe, Linda (1989): "Contingencies of Value" (Book Review). *Criticism* 31;4, 513-517.

Hubbard, Ruth (1987): "Constructing Sex Difference". *New Literary History* 19;1, 129-134.

Hughes, Langston (1926): "Introduction: The Negro Artist and the Racial Mountain". *The Black Aesthetic*, ed. Addison Gayle, Jr. Garden City, NY: Doubleday, 1971, 175-181.

Ickstadt, Heinz (1991-93): Gespräche mit der Verfasserin, Seminarveranstaltungen. John F. Kennedy-Institut der Freien Universität Berlin.

Institute for Research on Higher Education [University of Pennsylvania] (1993): "The Changing Faces of the American College Campus". *Change* 9/10; 57-60.

Iser, Wolfgang (1986): "Fictionalizing Acts". *Amerikastudien/American Studies* 31;1, 5-15.

Jameson, Frederic (1975): Beyond the Cave. Demystifying the Ideology of Modernism." *The Ideology of Theory. Essays 1971-1986*. Minneapolis: University of Minnesota Press, 1988, 115-132.

Jardine, Alice (1985): *Gynesis. Configurations of Woman and Modernity*. Ithaca and London: Cornell University Press.

Jay, Gregory (1991): "The End of 'American' Literature: Toward a Multicultural Practice". *College English* 53;3, 264-280.

Jay, Gregory S.; Miller, David L., eds. (1985): *After Strange Texts. The Role of Theory in the Study of Literature*. University, Ala.: The University of Alabama Press.

Jehlen, Myra (1981): "Archimedes and the Paradox of Feminist Criticism". *Signs* 16;41, 575-601.

Jehlen, Myra (1991): "Response to Professor Henry Louis Gates, Jr." *American Literary History* 3;4, 728-732.

Jones, Ann Rosalind (1981): "Writing the Body: Toward an Understanding of l'Écriture Féminine". *The New Feminist Criticism. Essays on Women, Literature, and Theory*, ed. Elaine Showalter. New York: Pantheon 1985, 361-377.

Jones, Ann Rosalind (1985): "Inscribing Femininity: French Theories of the Feminine". *Making a Difference. Feminist Literary Criticism*, ed. Gayle Greene and Coppélia Kahn.. London et al.: Methuen, 80-112.

Jones, LeRoi; Neal, Larry, eds. (1968): *Black Fire. An Anthology of Afro-American Writing*. New York: William Morrow.

Jong, Erica (1980): "Blood and Guts: The Tricky Problem of Being a Woman Writer in the Late Twentieth Century". *The Writer on Her Work*, ed. Janet Sternburg. New York and London: Norton, 169-179.

Kampf, Louis (1967): "The Scandal of Literary Scholarship". *The Dissenting Academy*, ed. Theodore Roszak. New York: Pantheon, 1968, 43-61.

Kampf, Louis (1970): "Culture Without Criticism". *Massachusetts Review* 11;4, 638-644.

Kampf, Louis; Lauter, Paul, eds. (1972): *The Politics of Literature. Dissenting Essays on the Teaching of Literature*. New York: Random House.

Kaplan, Carey; Rose, Ellen Cronan (1990): *The Canon and the Common Reader*. Knoxville: The University of Tennessee Press.

Kaplan, Sydney Janet (1985): "Varieties of Feminist Criticism". *Making a Difference: Feminist Literary Criticism*, ed. Gayle Greene and Coppélia Kahn. New York: Routledge, 1988, 37-58.

Karenga, Ron (1971): "Black Cultural Nationalism". *The Black Aesthetic*, ed. Addison Gayle, Jr. Garden City, NY: Doubleday, 32-38.

Katz-Stoker, Fraya (1972): "The Other Criticism: Feminism vs. Formalism". *Images of Women in Fiction. Feminist Perspectives*, ed. Susan Koppelmann Cornillon. Bowling Green, Oh: The Bowling Green University Popular Press, 313-325.

Keesey, Donald, ed. (1987): *Contexts for Criticism*. Palo Alto, Cal: Manfield.

Keller, Evelyn Fox (1978): "Gender and Science." *Discovering Reality: Feminist Perspectives on Epistemology, Metaphysics, Methodology, and Philosophy of Science*. Dordrecht and Boston: D. Reidel Publishing Co., 1983, 187-205.

Kelly, Joan (1976): "The Social Relation of the Sexes". *Women, History, and Theory. The Essays of Joan Kelly*. Chicago: University of Chicago Press, 1-18.

Kennard, Jean E. (1986): "Oneself Behind Oneself: A Theory for Lesbian Readers". *Gender and Reading. Essays, Readers, Texts, and Contexts*, ed. Patrocinio Schweickart and Elizabeth A. Flynn. Baltimore: The Johns Hopkins University Press, 63-81.

Kermode, Frank (1988a): "Canons". *Dutch Quarterly Review of Anglo-American Letters*. 18;4, 258-270.

Kermode, Frank (1988b): *History and Value. The Clarendon Lectures and the Northcliffe Lectures*. Oxford: Clarendon Press.

Kernan, Alvin (1993): "Plausible and Helpful Things to Say About Literature in a Time When All Print Institutions Are Breaking Down". *English Inside and Out. The Places of Literary Criticism*, ed. and with an introduction by Susan Gubar and Jonathan Kamholtz. New York and London: Routledge, 9-28.

Kessel, Barbara (1970): "Free, Classless, and Urbane?" *The Politics of Literature. Dissenting Essays on the Teaching of Literature*, ed. Paul Lauter and Louis Kampf. New York: Random House, 1972, 177-193.

Killens, John Oliver (1971): "The Black Writer Vis-à-Vis His Country". *The Black Aesthetic*, ed. Addison Gayle, Jr. Garden City, NY: Doubleday, 379-396.

Koedt, Anne; Levine, Ellen; Rapone, Anita, eds. (1973): *Radical Feminism*. New York: Quadrangle Books.

Kolodny, Annette (1975a): "Some Notes on Defining a 'Feminist Literary Criticism'". *Feminist Criticism. Essays on Theory, Poetry and Prose*, ed. Cheryl Brown and Karen Olsen. London et al.: The Scarecrow Press, 1978, 37-58.

Kolodny, Annette (1975b): *The Lay of the Land. Metaphor as Experience and History in American Life and Letters*. Chapel Hill: University of North Carolina Press.

Kolodny, Annette (1976): "Literary Criticism. (Review Essay)". *Signs* 2;2, 404-421.

Kolodny, Annette (1980a): "A Map for Rereading: Gender and the Interpretation of Literary Texts". *The New Feminist Criticism. Essays on Women, Literature, and Theory*, ed. Elaine Showalter. New York: Pantheon 1985, 46-62.

Kolodny, Annette (1980b): "Dancing Through the Minefield: Some Observations on the Theory, Practics, and Politics of a Feminist Literary Criticism". *The New Feminist Criticism. Essays on Women, Literature, and Theory*, ed. Elaine Showalter. New York: Pantheon 1985, 144-167.

Kolodny, Annette (1985): "The Integrity of Memory: Creating a New Literary History of the United States". *American Literature* 57;2, 290-307.

Kolodny, Annette (1988): "Dancing Between Left and Right: Feminism and the Academic Minefield in the 1980s". *Literature, Language, and Politics*, ed. Betty Jean Craige. Athens: University of Georgia Press, 27-37.

Kreps, Bonnie (1972): "Radical Feminism 1". *Radical Feminism*, ed. Anne Koedt et al. New York: Quadrangle Books, 1973, 234-239.

Krieger, Murray (1988): "The Literary Privilege of Evaluation". *Words About Words About Words: Theory, Criticism, and the Literary Text*. Baltimore/London: The Johns Hopkins University Press, 153-171.

Kristeva, Julia (1986): "Women's Time". *The Kristeva Reader*, ed. Toril Moi. New York: Columbia University Press, 31-53.

Krouse, Agate Nesaule (1972): "A Feminist in Every Classroom". *Female Studies V*, ed. Rae Lee Siporin. Pittsburgh: KNOW, 1-6.

Krouse, Agate Nesaule (1974): "Toward a Definition of Literary Feminism". *Feminist Criticism. Essays on Theory, Poetry and Prose*, ed. Cheryl Brown and Karen Olsen. London et al.: The Scarecrow Press, 1978, 279-290.

Landy, Marcia (1977): "The Silent Woman: Towards a Feminist Critique". *The Authority of Experience. Essays in Feminist Criticism*, ed. Arlyn Diamond et al. Amherst: The University of Massachusetts Press, 16-27.

Lang, Hans-Joachim (1990): "From the Old Cambridge History of American Literature to the New Columbia Literary History of the United States". *Reconstructing American Literary and Historical Studies*, ed. Günter Lenz. Frankfurt/M et al.: Campus, 110-127.

Lasch, Christopher (1991): "Politics and Culture. Academic Pseudo-Radicalism: The Charade of 'Subversion'". *Samalgundi* 88-89, 25-35.

Lauter, Paul (1983a): "Race and Gender in the Shaping of the American Literary Canon: A Case Study From the Twenties". *Feminist Studies* 9, 435-64.

Lauter, Paul, ed. (1983b): *Reconstructing American Literature. Courses, Syllaby, Issues*. Old Westbury, N.Y.: The Feminist Press.

Lauter, Paul (1984): "Reconstructing American Literature: A Synopsis of An Educational Project of the Feminist Press". *Melus* 11;1, 33-43.

Lauter, Paul, gen. ed. (1990): *The Heath Anthology of American Literature*. Lexington, Mass: Heath.

Lauter, Paul (1991a): "Caste, Class, and Canon". *Feminisms. An Anthology of Literary Theory and Criticism*, ed. Robyn R. Warhol and Diane Price Herndl. New Brunswick, N.J.: Rutgers University Press, 227-248.

Lauter, Paul (1991b): *Canons and Contexts*. New York: Oxford University Press.

Lauter, Paul (1992): "On the Implications of the Heath Anthology: Response to Ruland". *American Literary History* 4;2, 334-336.

Lee, Don L. (1971): "Toward a Definition: Black Poetry of the Sixties (After LeRoi Jones)". *The Black Aesthetic*, ed. Addison Gayle, Jr. Garden City, NY: Doubleday, 235.

Lehman, Elmar (1982): "Literaturgeschichte, Geschichte der Kritik und Kritik der Wertung". *Beschreiben, Interpretieren, Werten. Das Wertungsproblem in der Literatur aus der Sicht unterschiedlicher Methoden*, ed. Bernd Lenz; Bernd Schulte-Middelich. München: Wilhelm Fink, 248-269.

Lenz, Bernd; Schulte-Middelich, Bernd, eds. (1982): *Beschreiben, Interpretieren, Werten. Das Wertungsproblem in der Literatur aus der Sicht unterschiedlicher Methoden*. München: Wilhelm Fink.

Lieberman, Marcia R. (1972): "Sexism and the Double Standard in Literature". *Images of Women in Fiction. Feminist Perspectives*, ed. Susan Koppelmann Cornillon. Bowling Green, Oh: The Bowling Green University Popular Press, 326-383.

Lorde, Audre (1978): *Uses of the Erotic: The Erotic as Power*. New York: Out & Out, 1982.

Lorde, Audre (1981): "The Master's Tools Will Never Dismantle the Master's House". *This Bridge Called My Back. Writings By Radical Women of Color*, ed. Cherrí Moraga et al. Watertown, Mass.: Persephone Press, 98-101.

Lubiano, Waheema (1989): "Constructing and Reconstructing Afro-American Texts: The Critic as Ambassador and Referee". *American Literary History* 1;2, 432-447.

Marcus, Jane (1987): "Still Practice, A/Wrested Alphabeth." *Feminist Issues in Literary Scholarship*, ed. Shari Benstock. Bloomington: Indiana University Press, 79-97.

Marcus, Laura (1992): "Feminist Aesthetics and the New Realism". *New Feminist Discourses. Critical Essays on Theories and Texts*, ed. Isobel Armstrong. London/New York: Routledge, 11-25.

Martin, Wendy (1971): "Seduced and Abandoned in the New World: The Image of Woman in American Fiction". *Woman in Sexist Society*, ed. Vivian Gornick and Barbara Moran. New York et al.: Basic Books, 226-239.

Mattenklott, Gert (1993): "Lektüre als Lebenskunde. Die 68er und die Literatur". *Der Tagesspiegel*, 3.5.1993, 17.

Matthiessen, F.O. (1941): *American Renaissance. Art and Expression in the Age of Emerson and Whitman*. London et al.: Oxford University Press, 1960.

Mayfield, Julian (1971): "You Touch My Black Aesthetic and I'll Touch Yours". *The Black Aesthetic*, ed. Addison Gayle, Jr. Garden City, NY: Doubleday, 24-31.

Meese, Elizabeth (1985): "Sexual Politics and Critical Judgment". *After Strange Texts. The Role of Theory in the Study of Literature*, ed. Gregory S. Jay; David L. Miller. University, Ala.: The University of Alabama Press, 85-100.

Meese, Elizabeth (1986): *Crossing the Double-Cross. The Practice of Feminist Criticism*. Chapel Hill: The University of North Carolina Press, 69-87.

Melville, Herman (1951): *Moby-Dick*. New York/London: Penguin, 1986.

Melville, Herman (1955): "The Paradise of Bachelors and the Tartarus of Maids". *Selected Writings*. New York: Random House, 1952.

Merrill, Robert (1988): "Demoting Hemingway: Feminist Criticism and the Canon." *American Literature* 60;2, 255-268.

Messer-Davidow, Ellen (1987): "The Philosophical Bases of Feminist Literary Criticisms". *New Literary History* 19;1, 65-103.

Messer-Davidow, Ellen (1988): "The Right Moves: Conservatism and Higher Education". *Literature, Language, and Politics*, ed. Betty Jean Craige. Athens: University of Georgia Press, 54-83.

Meyers Großes Taschenlexikon (1981). Mannheim et al.: Bibliographisches Institut.

Michaels, Walter Benn (1982): "Is There a Politics of Interpretation?" *Critical Inquiry* 9;1, 248-258.

Michaels, Walter Benn; Knapp, Steven (1982): "Against Theory". *Critical Inquiry* 8, 723-742.

Miller, Adam David (1987): "Some Observations on a Black Aesthetic". *The Black Aesthetic*, ed. Addison Gayle, Jr. Garden City, NY: Doubleday, 397-404.

Miller, J. Hillis (1987): "The Function of Rhetorical Study at the Present Time". *The State of the Discipline 1970s-1980s. ADE Bulletin* 62, 11-18.

Miller, Nancy K. (1986): "Parables and Politics: Feminist Criticism in 1986". *Paragraph* 8, 40-54.

Miller, Perry, gen. ed. (1962): *Major Writers of America*. New York et al.: Harcourt, Brace & World.

Miller, Wayne Charles (1984): "Toward a New Literary History of the United States". *Melus* 11;1, 5-25.

Millett, Kate (1969): "Sexual Politics: A Manifesto for Revolution". *Radical Feminism*, ed. Anne Koedt et al. New York: Quadrangle Books, 1973, 365-7.

Millett, Kate (1970): *Sexual Politics*. New York: Touchstone, 1990.

Mitchell, W.J.T. (1982): "Editor's Introduction: The Politics of Interpretation." Special Issue. *Critical Inquiry* 9, iii-viii.

MLA Executive Council (1991): "From the MLA: Statement on the Curriculum Debate". *ASA Newsletter* 14;3, 4.

Moers, Ellen (1977): *Literary Women: The Great Writers*. New York: Anchor Books.

Moi, Toril (1985): *Sexual/Textual Politics*. New York et al.: Methuen.

Mooij, J.J.A. (1992): "The Canonizers and the Canonized". *Rewriting the Dream: Reflections on the Changing American Literary Canon*, ed. W.M. Verhoeven. Amsterdam: Rodop, 245-257.

Morgan, Ellen (1972): "Humanbecoming: Form and Focus in the Neo-Feminist Novel". *Feminist Criticism. Essays on Theory, Poetry and Prose*, ed. Cheryl Brown and Karen Olsen. London et al.: The Scarecrow Press, 1978, 272-278.

Morgan, Robin, ed. (1970): *Sisterhood is Powerful. An Anthology of Writings from the Women's Liberation Movement*. New York et al.: Random.

Morrison, Toni (1970): *The Bluest Eye*. New York: Washington Square Press, 1972.

Morrison, Toni (1989): "Unspeakable Things Unspoken: The Afro-American Presence in American Literature". *Michigan Quarterly Review* XXVIII;1, 1-34.

Morrison, Toni (1992): *Playing in the Dark. Whiteness and the Literary Imagination*. Cambridge, Mass.: Harvard University Press.

Mueller, Martin (1990): "Endurance and Contingency" (Book Review). *Samalgundi* 88-89, 435-454.

Mukařovský , Jan (1966): *Kapitel aus der Ästhetik*. Frankfurt/M: Suhrkamp, 1974.

Myers, D.G. (1989): "The Bogey of the Canon". *Sewanee Review* 97;4, 611-621.

Neal, Larry (1968a): "And Shine Swam On". *Black Fire. An Anthology of Afro-American Writing*, ed. LeRoi Jones and Larry Neal. New York: William Morrow, 638-656.

Neal, Larry (1968b): "The Black Arts Movement". *The Black Aesthetic*, ed. Addison Gayle, Jr. Garden City, NY: Doubleday, 1971, 272-290.

Neal, Larry (1971): "Some Reflections on the Black Aesthetic". *The Black Aesthetic*, ed. Addison Gayle, Jr. Garden City, NY: Doubleday, 13-16.

Newcomb, John Timbermann (1989): "Canonical Ahistoricism vs. Histories of Canons: Towards Methodological Dissensus". *South Atlantic Review* 54;4, 3-20.

Nicholson, Linda J., ed. (1990): *Feminism/Postmodernism*. New York: Routledge.

Nilson, Alleen Pace (1971): "Women in Children's Literature". *College English* 32;8, 918-926.

Nochlin, Linda (1971): "Why Are There No Great Women Artists?" *Woman in Sexist Society*, ed. Vivian Gornick and Barbara Moran. New York et al.: Basic Books, 344-366.

Norton, Mary Beth et al., gen. eds. (1976): *A People and a Nation*. Boston: Houghton Mifflin, 1986.

O'Neal, John (1971): "Black Arts: Notebook". *The Black Aesthetic*, ed. Addison Gayle, Jr. Garden City, NY: Doubleday, 47-58.

Oates, Joyce Carol (1985): "(Woman) Writer". *First Person Singular. Writers on Their Craft*. Princeton, N.J.: Ontario Review Press, 1985, 190-197.

Ohmann, Carol (1971): "Emily Brontë in the Hands of Male Critics". *College English* 32;8, 906-913.

Ohmann, Richard, ed. (1968): "MLA 1968: Documents and Responses". *College English* 30, 484-507.

Ohmann, Richard (1970): "Teaching and Studying Literature at the End of Ideology." *The Politics of Literature. Dissenting Essays on the Teaching of Literature*, ed. Louis Kampf and Paul Lauter. New York: Random House, 1972, 130-159.

Ohmann, Richard (1976): *English in America. A Radical View of the Profession*. New York: Oxford University Press.

Ohmann, Richard (1983): "The Shaping of a Canon: U.S. Fiction, 1960-1975". *Canons*, ed. Robert von Hallberg. Chicago: University of Chicago Press , 1984, 377-402.

Olsen, Tillie (1965): "Silences: When Writers Don't Write". *Images of Women in Fiction. Feminist Perspectives*, ed. Susan Koppelmann Cornillon. Bowling Green, Oh: The Bowling Green University Popular Press, 1972, 97-112.

Olson, Elder (1976): *On Value Judgments in the Arts and Other Essays*. Chicago/London: University of Chicago Press.

Ozick, Cynthia (1971): "Previsions of the Demise of the Dancing Dog". *Art and Ardor*. New York: Knopf, 1983, 263-283.

Parrington, Louis (1927): *Main Currents of American Thought. An Interpretation of American Literature From the Beginning to 1920*. New York: Harcourt, Brace & Co.

Payne, Carol Williams (1973): "Consciousness Raising: A Dead End?" *Radical Feminism*, ed. Anne Koedt et al. New York: Quadrangle Books, 282-284.

Pells, Richard H. (1973): *Radical Visions and American Dreams. Culture and Social Thought in the Depression Years*. New York et al.: Harper & Row.

Pells, Richard H. (1985): *The Liberal Mind in a Conservative Age. American Intellectuals in the 1940s and 1950s*. New York: Harper & Row.

Peper, Jürgen (1977): "Postmodernismus: *Unitary Sensibility* (Von der geschichtlichen Ordnung zum synchron-environmentalen System)". *Amerikastudien/American Studies* 22;1, 65-89.

Pratt, Annis (1971): "The New Feminist Criticism". *College English* 32;8, 872-878.

Pratt, Mary Louise (1992): "Humanities for the Future: Reflections on the Western Culture Debate at Stanford". *The Politics of Liberal Education*, eds. Darryl J. Gless and Barbara Herrnstein Smith. Durham/London: Duke University Press, 13-31.

Randall, Dudley (1971): "The Black Aesthetic in the Thirties, Forties, and Fifties". *The Black Aesthetic*, ed. Addison Gayle, Jr. Garden City, NY: Doubleday, 224-234.

Rapone, Anita (1972): "The Body is the Role: Sylvia Plath". Radical Feminism, ed. Anne Koedt et al. New York: Quadrangle, 1973, 407-412.

Redding, Saunders J. (1939): *To Make A Poet Black*. Chapel Hill: The University of North Carolina Press.

Rees, Cees van (1984): "Wie aus einem literarischen Werk ein Meisterwerk wird: Über die dreifache Selektion der Literaturkritik". *Analytische Literaturwissenschaft*, ed. Peter Finke et al. Braunschweig: Viewes, 175-202.

Register, Cheri (1975): "American Feminist Literary Criticism: A Bibliographical Introduction". *Feminist Literary Criticism. Explorations in Theory*, ed. Josephine Donovan. Lexington: The University Press of Kentucky, 1-28.

Rich, Adrienne (1970): "Snapshots of a Daugher-In-Law". *Snapshots of a Daugher-In-Law*. London: Chatto and Windus, 21-25.

Rich, Adrienne (1971): "When We Dead Awaken: Writing as Re-Vision". *First Person Singular. Writers on Their Craft*. Princeton, N.J.: Ontario Review Press, 1985, 105-119.

Robinson, Lillian S. (1971): "Dwelling in Decencies: Radical Criticism and the Feminist Perspective". *College English* 32;8, 879-89.

Robinson, Lillian S. (1972): "Who's Afraid of a Room of One's Own?" *The Politics of Literature. Dissenting Essays on the Teaching of Literature*, ed. Louis Kampf and Paul Lauter. New York: Random House, 354-411.

Robinson, Lillian S. (1983): "Treason Our Text: Feminist Challenges to the Literary Canon". *The New Feminist Criticism. Essays on Women, Literature, and Theory*, ed. Elaine Showalter. New York: Pantheon 1985, 105-121.

Robinson, Lillian S. (1987): "Feminist Criticism. How Do We Know When We've Won?" *Feminist Issues in Literary Scholarship*, ed. Shari Benstock. Bloomington: Indiana University Press, 141-149.

Rodden, John (1989): *The Politics of Literary Reputation: The Making and Claiming of 'St. George' Orwell*. New York/Oxford: Oxford University Press.

Rogers, Katharine M. (1966): *The Troublesome Helpmate. A History of Misogyny in Literature*. Seattle et al.: University of Washington Press.

Roller, Judi M. (1986): *The Politics of the Feminist Novel*. New York et al.: Greenwood Press.

Rose, Ellen Cronan (1993): "American Feminist Criticism of Contemporary Women's Fiction" (Review Essay). *Signs* 18;3, 346-375.

Rosen, Robert (1990): "Politics and Literature, Then and Now". *Left Politics and the Literary Profession*, ed. Lennard J. Davis and M. Bella Mirabella. New York: Columbia University Press, 287-290.

Rosenfelt, Deborah Silverton, ed. (1973): *Female Studies VII. Going Strong*. Old Westbury: The Feminist Press.

Rossi, Alice et al., eds. (1973): *Academic Women on the Move*. New York: Russell Sage.

Roszak, Theodore, ed. (1968): *The Dissenting Academy*. New York: Pantheon Books.

Rowohlt Verlag (1988): Werbeposter für die Monographienreihe.

Ruland, Richard (1991): "Art and a Better America". *American Literary History* 3;2, 336-359.

Russ, Joanna (1972): "What Can A Heroine Do? Or Why Women Can't Write". *Images of Women in Fiction. Feminist Perspectives*, ed. Susan Koppelmann Cornillon. Bowling Green, Oh: The Bowling Green University Popular Press, 3-20.

Russ, Joanna (1991a): "Aesthetics". *Feminims. An Anthology of Literary Theory and Criticism*, ed. Robyn R. Warhol and Diane Price Herndl. New Brunswick, N.J.: Rutgers University Press, 203-211.

Russ, Joanna (1991b): "Anomalousness". *Feminims. An Anthology of Literary Theory and Criticism*, ed. Robyn R. Warhol and Diane Price Herndl. New Brunswick, N.J.: Rutgers University Press, 194-202.

Ryan, Michael (1985): "Loaded Canons: Politics and Literature at the MLA". *Boston Review* (July 1985), 114-115.

Said, Edward (1982): "Opponents, Audiences, Constituencies, and Community". *Critical Inquiry* 9, 1-26.

Said, Edward (1991): "The Politics of Knowledge". *Raritan* 11;1, 17-31.

Schilb, John (1990): "The Role of Ethos: Ethics, Rhetoric, and Politics in Contemporary Feminist Theory. *Pre/Text* 11;3-4, 212-234.

Schmidt, Dolores Barracano (1971): "The Great American Bitch". *College English* 32;8, 900-905.

Scholes, Robert (1986): "Aiming a Canon at the Curriculum". *Samalgundi* 72, 101-117.

Schulte-Sassen, Jochen (1988): "Literarische Wertung: Zum unausweichlichen Verfall einer literaturkritischen Praxis". *Zeitschrift für Literaturwissenschaft und Linguistik* 18;71, 13-47.

Schweickart, Patrocinio P. (1985): "Add Gender and Stir". *Reader* 13, 1-9.

Schweickart, Patrocinio P. (1986): "Reading Ourselves: Toward a Feminist Theory of Reading". *Gender and Reading. Essays, Reader, Texts, and Contexts*, ed. Patrocinio P. Schweickart and Elizabeth A. Flynn. Baltimore and London: The Johns Hopkins University Press, 31-62.

Scott, Bonnie Kime, ed. (1990): *The Gender of Modernism. A Critical Anthology*. Bloomington/Indianapolis: Indiana University Press.

Scott, Joan Wallach (1986): "Gender: A Useful Category of Historical Analysis". *American Historical Review* 91;5, 1053-1075.

Scott, Joan Wallach (1990): "Deconstructing Equality-Versus-Difference: Or, the Uses of Poststructuralist Theory for Feminism". *Conflicts in Feminism*, ed. Marianne Hirsch and Evelyn Fox Keller. New York and London: Routledge, 134-148.

Scott, Joan Wallach (1991): "The Evidence of Experience". *Critical Inquiry* 17, 773-797.

Sedgwick, Eve Kosofsky (1992): "Gender Criticism". *Redrawing the Boundaries. The Transformation of English and American Literary Studies*. New York: MLA, 271-302.

Showalter, Elaine (1971a): "Women and the Literary Curriculum". *College English* 32;8, 855-862.

Showalter, Elaine (1971b): "Women Writers and the Double Standard". *Woman in Sexist Society*, ed. Vivian Gornick and Barbara Moran. New York et al.: Basic Books, 323-343.

Showalter, Elaine (1971c): "Women Writers and the Female Experience". *Radical Feminism*, ed. Anne Koedt et al. New York: Quadrangle Books, 1973, 391-406.

Showalter, Elaine (1971d): *Women's Liberation and Literature*. New York et al.: Harcourt Brace Jovanovich.

Showalter, Elaine, ed. (1971e): *Female Studies IV. Teaching About Women*. Pittsburgh: KNOW.

Showalter, Elaine (1975): "Literary Criticism" (Review Essay). *Signs* 1;2, 435-460.

Showalter, Elaine (1979): "Toward a Feminist Poetics". *The New Feminist Criticism. Essays on Women, Literature, and Theory*, ed. Elaine Showalter. New York: Pantheon 1985, 125-143.

Showalter, Elaine (1981): "Feminist Criticism in the Wilderness". *The New Feminist Criticism. Essays on Women, Literature, and Theory*, ed. Elaine Showalter. New York: Pantheon 1985, 243-270.

Showalter, Elaine (1983): "Critical Cross-Dressing: Male Feminists and the Woman of the Year". *Men in Feminism*, ed. Alice Jardine and Paul Smith. New York et al.: Routledge, 1989 (rpt.), 116-132.

Showalter, Elaine (1984): "Women Who Write Are Women". *The New York Times Book Review*, Dec. 16, 1984, 1,31.

Showalter, Elaine (1987a): "Elaine Showalter Replies". *Men in Feminism*, ed. Alice Jardine and Paul Smith. New York and London: Routledge, 1989, 136.

Showalter, Elaine (1987b): "Women's Time, Women's Space: Writing the History of Feminist Criticism". *Feminist Issues in Literary Scholarship*, ed. Shari Benstock. Bloomington: Indiana University Press, 30-44.

Showalter, Elaine (1989a): "A Criticism of Our Own: Autonomy and Assimilation in Afro-American and Feminist Literary Theory." *The Future of Literary Theory*, ed. Ralph Cohen. New York: Routledge, 347-369.

Showalter, Elaine (1989b): "The Rise of Gender". *Speaking of Gender*, ed. Elaine Showalter. London: Routledge, Chapman, and Hall, 1-13.

Showalter, Elaine (1989c): *Sister's Choice. Tradition and Change in American Women's Writing. The Clarendon Lectures.* Oxford: Clarendon Press, 1991.

Showalter, Elaine (1990): "Feminism and Literature". *Literary Theory Today,* ed. Peter Collier and Helga Ryan Geyer. Ithaca: Cornell University Press, 179-202.

Showalter, Elaine (1993a): Private Gespräche mit der Verfasserin; Vorträge. Princeton und Berlin.

Showalter, Elaine (1993b): "American Gynocriticism". *American Literary History* 5;1, 111-128.

Shusterman, Richard (1989): "Contingencies of Value" (Book Review). *The Journal of Aesthetics and Criticism* 47;2, 182-184.

Simmel, Georg (1983): *Philosophische Kultur: Über das Abenteuer, die Geschlechter und die Krise der Moderne. Gesammelte Essays.* Berlin: Wagenbach.

Simons, Margaret (1979): "Racism and Feminism: A Schism in the Sisterhood". *Feminist Studies* 5, 384-401.

Siporin, Rae Lee, ed. (1972): *Female Studies V.* Pittsburgh: KNOW.

Sloterdijk, Peter (1983): *Kritik der zynischen Vernunft.* Frankfurt/M: Suhrkamp.

Slotkin, Richard (1985): *The Fatal Environment. The Myth of the Frontier in the Age of Industrialization, 1800-1890.* Middletown, Ct.: Wesleyan University Press, 1986.

Smith, Barbara (1977): "Toward a Black Feminist Criticism". *The New Feminist Criticism. Essays on Women, Literature, and Theory,* ed. Elaine Showalter. New York: Pantheon 1985, 168-186.

Smith, Barbara Herrnstein (1988): *Contingencies of Value: Alternative Perspectives for Critical Theory.* Cambridge: Harvard University Press.

Smith, Barbara Herrnstein (1990a): "Cult-Lit: Hirsch, Literacy, and the 'National Culture'". *The South Atlantic Quarterly* 89;1, 69-88.

Smith, Barbara Herrnstein (1990b): "Endurance, Otherwise. A Response to Martin Mueller". *Samalgundi* 88-89, 455-468.

Smith, David L. (1991): "The Black Arts Movement and Its Critics". *American Literary History* 3;1, 93-110.

Snitow, Ann (1973): "Women's Private Writings: Anaïs Nin". *Radical Feminism,* ed. Anne Koedt et al. New York: Quadrangle Books, 413-418.

Snitow, Ann (1990): "A Gender Diary". *Conflicts in Feminism,* ed. Marianne Hirsch and Evelyn Fox Keller. New York and London: Routledge, 9-43.

Sollors, Werner (1986): "A Critique of Pure Pluralism". *Reconstructing American Literary History,* ed. Sacvan Bercovitch. Cambridge, MA: Harvard University Press, 250-279.

Sollors, Werner (1987): "Werner Sollors Responds". *Black American Literature Forum* 21;3, 331-332.

Spacks, Patricia Meyer (1975): *The Female Imagination.* New York: Alfred A. Knopf.

Spear, Bruce (1993): Gespräche mit der Verfasserin. John F. Kennedy-Institut der Freien Universität Berlin.

Spector, Judith, ed. (1986): *Gender Studies. New Directions in Feminist Criticsm*. Bowling Green: Bowling Green State University Popular Press.

Spellman, A.B. (1971): "Not Just Whistling Dixie." *The Black Aesthetic*, ed. Addison Gayle, Jr. Garden City, NY: Doubleday, 159-168.

Spelman, Elizabeth (1982): "Theories of Race and Gender. The Erasure of Black Women". *Quest* V;4, 36-62.

Spengeman, William C. (1985): "American Things, Literary Things: The Problem of American Literary History". *American Literature* 57, 456-481.

Spivak, Gayatri Chakravorty (1981): "The Politics of Interpretation" (Critical Response). *Critical Inquiry* 9, 259-278.

Steward, James (1971): "Introduction to Black Aesthetic in Music". *The Black Aesthetic*, ed. Addison Gayle, Jr. Garden City, NY: Doubleday, 81-97.

Steward, James T. (1968): "The Development of the Black Revolutionary Artist." *Black Fire. An Anthology of Afro-American Writing*, ed. LeRoi Jones and Larry Neal. New York: William Morrow, 3-10.

Stimpson, Catharine (1973): "What Matter Mind: A Theory About the Practice of Women's Studies". *Where The Meanings Are*. New York: Methuen, 1988, 38-53.

Strainchamps, Ethel (1971): "Our Sexist Language". *Woman in Sexist Society*, ed. Vivian Gornick and Barbara Moran. New York et al.: Basic Books, 240-250.

Sukenik, Lynn (1977): "On Women and Fiction". *The Authority of Experience. Essays in Feminist Criticism*, ed. Arlyn Diamond et al. Amherst: The University of Massachusetts Press, 28-44.

Tannen, Deborah (1991): *You Just Don't Understand*. New York: Ballentine Books.

The Feminists (1973): "The Feminists: A Political Organization to Annihilate Sex Roles". *Radical Feminism*, ed. Anne Koedt et al. New York: Quadrangle Books, 368-378.

Thomas, Brook (1991): *The New Historicism and Other Old-Fashioned Topics*. Princeton, N.J.: Princeton University Press.

Thomas, Brook (1993): "*Moby-Dick*, Parts Related to Wholes, and the Nature of Subaltern Opposition". (Vortragsmanuskript, Berlin).

Tobias, Sheila, ed. (1970): *Female Studies No.I*. Pittsburgh: KNOW.

Tompkins, Jane (1985): *Sensational Designs. The Cultural Work of American Fiction 1790-1860*. New York et al.: Oxford University Press.

Tompkins, Jane (1987): "Me and My Shadow". *New Literary History* 19;1, 169-185.

Trilling, Lionel (1951): *The Liberal Imagination*. New York: Viking.

Turner, Darwin T. (1971): "Afro-American Literary Critics: An Introduction". *The Black Aesthetic*, ed. Addison Gayle, Jr. Garden City, NY: Doubleday, 59-77.

U'Ren, Marjorie B. (1971): "The Image of Women in Textbooks". *Woman in Sexist Society. Studies in Power and Powerlessness*, ed. Vivian Gornick and Barbara K. Moran. New York and London: 218-225.

Vanderbilt, Kermit (1986): *American Literature and the Academy. The Roots, Growth, and Maturity of a Profession*. Philadelphia: University of Pennsylvania Press.

Vicinius, Martha (1972): "The Study of Nineteenth-Century British Working-Class Poetry. *The Politics of Literature. Dissenting Essays on the Teaching of Literature*, ed. Louis Kampf and Paul Lauter. New York: Random House, 322-353.

Walker, Alice (1983): *In Search of Our Mothers' Gardens*. New York et al.: Harcourt Brace Jovanovich.

Walker, Cheryl (1990): "Feminist Literary Criticism and the Author". *Critical Inquiry* 16, 551-571.

Walker, Pierre (1991): "Arnold's Legacy: Religious Rhetoric of Critics on the Literary Canon". *The Hospitable Canon. Essays on Literary Play, Scholarly Choice, and Popular Pressures*. Philadelphia, Amsterdam: John Benjamino, 181-197.

Washington, Mary Helen, ed. (1987): *Invented Lives. Narratives of Black Women 1860-1960*. New York: Anchor Press.

Watson, Barbara Bell (1975): "On Power and the Literary Text". *Signs* 1;1, 111-118.

Weigel, Sigrid (1987): "Theoretischer Exkurs. Das Weibliche als Metapher des Metonymischen". *Die Stimme der Medusa. Schreibweisen in der Gegenwartsliteratur*. Dülmen-Hiddingsel: Tende, 196-213.

Weimann, Robert (1962): *"New Criticism" und die Entwicklung bürgerlicher Literaturwissenschaft*. Halle: VEB Max Niemeyer Verlag.

Weininger, Otto (1903): *Geschlecht und Charakter*. Wien: Braumüller, 1904.

Weisstein, Naomi (1971): "Psychology Constructs the Female". *Radical Feminism*, ed. Anne Koedt et al. New York: Quadrangle Books, 1973, 178-197.

Wellek, René (1963): *Concepts of Criticism*. New Haven et al.: Yale University Press.

White, Hayden (1982): "The Politics of Historical Interpretation: Discipline and De-Sublimation". *Critical Inquiry* 9;1, 113-137.

White, Hayden (1987): *The Content of the Form. Narrative Discourse and Historical Representation*. Baltimore: The Johns Hopkins University Press.

Wiegman, Robyn (1989): "Melville's Geography of Gender". *American Literary History* 1;4, 735-753.

Wilcox, Helen (1992): "Toward the 'Endless End': The Paradox of Canonization". *Rewriting the Dream: Reflections on the Changing American Literary Canon*, ed. W.M. Verhoeven. Amsterdam: Rodop, 258-263.

Wimsatt, W.K. (1954): "The Structure of the Concrete Universal". *Contexts for Criticism*, ed. Donald Keesey. Palo Alto: Mayfield, 1987, 91-99.

Wimsatt, William K., Jr.; Brooks, Cleanth (1957): *Literary Criticism. A Short History*. London: Routledge & Kegan Paul, 1970.

Winders, James A. (1991): *Gender, Theory, and the Canon*. Madison: The University of Wisconsin Press.

Wolf, Bryan (1991): "Firing the Canon: Introduction". *American Literary History* 3;4, 707-710.

Woolf, Virginia (1925): *The Common Reader. First Series*. London: The Hogarth Press, 1968.

Woolf, Virginia (1929): *A Room of One's Own*. London: Grafton Books, 1985.

Woolf, Virginia (1932): *The Common Reader. Second Series*. London: The Hogarth Press, 1965.

Wright, Richard (1937): "Blueprint for Negro Writing". *The Black Aesthetic*, ed. Addison Gayle, Jr. Garden City, NY: Doubleday, 1971, 333-345.

Yee, Carole Zonis (1972): "Why Aren't We Writing About Ourselves?" *Images of Women in Fiction. Feminist Perspectives*, ed. Susan Koppelmann Cornillon. Bowling Green, Oh: The Bowling Green University Popular Press, 131-134.